U0142849

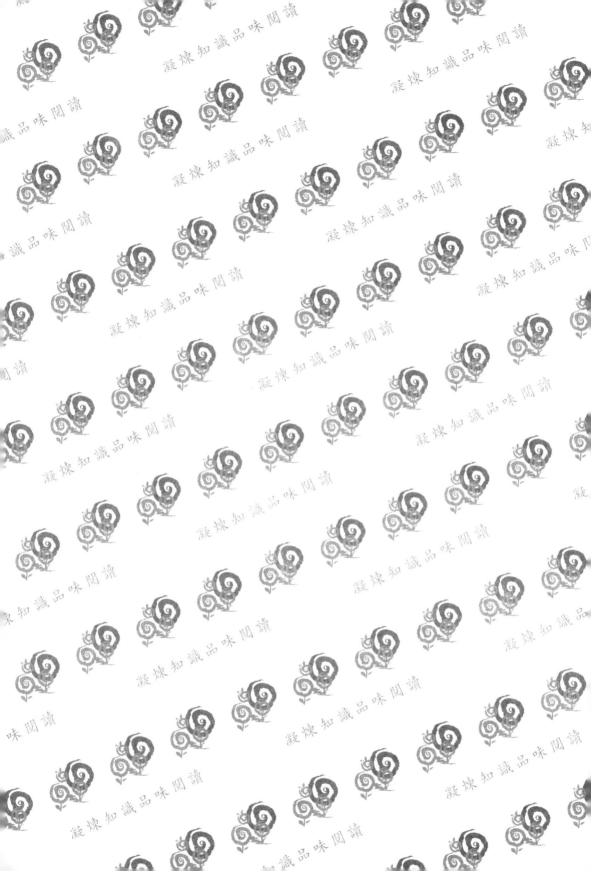

諮商理論與技術

邱珍琬　著

五南圖書出版公司 印行

前　言

　　寫一本較爲通俗的諮商理論困難度是相當高的，因爲我不像Gerald Corey那樣有運用文字的精準能力，也不像Irvin Yalom那樣對於生命與治療有精湛的體驗，加上每一次重新看不同諮商理論，總是會有新的體悟與發現，所以答應寫這一本書要做的承諾眞的很大。

　　諮商與心理治療理論，依據Halbur與Halbur（2006）的統計，已經超過二百五十個學派，因此要將這些學派全部做簡單介紹，已經超乎教科書的範圍，也不可能做到，因此本書的組織架構還是依照理論取向（動力取向、關係與體驗取向、認知行爲取向、後現代取向與生態取向）做歸類，將較爲主流的取向做介紹（當然，許多的學派與這些取向都有關係，可以歸在此取向之下），因而只算是諮商理論的「導論」。寫教科書，最重要的還是找資料的過程，以前每寫一本書，就必須要找上千筆資料，然後分批慢慢閱讀與吸收，寫作的當時還要經過自己的解讀與批判，所以眞是勞心勞力的工作，一本書的完成也可說是我將閱讀成果做整理之後呈現出來的過程，我也在閱讀當中，重新去學習與了解，是最大的獲益者，然而最近幾年視力已經大不如前，對我來說，減少在電腦前工作時間，甚至減少集中閱讀機會都是愛護自己的「必須」動作。

　　之前出版的《諮商技術與實務》將讀者群設在碩士班學生，也許對大學部學生來說，還是不太能理解一些實務的運用，而本書的讀者則是適合大學與研究所階段的準諮商師（人），希望本書的呈現，可以讓準諮商師對於諮商的基本學派有初步了解，也可以作爲對話的窗口。

　　然而，儘管學習諮商已經將近二十年，許多的理論與觀念也都還在持續理解中，因此資料的蒐集怎麼都是不足夠；此外，因為這些理論是經由「我」解讀的，因此不免帶有我的「色彩」，讀者諸君也請體諒。

Contents

第一章

諮商師的準備

　　諮商是一門助人專業，是藝術也是科學（Nystul, 2006），除了需要經過一段長時間的教育與訓練之外，還需要透過科學驗證的結果、對人性了解與互動的方式進行實務治療。作為一位諮商師的準備工作，在我國除了要先取得碩士以上相關諮商學門的資格之外，還需要通過國家考試，這些標準基本上是沿襲美國諮商師學會的傳統，也因為諮商源自於美國本土（尤其是人本學派），而向專業助人者求助也較為大眾所接受，其在法律上及其他心理衛生專業的倫理與立法亦較為周全，不少國家的心理衛生專業的相關倫理約束與立法也都會參考美國的情況。當然，無論是哪一種社會學理論，到了不同國度與文化，總是需要嘗試錯誤與做必要的修正，才可以更契合當事人的需求，這也是我們本土諮商專業正在努力的方向。

 ## 我國諮商師證照制度

　　我國自90年「心理諮商師法」通過之後，翌年起就將諮商師證照考試列為基本資格考，也就是準諮商師必須要在諮商或輔導相關研究所畢業（其中包含第三年的「全職實習」）之後，才取得報考資格。在心理諮商師法成立之後的最初幾年，為了讓一些已經修過相關課程、卻沒有按照新規定的「已然」諮商師有機會取得正式身分，所以舉辦了「特考」，倘若這些「緩衝期」過了，依然沒有參加諮商師證照考試的諮商師，就必須要補修必要學分，才可以參加考試。儘管諮商師立法以來經過這些年，有照的諮商師已經遽增，在大專院校的任職名額也達到飽和階段，但還是有許多有志於此志業的民眾正努力朝諮商師

這個專業挺進，因而往社區諮商的相關機構任職已成為一趨勢。「諮商」當然也可以是生活技能之一，而學習諮商最先的受益者通常是學習諮商的個人，因此我也希望「求助專業」可以被普羅大眾接受，讓我們的社會邁向更健康、正向與和諧。

我國目前沒有依照不同領域（如學校、社區、心理衛生中心）或族群（如成人、障礙者、青少年、兒童或老人）或呈現問題（如上癮行為、職業生涯、情緒疾患）或不同取向（如精神分析、後現代、認知行為）而分科的考試或認證訓練，因此許多的諮商師為了專業與市場的需求，自己必須要針對本身想要服務的族群或領域做進修，然而隨著諮商專業與需求的進展，相信不久的將來，針對不同族群或是困擾的專業諮商領域也會慢慢出現。加上心理衛生專業人員的「團隊合作」精神建立不易，各領域的專業人員還是獨立作業的多，而且在諮商領域也不免有不同的看法與歧異，目前已有許多心理衛生專業人員企圖結合不同領域、做團隊系統的合作，其成效如何仍有待觀察，但不可否認的也是當然的趨勢。此外，諮商師法與實際的法律之間依然有距離，許多違反專業倫理與執業行為的諮商師依然可以持續執業、不受法律約束，讓法律與專業倫理緊扣，也是我們未來需要努力的目標。

國家考試的項目，最初還是直接沿襲美國諮商師學會的作法，規定準諮商師要有八大領域（包括人類成長與發展、社會與文化基礎、助人關係、團體實務、生活方式與生涯發展、諮商理論與實務、專業倫理與專業導向、心理測驗與評鑑）的基本知識，考試科目原本為六項（人類行為與發展、諮商與心理治療理論、諮商與心理治療實務【包括諮商倫理】、團體諮商與心理治療、心理測驗與評量，以及心理衛生【包括變態心理學】），但是自民國102年起，修改為以下六項：㈠諮商的心理學基礎（包括社會心理學、人格心理學與發展心理學）；㈡諮商與心理治療理論；㈢諮商與心理治療實務與專業倫理；㈣團體諮商與心理治療；㈤個案評估與衡鑑；㈥心理健康與變態心理學。兩者的差別只在於分類的部分，內容還是一樣，考試類型為申論與選擇題兩類。

原先在討論諮商師證照考試時，還有學者堅持要加上「臨場測試」這個項目，但是後來反對聲浪很大，加上評分標準如何界定、耗時與人力的考量，因

而此案就被駁回。然而不加入在證照考試裡，並非表示「臨床」經驗不重要，諮商師發現最重要的老師就是當事人，理論需要許多的實務經驗來印證與修正，諮商師會隨著臨床實務經驗與進修的增加而磨練自己的專業，然而影響其業務的衰盛還是以市場來做決定。

 ## 市場機制與現況

通過國家考試只是諮商師執業的第一步，接下來需要經過市場機制的篩選，才可以決定諮商師的專業聲望。大部分的諮商師在大學以上的校園裡工作，除了臨床實務的要求外，還需要有策劃活動、擬定與執行計畫，甚至撰寫研究計畫與評估結果的能力。許多研究生在完成碩士論文之後，以為往後再也不必觸碰論文或研究報告，因此在研究所課程內很少修習方法論的相關課程，其實也是一大損失！只是許多研究所課程中，關於研究法的部分沒有硬性規定的「最低標準」，導致產出的諮商師學習背景有差異；而專業諮商師不僅要會做研究（或執行方案計畫）、會寫報告，在專業生涯裡很重要的是持續進修，閱讀相關論文與報告就是最便捷之道，倘若諮商師自視其短、拒絕新資訊的吸收，不給自己學會閱讀數據或報告的能力，也可能斷了許多自我與專業成長及發展的機會。

現在許多大學裡的諮商師都已經額滿，不少有照的諮商師就轉戰成為「行動諮商師」（free-lance counselor），雖然是按照鐘點計費，但是也接了不少政府機構或是私人機構的契約案件，可見諮商師的需求依然很多，然而現在的諮商師可能不只是需要臨床的專業而已，許多諮商師需要接一些研究案或計畫，因此也必須要有做研究的能力，這在目前大學心理輔導與諮商系所是最為缺乏的。許多大學已經不再要求大學部學生一定要修論文的課，甚至完成代表性著作，然而這些準諮商師一旦進入研究所，發現自己還要完成論文才可以畢業，而許多諮商相關研究所也要求研究生在提口試計畫之前，就要有專業論文發表或論文出版（或發表）的先決條件，這也是因應時勢所趨，畢竟像諮商師之類的心理衛生專業人員，不僅需要在臨床經驗上有所精進，還願意與同業共享

資訊，彼此提攜。此外，諮商師若是定期參與個案報告、或是自己提出個案報告，也是自我評估與進修很重要的一項。倘若諮商師專注於臨床，可能就少了理論與研究的更新與支持，而擔任諮商師培育的教師（或「諮商師教育者」，counselor educators），也可能因為囿於教學、荒於臨床經驗，這樣所培育出來的準諮商師品質就會受到影響，因此若能臨床與理論兩者都顧及，持續臨床實務、做研究及參與個案報告是便捷之道！

諮商師的培育過程與準備
知汝自己──諮商師的價值觀與偏見

　　成為一位諮商師最重要的是了解「自己的模樣」（your way of being, Corey, 2001, p.25），知道自己是誰也是發展自己獨特諮商型態的起點。而擔任諮商工作，不僅可以面對自己許多未探索的障礙，如權力、性慾、價值觀，或一些存在議題，如孤單、死亡與意義（Corey, 2001, p.113），也可以藉由進一步的覺察與行動，讓自己的專業與生命品質更佳！Jacobs（cited in Whitmore, 2004, pp.67-68）認為成熟的諮商師應該展現以下的特色：了解人類成長與發展、心理病理學、不同理論與取向的理論與實務、研究方法與覺察；成熟的判斷力與做決定（評量與治療過程）的自信、與做評估的能力；在與當事人接觸或焦慮時還能同時去思考與聚焦；能評估諮商過程（包括自我評估、監控自己的判斷、與發展一個「內在督導」）；對督導的態度（不只是訓練之必要，也是深入了解與發展實務的重要諮詢來源）；藉由不防衛地對實務做反省，從錯誤中學習；對學習開放（統整知識與實務）；能夠工作，隨經驗拓展個案來源與脈絡；對「未知」覺得坦然，有能力放棄威權的需求，也對自己能力更有自信；對自己能力的真誠謙卑，也讓當事人可以更認可助人專業；自我接納、有自信地自我呈現、一致的承諾，與當事人工作時展現出效率與專業；從不同經驗裡持續的自我發展與增進自我知識；隨時間而增加的效率，有機會與不同的當事人工作，統整理論與實務，也可以發展劃時代的新理論。

　　理論是提供處理問題的一個系統取向，也是有效治療的根基，理論取向

的不同，主要是因為每個取向對於人性與問題的解釋及處理不同；精神分析取向認為人性是生物決定論（受驅力與本能所影響），人本取向則是相信人性本善、人有自我實現之潛能，行為取向則是認為人受制於環境、人與環境是互動的，認知取向對人性持較為中立的看法，從此延伸對問題的認定與治療方式也殊異，基本上其共同點在於「行為是可以改變的」（George & Cristiani, 1995）。理論不是一個一成不變的僵固結構，而是一個大概的架構，可以讓諮商師將諮商過程的許多面向合理化、賦予意義，提供諮商師該如何進行助人工作的藍圖（Corey, 2001, p.3）。不同的理論架構是提供諮商師「解釋」或「理解」當事人所帶來關切的議題，因此對於同一問題或是困擾就會有不同的看法與可能歸因，而這些就影響諮商師下一步的處置計畫與動作。

諮商師的價值觀，也影響其對於助人專業所要成就的為何（Corey & Corey, 2011, p.26）？畢竟，專業助人者也是一種行業，而每個人想要從工作中創造與衍生的意義不同，因此也需要檢視自己為何想要從事這一行？你是希望賺錢、有權力、成就感或聲望地位？還是因為工作的穩定性、變化與創意、責任的承擔、展現獨立或與人合作？你希望可以與家人相聚時間多少、有機會服務他人，還是希望可以促進生活品質、有繼續學習的機會？還是因為自己的興趣、冒險性、喜歡智性的挑戰與競爭、或是追求內在的和諧？你對於與你價值觀不同的人有何看法？你可以忍受他人與你不同的價值觀或堅持而仍保持開放的心態嗎？

此外，每一個諮商理論與運作都有其價值觀蘊涵在裡面（Corey & Corey, 2011, p.41），因此所有的諮商理論都不是「價值中立」（value-neutral）的，而每一個理論都只解釋了「部分」的事實，因此在學習諮商理論的同時，不要忘記帶著批判的眼光來理解。在諮商過程中，也不能免於價值的影響，但是有效能的諮商師會注意到當事人的價值觀，也不強加自己的價值觀在當事人身上，只是或多或少、有意無意之間，都不免會將自己的價值觀傳達給當事人知道，而諮商師的工作不是去批判當事人的價值觀，而是協助當事人探索與釐清信念、運用在問題解決上（Corey & Corey, 2011, p.43），因此Corey與Corey（2011）協助助人專業者檢視了幾個面向的價值觀：不同性取向、性別角色、

家庭、宗教與靈性、生命相關議題（如墮胎、性行為、終結生命的決定）等，當然諮商師所面對的價值觀不僅這些，也都需要治療師敏銳的自我覺察與可能的警覺。

　　諮商師不是以「諮商技巧」取勝，許多在課堂上所學習到的技術還是要經過學習者的練習、熟練之後，才可以運用在當事人身上。而要使諮商效果好，諮商技巧與過程就必須要適合當事人個殊的價值觀、生命經驗與文化背景（Corey, 2001, p.92）。偏見與成見可能是因為資訊不足、或是原先未驗證的刻板印象，導致諮商師在面對有些當事人或是議題時，已經有先入為主的想法，而帶著這些有色眼鏡做治療工作，可能就會妨礙或危及當事人福祉。有些偏見或是迷信也可能是潛隱在諮商師的認知中，倘若沒有第一類接觸、或是拓展自己視野的積極性，也許錯誤就一直存在、很難發覺。像是國人不喜歡黑貓、或是腳掌有白毛的狗，認為這些不吉利，甚至會帶來厄運，但是我會問同學：「黑貓或是這些腳上有白毛的狗狗，是自己選擇要這些顏色的嗎？」藉此可以順便檢視我們一般人對待膚色、種族、語言、不同文化、或是生活習慣的人的態度或想法，是不是有失公平？

諮商專業訓練課程

　　美國一般的諮商師養成課程科目包含：人類成長與發展、社會與文化基礎、助人關係與團體工作技巧、生涯與生活型態發展、評鑑、研究與專業取向（professional orientation），而體驗內容主要是放在課堂上的角色扮演以及後來的校內與校外實習（Hazler & Kottler, 1994）。自民國105年起，證照考試規定必須修習以下七個類別的專業科目，分別是：㈠諮商與心理治療理論領域課程（包括諮商與心理治療理論、諮商理論與心理治療理論）；㈡諮商與心理治療實務領域課程（包括諮商與心理治療實務、諮商與心理治療技術、與諮商技術）；㈢諮商倫理與法規領域課程（包括諮商倫理與法規、諮商專業倫理、與諮商倫理或諮商與心理治療倫理）；㈣心理健康與變態心理學領域課程（包括心理衛生、變態心理學、與心理病理學）；㈤個案評估與心理衡鑑領域課程

（包括心理測驗或心理評量、心理測驗與衡鑑、及心理衡鑑或心理評估）；㈥團體諮商與心理治療領域課程（包括團體諮商理論與實務或團體諮商理論與技術、團體諮商、與團體心理治療）；㈦諮商兼職（課程）實習領域課程（包括諮商實習或諮商與心理治療實習、諮商專業實習、與諮商心理實習）。

專業課程是一般諮商相關研究所會提供的內涵，研究生在學校學習的第一、二年，基本上就是專業課程的學習，如果非本科系大學畢業，可能會要求學生往下（大學部）修習一些預備課程（如輔導原理、心理測驗與統計）來補足。而在研究所第一年下，許多學校都會開始安排研究生進入實務現場去見習與實習，碩二就要開始兼職的實習（或稱「在校實習」，practicum，不管是在學校或是社區心理健康機構），碩三就要做「全職實習」（internship），像正式上班族一樣朝九晚五，有「駐校督導」（學校老師）與「駐地督導」（機構督導）一起協助實習生在臨床經驗的增進與理論實務的結合。通常在碩四那一年，研究生會將心力放在論文的執行與完成上，碩四畢業後參加每年一次的諮商師高考，通過之後就取得諮商師執業資格。目前美國許多諮商師訓練機構已經擺脫傳統（只聚焦在某個特別取向或理論），提供了更多的取向供學生選擇，甚至被迫要以當下最熱門的取向來吸引學生，然而正式課程的學習還是不夠周全，因為其目標是提供學習者入門的知能而已，無法提供準諮商師足夠的能力去因應職場的需求，也因此準諮商師需要花額外的時間去汲取其他相關資訊與經驗（Kottler & Hazler, 1997）。

目前我國有二十八個諮商相關研究所在做諮商師培育的訓練，儘管有考試科目的規定，但是課程、教師與學生素質還是有差異，因此教育部在近年可能仿照美國「CACREP」（the Council for Accreditation of Counseling and Related Educational Programs）或CORE（the Council on Rehabilitation Education）的評估制度，以課程認證的方式來做證照考試的先行條件（Hazler & Kottler, 1994）。

了解不同學派或取向的世界觀

每一個學派都有不同的「世界觀」（worldview），指的是對於人性、社會關係、人與自然的關係、時間與活動取向等，都有不同的看法（Nystul, 2006, p.165），尤其是對於問題的產生與定義有不同的觀點，這些就會與準諮商師的一些既定信念有交會或衝突，因此諮商師選擇的諮商理論或取向，可能是與自己個性、經驗相符合，或是可以說服自己去解釋相關的生命經驗，此外就是對於問題之所以會發生的理由與解釋。準諮商師對於某些特定的學派可能會較喜歡，也許是這個（些）理論與自己的生命經驗相映照、或是足以解釋準諮商師的生命經驗，也因此，倘若諮商師要以某些取向為自己執業的基礎，也必須要自己先相信，接著才會在生活與實務中履行與實踐。

實習

諮商師養成過程基本上在國內是經過三至四年的培養，除了要修習諮商專業相關課程之外，還要通過全職實習一年，然後完成論文、通過口試，這才取得諮商師證照考試的資格，接著通過諮商心理師高考與專業執業證照，就可以進行諮商師的工作。諮商師養成的專業課程（基本上吻合證照考試科目）包括有幾個領域，前面已經介紹過，這些領域原本是我們自美國諮商師證照考試移植過來。專業訓練課程中最重要的包括第三年的全職實習（或校外實習），這也是一般準諮商師認為對其專業最受用的部分，在此之前有所謂的「在校實習」，其實也不是在本校內實習，而是在校外機構擔任實務工作，也就是可以實際接觸到當事人與諮商相關事務。一般說來，絕大多數學校對於「在校實習」的規定只有上、下學期（基本是放在碩二課程內）六個學分，就可以滿足規定，但是我個人在美國學習的經驗，「在校實習」只規定一個「下限」（可能是一學期），但是沒有上限，因此多半同學都會修習兩次以上的實習，我甚至選修了四個學期，因為我認為實習是增進我實務經驗的不二法門，而老師們

也贊成這樣的作法。我在擔任諮商師訓練課程時，因為系裡只有「在校實習」的最低規定，目前為止沒有人願意多修，況且課程是安排在碩二，其實碩一同學已經可以擔任類似義工的工作，而鄰近學校也歡迎碩生同學可以前往協助，因此只要該校（不管是國小或國、高中）有合格的駐地督導（也就是已經有合格諮商師證照者），我就願意擔任義務的在校督導，放手讓研究生去從事社區服務。也許有些專業人士認為這樣豈不是「非法」行為，也可能造成傷害，但是即便碩二生做校內實習，不也是「做中學」？甚至是在嘗試錯誤中學習？但是至少有督導可以隨時請益，主要是駐地督導願不願意多花一點功夫來指導或監督碩生的工作而已！許多的義務督導也都是帶著「傳承」的理念，希望可以對新入門的準諮商師有更多的經驗分享與貢獻。

以前即使是碩二生做校內實習，實習的學校督導也曾經向我反映說「學生訓練不足」、潛在危險性高，因此較有心的駐地督導會花一、兩個月時間先「培訓」碩二生，然後才慢慢讓研究生接案，這當然也是很好的作法。擔任諮商助人專業，當事人是我們最好的老師，願意讓我們從新手、慢慢歷練成熟手，因此我的想法是：只要有足夠勝任的督導，是可以讓研究生從義工服務中，漸漸去了解其所服務的對象，接觸不同的生活困擾，也在遭遇瓶頸時，願意諮詢督導或諮商師，同時也要自己主動去找解決問題的答案。

許多合格機構接受「校內實習」的研究生並沒有設定一個「篩選」機制，似乎只要申請、有合格督導就可以進入實習，美國有些學校或機構在接受「校內實習」的研究生時，其遴選制度是與「校外實習」同等級的，而實習的主要目的是「看到研究生臨床經驗與專業的進步」，但是許多研究生都誤解了實習的目的。在帶領研究生實習的經驗裡，即使從第一堂上課起就提醒學生——「實習是希望看見你們的進步」，但是許多研究生還是有非理性的信念認為「我應該要表現得很好、讓當事人與督導滿意」才算是「實習成功」，因此即使有些意見與督導不同、或是被誤解，也不敢提出，甚至造成後來的嚴重後果！即便是督導，也是從生澀的實習生慢慢一路走來，同樣也犯過錯誤，但是有督導與前輩的引領，可以修補錯誤，下一回有更好的因應策略，而不是在實習時怕影響自己的實習分數，而文過或委過，這樣所造成的錯誤更為棘手！

　　諮商相關科系大學部的學生，通常在大四時會開設一門「諮商實習」的課程。「諮商實習」一般分㈠、㈡兩部分，分別在大四上下學期開課，但是許多科系只將「諮商實習」㈠列為必修，沒有要求學生也必須修習「諮商實習」㈡，我在屏東教育大學任教十多年來，也只記得開設過兩次「諮商實習」㈡，但是來修課的同學基本上是相當有熱誠的，而絕大多數也進軍研究所、投考諮商師執照。雖然大學部同學在專業理論與技巧上都還在學習階段，可能不夠純熟，但是可以藉由「實習」與當事人做第一類接觸，其實是專業成長最重要的途徑，也是相當寶貴的經驗。當然除了正式的「實習」課程，大學部學生也不應該自嘆弗如，可以參與校外的訓練（如張老師訓練）或活動（相關研習或演講）、從事義工工作（包括認輔、服務等），也都可以拓展自己與人接觸的經驗與視野，對自己的專業與成長都是加數，也對申請研究所過程有加分效果！

　　實習過程中，新手諮商師不免會有一些焦慮或擔心，像是不清楚督導過程、擔心督導的評估、擔心督導關係、受督者未解決的衝突或個人議題等（許韶玲，2003），而這些都是專業養成之路必然會出現的情況，其實不必過度焦慮，不妨將其視為挑戰與要克服的課題，即便是資深諮商師面對的也是新的當事人與議題，也依然會有焦慮或是陌生感，卻不會因此而減少助人的熱誠與努力。

督導角色

　　實習過程中，在校督導與駐地督導會做密切聯繫、了解學生實習的情況，「在校督導」還負有「守門人」（gatekeeper）的職責，也就是實習學生的情況會影響日後該機構是否願意繼續接受我們系所的實習生？而「駐地督導」因為事關其機構或學校內學生的福祉，更是會謹慎小心！不同學派或背景的督導，可能有不同的督導風格與重視事項，但是一般說來，督導除了「監督指導」實習生的工作之外，還兼負著其他角色，包括老師、諮詢顧問、諮商師、教練、楷模或父母的角色，受督導的實習學生要有「不恥下問」的精神，主動積極的學習態度，也以督導作為學習的楷模，不要將自己侷限在小小的輔導室

裡，要願意踏出去、接觸不同的個體與人群，也宣導諮商專業，讓助人專業可以更被一般大眾接受。

此外，有朝一日成為執業諮商師之後，除了專業成長上仍需要有督導的協助之外，也可能成為實習諮商師的督導。許多諮商師成為督導之後，基本上是沿襲自己之前的督導模式進行督導工作，或是以自己熟悉的理論取向為督導的理念基礎，然而也需要了解督導的一些發展理論，讓自己的督導工作更專業而有效率！

 專業證照考試

碩士課程畢業之後，只是取得了基本考照的門檻，之後要通過國家「諮商心理師」的考試，才可以取得執業資格，當然接下來就由市場機制來篩選或決定。許多諮商師為了讓自己的能力提升以及專業加強，還特別修習了特殊取向的證照（如精神分析、完形、心理劇、溝通交流分析、現實治療、理情治療等），或是針對某特殊族群（如青少年、女性、少數族群、身心障礙等）參與特別課程或訓練，而取得相關證明。不管是分類或是族群不同的領域，也是國內諮商專業發展的未來趨勢（林家興，2009）。證照的意義有二：㈠作為諮商師專業執業的決定與約束，也明確指出擁有諮商師執照者的執業範圍；㈡是為了一般社會大眾的福祉，確保該執業者業已完成最低限度的教育訓練、被督導經驗，以及通過若干評估與篩選，可以執行其相關專業業務（Corey & Corey, 2011, p.25）。換句話說，擁有諮商師證照表示諮商師本身受過必要的一些專業訓練，且通過最低限度的評鑑，可以讓一般大眾免於被不合格或未受最低必要訓練的諮商師服務。但是證照並不等於保證該諮商師「有能力」完成所規範的相關工作，也沒有具體說明該諮商師可以服務的族群或問題（Corey & Corey, 2011, p.25）。

專業證照考試只是成為諮商師的入門磚，雖然之前曾有諸多爭議，包括是否該同時舉辦「臨床專業」（如個案演練或是口試）的測試，但是考慮到所要花費的財力、時間與人力，最後還是先以筆試方式來篩選，而且是以通過最低

門檻制（各科平均六十分）的標準執行，接下來就是以「市場機制」（「顧客決定服務品質」）來做淘汰。有照的諮商師在執業期間，還需要滿足「繼續教育」的進修規定，在執照有效六年內需要完成最低時數的相關專業繼續教育訓練（其中包括倫理與法律十二小時），雖然沒有硬性規定也需要有督導、同儕個案討論等進修項目，諮商師也需要加入專業學會或團體、時時閱讀相關專業期刊與研究報告，必要時尋求諮詢或督導、個別諮商或治療，以及參與研討會或是相關會議，這些都有助於提升專業知能與聲望。

學習做諮商師的可能迷思

在大學階段，諮商相關科系的同學常常被外人誤解，而本科系學生也常常有錯誤的自我期許。錯誤自我期許的部分包括：選填科系時以為只要自己進入這個系就可以學會「測心術」（知道別人腦中在思考什麼）；學了一點點就用來賣弄（譬如以所學理論來解讀他人的行為、不管正不正確）；用所學來解讀自己行為（例如分析自己的某些行為是否為「不正常」）；認為自己不能協助他人就很挫敗、對自信的打擊；以為進入本系之後就是專業助人者、可以服務他人等。我這些年的觀察發現許多同學在正式進入諮商輔導課程的學習之後，發現所學不合自己興趣，甚至打退堂鼓的所在多有。被人誤解的部分包括：不知情的人以為同學一進入這科系就「應該」可以「解人疑竇」或「處理心理相關困擾」（就像是「認為」學佛的人「應該」有「佛心」來的）；只要本科系的同學做出「不同理」、「不協助」的行為就會加以撻伐（譬如「你們不是學輔導嗎？怎麼這麼自私？」）；將同學當作「專業人員」、或是傾吐對象等。而門外漢與學習諮商的人還有一個共同的迷思：認為「諮商人」應該都滿懷愛心、以助人為樂。但是實際接觸之後，卻有不同的感受；有人發現「諮商師」不慈祥和藹，有人發現「諮商師」竟然也有男生，也有人發現諮商師幫不了他（她）的忙！這也就涉及到每個人因為個性、經驗、訓練等的差異，其所展現的諮商型態也不一，因此不需要對諮商師有這樣不切實際的期待。

許多諮商相關科系的學生在慢慢學習專業領域的知識之後，也會變得更謙

虛，知道自己所學不足，而從學習諮商的過程中，也對於自己與人性更了解，清楚諮商這一專業的使命與責任。因爲若干學校還保留「甄試」的方式篩選學生，因此曾有同事問我：「要怎麼樣的學生才有成爲諮商人的『質素』？」我沒有答案，因爲基本上願意與人接觸、關懷他人福祉、希望世界因此更美好就是諮商人的「質素」，而這些也是可以經由經驗與訓練而成的能力。以前我在學習過程中，碰過不同動機來學習諮商的同業，有些是希望以助人爲職志、有些是因爲要解決自身與其家庭的問題或創傷、有些則是不知爲何就進來這一行了。

 ## 新手諮商師的迷思

　　Jordan與Kelly（2004）調查新手實習生的擔心可以歸類爲十五項，第一順位是對於自己能力與效能的擔憂（占三成六），其次爲「符合實習要求與自己的準備度」，擔心自己的前途與實習地點更居次，而對於督導部分沒有什麼特別的焦慮。當實習生面對當事人時，有五個主題與專業成長最相關、也最突顯：專業身分、個人反應、能力、督導與諮商哲學，也就是實習生在實習過程中可以從自我內在覺察與他人互動中學習更多，也開始印證與試驗自己在專業上的表現，對於自己的專業身分發展相當重要（Howard, Inman, & Altman, 2006）。許韶玲（2004）從現象學角度來看實習生的觀點，探索實習生在接受督導時「隱匿而未說明」的情況爲何？她發現實習諮商師在督導過程中的焦慮與防衛最常見，不敢在督導面前道出的有疑問、情緒、對督導之評價（或感受）、需求或期待、體會與收穫、個人問題與狀況、遭遇的困難、以及與個案有關的資料（pp.114-116），其內涵則以「與督導的互動」相關的資訊不談者最多，可能礙於督導者爲評分者與專家（權力）的角色。

　　許多初學諮商的同學會告訴我：「我什麼都不會。」我的回應有兩個：㈠承認自己「什麼都不會」需要很大的勇氣，但是這也表示同學「虛心」願意學習的動機；㈡「什麼都不會」是一個迷思，即便同學認爲自己在助人專業上的經驗是「零」，但是事實卻非如此！因爲對於「學習諮商課程」可能是開始，

但是每個人都已經達到成熟的年齡，之前也有過生命經驗，因此「諮商」的「準備度」是綽綽有餘！以往的生命經驗與各種學習都可以是學習諮商的「資產」或是「墊腳石」，一點也沒有「枉走」。

我在帶領學生實習時，也發現學生常常會有一些擔心包括：希望可以討好當事人或被當事人喜歡、害怕當事人不出現或不再出現、無法處理非自願性當事人、擔心自己處理不當或可能傷害了當事人、無法辨識與處理危機、不知道該在何時使用何種技巧、誤以為「技巧」等於「專業」、擔心當事人認為自己不夠專業、甚至認為諮商是自己獨力一人的工作等等。這些擔心與焦慮都是正常的，然而隨著時間與經驗的累積，新手諮商師會慢慢成熟，以上的這些焦慮也會減緩。針對新手諮商師的一些迷思，Corey（2005, pp.28-34）提到新手諮商師會面臨的一些挑戰包括：處理自己的焦慮（擔心與當事人間的不確定未來、以及自己的專業能力）、自我剖白的程度、完美主義（害怕犯錯、未能處理好當事人問題）、對於自我能力的了解、如何處理諮商過程中的沉默（或了解沉默的功能）、對於當事人的要求該如何應對（需要討好當事人、或讓當事人喜歡自己）、對於不肯承諾的當事人應如何處理、是否能忍受曖昧不明的情況、太擔心當事人的情況（將當事人問題個人化、或是將當事人問題帶回家）、如何展現適當的幽默、該如何與當事人分攤責任、如何避免太早或太容易給建議、自己成為一位諮商人的定位是如何、如何適當使用諮商技巧、如何發展自己的諮商型態，以及如何做自己與專業助人者。Nystul（2006, pp.81-87）提到新手諮商師的一些常見問題，包括：聚焦在當事人所提出的第一個問題，忽略了一些身體與醫學上的線索（認為諮商是唯一解決之道），企圖拯救當事人脫離苦難（像是為當事人掛保證、提供立即的建議、或是阻止當事人有強烈情緒表現），有完美主義傾向（害怕犯錯或讓自己難看），有不切實際的期待（像是認為當事人應該會有進展），容易被最新進的技巧所困惑（將其使用在所有當事人身上），在諮商過程中迷失（像是當事人談論太多不同的議題、諮商師認為自己沒能幫上忙），使用不適當的用詞（像是「我知道你／妳的感受」）或問太多問題，太渴望協助當事人（像是諮商師比當事人更努力），想要被當事人喜愛，捲入情緒之中，太個人化，不能區分正常與不正

常（像是未能判定當事人的情況是否應該住院治療），不確定應否自我揭露或保密，以及不熟悉多元文化與議題。

新手諮商師常常誤解「價值中立」這個名詞，以為擔任治療師就應該「無血無淚」、很「客觀地」聽取當事人的故事，然而在本書開始我已經說明「價值中立」是不可能的，諮商師也不可能毫無情緒，因為基本上諮商師所接觸的都是在生活上已經面臨瓶頸或是困阨的當事人，所聽到的故事當然也不是賞心悅目，因此不動感情是不可能的，但是要隨時覺察，以免讓自己的價值觀或是個人經驗影響了當事人的福祉。有些新手諮商師常常會將治療成效視為自己的單一責任，其實在治療中，責任是會轉移的，也就是諮商初期是治療師擔負大部分的責任，然而進入諮商中期則是將責任慢慢移轉到當事人身上。這也說明了現代心理治療裡的「平權」關係，諮商師很重要的職責是「讓當事人成為治療過程中的積極主動參與者」（Corey, 2001, p.23），也只有當事人的主動參與，改變才更為可能。

光說不練假功夫

「世界觀」是指一個人對於人性、世界與自己所生存的世界之一些相關的信念與假設（Koltok-Rivera, 2004, cited in Utsey, Fisher, & Belvet, 2010, p.182）。不同的諮商學派或取向，都有其人性觀與世界觀，或是對於人類困境與問題的不同解讀，而每一個學派或取向也只說明或解釋了「部分」的事實或原因，加上實務與經驗的淬鍊，即便是同一學派或取向的心理專業臨床人員，對於理論與技術的應用也會有自己一套的詮釋與作法。

諮商理論與技術的課程，基本上會按照「由淺入深」、從基本到個別的次序來安排，讓學習者可以從最基本的入門介紹，慢慢可以區分學派或取向，然後做更深入認識。只是諮商學派與取向太多，並不是靠四年或是兩年研究所課程可以完全含括，大部分學校的相關系所只是按照師資專長與學生的「選擇」，做若干學派的課程安排與調配。前者按照教師專長開設某些取向或學派課程問題不大，較常開設的課程像是「人本取向」、「認知行為治療」、

「現實治療學派」或「家族諮商」；後者是依照學生的選項來開設，變數就比較多，系所因為有成本控制的問題（如校方要有十五人或五人以上選修才「符合」開課成本），基本上會先讓學生「預選」，看看哪些派別學生較有可能選修？只是學生還受到幾個因素的影響：一是選課時數多寡（若自己已經超修，就不可能加選）、上課時段（有些是與必修衝堂，學生當然只好以必修為先；有些學生不喜歡週三或週五上課，週三是個「小週末」、週五則是準備回家度假）、上課教師（若是學生不喜歡的教師上課，當然很少人選，影響的就是課開不成）等。要解決這樣的問題當然還是有辦法，學生可以跨校選修，學分照樣可以承認，但是這樣的安排還是會有一些問題存在：其一，學生要來往奔波，容易有一些意外發生；其二，一位老師當然希望負擔越少越好，因此選修人數增加其實就是增加「麻煩」，教師要批改的作業、控制上課進度就較有難度；其三，只有極少數勤奮的同學願意做這樣的努力，不是一般同學都願意做跨校選讀。

諮商理論與技術的學習光是靠上課就更不可能，因此最好是學習者隨著教師上課的進度學習，也要做充分閱讀的功課，教師所開的一些參考書目最好都瀏覽一遍、或是配合上課進度做補充閱讀。當進入不同取向或學派的進度（或課程）時，也可以去找原創學派者的作品來閱讀，甚至是閱讀他們處理案子的逐字稿，更可以了解此學派之真髓。若是學習者對於某一學派特別感興趣，不妨請教老師建議一些書單、或是自己上網找資料來閱讀，當然參加相關學派或取向的工作坊、研討會或是課程也是相當有幫助的。不過，就我對於大學部學生的觀察，絕大部分學生若非任課教師要求選擇外文指定教科書，基本上不願意碰觸外文書籍或期刊，而如果選擇翻譯的參考書為指定讀物，可能礙於翻譯與文化的問題，對於該理論的理解就打了折扣！

在學習諮商理論與技術初期，許多人很容易將不同學派的立論攪混在一起、辨識力較低，但是隨著閱讀、上課與經驗的增加，基本上會將這些取向做基本的區辨。我常常提醒同學：在兩種情況下必須要買書，一是此書值得一再閱讀，因為每一次閱讀會有不同的領悟與理解；另外是「讀不完」、卻又很重要的書，所謂的「讀不完」是因為像某一學期老師規定的指定參考書，即便授

課教師將內容全部都瀏覽過或按照進度上完了，但是「船過水無痕」，學期一結束，學生自己發現沒有學到什麼、或是回想起來沒有深刻印象，這就表示讀得不夠完整，因此需要買回來好好閱讀。諮商理論的書籍也一樣，可能是授課教師某一學期採用了哪一本書作為指定閱讀，但是學習者卻無法詳細讀完、吸收了解其真義，很擔心一學期結束，這本書也不可能再去翻閱，那麼就留下來、好好依照自己的步調做完整的閱覽。我自己的經驗是：有關諮商理論與技術的入門書都借來翻閱，一來可以讓自己更了解每一位作者所說的是不是同一回事？我的理解有沒有錯誤？或是只看一位作者的解釋仍不清楚，多看看其他作者的，可能就會理解；有關理論的書，我都可以一再翻閱，每一次閱讀也會有不同的理解與收穫！

此外，各學派可能有其特殊的介入技巧，但是技巧是可以跨取向使用的，而諮商技巧若是不能依不同的當事人與其脈絡做打造與改變，基本上就是無用無效的（Corey, 2001, p.26）。許多諮商師在經驗累積之後，也會修改或創發不同的諮商技巧，不會拘泥於原來的模樣，主要因素就是配合不同的當事人與情境而發展；而對待每一位當事人也不應以一種制式的態度與作法、或是一樣的介入處置方式，畢竟每個人的問題不同，其形成的背景脈絡不同，而個人的解讀與在乎的也不一樣。

家 庭 作 業

1. 給自己五分鐘寫下來為何想要成為諮商師？然後與一位伙伴討論這些想法。
2. 訪問一位有照的諮商師，請教其一路走來影響其最深刻的一些生命經驗，而這些生命經驗與其選擇助人專業如何連結？
3. 與一位同學討論你對於人性的看法為何？一般人所面臨的問題其可能原因為何？

第二章

諮商倫理與實務

　　每一行業都有其專業（工作）倫理作爲最基本的行爲標準，主要是用來約束這個行業的成員，在擔任相關業務時謹守的分際，舉凡公務員、教師、司法人員、醫師或護理人員等等，因爲影響層面更大，對於本行的專業倫理更是要遵守。只是一般的法律是規範國民行爲的最低準則，專業倫理所規定的也只是「最低」的職業行爲標準，而「最高」的專業倫理是無人可以規範的，全靠個人的道德修養來決定。倫理有「法定倫理」（mandatory ethics）與「渴望倫理」（aspirational ethics），前者是最低標準、硬性規定的、有罰則或是法律約束力，是聚焦在「行爲」上，後者則是專業人員所尋求的最高標準，與個人想要發揮的程度有關、沒有上限，專業人員的倫理覺察與問題解決技巧是決定其專業行爲最重要的因素（Corey, Corey, & Callanan, 2007）。Bond（2010, pp.41-54）分析專業倫理的來源有個人倫理（個人的道德準則與價值觀）、治療模式所隱含的倫理與價值觀（採用治療取向內的價值觀）、機構政策、專業倫理與指標、道德哲學以及法律，而Welfel（2010）還加上了對專業倫理方面的研究。

　　倫理是有關人類行爲、道德決定與人們該如何彼此對待的規範（Herlihy & Remley, 2001），一般的助人專業倫理蘊含有幾個道德原則，它們是尊重自主、對當事人有益、不傷害、公平正義與誠信，通常這些原則在某一特殊情況之間會彼此較勁，產生所謂的「倫理兩難」（Herlihy & Remley, 2001, p.71），此時就需要諮商師作明智的判斷。一般的專業倫理包含五個面向：㈠有足夠的知識、技巧與判斷力，運用有效的處置；㈡尊重當事人的尊嚴與自由；㈢負責地使用專業角色所賦予的權力；㈣行爲表現可以提升公眾對專業的信心；㈤將

當事人福祉列為專業人員最優先的考量（Welfel, 2010, p.5）。倫理的規範主要是：㈠教育諮商專業人員與大眾有關此專業的責任；㈡藉由倫理規則的執行，提供此專業的基本可信度，保護當事人免於受到不合倫理行為的傷害；㈢提供專業人員執業的反省與改進基礎（Herlihy & Corey, 1996, cited in Corey, 2005, pp.38-39）。

 ## 專業倫理的必要性

所有心理衛生專業的倫理都強調幾個要項：當事人安全、專業能力與執業適當性、尊重當事人不同的生活型態與信念、尊重當事人的自我決定權、禁止剝削當事人、訂立契約、保密原則、以及維持專業聲望（Bond, 2010, p.57）。諮商是一種專業，因此也有專業倫理的約束，入門的準諮商師都需要修習「諮商專業倫理」這一門課程，了解到專業倫理所規範的只是最基本、最起碼的約束，而在需要實際倫理判斷的時刻，諮商倫理就是最基本的「指導原則」，不是像食譜一樣實際的執行方針，因此在實際專業上視每個諮商人想要成就的不同（因為「道德」沒有上限）。我國的心理諮商師專業倫理規範的內容大致可分為幾大項，與美國諮商師協會所規範的大同小異，唯一較不一樣的是：美國相關助人專業倫理還受到法律的規範，因此執業的專業人員（包含實習生）都需要保「責任險」（liability insurance），以防萬一消費者因為諮商師執業失當或有疑慮而做傷害提告，我國將心理諮商師列入「醫療（事）人員」，卻沒有相關的法律來保障消費者與諮商師權益，的確也是需要評估與檢討的問題，目前國內已有類似這樣的提案在醞釀，相信會讓所服務的大眾對諮商更有信賴感。

美國的醫療體制較為完整，像是以十五年前的德州為例，對經濟弱勢族群除了健康保險之外，還附加每年三十次免費的心理諮商時數（每次費用補助將近六十塊美金），兼顧了生、心理的健康照護；我國目前有台北市立聯合醫院的松德院區，以相當平價的付費，提供心理衛生服務，只是能支持多久，還要靠財務與其他資源的情況而定，當然我國的健保制度照顧了絕大多數的民

眾，只是將心理治療也納入健保給付，一則負擔過大，可能會讓健保無法持續下去、面臨破產，二則就如同美國的制度一樣，需要讓其他相關心理衛生機構（包括私立）介入，可以照顧到更廣泛民眾的需求。

美國諮商心理學會專業守則

美國諮商心理學會（American Counseling Association）在2005年所公布的專業倫理（Code of ethics, pp.4-19）裡面，主要針對以下幾項做規範：㈠諮商關係——包括當事人福祉的維護（紀錄的維護與保密、知後同意的必要性、文化與發展的敏銳度），避免傷害當事人與強加價值觀（諮商關係的規定、諮商師在不同諮商情境的角色與責任、諮商師是代言人、對臨終病患的照顧）、終止諮商與轉介、特殊技巧的介入與使用科技相關議題；㈡保密、溝通特權與隱私——包括尊重當事人權益（保密與尊重隱私權、文化與差異的考量）、保密的限制、資訊的分享、團體與家族諮商的相關議題、紀錄的維護與釋出、研究與訓練相關規定、諮詢注意事項；㈢專業責任——包括諮商師的能力與限制、廣告與顧客招徠議題、諮商師的資格（如證書、教育背景、不能歧視）、社會責任；㈣與其他專業人員的關係——包括合作與保密議題、諮詢的考量；㈤衡鑑、評估與解釋——包括以當事人福祉為優先、施測能力與解釋、資料提供給合格專業人員、診斷與多元文化、法院評鑑等議題；㈥督導、訓練與教育——包括諮商師為何需要督導、督導責任、督導資格與關係、諮商師教育者責任、學生責任與評估；㈦研究與出版——包括研究與出版須注意事項、研究參與者的權益、研究關係等；以及㈧專業議題的解決——包括諮商師須了解自己參與相關學會的倫理規定、當倫理與法律有衝突時的解決方式、懷疑有違反倫理之可能時的處理。

ACA在首頁（p.3）說明專業守則的目的為：㈠讓學會本身可以讓目前與未來會員，以及所服務的民眾，清楚諮商學會會員的共同倫理責任；㈡這份守則也支持學會的任務；㈢規範建立一些原則，定義學會成員的倫理行為為何？以及最佳的執業行為為何？㈣規範如同倫理指標，協助會員建立專業行動步驟

來爲使用諮商的民眾做最佳服務，同時提升諮商專業的價值；㈤規範也是對成員的倫理申訴或質疑過程的基礎。換句話說，諮商專業倫理的目的是告知諮商學會成員與使用諮商服務的大眾，諮商師需要遵守的共同倫理，不僅提供民眾最佳服務，也提升專業形象。

 ## 我國的專業諮商倫理

　　諮商師面對的對象是人，因此基於珍惜生命的最高原則，諮商師所採用的治療與相關過程，自然需要有一些嚴格規範，以免因爲不小心或疏忽而傷害當事人，目前我國諮商師學會也在準備推廣諮商師的執業保險，進一步保障當事人的福祉。我國諮商師專業倫理（以台灣輔導與諮商學會所訂立的爲代表）的內容，與ACA所規範的相似，除了「總則」說明諮商目的、專業人員的責任等之外，主要分爲「諮商關係」（包括諮商師與當事人的責任與權利、諮商關係與保密）、「諮商師責任」（包含諮商師的能力與限制、以及社會責任）、「諮詢」（諮詢意義、能力、限制與收費）、「測驗與評量」（所需能力、注意事項與測驗解釋）、「研究與出版」（以人爲研究對象及出版的注意事項與責任）、「教學與督導」（所應遵循的倫理、督導關係與責任）與「網路諮商」（運用網路提供諮商服務的相關規定，包括避免傷害、網路安全與要注意的倫理與法律）等部分。茲將一般諮商倫理重要議題分述如下：

　　一、以當事人權益與福祉爲第一優先：不傷害當事人、知後同意（得到當事人的書面或口頭同意，包括錄音、發表研究報告或論文、使用新的治療方式或技巧）、保密原則（不傷害當事人與其他人的情況下）、雙（或多）重關係（除治療關係之外，其他有害於治療或當事人福祉的關係都不該有）。曾經有諮商師認爲當事人有自殺危險，因此啓動危機處理機制，也通知了當事人的法定監護人，但是卻引起當事人的反彈，認爲諮商師未遵守保密協定，對諮商師相當不諒解，我居中斡旋，將自己的想法轉達給當事人了解，因爲我認爲諮商師當下的處理是正確的，加上生命是最重要的考量，因爲當事人所提供的訊息足以讓她做這樣的判斷與決定，當事人才稍稍釋懷。此外，像是在學校工作，

有時候學生會對學校政策或是教師不滿意，然而這些訊息應該不會出現在學生的紀錄上，或者轉介教師來詢問時，諮商師都要注意措辭與所提供資訊的適當程度，因為諮商目的是要讓學生在校生活更好，而不是更艱困。這些也都是為了當事人最佳福祉考量的作法。

二、**保密原則**：這也是維護當事人權益的必要，同時也是建立治療信任關係的關鍵。縱使在與成年當事人晤談前，可以在諮商契約裡說明保密的原則與例外，再則，當事人有自傷或傷害他人的潛在危險（包括法定的傳染疾病），就不在此列；而當事人若是實習生，在督導的協助下，有時與督導討論個案，也不在保密之列，然而也都需要當事人的知後同意。倘若當事人是法律上所規範的「弱勢」（如未成年、無行為能力等），有時候需要獲得監護人的知後同意後才可以進行治療，但是諮商師對於當事人的保密是否就要打折扣？或者當事人是被法院強制治療的，治療師在保護當事人隱私與法院的強制了解之間也需要取得平衡，這些都是需要注意的。還有，在進行團體諮商或治療時，保密的確是很重要的關鍵，管理得好有助於團體凝聚力，萬一失當，就可能危害成員，因此Nystul（2006）提醒治療師還是要以當事人的福祉為優先考量。舉例來說，在大學校園內同時擔任教師與諮商師，我在初次晤談時就會跟學生說明：「如果我們在校園裡相遇，你／妳可以不跟我打招呼，因為可能你／妳當時跟其他同學一起，對方會質疑我們的關係，可能就曝露了你／妳曾經求助的事實、妨礙了保密原則，除非你／妳沒有這一層顧慮、願意跟我打招呼，我就會回應。」保密還涉及當事人的資料、紀錄之保護，以及做研究要注意勿洩露可認出當事人身分的線索等。諮商師最好先弄清楚或了解相關的一些法律，免得因為責任之間的衝突造成保密的誤判（Corey et al., 2007），我國諮商師法也規定諮商師需要接受最低限度的法律與倫理繼續教育時數，其用意在此。

三、**雙重或多重關係**：基本上治療師要儘量避免與當事人之間有治療以外的關係，主要是因為治療師的地位與立場是較為權威（有權力）、被仰賴的，容易剝削當事人或誤用權力（Herlihy & Corey, 2006），影響其判斷力、也未能提供有效的服務，因此諮商師必須要負責任地使用其權力、是讓當事人信賴的，同時尊重當事人的尊嚴與自由，有足夠的專業知能與判斷力、提供有效的

服務（Herlihy & Remley, 2001）。倘若治療師以私利爲出發，自然就會賠上當事人的福祉，因此應該儘量避免雙重或多重的關係，特別是性關係。美國的諮商師法明定治療師與當事人間的性關係是違法的，也是男性治療師最常被提告的項目（Corey et al., 2007）。女性主義治療師沒有特別限定治療關係之外的發展，是因爲此取向的治療目標是讓當事人也可以發揮力量，成爲改革社會的一分子。然而有時候是小社區（包括學校）的限制，治療師同時也可能是教師、督導或是社區裡（如教會、家長會）的成員，這樣的雙重或多重關係就很難避免，因此治療師本身要負最大的責任，爲適當的「界限」把關，最好的方式就是對自己誠實、自我檢討治療師行爲對當事人的影響爲何（Corey et al., 2007, p.262）。

Herlihy與Corey（2006, pp.191-194）特別提醒諮商師：⑴多元關係幾乎影響所有的心理衛生執業人員；⑵大部分的專業倫理都會提醒該領域的成員小心雙重關係的形成，但是卻沒有進一步知會這些關係的複雜性；⑶不是所有的雙重關係都可以避免，也不是所有這樣的關係都是有害的；⑷多重角色關係挑戰我們的自我監控能力，以及檢視我們執業的動機；⑸不論何時當我們考慮要進入多元關係時，最聰明的方式就是去諮詢信任的同事或督導；⑹幾乎沒有絕對的答案或方式，可以解決多元關係的難題；⑺當決定是否進入多元關係時，應以當事人或所服務的對象的福祉爲考量，而非保護治療師自己；⑻在決定進入多元關係前，要先考慮其潛在益處是否多於害處；⑼諮商師教育訓練課程應介紹界限議題，並與學生探討多元關係的議題；⑽諮商師教育訓練課程或機構有責任發展出一套屬於自己的原則、政策與過程，來處理課程內多元關係與角色衝突的問題。有關更多諮商場域可能出現的雙重或多重關係，可以參見Herlihy與Corey（2006）所著的《諮商中的界限議題》（*Boundary issues in counseling*）以及Corey等人合著的《助人專業的議題與倫理》（*Issues and ethics in the helping professions*）（2007）等書。

　　四、諮商師的專業責任：諮商師除了接受適當訓練、通過必要考試、拿到證照、與接受繼續教育之外，諮商師對於自己可以提供的服務範圍與能力要很清楚，必要時（如有利益衝突、雙重關係，或有其他專業人員可以提供

當事人更好服務、治療效果不佳或進度緩慢時，以及當事人有必要接受其他服務時）做轉介動作。諮商師每一回所遭遇的當事人可能都是治療師第一次面對的問題，不能因為自己沒有經驗而轉介所有的當事人（Corey & Corey, 2011, p.120），這樣不僅自己沒有機會處理不同個案，也無法磨練與累積自己的專業實力，因此治療師最好也要明白為何作轉介的原因。能力是一個過程（Corey & Corey, 2011, p.119），許多諮商師都是從新手慢慢磨練成熟，因此準諮商師也不需要妄自菲薄。但是對於自己沒有的專業、未能達到的療效，都不能妄加宣傳或使用，治療之持續與否，也要以當事人最佳福祉做考量；其他像是測驗的使用與解釋等，都需要經過完整訓練之後才可以運用。Corey等人（2007, pp. 194-198）列出了一些治療師較常遭遇的訴訟問題，基本上就是違反專業行為的，像是未能取得或紀錄「知後同意」書，拋棄當事人、使用特殊的治療方式（未知會潛在危險性）、超乎自己能力之外的執業行為、錯誤診斷、當事人壓抑或錯誤的記憶（特別是在性侵或創傷案件中發生）、不健康的移情關係（治療師未能有效處理）、與當事人的性關係、未能控制危險當事人（可能危及他人或大眾）等，而在面對配偶或家族、團體治療時，有更多的倫理議題需要注意（Welfel, 2010）。倘若諮商師處理危機個案（像是自殺或性侵），最好的方式就是「記錄」所做的一切，這樣不僅可以了解處理危機時所做的必要措施，也維護了諮商師的權益。諮商師的專業能力除了在專業行為的展現與判斷上，還包括自身的照顧（Welfel, 2010），畢竟諮商師所接觸的大都是在生命過程中遭受困挫的人，每天吸收許多負面能量，若是自己沒有好好照顧自己，其展現的專業也會令人存疑。

五、尊重也接納多元：身處多元文化的現代，治療師本身不能對不同種族、語言、性別、膚色、背景、文化、教育程度、社經地位、價值觀、信仰、年齡、功能程度、性取向等的當事人有偏見或歧視，因為這些偏見會影響諮商師對於當事人的態度與處置。這也是諮商師必須要時時覺察、自我提醒的最重要目的，因為人難免有偏見或成見，只是很多情況下沒有機會做檢視的動作，除非自己親身經歷到，才可能做最直接的檢驗。拉到更廣的角度來看，我們每一個人都是特殊、與眾不同的，若是為了私己或我群的利益，而刻意區分

你我，疏離、貶抑、欺凌或壓榨對方，是非常不人道的行為，況且許多的「不同」是天生、不可能改變的，如性別、膚色、身心障礙等，誰又希望生成那樣？治療師也要尊重多元，對不同文化背景的當事人要尊敬，也對文化相關議題（如種族、語言、價值觀、性傾向、社經地位、宗教或靈性需求等）保持敏銳，同時覺察文化與社會力量對於個人生活的影響，也留意自己可能的偏見或歧視（Nystul, 2006）。當然多元也包含主流文化與非主流文化的權力與社會議題，像是男性與女性、異性戀與非異性戀、本土與新住民、成人與孩童、社經地位高低等，諮商師不能是「文化盲」（將所有文化視為一樣），也要注意不同背景的當事人或族群在目前社會中的地位與被對待方式。即使是在做多元文化研究，也強調必須要秉持著謹慎、正直、尊重、善意、崇敬、參與社區的態度（Trimble, 2010, p.159）。在美國本土的諮商守則裡很早就規範這一條，我國的種族類別雖然不若美國那般多元，但是還是由不同族群（閩南、客家、外省、原住民、新住民等）、性別、社經背景、城鄉地域、性取向、年齡、信仰、能力程度等等的民眾組成，因此多元文化的議題還是存在、也需要重視，像是一般人對於女性會假設其是「照顧人」的角色，而對於「母職」的期待又較之父職更多。

可能遭遇的倫理議題

專業倫理有其限制，其一是要含括範圍很廣，因此其運用在任何一種場所都是有限的；其次，專業的變化很大，常常需要做修正（像是網路諮商的出現、愛滋病對諮商專業的影響）；再者，組織內（如心理學會、諮商學會或社工學會）所發展出來的專業守則，有其價值觀與優先順序，偶而也與其負責人有關，因此可能會涉及自我利益與大眾福祉間的妥協，不是那麼地理想；而有時又規範太細膩（像是否可以以物易物），似乎又偏離了主要問題（如提升社會利益的專業責任）（Welfel, 2010, p.11）；儘管法律是社會大眾的規範，但有時候諮商師或心理師為了當事人的福祉會寧可犯法，這就是不同專業源自不同文化與哲學觀點時可能會產生的一些衝突（Welfel, 2010, p.23）。我在前

面提過，雖然在諮商師訓練過程中修過諮商專業倫理的課程，但是這些都只是「預備」知識而已，沒有實務經驗的準諮商師很難「意識」到哪些情況有倫理議題出現？直到自己進入臨床現場，才會慢慢警覺到論理議題幾乎無所不在，因而專業的判斷能力就非常重要。我在以下篇幅裡會舉出一些常見的倫理議題，提供給準諮商師去思考：「如果我碰到這樣的情況，該怎麼做？」

一、關於專業治療關係

1. 是否可以同時擔任一位當事人的個別與團體的諮商師？會不會在團體中不小心洩漏當事人的隱私資訊？會不會讓當事人覺得諮商師與他／她的關係與其他團體成員不同？如果諮商師堅持「客觀」、「等閒視之」，當事人的感受會不會因此而受到影響？如果諮商師是分別擔任當事人與其伴侶的個別與配偶治療師呢？有沒有其他的特殊考量需要注意？

2. 當事人需要許多的支持，而在諮商時段之外，當事人邀請諮商師出席某些聚會，表示對他／她的支持，諮商師該怎麼辦？在做拒絕與參與的決定之前，諮商師要有哪些考量？

3. 有位學生來尋求諮商協助，諮商師需要考量哪些議題？即使目前學生沒有上諮商師的課，但是以後很可能有機會再度遭遇，諮商師可以接這個案子嗎？

4. 有位認識的朋友轉介一個熟識的友人來找諮商師做治療，請問諮商師需要考慮哪些議題？

雖然在倫理守則裡提醒諮商師要注意「雙重」或「多重」關係的可能性與危險，但是現在的治療關係不像以往那麼僵固、嚴苛，而是有適度的彈性，但是其「適當性」如何，還是需要諮商師的專業評估，像是美國諮商學會規範治療師不能與結束治療兩年內的當事人發展親密關係，問題在於「何時才算是治療結束？」就很難判定（Corey et al., 2007, p.301），主要是治療關係中本來就存有「權力差異」（power differential），而其所發展的親密關係通常是「單向」的，這些都會造成可能的傷害（Herlihy & Remley, 2001）。有些小社區或是大學城，諮商師可能擔任諸多角色（如教師、諮商師、督導、或是社區

發展委員）是不能避免的，因此諮商師就要特別留意可能的多重角色與其潛在問題，以前會限制諮商師不能與當事人發展治療之外的關係，但是目前諮商師還是弱勢或社會行動的代言者，與當事人或是當地社區人士的關係就不是如此單純，偶而還會遭遇到當事人無力支付諮商費用，卻又無其他可行之轉介管道，可能就會有「以諮商交換物品或是其他服務」的替代方案，或者是因為文化禮儀的考量，可能與當事人間會有互贈禮物的情況發生，甚至要與當事人在治療室以外的場域碰面，只要不違反（violation）專業倫理，偶而的「越界」（boundary crossing，就是角色改變）是可以被允許的，其最終指導原則還是「以當事人福祉為最優先考量」，治療師若有任何疑惑，尋求諮詢、督導或是同事與法律專業人士的意見都是很適當的（Corey & Corey, 2011, pp.263-272）。

　　與當事人間有性接觸或是發展親密關係是絕對不允許的，即便是結束治療關係之後，第一要思考的就是：這樣的關係是不是在剝削當事人？滿足諮商師本身的需求？有些助人專業倫理分別規定了結束治療關係後的二到五年，諮商師都不宜與當事人發展專業之外的親密關係，而且只要被發現或檢舉，都可能吃上官司、喪失執照與工作，我國目前的諮商師法雖然沒有與法律同步，但是也會慢慢朝這個趨勢發展，不論如何，諮商師負有重要的專業與社會責任，最重要作決定的關鍵依然是諮商師本身（Herlihy & Remley, 2001）。

二、關於當事人福祉

　　1. 當事人要求拷貝一份錄音帶回家聽，因為他／她怕忘記諮商師所說的話，這樣的情況需要考慮哪些議題？

　　2. 當事人希望可以在正式諮商關係結束後，仍然有機會與諮商師連絡，因為當事人是經濟弱勢，無法負擔自費諮商，另外因為這位諮商師已經這麼了解其故事始末，他／她也不想從頭再來，對另外的治療師把故事又重複一遍，諮商師該怎麼做？

　　3. 身為諮商師，你／妳無意中知道某位同事在使用未經研究證實的新式治療法，而且與當事人有「不適當」的肢體接觸，你／妳該怎麼辦？

4. 你／妳聽到某位同事與一群實習生在談論一位「很特殊」的當事人，言語之間有嘲弄、不屑，你／妳該怎麼辦？

5. 你／妳的當事人未滿十八歲，但是你／妳發現她有自傷行為（或懷孕），但是當事人要求你／妳不能透露此訊息給家人知道，你／妳會怎麼做？

6. 你／妳是一位實習生，你／妳的一位當事人目前所面臨的情況很危急，你／妳懷疑當事人有自殺的可能性，你／妳詢問督導，督導說以前已經處理過，目前應該不需處理，你／妳會怎麼做？

諮商師最起碼的考慮是「不傷害」當事人，進一步才會思考該用怎樣的處置方式協助當事人，如何才是符合當事人的最佳福祉？像是協助當事人善用諮商、簽署「知後同意」書（載明諮商關係、當事人權益、諮商師背景、費用等）、為當事人保密、為當事人找尋他／她可以負擔的資源或協助等等。如果當事人想做自殺或結束生命的動作，諮商師也要願意與當事人開放討論，這也涉及諮商師的價值觀，但是只有諮商師願意與當事人開誠布公討論這個議題，才可以與當事人一起思索出最好的解決方式；治療師也是平常人類，若是遇到令人心儀的當事人又該如何？最好還是以當事人福祉為考慮，去思考「這些感受會如何影響治療關係」才是重點（Corey et al., 2007）。如果當事人未滿十八歲，有時候諮商師就必須考量「為當事人保密」與「讓家長或監護人知道多少」的情況，的確不太容易。

此外，倘若遭遇到有暴力傾向的當事人，諮商師該如何處理？首先理解其之前的暴力相關歷史是很重要的，而最能預測暴力的就是過往的暴力行為，同時諮商師也需要評估當事人目前行為、做決定的能力，以及社會穩定（social stability）程度如何？作為採取介入策略的參考（Herlihy & Remley, 2001）。

三、其他關於專業的議題

1. 你／妳知道有位實習生受到駐地督導性騷擾，但是實習生擔心萬一消息揭露，對方較資深、且有社會地位，不僅會讓他／她實習成績不及格，也可能會危及他／她在找工作或工作上的問題，你／妳該怎麼做？

2. 你是學校的諮商師，懷疑有位學生遭受家暴（因為身上常有不明傷

痕、學生又語焉不詳），你想要舉報，但是同時又知道校長與該生家長交情匪淺，萬一經由學校流程舉報，校長與家長一定知道是你，這樣會進一步危及學生安全，也對你自己在校立場不利，可是你又擔心不舉報學生會更危險，或是將來若發現你沒有做適時處理會遭受處罰，你該怎麼做？

3. 妳想要寫關於性侵害受害者的復原過程的論文，妳自己所接受的正式專業訓練中沒有這個課程，但是妳曾經參與過相關的工作坊與訓練，也閱讀過相關書籍，只是這是妳第一個真正接觸的受害者，妳該怎麼做？

4. 妳擔任一位碩生第三年實習的在校督導，駐地督導告訴妳她要「退貨」，因為這位實習生自己的問題未解、卻傷害了某位當事人，之前駐地督導也給過許多機會給該實習生，但是實習生改進不多，妳在之前也聽過實習生的哭訴，說她悲慘的遭遇，以及目前若無法完成學業的困境，身為在校督導，妳該怎麼做？

讀者諸君可以看出上面所舉的例子，都不是很單純，或是有唯一解決方式的事例，站在不同立場去思考，可以有更寬廣的視野與角度。諮商師教育者（counselor educators）或是諮商師本身也可能是訓練／教育者，因此持續充實實務上的專業是必要的，而擔任「守門人」的角色（gatekeeper's role）也相當重要（Corey et al., 2007），畢竟訓練出來的人員（諮商師）是要擔任影響他人生命或其品質的工作，不可不慎！因而品質管制方面，除了有相關機構把關（如衛生署、教育單位或學會）外，諮商師（教育者）也責無旁貸！一般的訓練課程都要縝密規劃、延聘合格師資，也要對產出有系統的評估制度，執業的諮商師通過證照考試只是最低門檻的標準，也有人質疑其適當性（Corey et al., 2007），因此諮商師有義務與責任維持及增強自己的專業知能，不僅提升諮商專業聲望與形象，也才不辜負服務的大眾。

諮商師的角色同時有很多，是諮商師教育者、教師、評分者、研究者、督導與諮詢者，有些角色可能是衝突的（如教師與諮商師、研究者與諮商師），在諮商師倫理規範裡都有提到執行這些角色時該如何、若有衝突時應該有哪些考慮的原則，準諮商師也該謹記在心、隨時翻閱，也讓自己與同儕有許多討論、分享的機會，同時不忘尋求相關專業、諮商治療師或律師的意見。

 ## 避免違反專業倫理的指導原則

　　儘管準諮商師在養成期間已經修習了諮商專業倫理這一門課，然而實際的專業倫理議題卻要在諮商現場才碰得到，也才能真正考驗諮商師的判斷力。在上「諮商專業倫理」的課程當中，授課教師也只能儘量以舉例方式來說明、分析或討論，然而許多倫理議題其實沒有「唯一」的正確答案，也有許多模糊空間，必須要仰賴諮商師的判斷力與執行，也因此在面臨倫理議題或是困境時，諮商師需要諮詢相關人員、有適當督導，或者是請教法律專家，進一步了解所涉及的問題與後果，同時採取適當行動。

　　儘管所有的準諮商師在正式考證照或是執業之前，都需要修習「諮商專業倫理」的課程，也有不少同行或是諮商師教育者出版了倫理書籍或相關的書籍與論文，但是需要倫理判斷的情境總是錯綜複雜，需要有許多思考與考慮面向，通常「上課」是一回事，要在實際實習、面對當事人時，才會真正面對「要處理」的倫理議題，而在此時專業助人者才會意識到倫理議題以及專業判斷的存在，但是要做專業的判斷真的不容易，也不是簡單的作法就可以解決。我在臨床實務中遭遇到需要做較難判斷的倫理議題時，通常是與同儕先商討，就教於有經驗的治療師或法律專家，若是還沒有頭緒，會進一步諮詢學會負責此領域的專家。

　　DePauw（1986, cited in Nystul, 2006, pp.40-41）提到避免違反專業倫理的一些指導原則：㈠諮商前──廣告的適當性、費用之清楚規定、提供諮商師能力與專業所及之服務、讓當事人了解可選擇之服務項目、避免雙重關係、清楚指出實驗治療取向並採適當防護措施、清楚說明保密的限制；㈡諮商中──謹守保密原則、必要時尋求諮詢、適當保持當事人紀錄、在當事人有自傷或危及他人時採取必要行動、了解有關虐童或疏忽個案的相關法律並通報；㈢諮商結束後──當事人在諮商結束時與結束後所關切的議題為何？治療師要提議結束治療或是轉介（若當事人已經不能在治療中獲益）？再來就是評估治療效果。

　　專業倫理基本上是約束該專業執業人員，也就是不違反現行法律，進一步

提升該專業的社會聲譽與地位，然而光是了解「諮商專業倫理」其實還不夠，我國的諮商專業人員在受訓期間沒有接受法律的相關知識，而是在「繼續教育」中規定這個條件（專業倫理與法律在執照有效期限六年間需要修習十二個學分以上），但是由於諮商心理師法與現行法律沒有實際掛鉤，因此諮商心理師若是違反倫理，也只是接受諮商心理師公會的評估與判定，對於當事人的權益沒有真正顧及，這也是未來我們需要努力的方向。倫理行為不光只是約束治療師對當事人，還有專業人員本身，因此倘若發現同業有違反倫理的可疑行為時，可以先提醒、勸告，若無效則需要諮詢督導或同事，最後則是請諮商學會相關負責單位做處理。

　　Corey等人（2007, p.20）建議幾個步驟可以協助治療師做更佳的倫理判斷：㈠認定有問題出現；㈡定義問題（與當事人合作討論）；㈢（與當事人一起）研究解決之道；㈣選擇解決問題的方法；㈤先預習整個問題解決過程，然後重新做選擇；㈥與當事人一起執行及評估解決方式與其效果；㈦繼續反省。Welfel（2010, p.30）提供了另一個模式：㈠發展專業倫理的敏銳度；㈡釐清案件中所涉及的事實、持股者（如機構財源提供者）與社會文化脈絡；㈢定義主要議題與可用選項；㈣參閱專業倫理標準與相關法律；㈤尋求倫理專業相關知識；㈥將倫理原則運用在情境中；㈦諮詢督導或同事；㈧仔細思考並做決定；㈨知會督導，執行與記錄作決定過程與行動；以及㈩檢討這個經驗。

　　要避免傷害當事人福祉，同時也避免違反專業倫理受到制裁，有一些建議可以提供：

㈠隨時複習相關的倫理議題，以及需要注意的部分。

㈡倘若遇有「可疑」或是覺得「不對勁」的情況，就要就近、儘快尋求督導或是資深諮商師的意見，必要時還需要徵詢法律專家的看法。通常發現「不對勁」的情況需要有一種「專業的直覺」，也就是鼓勵諮商師要「相信」自己的直覺。像是與當事人談話當中，「感覺」他／她處於當下這種狀況，「可能」會有輕生的念頭，諮商師就必須要很直接了當詢問當事人有無傷害自己的念頭，甚至已經有所行動？然後將自己所做的處理記錄下來，即便當事人沒有自殺舉動，諮商師還是做了預防的處置，這些不僅是

諮商師應該採取的專業行動，也可以作爲萬一當事人採取危險行動之後，諮商師可以保護自己的法律行爲。

(三)誠如上述，諮商師遇到任何「可疑」或是有可能危及倫理的事件（或狀況），都需要鉅細靡遺地記錄下來，可以記錄在當事人的紀錄裡，也可以放在機構的正式流程紀錄當中。

(四)相關倫理與法律的繼續教育是必要的，因爲這些課程或是工作坊裡可能都會列舉一些實際處理案例可供參考，而講師也可能是熟稔法律與專業倫理議題的專家，可以提供相當重要的諮詢意見。

專業助人者還有所謂的「社會責任」，包括遵守與維護專業倫理規範、爲弱勢或是不公義代言或發聲，甚至成爲改變的動力，而做「研究」不只是諮商師將臨床與理論做結合的最好途徑，也可以就社會制度與現狀做適當檢視與觀察，甚至爲弱勢與改變扮演「代言」及「促成」改變的角色。

家 庭 作 業

1. 與同學就一個未成年未婚懷孕案例進行討論，看看哪些議題與倫理有關？

2. 訪問有照執業的社區諮商師兩名，詢問其到目前爲止遭遇到最多的倫理議題爲何？

3. 請教在學校單位執業的諮商師：「你／妳發現最需要注意（或最常發生）的倫理議題爲何？」

第三章
動力取向的諮商理論

——精神分析學派、新佛洛伊德學派、與心理動力治療

 動力取向的基本理念

　　心理動力（psychodynamic）取向相信人類基本上是受到本身生理驅力與早期經驗的影響，潛意識的動機與衝突影響目前的行為，這些心理的力量（psychic forces）是非常強烈的，甚至讓我們以為是天生的衝動使然。傳統的精神動力理論，以佛洛伊德（Sigmund Freud）為代表，強調人的衝動主要是性慾與攻擊所主宰，但是後起的「新精神動力學派」（或「新佛洛伊德學派」），則加入了社會與個人化（成為「全人」whole person——的過程）因素，也就是不以「生理（物）決定論」為指標，雖然兩者還是強調早期經驗的重要性（Halbur & Halbur, 2006, p.42）。

　　動力取向的治療理論是許多諮商理論的先驅，也就是許多理論是從這裡開始衍生的，其強調當事人的「頓悟」，因此潛意識與早期經驗就是其治療重點（Corey & Corey, 2011, p.160）。

 佛洛伊德的「精神分析學派」

一、精神分析的理論基礎

　　許多的學派創始人，其生命經驗與所創學派的基本理念是有關聯的。精神分析學派（psychoanalysis）的創始者是佛洛伊德（Sigmund Freud, 1856-1939），其理論奠定了諮商與心理治療的基礎（Seligman, 2006, p.45），他成長在非常嚴謹又傳統的「維多利亞女王」時代，社會風氣非常保守，父權至上的文化氛圍，使得許多的箝制無形中讓生活在其中的人群感受到極大壓力。Freud在這樣的「性只能做、不能說」、女性被壓抑的時代背景下，他的理論會注意到「性壓抑」與「壓抑在潛意識底下」，就不言可喻了！有學者認為Freud猶太人的文化背景是塑造他理論的主要根源，但是他似乎沒有做這樣的連結（Robert, 1977; Roith, 1987, cited in Lemma, 2007, p.27），他是十九歲母親與四十歲父親所生的長子（其下還有七個弟妹，其中四位妹妹死於集中營），他對於Josef Breuer運用催眠與語言表達方式治療情緒失常者感到興趣，自己後來也研發了要當事人躺下來自由表達的「專注技術」，也就是「自由聯想」的前身。他第一次使用「精神分析」是在1896年所發表的論文上，他注意到「性慾」在人類生活的重要性，後來將焦點轉向嬰兒期的性慾與幻想，最後將「性」視為精力的來源；他也是首位提到兒童期性侵害的治療師，也認為「同性戀者」不應是病人，他鼓勵治療師做自我分析，也表示不需限制一般非醫學背景者參與精神分析師的訓練（女兒Anna Freud就是其一）（Seligman, 2006, pp.46-49）。

　　Freud認為人的行為都是由內在力量所引發、決定的，主要是受到性與攻擊驅力的驅動，而這些驅力基本不是在我們意識之內可以察覺的（Lemma, 2007），因此他也被稱為「決定論者」，我們不小心說漏嘴、夢境、或是一個不經意的動作，都透露了我們內在的想法或企圖（Liebert & Liebert，張鳳燕譯，1998/2002）。Freud的理論受到Hermann von Helmholtz的「人類乃一動力系統」（human was an energy system）理念影響，而更進一步將人類行為的

動機歸因爲潛意識動力所影響，加上Joseph Breuer所使用治療歇斯底里病患的「宣洩」方式（讓個人的生理動力可以聚焦在某人、某物、某想法或是自我的一部分上面），而佛氏還發展了「自由聯想」爲治療工具（Arlow, 1979, cited in Gilliland, James, & Bowman, 1989, p.10），其主要功能就是「讓潛意識素材意識化」。

(一)人性觀

Freud的人性觀是「生物決定論」的，Freud認爲所有人類都是趨樂（生物性的驅力）避苦的（Gilliland et al., 1989），而企圖在社會的約束下，在其動物本能與尋求快樂的衝動之間取得平衡（Gilliland & James, 1998, cited in Halbur & Halbur, 2006, p.43），因此他將人們行爲的動機稱爲「慾力」（libidinal energy），「慾力」有「求生」與「求死」兩個方向，「性」是屬於「求生本能」，「攻擊」則是屬於「求死本能」，一般人會希望在壓抑的性慾與攻擊衝動中求得平衡，過一個較爲健康的生活（Halbur & Halbur, 2006, p.43）。

(二)人格結構與發展

Freud將人格劃分爲三個部分，有不同的功能：「本我」（id）、「自我」（ego）與「超我」（superego）。「本我」（在潛意識裡運作）是出生時就存在，是心理動力（psychic energy）與直覺的來源，主要是性與攻擊，其主要功能是維持有機體在一種「無緊張」的舒適狀態（a state of tense-free comfort, Gilliland et al., 1989, p.13），所依據的是「快樂原則」，基本上是要滿足人類生存最基本的生理需求，需要立即處理或滿足，如餓、保暖、睡眠與性；「超我」在兒童三、四歲時成形，可以不依賴外在要求或威脅而評估自己行爲，是父母與社會價值的內在代表，有「良心」（conscience）與「自我理想」（ego ideal）兩個面向，超我代表的是人格道德、社會與正義的部分，會將父母親的標準同化進來，最後就以自我內在的威權來代替父母親的威權（Gilliland et al., 1989, p.14），其依據的是「道德原則」，企圖想要達到完美、道德目標的努力，其功能爲阻止本我追求快樂的衝動、勸導自我遵循

道德原則；「自我」在嬰兒出生後六個月大時出現，可以忍受需求未滿足的緊張、延宕需求，它基本上是人格執行者（executive of the personality），因為它可以管理與控制本我與超我，同時維持與外界的互動（Gilliland et al., 1989, p.14），其所依據的是「現實原則」，主要功能是協調「本我」與「超我」之間的平衡，以有限的資源來因應人類的社交世界，也可以延宕嬰兒的需求，它不僅要協調本我與現實的要求，還要考慮到超我強制的限制。人格結構中的任何一個目標與其他二者不同時，就會產生衝突（Halbur & Halbur, 2006, p.43; Liebert & Liebert，張鳳燕譯，1998/2002, p.109）。倘若「超我」的要求太高，影響了「本我」的需求（如肚子很餓，但是不能搶別人的），或是「本我」的需求蓋住了「超我」的約束（如先餵飽自己再說，犯罪也無所謂），都會引發衝突，需要藉由：1.消除驅力；2.直接表達驅力，或3.重新導正驅力來試圖解決。而「衝突」會產生「焦慮」，又分為三種不同型態的焦慮：1.神經質焦慮（neurotic anxiety）——本我與自我衝突的結果，如被當眾指責而發怒；2.道德焦慮（moral anxiety）——本我與超我的衝突結果，如偷竊受到良心指責而感到羞愧；3.客觀焦慮（objective anxiety）——出現在現實生活中的真實威脅，如遭遇車禍或火災（Liebert & Liebert，張鳳燕譯，1998/2002, pp.112-113）。

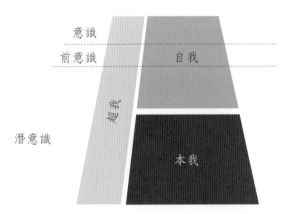

圖3-1：Freud人格功能與知覺層次（引自Liebert & Liebert，張鳳燕譯，1998/2002, p.107）

　　Freud的精神分析學派認為事出必有因，過去的種種會導致今日的一切，人類的性格也肇因於早期的經驗，而人的發展也必須經歷一些特定階段，這也是Freud對人格發展的貢獻，他的發展理論稱之為「性心理發展」（psychosexual）理論，是從出生到死亡，但是聚焦在出生到青春期，而且早期經驗會影響後來的性格發展，主要分以下幾個階段，每一個階段都必須要獲得滿足，然後就會進入到下一個階段，倘若需求未能獲得滿足，也就是遭受到挫折，就可能會產生一些停滯或問題，若是在某一階段有過度沉溺的情況，就是所謂的「固著」（fixation），若此固著太強烈，可能個人人格會受到童年獲得滿足的方式所掌控（像是固著在肛門期，可能在往後生活或擇偶上有嚴重潔癖；固著在口腔期，可能會呈現出過度依賴、順從權威）。之所以稱之為「性心理發展」，主要是因為在個體發展過程中，身體有些區域（如嘴、肛門、生殖器官）對性慾刺激格外敏感之故。它們是（Halbur & Halbur, 2006; Liebert & Liebert，楊妙芬譯，1998/2002, pp.125-133）：

1. 口腔期（oral stage，○到一歲）——主要滿足區是在口腔，不管是吸吮、咬、嚼、吃，都是滿足個人需求的不同形式，一般人也可以看到嬰兒將凡是拿到的東西都往口中送，包括自己的手指頭，「口腔」也可以是其探索世界的管道；口腔有兩個功能，一是解除飢餓的緊張（如吃東西）、二是獲得滿足的快樂（如吸吮），有時候我們會用食物來減輕焦慮也是一種口腔性格的表現。倘若嬰兒斷奶過早或太突然，可能就會發展出口腔期性格，像是企圖擁有一些物質財物（Gilliland et al., 1989, p.15）。

2. 肛門期（anal stage，一到三歲）——第一次嬰兒發現自己可以表現「控制」與展現「獨立」，此期的「排泄訓練」是家長的重頭戲，嬰兒可以掌握讓便溺「排出」或是「憋住」。Freud指出，有兩種極端性格與此相關，一是「肛門爆炸性格」（此種人格傾向者會比較髒亂、無組織）、二是「肛門保留性格」（此種人格會花相當多的力氣讓生活井然有序、永遠在自我操控之中），只是Freud的這種肛門性格與如廁訓練關係的推論，目前沒有實證研究支持；這其實也是提醒父母親

親職與管教的重要性，限制與給予自由要做適當的平衡，若是太嚴厲或太寬鬆，可能讓孩子「掌握」、「了解」的意義就不同。肛門期性格就如在成長階段後期會與權威人士有衝突、有潔癖，也可能變得慷慨或樂善好施（Gilliland et al., 1989, pp.15-16）。

3. 性器期（phallic stage，三到五歲）——此時期的「性衝動」是孩童非常懼怕的來源，倘若不能做適當因應，可能會造成往後生活的困難。不同性別的孩童會喜歡異性父（母）親，男孩喜歡母親（「戀母情結」，Oedipus complex），但是又擔心父親身體與權力很大，會對自己不利（因為母親沒有陽具，顯得權力地位都較小），甚至「閹割」（「閹割恐懼」，fear of castration）自己，因此只好以父親為仿傚對象，藉此為安全、親近母親的方式。反之，女孩將喜歡父親的慾望也壓抑到潛意識裡（「戀父情結」，Electra complex），以母親為模仿對象；倘若不能解決這個戀父情結，可能會造成後來的性認同的問題（Gilliland et al., 1989, p.16）。解除戀父情結與發展「超我」有關（Lemma, 2007, p.33），就是將父母親的一些價值觀與規矩都加以吸收、內化；許多的理論學者將子女模仿父母親的行為稱為「性別社會化」的一環，而不是Freud所稱的「情結」或是不能說的秘密；Freud還將女性的「生殖」解釋為彌補「陽具欣羨」（penis envy）的缺憾，這一點當然也受到女性主義者的批評，認為是太「男性中心」的思考。

4. 潛伏期（latency stage，五歲到青春期）——此階段最主要的是壓抑性衝動，孩童解決性衝動的方式就是將精力投注在與同性同儕的關係發展上，友誼是最重要的愉快動機來源，性衝動似乎蟄伏起來了，一直到青春期才發生巨大變化。

5. 兩性期（genital stage，青春期到死亡）——主要是在滿足性需要，一直持續到終生。Freud相信異性親密關係是從此期開始，然後會發展出承諾、婚姻關係，之前所壓抑的性衝動會成為決定此期個人選擇或行為的重要關鍵。如之前所提的「肛門爆炸」或「肛門保留」性格就會在此時一覽無疑！

　　一般人是照這樣的階段程序進行的，除非碰到重大創傷，造成「固著」現象（就是「凍住」或「不知變通」），要不然基本上還是可以過著相當健康自在的生活。Freud對於人格發展在青春期之後就沒有詳細說明，其女兒安娜（Anna Freud, 1895-1982）則是接續了這部分的研究，觀察到青少年期對於「性」與「攻擊」的衝動展現，而此期的處理策略有禁慾主義（將衝動轉向其他活動）與智性化（intellectualization，發展關於愛與生命本質的理論）（Liebert & Liebert，楊妙芬譯，1998/2002, p.136）。

(三)意識層次

　　Freud將「心靈」（psyche）分為三個層次、彼此共通：「意識」（conscious，在當下我們所覺知的）、「前意識」（preconscious，當下無法覺知，但很容易經由努力就提升到意識層面）與「潛意識」（unconscious，占了心靈的九成，我們大部分的行為是由自己無法知覺的力量所引發，特別是那些有威脅性或傷痛的素材，很容易讓我們將其排除在意識之外，或是經由「偽裝」方式進入意識層，這也是精神分析被稱為「深度心理學」的原因）（Liebert & Liebert，張鳳燕譯，1998/2002）。治療目標是將「潛意識」變成「意識」，因此就是將「潛意識」變成「前意識」（pre-conscious）（當事人也許知道，但是沒有說出來的）（Freud, 1923, cited in Barnstein, 2009, p.110）。佛氏最著名的就是對於「精神疾病」（neurotic）的研究，他認為凡是人都有程度多寡不一的精神疾病，而精神疾病主要是源自潛意識的衝突，這些衝突本來是被壓抑的痛苦記憶，萬一被憶起，常常會揭露童年創傷（Lemma, 2007, p.34）。

　　Freud認為「事出必有因」（Smith, 2003），人類的所有行為都是內在力量引發，許多的衝動或需求因為受限於人類社會的約束，因此必須要將其掩藏起來或壓抑，不能自由發洩或獲得滿足，因此就會產生焦慮，一般人會採用一些方式（「防衛機制」）來抗拒這些焦慮，所以大部分的人可以維持相當的健康程度、過正常生活，但是有些人卻將這些「社會不允許」的念頭或需求壓抑在「意識層」底下，以為這樣就沒事，但是這些衝動並沒有因此而消失，因此

會在潛意識裡流竄，偶而冒出來影響一個人的正常生活或功能。一般人的困境來自於潛藏在意識層底下的內在心理衝突，一旦將其呈現在意識層，這些深層的衝動與焦慮對人的控制力就減弱了（Kahn, 1997, p.7）。

四直覺（instincts）或譯作「驅力」（drives）

有「生的驅力」（life instincts, libido）與「死的驅力」（death instinct, thanatos）兩種，指的是生命本能與對行為的破壞力（Liebert & Liebert，張鳳燕譯，1998/2002），驅力是個體動機的源頭（Gilliland et al., 1989, p.17），也就是行為的驅動力。

五防衛機制

因為人格的三個面向（本我、自我、超我）在日常生活中的運作不免讓我們產生焦慮，而我們會如何因應這些焦慮呢？主要就是運用「防衛機制」（defense mechanism）。「防衛機制」是個人為了不讓衝突檯面化、影響生活所採用的心理因應技巧，使人免於被社會所不允許的衝動淹沒，在短時間之內，可以讓個人覺得有掌控感、暫時解決了那種焦慮，有其特定功能；但是防衛機制基本上是扭曲或錯置事實的（Lemma, 2007, p.47），Freud（1915）認為大部分的防衛機制是用來對抗感受的（cited in Barnstein, 2009, p.107），但如果只是僵固地使用其中一兩種防衛機制，甚至過度使用，也會產生問題。「防衛機制」是自我（ego）所使用的，它可以用扭曲、否認或是誤解事實的方式來減輕焦慮，基本上具有保護功能（Gilliland et al., 1989, p.18），防衛機制運作時個人必須付出一些代價，可能無法發展成健康的適應方式，像是強迫症可能就是使用「解除」（undoing）過多的一種反應，而「昇華」（sublimation）是防衛機制裡較為「正向」的一種，將不被容許的衝動以創意的方式來表現，如英國文豪莎士比亞、藝術家米開朗基羅分別以文學繪畫的方式，昇華其「同性傾向」的衝動；然而1997年在美國加州發生的「天堂門事件」（Heaven's Gate），就是教派領袖Apple White將對自己同性傾向的事實以「來地球出任務」（是上帝的使者）的方式解釋，聚集了許多信徒拋家棄子追隨其理念，後

來卻演變成集體自殺的可怕結果！他的這種「昇華」，卻不是有利於己或他人的。

Freud的「防衛機制」一般說來有以下幾種（Gilliland et al., 1989, pp.19-20; Liebert & Liebert，張鳳燕譯，1998/2002, pp.114-124）：

1. 壓抑（repression）──主動地將具威脅性的想法、記憶或感受驅出意識之外，壓在潛意識裡。像是受性侵者將這段被侵犯的記憶壓入潛意識，甚至造成這一段記憶的空白。壓抑也可能會造成轉形的反應（Conversion reaction），像是氣喘、風濕或胃痛（Wolman, 1968, cited in Gilliland et al., 1989, p.19），也就是將心理（或情緒）上的情況轉換成生理上的徵狀。

2. 否認（denial）──不承認令人痛苦的經驗或記憶，可以讓人暫時遠離現實獲得紓解。像是不願意承認愛子過世的事實，在用餐時依然擺上愛子的碗筷。「否認」是刻意要欺騙自我或諮商師，「否認」與「壓抑」很清楚地保護我們不必去面對自己內在的感受與對自己的感受（Jacobs, 2004, p.112）。

3. 轉移（displacement）──將無法接受的威脅或衝動以社會可接受的方式表達出來，就是不敢將對某人（物）的情緒直接表達出來，而對較安全的人（物）表達真正情緒（Jacobs, 2004, pp.110-111）。像是不敢對老闆發脾氣，就把氣出在自己配偶身上。

4. 解除（undoing）──對某一個已經發生的、不能接受的衝動或行為，在事後以象徵性方式來因應，似乎安慰自己這樣就「解除」了那個行為可能帶來的後果。像是自己駕車輾過一隻生物，自己會說「阿彌陀佛」來為自己解厄。

5. 反向行為（reaction formation）──自我為了規避有威脅的衝動，但是卻表現出與該威脅相反的行為，像是很害怕某人，卻對某人表現出友善與順從（Gilliland et al., 1989, p.19）。「反向行為」與「解除」是密切相關的，「反向行為」指的是反向感覺經驗或表達，而「解除」則是企圖要擋開不能接受的感覺、或清除罪惡感（也想「修復」自己所

造成的傷害）（Jacobs, 2004, p.112）。

6. 退化（regression）──退回到之前發展階段的行為，即使已經成年，
   卻表現出不適齡（如孩童）的一些行為。退化像是咬指甲、捲縮成在
   母親子宮裡的模樣、發脾氣等，我們在受到重創兒童身上也會看到這
   樣的情景，不願意離家的大學生也類似，畢竟在他們眼裡看來：逃避
   挑戰總是比面對要好。「退化」也可以是一種意識下的選擇，容許自
   己暫時回到童年時代的快樂時光，而遊戲與作夢也有「退化」的意
   味，只是其後果並不具傷害性（Jacobs, 2004, p.114）。

7. 「固著」（fixation）──當個體的情緒未能從一個發展階段進行到下
   一個階段而產生的情況，一般人都了解要成長也需要冒一點危險，但
   是有少數人怯步不前，甚至因為害怕失敗而縮回到之前的發展階段，
   像是「分離焦慮」（separation anxiety）就是其中一種（Gilliland et al.,
   1989, p.19），而在受創孩童身上我們也看見「發展凍結」（frozen，
   發展停止在當下、不繼續往前進）的情況。

8. 防衛性投射（defensive projection）──將自己無法接受的衝動或願
   望歸咎於他人（物）。像是自己很自私，卻告訴他人要慷慨、不可自
   私。

9. 昇華（sublimation）──將不被接受、有威脅的衝動轉變為可以接受
   的，甚至令人稱羨的。像創作就是一種性衝動的昇華，球賽是攻擊衝
   動的昇華。

10. 合理化（rationalization）──當表現出不被接受的行為或具有威脅
    性的想法時，為自己找「合理」的解釋，像是看到別人成功就說：
    「哎喲，只是這樣有什麼好高興，還不是靠家世背景」的「酸葡萄心
    理」。「合理化」的基本目標就是避免我們受到無法控制情緒的干擾
    或傷害，而因此「隔離」情緒的作法（Jacobs, 2004, p.112）。

11. 防衛認同（defensive identification）─或稱之「內射」（introjection）
    （Jacobs, 2004, p.108），與「投射」（projection）相反，是將他人的
    特性納入，藉以減輕自己的焦慮或負面情緒，因此也會「吸收」一些

他人的特質。像是自己成績不如人，卻特別與成績好的人做朋友，將原本可能有的敵意轉爲「認同」與羨慕。

12. 投射認同（projective identification）——拒絕對自我有威脅性的特性，然後將之投射給他人，也就是個體先去除自己「不好」的部分，且將這個不好的部分投射在他人身上，甚至進一步施壓給這個「他人」去表現出「不好」的行爲，最後造成這個「他人」表現出「不好」的自我來因應壓力（Liebert & Liebert，楊妙芬譯，1998/2002，pp.173-174），與之前所說的「防衛性投射」有差異。像是不喜歡自己被說「自私」，就將他人的一些行爲解釋爲「自私」的表現。

這些防衛機制有時候也成爲治療過程中的「抗拒」現象（Jacobs, 2004, p.115）。一般人會傾向於使用一些固定的防衛機制，而這些防衛機制也都是在兒童期就養成，因此儘管有些防衛機制已經不適用（像是「退化」），卻很難做改變，這也是治療需要著力之處。諮商師在治療現場留意當事人（或自己的）這些防衛機制，主要是去了解當事人（或自己）如何使用這些機制的？其意義又爲何？藉此來協助當事人與諮商師找到適當的途徑去了解眞正的感受爲何（Jacobs, 2004, p.113）？Fenichel（1946）提到不同形式的防衛機制之間沒有明確的分野（cited in Jacobs, 2004, p.107），這些專有名詞只是讓相關專業人員溝通之用，協助提升治療師覺察一般人（尤其是當事人）的不同方式，特別是有意、無意地避免去注意自己痛苦的感受與想法。

(六)移情與反移情

Freud理論中很著名的是「移情」（transference）這個觀念，後來延伸還有「反移情」（counter-transference），談的是治療關係與治療重點。「移情」是在許多關係中都會發生，在諮商現場指的是當事人對於過去（或是期望）重要關係的重複幻想，而將其情緒反應投射在治療師身上（Gilliland et al., 1989, p.13; Kahn, 1997, p.27），將外在關係「內化」的情況在人格建構裡也扮演重要角色（Jacobs, 2004, p.4），此處指的是當事人把過去對生命中重要人物的情緒或想法「轉移」或「投射」到治療師身上，將治療師當成那些重要他人

（significant others），自由發洩其情緒，而治療師只是一個沒有聲音與名字的「白板」，讓當事人很直接地反映其情緒與印象，使當事人有所「宣洩」之後，才可以進入到後期的治療工作，而「移情」基本上是扭曲的（Kahn, 1997, p.35）。經由這樣的「移情」過程，可以讓當事人將潛意識裡所隱藏的一些深刻情緒與想法發洩、表達出來，也就是將潛意識「意識化」，可以讓當事人最後有所「頓悟」，也解除了原先潛意識裡的神經質衝突（Arlow, 1979, cited in Gilliland et al., 1989, p.13）。「移情」通常是在無意識的情況下進行，且在幼年時就形成，將過去一直重複的情況展現在諮商現場、對諮商師做出反應；因此移情有其意義與功能，治療師察覺到當事人的移情現象時，有必要去了解這些移情行為對當事人的功能為何？檢視當事人的防衛機轉，了解這是當事人試圖要處理其焦慮的方式。

「移情」會出現不同形式，主要還是靠諮商師自己的觀察與覺察，像是當事人可能對諮商師有扭曲的想法（如「理想父母」、「不能信任」）、視諮商師為完美的人、對諮商師有不合理的要求（如要諮商師為其做決定）等，在處理當事人的「移情」時，諮商師同時要檢視自己對此行為的反應為何，就可以開始了解當事人對於生命中重要他人的反應如何了（Corey & Corey, 2011, pp.101-103）！Gill（1982, cited in Kahn, 1997, pp.75-79）建議可以藉由解析抗拒來認出移情的現象：1.此時此地（here-and-now）的解析——運用治療情境的各層面來協助當事人看見自己對治療師的特別反應；2.目前生活（contemporary life）的解析——協助當事人看見自己對治療師的態度及其與他人互動方式的相似性，以及3.起源（genetic）的解析——協助當事人看見自己對治療師的感受與自己過去對他人感受的相似性。由於治療是一種人際關係，Gill（1982, cited in Kahn, 1997, p.79）提醒治療師其實也提供了當事人經驗的實際線索，因此移情不單是當事人本身的投射而已。

在現實生活中沒有人可以免於「反移情」（Corey & Corey, 2011, p.107），它最常在人際關係中出現，我們對於有些人會有不喜歡或厭惡、害怕等正負向情緒的產生，而影響我們與此人的互動，在治療現場「反移情」是指治療師對於當事人的「移情」表現，也就是治療師潛意識的情緒反應，有可

能會曲解了當事人的行為，因此若投射到當事人身上，會妨礙諮商師的客觀判斷，甚至阻礙治療關係或治療效果。在治療情境中，「移情」與「反移情」都有其重要功能，前者可以讓治療師了解當事人的可能未竟事務或未解情緒，在當事人的潛意識過程中，移情可能源自於童年經驗，而且造成過去衝突不斷重複出現，也因為這些未竟事務沒有做處理，使得當事人對諮商師有一些扭曲、不正確的觀感，因此「移情」也提供當事人一個了解與解決未竟事務的管道，諮商師的功能就是協助其「修通」（Corey, 2001, pp.103-104），也就是協助當事人可以了解他（她）為何因為過去經驗而誤解目前情況（Gilliland et al., 1989, p.20），而「反移情」也可能會造成諮商師的「同理疲乏」（empathy fatigue），治療師常常曝露在當事人的痛苦遭遇與情緒之中而失控或迷惘，甚至有情緒解離的情況，特別是指那些沒有察覺到個人未解決議題的治療師（Stebnicki, 2008, cited in Corey & Corey, 2011, p.107）。

　　「移情」在精神分析學派裡是一個相當重要的觀念，它讓當事人有機會去體驗平日不容易觸碰到（壓抑在潛意識層裡）的感受，也讓當事人有機會看到自己在不同關係中運作的情況（Corey, 2001, pp.104-105），雖然有些學派如人本（將移情視為妨礙真實關係的設計）以及完形（視移情為去個人化的）對於移情有較為負面的看法，但是「移情」現象卻是一般生活，特別是在治療場域會發生的，不能小覷（Corey & Corey, 2011, p.104）。「移情」也可視為是當事人將過去的關係拿到當下的脈絡裡呈現，治療現場就成為「現場實驗室」（live laboratory）（Jacobs, 2004, p.129）。當事人的移情表現有：將治療師當成某人、過度依賴、沒有界限、對諮商師發怒、愛上諮商師等，但是也不要毫無分辨地將當事人所有的情緒表現都當作是「移情」（Corey, 2001, pp.105-107），因為有些情緒是很真實的、並非移情現象，而站在諮商師的立場，有些情緒反應也並非反移情。「反移情」也不是都有害的，諮商師可以將對它的反應運用在治療的用途上，而「反移情」也同時提供了諮商師與當事人許多可貴的資訊（Corey & Corey, 2011, p.105）。諮商師遭遇到當事人的移情反應時，要特別注意到自己的反應如何？若諮商師對當事人有不切實際的反應（像是，當治療師自己的需求放在治療關係上、或是當事人觸碰了諮商師的舊

傷口），可能就妨礙了治療師的客觀性，當然也影響到治療關係；諮商師不妨將這些受到當事人所引發的情緒當成了解自己、當事人與治療關係的一個管道，這樣的反移情可能具有正面效果。此外，適當的自我揭露也是解決反移情的一種方式，因此諮商師對自己的了解、自我監控，都可以讓反移情的負面影響削減（Corey, 2001, pp.108-109）。雖然諮商師的「反移情」具有促進諮商的潛力（Jacobs, 2004, p.146），但是也有可能帶來傷害，諮商師對於自己可能反移情現象的處理，可以尋求治療師與督導的協助，誠實地進行自我探索與反思工作，都有助於減少反移情可能造成的傷害，也就是所謂的「自我知識」（self-knowledge）是有效處理移情與反移情的最佳工具（Corey & Corey, 2011, p.109）。

㈦抗拒

「抗拒」（resistance）是「無意識地扭曲事實，藉由自動化與習慣性的反應，以減少情緒上的痛苦與衝突」，一般在治療上將「抗拒」視為無助於治療效果的行為，有不同的表現方式（有的觀察得到、有些不能），但是抗拒有其目的，是可以用來逃避改變必須付出的痛苦代價，而「抗拒」包含四個共同要素，那就是「無意識的動機」、「扭曲或否認事實」、「減少情緒上的痛苦」，以及「是自動化與慣性的反應」（Clark, 1991, cited in Ridley, 2005, pp.66-67）。Freud提到治療師必須要先處理當事人的「抗拒」，因為抗拒是阻止當事人進入潛意識的障礙，也就是個體不願意將以往壓抑或否認、具有威脅性的素材浮現到意識層面（Corey, 2009, p.110），因此必須先加以處置，才可以做進一步問題解決的處理。

「抗拒」在精神分析學派的說法是一種防衛機制，其主要目的是當個人在面對焦慮情境時，用來保留與保護自我的內在核心（Corey, 2001, p.47），而「抗拒」是治療過程不可或缺的一環，但並不是那麼可怕（Corey, 2001, p.58），適當地認識與探索是必要的，倘若治療師因為當事人的抗拒而煩惱，可能就因此失去了與當事人做接觸及聯繫的機會。想想看在治療現場，兩個陌生人獨處在一個小空間裡，當事人要向一個素昧平生的「專家」透露自己最私

密、甚至不堪的經驗，不僅是當事人會有抗拒，治療師本身也有抗拒，因此治療師可以藉由自我覺察的動作來進一步了解自己與當事人抗拒背後的原因，這樣不只可以讓治療師更了解自我，還可以讓自己進行更深入的治療（Corey, 2001, p.52）。像是有些治療師見到不同性取向的人會不自在，或是見到較「娘娘腔」的男性當事人也會有焦慮，那麼可以去思考自己焦慮的底下是什麼樣的感受與思考？是因為恐同症？還是當事人的表現牴觸了諮商師對於「男性氣概」的要求？還是因為自己也害怕曝光？「抗拒」有時候就是一種直覺感受、覺得怪怪的或不舒服，有智慧的治療師就會注意到這些現象，而不是匆匆帶過或忽略。

　　一般的抗拒通常是出現在令人痛苦或是有威脅性的素材要說出或曝光之前，像是將要談到失戀或失婚經驗，甚至是創傷經驗時。此外，一般人對於「改變」會有自然的抗拒，因為不知道改變後會呈現怎樣的情況。Corey（2001, pp.56-57）建議治療師對於當事人的抗拒可以做以下處理：

1. 將抗拒視為治療過程裡的一部分，可能表示當事人尚未準備好要進入治療或處理那個議題。

2. 若是治療師將當事人的某些行為或表現當成是「抗拒」，當事人也許會覺得被批判，認為抗拒是不對的，因此建議治療師最好是協助當事人去釐清抗拒的表現。

3. 治療師必須要了解在諮商初期，當事人會有一些防備與抗拒是當然的，因為對於大多數人來說，來見諮商師是表示事情已經非常嚴重，必須要求助於他人了，而「求助」對許多人來說都是「脆弱」的表現，況且要將自己的私人事務對一個陌生人啟齒，也不是非常容易的事！

4. 要去了解當事人的抗拒其實有許多意義，不要只將當事人的抗拒「個人化」（personalized）為自己無能的表現，也不需要因此而努力護衛自己，這可能剝奪了治療師與當事人去進一步了解抗拒的真正意義的機會。

5. 要鼓勵當事人去探索不同的抗拒行為，而不是要求他們放棄抗拒。若

當事人能明白「抗拒」背後的意義，將有助於當事人的自我了解與治療的進行。

6. 治療師以「暫時性」（tentative）的方式或用詞說明自己的觀察、直覺與解釋，而不要做專斷的陳述或結論。像是：「我發現只要提到你父親時，你可能就是簡短帶過，我猜是不是提到這個議題就會讓你不安？」

7. 避免標籤或批判當事人，而是採用描述行為的方式進行，讓當事人知道他／她的行為影響到你／妳了。像是：「今天妳的坐姿似乎比較僵硬，不知道是因為室內氣溫的關係，還是⋯⋯？」

8. 要分辨清楚到底抗拒是出自當事人？還是治療師本身對於當事人抗拒的反應？要監控自己的反應，以免讓當事人的抗拒更強烈。

9. 以正向的態度面對抗拒。如果你真心接納當事人，不做防衛的反應，也許就可以消融當事人抗拒的程度。

10. 允許當事人表達他／她對你／妳這位治療師的不好經驗或感受，也許詢問他／她要以何種不同的方式進行較自在？

11. 讓當事人知道你／妳會怎麼做以達成真正的「知後同意」，讓當事人可以充分運用諮商這個協助管道。

12. 讓當事人知道諮商也有其缺點，也許在剛開始時並不順遂，但是彼此都可以從中獲得許多學習，那麼當諮商陷入瓶頸時，也許當事人就不會太容易退縮。

13. 與當事人儘量達成問題或諮商原因的一致性，讓彼此有共識，然後儘量用可以處理的小步驟、慢慢解決問題。

Corey（2001, 2005, 2011）建議準諮商師都去試試個人諮商，就可以明白「抗拒」自何而來？為何會產生？唯有當準諮商師自己也是當事人了，真正進入求助的現場，身歷其境就更能感同身受。典型的抗拒行為有哪些呢？譬如非自願當事人、忘記諮商時間或常常遲到、諮商開始時不知道說些什麼、或是說一大堆無關緊要的事、抱怨諮商沒有用、沉默或是心不在焉、諮商師給予回饋時表現得很防衛、將許多事件「智性化」（intellectualized，就是只做理性的解

釋或反應）、以情緒爲掩飾或避免情緒的表現、努力想要討好治療師、常常說得很抽象不具體、過度依賴諮商師或是否認需要協助、總是表現出「是啊，可是……」的態度，以及表現出「被動─攻擊」（就是以間接方式傷害他人）行爲等（Corey, 2001, p.49; Corey & Corey, 2011, pp.112-118）。處理抗拒的最好方式就是作客觀行爲描述給當事人知道，而不是帶著有色眼光，一概指稱當事人的不合作就是「抗拒」，帶著感興趣與好奇的態度，鼓勵當事人探討不情願背後的意義，才是眞正有效的治療途徑（Corey & Corey, 2011, p.111）。

二、治療目標與技術

㈠治療目標

Freud認爲人的許多問題都出自於壓抑自己的性與攻擊衝動，這些又是本我、自我與超我間心靈的衝突，個體將這些衝動壓抑在潛意識裡，自己也不曾察覺，等到察覺的時候可能就是發病的時候。因此，精神分析的治療目標就在於將潛意識「意識化」（或把潛意識裡的否認或壓抑的素材轉爲意識的），然而這些潛意識裡所埋藏的並不輕易顯示出來，可能是以夢境、不小心說溜了嘴等等行爲展示出來，因此他創發了「夢的解析」、「自由聯想」或運用催眠等方式，其目的就是讓「潛意識」現出原形，而當事人明瞭自己行爲背後的潛意識慾望或動機，就可以在未來做更妥當的選擇（Lester, 1994）。人格中的「本我」、「自我」與「超我」所產生的衝突，也必須解決，像是「超我」的完美主義可能讓「自我」覺得壓力與緊張，而「自我」有限的資源可能滿足不了「本我」的衝動需求，因此「自我」常常夾在兩個非理性的力量中不得喘息！將潛意識「意識化」主要是靠「自由聯想」與修通「移情」兩項技巧（Gilliland et al., 1989, p.20）。

治療目標是協助當事人「修通」（work through）過去壓抑的記憶，或是修補、移除不適用的防衛機制（Halbur & Halbur, 2006, p.45），因此也在治療中「重建」兒時經驗。「修通」也意味著要協助當事人「重新經歷」（re-experience），甚至超越過去，然後才可望有更好的未來。Freud認爲童年期的

行為問題一般與壓抑的精神疾病有關，而成年期的問題則是童年問題的再現（Arlow, 1979, cited in Gilliland et al., 1989, p.17），因此治療方法就是將過去蟄伏的創痛記憶喚出，將心靈的衝突浮出檯面，提供當事人解釋，讓其可以明白（頓悟），而重新看見病徵與過往經驗之間的關係與意義（Lemma, 2007, pp.47-48）；Joseph Sandler與Anne-Marie Sandler（1997）指出：精神分析的治療目標是協助當事人達成「心靈的再統整」（psychic re-integration, cited in Lemma, 2007, p.31）。分析的功能有時是為了要增強「自我」（strengthening of an ego, Spotnitz, 1988, cited in Barnstein, 2009, p.108），加強自我功能的結果是可以對攻擊作更好的控制，且較不需要使用激進或有害的防衛機制來對抗（Barnstein, 2009, p.109）。

㈠治療技術

1. 場面構成

　　精神分析基本上是屬於體驗式（experiential）的治療，因此耗時甚長，而佛氏又主張必須要讓當事人可以有「安全感」，所以當事人經常是每週固定與治療師碰面（例如一週五次），而且是在固定時間，這也是後來治療界會採用的「場面構成」的緣由。精神分析使用的技巧其目的主要是增進當事人對行為的覺察與頓悟，也了解徵狀的意義，最基本的就是「維持分析架構」（maintaining the analytic framework），包括治療過程中治療師的「白板」角色、治療的規律性與次數、準時開始與結束，類似母親哺育嬰兒的情感滋養方式（Corey, 2009, p.75），讓當事人知道每週有固定時間與治療師工作，也可以讓當事人有安全的感受。Freud認為只有這樣的安排，才能夠讓當事人覺得安全，然後願意放心說出自己的感受與想法，這就像是母親在固定時間會出現照顧嬰兒一樣，諮商師的功能之一就是「照顧」、「保護」當事人，而人類也需要「建構」（structure）與「約制」（containment）來感受到安全（Lister-Ford, 2002, p.29）。我們在做諮商治療時也會注意到：讓當事人在固定時間（如一週一次）與治療師碰面，甚至選擇在固定的諮商室，讓當事人感受到熟悉與安全，此外，也讓當事人清楚諮商過程中，治療師與當事人的功能、角色各為

何？只有在這樣的環境下，當事人在身心上有安適感之後，才可能娓娓道出他（她）所關切的議題，進一步願意與治療師合作。

2. 治療師是一塊白板

治療師在進行治療過程中不是與當事人面對面，而是讓當事人輕鬆地躺在沙發上，可以隨意想到什麼就說什麼，基本上治療師先不做提問或說明的動作，只把自己當成一塊「白板」（blank board），讓當事人盡情投射（project）他／她對治療師的任何想像感受（Jacobs, 2004, p.34），這樣的方式可以讓當事人輕鬆自在地談論任何浮現在他／她腦中的素材，也可以免除被治療師注視的壓力，讓諮商師可以更自由地去思考、更敏銳地去感受當事人潛隱的溝通（Lemma, 2007, p.46）；也許當事人會將治療師當成自己的父母親、或是生命中重要他人那樣，說出自己想要說的，治療師的責任就是儘可能蒐集相關資料，當然要花上許多時間，而治療師在蒐集足夠的資料之後，就可以做適當的「解釋」（interpretation），接著才有可能讓當事人連結自己所敘述的一切經過，得到「頓悟」（insight），雖然解釋不能立刻解除當事人的徵狀，但是可以讓當事人對自己經歷的事與其意義做連結，甚至有新的想法與資訊產生（Lemma, 2007, p.47）。在精神分析治療裡，基本上不鼓勵治療師做「自我揭露」，而要讓當事人有充分機會可以自由表露對治療師的任何想像（Jacobs, 2004, p.34）。

3. 修通抗拒

修通「抗拒」（resistance），同時是技巧、也是Freud學派的治療目標。廣義的「抗拒」指的是任何妨礙治療進展、不容許當事人接觸先前潛意識的素材（Corey, 2009, p.76），因為「抗拒」是不允許潛意識裡那些不見容於社會的東西出現，也包括如何處理與經營在當事人移情或生活裡「重複出現」（重複性）的意義，而治療關係也是修通抗拒的重要因素，雖然沒有人會完全放棄抗拒，因此治療師與當事人也要明白舊的抗拒可能會重現，但是至少彼此的態度會較為自在（Barnstein, 2009, pp.113-115）。如果處理得當，「抗拒」就可以成為了解當事人最有價值的工具之一（Corey, 2009, p.77）。

４．自由聯想

運用「自由聯想」（free association），可以通往潛意識希望、幻想、衝突與動機之門（Corey, 2009, p.75），佛氏認爲「自由聯想」是精神分析的「基本規則」（fundamental rule, Smith, 2003, p.98）。

５．夢的解析

「夢的解析」（dream analysis）──Freud認爲夢是通往潛意識的最佳途徑，夢除了有視覺影像與心理經驗之外，對於個人也有其象徵性意義，可以用來了解潛意識的願望、防衛機制的檢視，以及與清醒時的事件做連結（Liebert & Liebert，楊妙芬譯，1998/2002, p.184）。夢可以用來實現自己的願望、允許潛意識的衝動被表達出來，以及使潛意識的威脅在顯夢中成爲可以被覺察的意識（Liebert & Liebert，楊妙芬譯，1998/2002, pp.189-190）。

Freud關於夢的理論是以分析他自己的夢境爲基礎，夢有「顯性」（manifest）與「隱性」（latent）內容，前者是指當事人記得自己夢境的內容，後者是由潛意識思想、希望、幻想與衝突所組成，以顯性內容爲僞裝，因此經過「凝縮」（condensation，將許多夢的要素以凝聚方式呈現在一個畫面或人物上）與「轉移」（displacement，將重點置換爲無關緊要的形式）的過程，因此治療師也必須了解許多夢境裡的「象徵物」所代表的意義是什麼（Liebert & Liebert，楊妙芬譯，1998/2002, pp.185-186）。所謂的「夢的工作」（dream work）就是將「隱夢」轉換成較不具威脅性的「顯夢」（Corey, 2009, p.76）。這就有點像不同文化的人對於夢境中出現的物體會賦予不同意義一樣，像中國人夢見蛇是表示升官或發財，但是Freud將許多夢境裡出現的物品賦予較多屬於性與慾力（libido）的解釋，像夢見國王、皇后是指父母親，長型物是指男性生殖器等。通常在進行夢的解析時，治療師會要求當事人敘述其顯夢，然後由這個夢開始做聯想，最後治療師則依據夢是如何從隱性轉成顯性的過程、象徵物又表示什麼等來解釋。治療師可以請當事人就夢中的議題或是元素做聯想，就可以探索其潛隱的意義（Lemma, 2007, p.46）。

６．解釋與分析移情

「解釋與分析移情」（interpretation and analysis of transference）──「移

情」是將潛意識內容以意識行為表現的主要過程，在精神分析治療中是很重要的（Smith, 2003, p.110），而解釋必須要在蒐集足夠的資料之後，治療師才有可能做的動作，解釋可以讓當事人了解到目前自己的行為與過去衝突、或是潛意識之間的關聯（Corey, 2005）。治療師必須要運用當事人所接觸的事物與重複性，來發展其對當事人的意義、形成解釋（Barnstein, 2009, p.111）。依據Arlow（1979）說法，基本上「解釋」有四個階段（cited in Gilliland et al., 1989, pp.20-22），分別是：⑴開始階段——治療師蒐集有關意識與潛意識的所有資料；⑵移情發展階段——了解當事人的過往如何影響目前，而治療師可能的「反移情」也要做有效處置；⑶修通階段——協助當事人憶起過去重要事件，進而獲得頓悟，在此階段當事人常出現抗拒；⑷移情解決階段——解決當事人神經質地依賴治療師。

　　「詮釋」（或「解釋」、「解析」）（interpretation）是精神分析治療很重要的步驟，主要是將當事人所說的與其隱藏意涵以清楚的言語說出，讓當事人了解其內容、動力，以及與其他經驗的關聯（Singer, 1965, cited in Jacobs, 2004, p.46）。在治療過程中不只是要處理當事人的「移情」，也需要處理諮商師的「反移情」，諮商師覺察到自己的「反移情」，不僅可以協助諮商師保護當事人，同時可以讓諮商師了解當事人的感受；對治療有妨礙的反移情可能會：阻礙治療師對某重要領域做進一步探索，利用當事人來滿足自己的需求，讓自己做出一些動作去影響當事人，做出不符合當事人福祉的處置，以及讓自己陷入當事人所移情的角色（Kahn, 1997, pp.131-135）中。

　　對於諮商師的要求，最主要的是要有「好奇心」，才會驅使治療師去了解當事人說出來的言外之意，而諮商師也要監控自己的潛意識過程，才能確保當事人的分析空間（analytic space），維持自由浮動的注意力（free-floating attention）、對當事人所提供的資訊具相當敏銳度，也保持中立的立場，才能不批判（Lemma, 2007, pp.41-42）。

三、佛洛伊德學派的貢獻與評價

　　Freud的理論不只改變了心理治療，也改變了人類看自己的方式（Kahn,

1997, p.38）。Giovacchini（1977）認為精神分析學派最特別且有價值的一點，是在移情關係與對當事人自主及自我控制的「照顧」行為（nurturance, cited in Gilliland et al., 1989, p.30）。精神分析學派不僅提供了完整且有系統的人格結構理論，強調「潛意識」在決定行為的重要性，也注意早期經驗影響後來的人格與行為發展，對於人類發展也提供了一個「性心理」發展架構。此外，對於治療中的「抗拒」具有哪些功能與意義？特別是針對治療關係中的「移情」與「反移情」的了解，讓諮商師可以更清楚治療裡的動力結構（Corey & Corey, 2011, pp.161-162; Kahn, 1997）。精神分析其主要目標在於人格的改變，也提供了許多相當深度的治療技術，像是「夢的解析」、「自由聯想」等。Freud與其女兒Anna Freud對於人對抗焦慮而產生的諸多自我防衛機轉的觀念，也是重要貢獻之一。

然而精神分析學派的治療耗時甚久，不符合經濟效益，而要完成精神分析的訓練也需要吻合一些門檻（像是需要是醫師背景、自我接受過一年密集的精神分析治療等），因此沒有受過完整訓練的治療師不可以執業（Gilliland et al., 1989, p.30），目前已經沒有要求「醫師」身分這樣的限制，而佛洛依德的女兒就是首位非醫師而接受精神分析訓練者。現在的精神分析學派治療師已經不將慾力等同於性驅力，而是採用「驅力能量」（drive energy）的說法（Lemma, 2007, p.31）。Freud學派最被批判的是：只是臨床紀錄、少科學依據，而其理論也沒有與時俱進做適當修正，因此容易被視為是一種宗教或教派；佛氏的治療似乎發掘了更多隱藏的東西，但非治療（Lemma, 2007, p.50; Smith, 2003, p.64）。

新佛洛伊德（精神分析）學派

所謂的「新佛洛伊德」或「後佛洛伊德」學派，與原來Freud的理論有差異，但仍有些論點還是相同，最主要的是不像Freud那般地決定論，而是將社會文化與環境因素也考量在內。

一、艾力克森的「社會心理發展理論」

　　雖然Freud的「性心理發展理論」為人格發展奠定了基礎，但是批評也不少，主要是太「生物決定」取向，彷彿缺少了一些什麼？因此，必須要將「新佛洛伊德學派」的主張也提一下。艾力克森（Erik Erikson, 1902-1994）自小就被收養，因此當他知道自己是養子身分的時候，就開始了一連串對自己身分的了解與尋根動作，這也與他所創的理論有極大關係。

　　Erikson的「社會心理發展理論」（psychosocial theory），加入了「文化社會」的因素，也延伸了Freud的「性心理發展階段」，因此更為縝密。我們可以從表3-1看到兩者的異同。

表3-1：Freud「性心理發展階段」與Erikson「社會心理發展階段」的簡單比較

性心理發展階段／社會心理發展階段	時間（歲）
口腔期／信任對不信任	0-1/0-1
肛門期／自主對羞愧	1-3/1-2
性器期／主動對罪惡感	3-5/3-5
潛伏期／勤奮對自卑	5-青春期／6-11
兩性期／認同對角色混淆	青春期—死亡／12-19
親密對孤獨	20-30
傳承對停滯	40-50
統整對絕望	60以上

　　Erikson的論點較之Freud的理論更寬廣、含括人生全程，著重在生理成熟與環境因素，他將「自我」（ego）視為人類發展的生命動力，同時強調行為背後不同動機的重要性（Rice, 2001, p.27）。Erikson認為每一個階段的需求都必須要獲得滿足，然後就會進入到下一個階段，倘若需求未能獲得滿足，就可能遭遇危機。

在諮商過程中也會將Erikson的發展理論列入考量，因為諮商師面對的當事人是處於不同的生命發展階段，有其普同性的任務，只是有個別差異。像是嬰幼兒階段，與主要照顧人的依附關係，可能就是信任的主要來源，也奠定了人際關係的基礎。兒童階段與同儕間的互動，不只培養了兒童的能力，也建立對自己的自信；青少年期因為生理發展與心理發展的不對稱，可能產生認同的問題；成年期對於自我成就與親密關係的期盼也會影響其適應；而老年期如何規劃、反思與回顧，也是諮商師在遭遇當事人時需要考量的「生命任務」。同學們可以去翻閱相關人類發展或發展心理學的書籍，而得到更完整的理解。

二、楊格的分析心理學（治療）

楊格（Carl Gustav Jung, 1875-1961）的理論也是衍生自Freud的精神分析理論，稱作「分析心理學」（analytical psychology）或「分析治療」（Jungian analytic therapy），他同意Freud所說的「驅力」（physical drives），相信人是受「慾力」所影響，但是楊格不同意Freud的性慾與攻擊說，而是將慾力視為創意的生命力量，所以他相信人基本上是有意識地朝向「個別化」（individuation）發展，也就是希望追求完整（wholeness）與協助自我（the self）的展現。Jung的潛意識觀念與Freud不同的是：不認為「潛意識」是巨大怪獸，潛意識不只儲存過去經驗、也可預期未來，個人潛意識對潛意識有平衡作用、有調適人格之功能，而「集體潛意識」是人格的主要部分（Liebert & Liebert，張鳳燕譯，1998/2002, p.105）。

Jung的學說有神祕色彩，主要是他將重點放在宗教與靈性層面上，這也是受到家庭的影響，他的祖父是名醫、外祖父是有名的神學家，父親也是從事神職工作，他自己學醫，後來又對超心理學有興趣，並擔任第一屆「國際精神分析學會」理事長，也曾與Freud分析彼此的夢境，但也因此更清楚自己與Freud理念不同，1931年Freud主動寫信給他切斷師生情誼（Sharf, 1996）。在1960年之前，Jung的學說在美國幾乎是不存在的，但是由於Myers-Briggs Type Indicator（MBTI）的人格量表研發（採用Jung的人格理論）以及70年代「意識轉換」（altered states of consciousness）、神祕學與超心理學的流行，Jung的理

論才因此受到注意（Gilliland & James, 1998, p.77）。Jung深信人的一生努力要發展自己的完整性（their own wholeness），也將「自我」（self）視爲人格的核心與全部（Sharf, 1996, p.87）。

Jung不將心理疾病視爲病態或疾病，而是將相關的「不適應」病徵視爲可以提供當事人與治療師了解當事人的人格功能與人格系統出錯的警示（Gilliland & James, 1998, p.81）。分析理論的治療目標在於「統整心靈」，由於人類擁有有限的心理能量（psyche energy），因此要在心理世界發現平衡、也協助自己的展現是非常重要的。「自己」（self）的展現可以讓個人成爲完全功能的個人，因此經由頓悟、人格轉型與教育，就可以達成意識與潛意識系統的統整（Kaufmann, 1979, cited in Halbur & Halbur, 2006, p.48）。雖然個體化與自我展現是終其一生、刻意努力的過程，而Jung也相信人到中年就是自我統整的最好時機，這一點呼應到艾力克森的社會心理發展階段論，似乎也暗示了Jung個人的經歷。Jung花了很多時間在自我探索上，他甚至曾經閉關三年，爲的是研究神祕學、宗教與古文化，也到不同文化去接觸最原始的部落，最後完成了他「集體潛意識」的理論。

Jung對人性的看法較爲正向，深信人類是註定要讓自己在世間有所作爲的（所謂的「個體化過程」，individuation process）。成功的「個體化」就是可以超越、並且認眞處理個性中的潛意識部分；「個體化」也是個人邁向「自我了解」的過程（同時也是生命與治療的終極第二目標，第一目標爲「個體化」）：個體化不是靠成就來完成，而是人格是否可以眞正符合其潛能？而且維持「自我」（ego）與「自己」（self）之間持續的對話（Gilliland & James, 1998, pp.78 & 84; Sharf, 1996）。

㈢楊格心理分析的理念

1．人格結構

Jung對於人格的建構也與Freud有不同看法，不認爲「慾力」只是性驅力，而是心靈力量的展現，一旦將此力量釋出，就會造成情緒反應、引發思考，最後形成所謂的「情結」，而潛意識本身不是由純粹壓抑的素材組成而

已，還是創意、引導與意義的來源（Gilliland & James, 1998, p.83）。人格本身是一個動力結構、永不止息，人的行為基本上是受到天生的「原型」與後來發展而成的「情結」所促動而朝向「自我實現」、「個體化」、「超越功能」（transcendent functioning）與「自我感」（selfhood）的未來，也就是人有意識與無意識地受到環境與心靈刺激推動而產生行動（Gilliland & James, 1998, p.83）。

　　Jung將人格稱之為「心靈」（psyche），或者是「意識的層次」（靈魂、心靈或精神都在所有的意識層次裡），包括了：⑴「意識」（conscious）的部分——是以「自我」（ego）為中心，指的是目前的想法、感受、反思、知覺與主動記憶（active memories），很容易提取、且受限於目前的經驗，其目標就是「個體化」（儘可能地完全了解自己）；「自我」（self）就是將意識組織起來，提供自我認同感與維繫每日的生活。⑵「個人潛意識」（personal unconscious）——個人記憶裡所儲存的，較不容易提取，與Freud的前意識與潛意識的特性相近，主要是保留著不被「自我」所接受的訊息，包括與目前功能不相關或瑣碎的訊息，然而個人未解的衝突或是充滿情緒的想法可能壓抑成為個人潛意識裡的一部分，這些素材通常會在夢境中出現、或是與個人的所思所感或記憶有關聯，倘若引發個人情緒上的反應時就是「情結」（complex）。「情結」是個人潛意識中的主要部分，是想法或想像的情緒部分，情結的中心為原型或原型想像，當個人與環境互動時，持續暴露在特定或重要的事件時，這些經驗就會累積起來、甚至造成制約連結，其威力就非常龐大，若是處理不當，可能造成人格分裂或不適應的情況（Gilliland & James, 1998, p.80）。

　　Jung的「情結」不只是來自個人潛意識，也來自集體潛意識，「情結」可以有正、負的力量，負向情結也可以藉由「超越的功能」（transcendent function）讓當事人從另一個建設性的角度來思考；由於個體沒有察覺這些情結（如父親、母親、拯救者或殉道者情結），因此治療師的任務就是將「情結」意識化；與⑶「集體潛意識」（collective unconscious）——是超個人且非個人的意識〔有時稱為「超個人意識」（transpersonal conscious）〕，不

同文化之間的人類所共有的根深蒂固、溯自遠古時代的強烈連結，像是「原型」（archetypes）與直覺（instincts）（Gilliland & James, 1998, p.78; Halbur & Halbur, 2006, pp.46-47; Liebert & Liebert，張鳳燕譯，1998/2002；Sharf, 1996, pp.88-89）。

「集體潛意識」是Jung理論裡最重要、也是爭議最多的，位於人格結構的最底層，是一個泛文化的單位，可以經由代間傳遞，也是我們思考、感受與行為的指標（Gilliland & James, 1998, p.81）。這些可以傳承、又具泛文化意義的人格潛意識基礎就叫做「原型」（archetypes），是源自於集體潛意識最深的根源，由於歷時久遠，因此也稱之為「原始意（想）像」（primordial images），而這些原型也因為發展完全、各自獨立為一特殊系統，像是「影子」、「自己」等，支持這些系統的就是宗教、神祕學、傳說等的基本內涵，會以夢境或預見（vision）的方式展現（Gilliland & James, 1998, p.81）。「集體潛意識」裡包含了幾個「原型」，這些是建立個人人格的重要偶像，像是「母親」（mother，代表真實或象徵的母親形象，如母親、祖母、大地、教堂等）、「影子」（代表人格的黑暗面，也是人們不喜歡知道或承認的，包括我們的動物本能、邪惡與不為人接受的面向）、「有智慧的人」（the wise one）、「療癒者」（healer）、「阿尼瑪」（女性內在或是女性的「男性面」原型）與「阿尼瑪斯」（男性內在或是男性的「女性面」原型），這些原型是出現在夢境、宗教、神話與文化象徵裡。隨著個人生命經驗的增加，就會在這些原型上建立起屬於自己的性格，這些原型協助個人將經驗做組織與整合，最後形塑成怎樣的一個人，然而個人也可能將這些力量固著在某個原型上（Halbur & Halbur, 2006, p.47）。個人隨著年齡的增長與成熟，會慢慢移往「個體化」的方向，不僅注意到自己人格的原型，也會接納這些原型（或是不同的自己），倘若沒有這些刻意的努力與動作，「自我」不可能會真實呈現（Halbur & Halbur, 2006, p.48）。

意識的功能有思考、感受、感覺（sensing）與直覺（intuiting），與原型及其他功能間是互相對立、平衡的關係；也就是說，一個健康的人其意識與潛意識的人格元素是平衡的（Gilliland & James, 1998, p.83）。

2. 原型

「原型」有「型」（form）無內容（content），代表的是不同型態的知覺（perceptions），原型也不是經驗，但是有其影響力，因此原型有情緒內容與力量，常以象徵物方式出現，最常見的就是「死亡」的原型（會激發強烈的情緒，也是普世的經驗），其他像是出生、力量、英雄、孩童、智慧老人、大地之母、惡魔與上帝等（Sharf, 1996, pp.89-90）。對於人格最重要的有幾種原型，它們是「面具」（persona）、「阿尼瑪」（anima）／「阿尼瑪斯」（animus）、「影子」（shadow）與「自己」（self），分述於下（Gilliland & James, 1998, p.83; Sharf, 1996）：

⑴「面具」：是掩飾自我的厚盾，從小時候就開始發展，是個人允許他人可以看見的部分（類似我們熟悉的「公眾我」，我們希望別人看見的部分、或是我們認為別人想看到我們的部分）；一般說來，呈現適度的「面具」是健康的，但是若過度重視，可能就會疏離真正的自己與「影子」，也無法體驗真正的情緒。

⑵「影子」：是來自個人與集體潛意識，包含了最原始、未開化的部分，也是一般社會不接受或壓抑的部分（像是有關性、動物性或攻擊衝動的部分，類似Freud的「本我」），它也是「面具」的相反（所謂的「私人我」），通常會藉由「投射」的防衛機制表現出來，也是原型裡最危險、最有力量的部分；男性常常將其「影子」投射到其他男性身上，因此男性之間常有競爭與戰爭，女性之間雖不明顯，但是那種彼此的競爭與嫉妒也常見。適度的表現「影子」，有助於創造、活力與振奮，然而若是壓抑就可能會覺得受限、與自我疏離，甚至害怕。體會到「影子」是個人人格的一部分，需要有更多的道德勇氣與努力才行，而這也是治療的第一步。

⑶「阿尼瑪」／「阿尼瑪斯」：分別代表不同性別裡的「異性」特質（如感受、態度與價值觀），像是女性表現出攻擊（感受與情緒部分）、男性表現出溫柔行為（邏輯與理性部分），這樣的特質可以讓不同性別的人了解，也對彼此做出適當反應。Jung相信男性應該要表

現出他們「阿尼瑪」的部分、女性應該要表現出她們的「阿尼瑪斯」
來平衡其性格，倘若太堅持自己性別的刻板印象，就會有不成熟的表
現。在治療場域裡探討「阿尼瑪」／「阿尼瑪斯」，不僅可以讓當事
人潛意識裡的人格表現出來，也可以同時探討當事人與移情關係中的
「性」。

(4)「自己」：是人格與集體潛意識的核心，是統整與穩定人格的機制，
也是人格的協調中心，同時擔任意識、潛意識與集體前意識的折衷工
作。當人格愈成熟、愈趨向「個體化」時，「自我」（ego）與「自
己」（self）之間關係的發展就愈堅固，因此Jung認為人生目標在於
「發展與了解自己」，而在「自己」的周遭環繞著三個正在演化的
「原型」，它們是影子、「阿尼瑪」／「阿尼瑪斯」，以及一堆支持
的「情結」（supporting complexes）。

㈡楊格分析學派的治療目標與過程

Jung學派的治療目標在於協助當事人往自我了解的方向前進，稱之「個體
化」，協助當事人整合「意識」與「潛意識」的自己（Corey, 2011, p.76; Sharf,
1996），要讓意識與潛意識有個溝通管道、彼此了解，而「夢境分析」就是
治療核心（Gilliland & James, 1998, pp.78 & 84; Sharf, 1996），或是協助當事人
的「自己」浮現，個體就可以朝向自我實現之途邁進（Nystul, 2006）。對Jung
來說，生命包含兩極，而人本身有天生的協調系統，這兩極的平衡就可以決
定個人的健康與發展（Seligman, 2006），許多來接受治療的人是因為與自己
的內心世界失去聯繫，甚至不知其存在，因此治療可以做聯繫，讓外在與內
在世界間的差距縮小；治療師的角色類似引導者，協助當事人進入潛意識，
也像完形學派一樣，很重視意識在當下經驗的「同化」（conscious assimilation
of immediate experience）（Kaufmann, 1989, cited in Gilliland & James, 1998,
p.87），Jung認為治療師的角色是運用個人經驗協助當事人探索自己的潛意識
（Sharf, 1996, p.101）。他將人的發展區分為前後兩半，前段是完成基本的發
展任務（如價值觀、興趣、生涯與親密關係），後半段就會尋求「個體化」，

「自己」漸漸開展，面具會削弱，而影子也經過整合與了解，原型浮現以賦能我們，也就是人是從物質、性與繁衍進入到靈性、社會與文化的價值追求（Seligman, 2006）。

Jung的分析學派很重視情緒的部分，認爲光是頓悟不足以造成改變，因此它的治療步驟就分爲四：1.告解與宣洩（confession and catharsis）——從感受開始，當事人就可以與潛意識的情結（造成「不適應」的原因）做接觸，其功能類似宗教裡的「告解」；2.闡述說明（elucidation）——諮商師會針對當事人的過往做動態詮釋，包括移情（與反移情）或投射，Jung的「移情」沒有性的意涵，而是有社會與關係的意涵；3.教育（education）或頓悟（insight）——諮商師針對當事人生活中所缺少的做一些教育動作，在此階段諮商師提供當事人鼓勵與支持；4.轉換（transformation）或個體化——一般當事人可能進行前三個階段就可以，但是倘若當事人的確過著「非正常」的生活時，就需要進行第四階段的治療。在這個階段處理的是「影子情結」（因其觸動個體化的過程），讓當事人看見影子的侵入與補償作用之間的遊戲，以及它影響當事人看到自己的眞實面貌與潛能（Gilliland & James, 1998, pp.85-86; Seligman, 2006; Sharf, 1996, p.102）。

分析學派的治療技術著重評估、探索，而「夢的解析」也是很重要的一項。Jung認爲夢的解析是分析的核心，是潛意識創意的展現，夢可以提供了解潛意識過程的管道，夢境含括潛意識的無盡素材，也是最豐富的治療資源，夢的重要性在於其對於做夢者的意義爲何？而夢也經常發揮在個體人格調整過程的補償功能，也就是說夢的目的有二：一是瞻望未來，二是協助平衡個體內在的兩極化，用來解決問題與自我統整（Corey, 2009, p.83）。Jung將夢分爲「小夢」（little dreams）與「大夢」（big dreams），前者來自個人潛意識，常常反映在日常生活的相關活動，後者是未知的潛意識素材，常讓個體終生難忘。分析學派對夢的解析不同於Freud，因爲佛氏將夢視爲潛意識被壓抑的結果，Jung則是以現象學的觀點看夢，認爲夢代表著潛意識以象徵的方式傳輸訊息給做夢的當事人，而夢可能提供複雜問題的簡單解答；如果夢是來自潛意識，解析就是企圖去了解夢所代表的意義，以減輕潛意識投射而造成的當事人困

境；此外，夢也可能反映了心靈的自我修復（Gilliland & James, 1998, pp.89-90; Sharf, 1996）。

除了「夢的解析」之外，分析學派也會運用「積極想像」的方式，讓當事人可以將情結與情緒從潛意識浮現於意識層面上，還使用其他像是藝術媒材或完形技術等，這些都是將潛意識意識化的技巧。Jung學派也注意到治療關係中的移情與反移情，除了以夢的素材來處理移情現象外，也以解析原型的方式來處理（Sharf, 1996, pp.108-109）。Jung學派治療師也會運用象徵（symbol）、儀式（ritual）與字句聯想（word association tests）在諮商過程中，「象徵」可以反映出潛意識與原型，「儀式」是突顯人不同的發展階段，而「字句聯想」不僅可以用在探索夢的意義上，也可以提供了解潛意識的素材（Seligman, 2006）。

Jung與Freud不同處在於他將平等的治療關係視為關鍵，他在治療過程中也會運用多種媒介與技巧，包括歌唱、舞蹈、藝術、祈禱，甚至使用占星術，他也做夢的分析與原型分析。而對於夢的功能他的解釋為「協助人們可以看見自己更深層的潛意識」，也就是藉由夢的解釋來讓當事人對自己更了解；此外，當事人可以藉由了解自己的原型，對自己的心靈更了解，而因此而達到「個體化」目的（Halbur & Halbur, 2006, p.48）。Jung反對Freud將「靈性」解釋為「壓抑性慾的表現」，因為這等於殲滅了文化的因素（Hoffman, 1996, p.xii）。

(三)楊格分析學派的評析

Jung的分析治療是潛意識與意識間一種象徵性的、辯證式的關係（Gilliland & James, 1998, p.103），就是一個「靈魂」的治療，其學說對於當今的宗教思想有莫大影響，也搭起了東西方哲學與治療的橋梁（像是「自我超越」、「意識轉換」），他也是首位注意到靈性層面的治療師；且其治療不受限於嚴謹的規則或是公式（Gilliland & James, 1998, p.101; Seligman, 2006），而他對於人格結構的思考（以「態度」與「功能」兩個向度組成，「態度」分為外向與內向，功能分為【作價值判斷的】「思考」與「感受」以及【知

覺自我與他人】的「感受」與「直覺」兩部分）也成為後來人格量表（Myers-Briggs Type Indicator）發展的依據，以及促成「羅夏克墨漬測驗」（Rorschach Test）與「主體統覺測驗」（Thematic Appreception Test）兩種投射測驗的發展（Goldenberg & Goldenberg, 1998; Sharf, 1996, pp.92-100）。

當然也有人批評Jung的分析學派，「集體潛意識」是被批判的重點，因為很難證實其存在，同樣地他所提的「原型」道理亦同！也因此Jung分析治療的效率受到質疑，因為治療師基本上是將目標放在較為遠大的地方，對於較為急迫性的問題（如日常生活所遭遇的困境）較不關切，而Jung學派的治療師又極不喜歡為病患標籤或做診斷，因此在申請醫療保險上會有問題。Jung的「阿尼瑪」與「阿尼瑪斯」的觀念，替一般人的「兩性兼具」性格作了很好的詮釋，也因為「社會化」與文化標準的緣故，生理是男性的「必須」表現出符合「男性氣概」的行為，女性反之亦然，使得一般人都不太敢去違反這些定律，卻也造成了個人認知的矛盾與生活功能的挫折或問題。雖然Jung提出了我們性格中的兩性特質，受到不少女性主義者的青睞（Sharf, 1996, pp.117-118），但其基本上是很貶抑女性的，也受到當代女性主義者的諸多批評（Gilliland & James, 1998, pp.101-102）。

心理動力治療

基於精神分析學派費時過長，也許不適合一般民眾，因此有許多精神分析學派的臨床治療師將其做適度的改良，稱之為「心理動力治療」（psychodynamic therapy）或「短期心理動力治療」（brief psychodynamic therapy），主要是指「心靈」（心理／情緒／靈性／自我）被視為一個主動、非靜態的實體（Jacobs, 2004, p.7），關切的是當事人性心理、社會心理、與客體關係發展對個人的影響，也重視潛意識的過程，將過往的關係在治療關係中重建起來，治療次數通常在10到25次之間（Messer & Warren, 2001）。

Freud的本我、自我與超我就是將心靈內的內在關係「地圖」提出例證，現代的精神動力治療將夢視為自己（self）不同的面向，心理動力治療目的

與精神分析學派相同，在於將潛意識變爲意識，也就是協助當事人可以在更有意識的控制與覺察下行動，讓一個人可以在不同心理需求、意識要求與外在現實的衝突下取得適當平衡；其基本假設爲個人中心問題反映或重複了原生家庭的早期議題，治療被視爲是「矯正情緒經驗」（corrective emotional experience）、提升新的學習機會。與傳統精神分析治療不同的是，治療師與當事人是面對面的互動，也不強調移情關係（Seligman, 2006, pp.140-142），因爲當事人會將一直重複對重要他人的關係模式（通常是孩童似的模式）投射在諮商師身上（所謂的「移情」），諮商是在以現實爲基礎的交會中，透過治療師提供正向的矯正經驗給當事人，其與其他取向治療師不同之處在於：心理動力治療的諮商師注意到負面治療關係的治療價值，也協助當事人可以在當下「重新經歷」過去的負面經驗、了解它是如何影響目前的人際關係（Jacobs, 2004, p.19）。而諮商師在諮商初期可能會多問一些問題，激勵當事人可以主動說出自己想要說的（「自由聯想」），不做假設，也保留對當事人所說的回應，就是尊重當事人的表現，讓當事人引領諮商的進程，這一點倒是與羅吉斯的「人本中心」有異曲同工之妙；但是諮商師被動傾聽並不是「被動」的角色，因爲諮商師腦內進行著當事人所說的所有內容、訊號、線索與暗示，也試圖將它們的次序做安排、了解其意義（Jacobs, 2004, pp.36-41）。諮商師不僅是聽當事人的敘說，也會聽到自己對當事人的感受，以及對當事人故事的相關想法（Jacobs, 2004, p.39）。

防衛機制有其功能（避免面對具有威脅性的自我），而「抗拒」就是這些機制的表現，諮商師尊重當事人的防衛機制（有些機制其功能令人滿意就不需要注意，也不需要直接提到這些防衛機制，反而讓當事人防禦更深）（Jacobs, 2004, pp.104-106）。由於治療次數少於精神分析治療，而治療關係像是「夥伴」關係，諮商師也同時扮演著母親照顧嬰兒的情況，提供當事人最初的力量與安全（或謂之「涵容」，holding）環境，讓當事人可以有能力自己因應（Jacobs, 2004, p.93），當諮商師與當事人間的關係愈平等與眞實時，大部分移情的反應與感受就會消融，當然若心理動力治療次數較多，也提供更多的空間與機會發展移情，讓治療深度更深，同時也更需要修通（Jacobs, 2004,

pp.126-134）。

　　心理動力治療所運用的技巧包括反思、釐清、解釋、面質不適應的人際模式（還有衝動、衝突與防衛機轉），以及檢視人際脈絡的「頓悟三角」（triangle of insight，包括當事人目前的重要他人、對治療師的移情，以及童年的關係）（Messer & Warren, 2001, p.67）。

家 庭 作 業

1. 思考一下自己常用的「防衛機制」有哪些？討論背後的可能焦慮為何？

2. 列出自己六歲以前的記憶，有哪些事件令你印象深刻？為什麼？

3. 連續一個月記錄自己記得的夢境，你對這些夢境的解讀為何？與同學分享，也聽聽他們的想法。

第四章

動力取向的諮商理論

——自我心理學、客體關係理論與自體心理學派

 自我心理學

自我心理學派（ego psychology）是修正佛洛伊德學派的代表，代表人物包括Helene Deutsch（1884-1982）、Karen Horney（1885-1952）、Harry Stack Sullivan（1982-1949），與Anna Freud（1895-1982）等，他們對於自我心理學理論都相當有貢獻。Helene Deutsch對於女性發展理論有先驅的貢獻，她在1944年所出版的《女性心理學》（*The Psychology of Women*）不只影響了精神分析學，也對女性發展影響極大。她反對佛洛伊德強調父權，特別是「陽具欣羨」與「戀父情結」；她將「陽具欣羨」引申為一般的欣羨，也就是一般孩童都曾經經歷的、羨慕他人可以得到愛與關切，而女性也藉由性交、懷孕、做母親與哺乳來解決其「生殖器的創傷」（genital trauma），達到情緒健康的滿足；她聚焦在孩子與母親之間的聯繫，也認為女性必須與母親建立親密的聯繫，作為其個人發展的基礎，情緒上的疾病是因為母親限制其發展的自由、或是無法成為其正向發展的楷模之故。她也將「健康自戀」列為自我健康發展之

必要：女性的被動是因為擔心關係的發展、判斷能力也是基於情感因素，而女性的受虐讓女性可以忍受更多的痛苦，因此才可以承擔生育、月經與其他經驗（Seligman, 2006, pp.114-116）。

Karen Horney也是以精神分析起家，是首位在柏林精神分析學院任教的女性，她強調文化與環境對於人格形塑的力量，也認為應該將人放在脈絡中來了解，她也聚焦在女性對於愛、性與母職的渴望，但是她提到女性的受虐是源於女性在社會卑屈角色的衝突，也就是文化所決定，而非生理的限制，她的著作深深影響著60年代的女性主義運動與人本心理學的發展。她對於人性抱持著樂觀正向的看法，認為生命的目的在於實現「真實自我」（real self），我們自我實現的潛能在出生時就開始，人類的基本焦慮在於「安全感」的需求，因此若能提供滋養、和諧的環境給個體，就可以助長個體健康的發展。人們因應衝突的方式有：趨近人群（保護或討好他人）、對抗人群（企圖掌控或怪罪他人），以及遠離人群（避免與人的接觸），這些方式若太常使用就可能侷限了個人的發展。Horney也提到四種不同的自我形象（selves and self-image），它們是：真正／潛能的自我（real/potential self）、理想化或不可能的自我（idealized/impossible self）、真實自我（actual self），以及鄙視或貶低的自我（despised self），愈能自我實現者，他／她前三個自我的一致性愈高（Seligman, 2006, pp.116-119）。

Harry Stack Sullivan是首位在美國本土出生的心理學家，強調「關係」在個人健康發展的重要性，因此創立了「人際心理分析」學派（Interpersonal Psychoanalysis），他對於人性也如Horney一樣抱持樂觀態度，認為「尋求聯繫」是人類最重要的需求，安全的關係是安全感的主要來源，而病態就是不健康關係的結果，因此「覺察」是人際心理分析的首要目標。Sullivan重視治療關係中當事人與治療師的聯盟，認為治療是一個學習的過程，也注意到文化上的異同，認為短期、有彈性的治療是有益處的，這些也都是非常先驅且具創意的觀點，Sullivan也影響後來的自我學派、自體學派、現象學與家庭系統治療（Seligman, 2006, pp.119-122）。

Anna Freud對於兒童發展與分析、以及防衛機轉有諸多貢獻，她對於受創

兒童的研究也相當重要。她相信觀察與評估孩童，以及社會興趣的重要性，而同時與健康或有困擾的兒童一起工作也是必要的，她也強調支持、教育的治療取向，聚焦在目前的生活事件；她認為提供穩定的母親客體，以及互惠的母子關係，對於孩子健康發展的依附能力甚為重要。Anna Freud認為分析孩童與成人是不同的，成人的精神分析可以藉由了解與重建其童年發展議題而得到提升，而孩童的不適應行為可能是努力因應環境壓力的結果，而分析主要是針對內在或內化的衝突，而不是用來處理外在因素引起的問題，若問題是由外在因素引發，那麼改變環境或提供支持的處置是必要的。Anna Freud對於「自我防衛機制」（ego defense mechanisms）的詳盡描述是其最大的貢獻，而「自我防衛機制」是為了因應源於本我或超我、個體不能接受或威脅性的驅力所引起的焦慮（Seligman, 2006, pp.122-125）。

客體關係理論

一、「客體」的涵義

客體關係（object relations）理論特別強調治療關係（Cashdan, 1988），想要提供個體內在與人際關係理論（與治療）之間的橋梁，其源自於精神分析學派，而「客體」（object）原本是Freud所指的「人們為了尋求持續接收到『失去』的他人，而以將他人內化的方式來滿足自己的需求」，也就是想像失去的對方彷彿真實存在一般，也因此我們會因為目前所面臨的問題而從過去找理由，會從早期與父母親互動而內化的客體關係中來印證我們目前的關係（Becvar & Becvar, 2009, p.137）。客體關係理論是指人際關係（St. Clair, 1996），所謂的「客體」，依據Freud的說法是指滿足個體需求的他人、目標或是事物（Cashdan, 1988; Hamilton & St. Clair, 1986, cited in Gilliland & James, 1998, p.26），而客體關係理論裡的「客體」範圍更廣，指的是重要他人或物品是某人情感或驅力的客體或目標（主要是指「人」）（Cashdan, 1988; St. Clair, 1996）。客體關係理論強調人內在與他人的關係（intrapsychic relationship

with others），其比重較之TA更多（Gilliland & James, 1998, p.26），而過去關係的殘留（residues）對於個人目前的人際關係有重要影響（St. Clair, 1996）。

二、重要影響人物

影響此理論的幾個代表人物的理念，會在以下篇幅做一些介紹。Freud的理論是從成年病患的童年回憶所建構而成，Melanie Klein想要修正這一點，企圖要釐清童年經驗與成人性格之間的關係，也發現兒童其實投注了較多的精力在人際世界裡，而非控制自己的慾力衝動，因此得到「孩子的內心世界就是人際關係」的結論，而母－子（女）關係就是個人未來人際關係的原始藍圖。Klein將孩童組織經驗的人際型態定義為「位置」（positions），依序為「偏執－精神分裂」（paranoid-schizoid）位置（孩子將母親的乳房視為客體，稱作「部分客體」，將母親分為「好」與「壞」的部分）、「憂鬱」（depressive）位置（是心理發展快速期，將母親視為一個完整的客體）與「修補」（reparation）位置（孩子因為被愛護的經驗多過於傷害，因此有能力去與他人建立關係），因此可以看出Klein是以孩子處理愛恨關係來描述其心理的成長。W. R. D. Fairbairn不認為「慾力」是追求快樂，而是追求客體；他從關係中「依賴」（dependency）的觀點來看人類關係的發展，人是由「早期嬰孩似的依賴」（early infantile dependency），經過「轉換期」（transitional period），最後是「成熟的依賴」（mature dependency，也就是互相依賴），因此他認為精神病是不能或不願意放棄嬰孩似的依賴連結，而異常行為則是「分裂」（非好即壞）衍生而來；不能令人滿足的壞客體（bad objects）有「興奮客體」（exciting objects）與「拒絕客體」（rejecting objects），前者讓人覺得挫敗而空虛，後者讓人覺得不被愛或討厭。Margaret Mahler研究困擾兒童，她認為成熟的順序是從與母親的「共生依附」（symbiotic attachment）到「平穩自主的認同」（stable autonomous identity），中間要經歷「自閉」（autistic）、「共生」與「分離／個體化」（separation/individuation）等階段。Otto Kernberg認為嚴重心理疾病都源自於有缺陷或扭曲的客體關係，而這些都是當事人內在世界的一部分，我們可以從母子（女）的關係來了解心理

成長的方向；而「內化系統」（internalization system）可以用來描述孩童的成長，它們是「內射」（introjection）、「認同」（identification）與「自我認定」（ego identity）（Cashdan, 1988, pp.4-17）。

三、客體關係治療的重要理念

客體關係理論的學者會探討個人早期心理建構〔自我、他人（或客體）的內在形象〕的形成與區分，而這些內在架構是如何彰顯在人際關係之中？在人際關係中，個人不只是與實際的他人在互動，同時是與一個內在的他人在做互動（St. Clair, 1996）。客體關係治療是延續精神分析的治療模式（Cashdan, 1988），藉由探討從早期童年到目前的關係，甚至連結到當下治療關係的發展（Seligman, 2006, p.125），也就是客體關係治療主要是探索內在潛意識的認同（internal unconscious identifications）與外在客體的內化（internalizations of external objects）（重要他人的面向）（Corey, 2009, p.81），強調早期關係與環境對人格的影響（St. Clair, 1996）。

嬰兒的內在心理架構是經由其與「客體」的「內射」（內在投射）而形成，這個內在架構是植基於個人將情感與精力投注於事實與幻想的經驗，而母親通常就是嬰兒第一個內在的客體，其他客體則是隨著時間而產生，早期母親（或主要照顧人）與嬰兒的經驗，就成為接下來嬰兒與他人關係發展的樣版。嬰兒「自我」的發展是從最早與主要照顧人的互動發展而來，從「分裂」（splitting）（將母親區隔為「好母親」與「壞母親」，為的是保留與母親的滿意關係，以獲得生存）開始，經過「分辨」（differentiation，區辨母親與他人不同）階段，然後才進行到「分離／個體化」（separation/individuation，知道自己與母親是不同個體），「自我」才算形成（Becvar & Becvar, 2009, pp.137-138）。

我們與人互動時，不只是與那個真實的人（real person）在做互動，同時也與我們「內在的他人」（internal other，我們內在心理的表徵，這個表徵與我們過去和主要照顧人的關係有關）在互動（Becvar & Becvar, 2009, p.139），就像是我和某同事對話，但是她有些特質讓我聯想起我母親（內化他人），因

此我與她的互動就不是外表那麼單純，還帶著我內在與母親關係的互動狀況。客體關係理論認為人會努力與他人保持聯繫，人有與人互動的需求，也在與人互動中形塑自己，因此強調人際關係與自我概念；客體關係指的是親密關係中的一套認知與情感歷程（Westen, 1991a, p.211, cited in Libert & Libert，張鳳燕譯，1998/2002, p.89），而個人的發展與「個別化」主要視其早年關係的情況來決定（Seligman, 2006, p.125）。

四、客體關係治療過程

客體關係治療是以治療關係為踏腳石，治療師以情感聯繫（emotional linking）的方式傳達其對當事人的同理了解（「神入」），使其可以邁向更健康的客體關係，同時促進當事人自我的正向改變。治療聚焦於內在客體關係在目前實際的人際關係中所扮演的角色，特別是當事人與治療師的關係中內在客體的運作。比較特殊的是，在客體關係治療中，治療師將「反移情」視為「當事人投射認同的自然反應」，而非如傳統治療將其當作是治療師未解議題的衝突（Cashdan, 1988, p.97）。客體關係學派有英國（如Melanie Klein、W. R. D. Fairbairn與D. W. Winnicott）與美國（如Margaret Mahler、John Bowlby與Otto Kernberg）兩派，前者強調「移情」與「反移情」的重要性，後者強調自我功能與適應，兩個學派都認為治療最重要的元素就是「投射認同（projective identification）過程」的探索與分析。「投射認同」與「移情」的不同在於前者只是當事人投射一部分的「內在客體」（internal object）或「自我」（self）在治療師身上，而內在客體關係（internal object relationship）可以在治療關係中重建，也將內化的客體做修正。治療師成為一個「夠好」的母親（a good-enough mother）、提供涵容（holding）的環境給當事人，與當事人的情感交流，可以將內在客體關係帶到當下，容許當事人重新去體驗那些關係，提升當事人的頓悟與改變可能性；建立正向的治療關係、催化「移情」與「投射認同」的產生、與詮釋等都是重要的治療技術（Seligman, 2006, pp.125-127）。

客體關係治療過程可以分為四個階段，分別是：㈠開始（engagement）——諮商師用治療關係作為當事人關係問題的展現；㈡投射認同（projective identification）——「投射認同」是早期客體關係的殘留，表現在目前人際關係的困擾上，而採取「投射認同」的人基本上是渴望重建關係，讓它有好的結果，治療師容許當事人做「投射認同」，讓當事人之前內化的客體關係可以在當下鮮活地展示出來；㈢面質（confrontation）——面質當事人投射認同的「後設溝通」（metacommunications）為何（也就是挑戰當事人投射認同的本質），也以不同於當事人所期待的方式作反應，也就是提供「不同的投射認同」（altering projective identification），藉以改變當事人的內在客體世界；㈣結束（termination）——讓當事人可以去欣賞自己的投射認同對他人的影響，也讓當事人頓悟到自己不當的連結方式的原因，以及早期關係模式是如何成形的？提供當事人有關別人是如何看待他／她的重要資訊（Cashdan, 1988）。

五、客體關係與精神分析之異同

　　客體關係與精神分析一樣注重早年經驗與治療關係中的移情及反移情，「客體」都是指滿足個體需要之目標，只是前者將「客體」範圍擴大（聚焦在「人」身上）；客體關係是個體發展自我與他人的內在運作模式，是對自我與他人情感與反應管理的模式，而「客體」指的是人，而非一般所謂的「物體」。客體關係理論認為「自我」是隨著個人與客體關係的逐漸成熟而浮現（St. Clair, 1996）。客體關係理論與精神分析論相異之處是：㈠對人類行為的基本動機認定不同，客體關係不相信極端的驅力理論，而認為人的基本動機是與他人互動、有接觸；㈡客體關係關注生命早期的母子（女）關係品質，而佛洛伊德則是強調父親角色，發展關鍵是戀母情結的三到五歲之間（Libert & Libert，張鳳燕譯，1998/2002, p.89）。此外，在客體關係治療裡，治療師與當事人是「面對面」，不像傳統精神分析那樣隱身在當事人後方，不讓當事人看見。客體關係理論被批評的包括：沒有強調父親角色，複雜的概念與詞彙，將焦點放在嬰兒期的依賴與不適應母職，似乎將人視為失功能親職的受害者（Seligman, 2006, p.131）。

 自體心理學

一、自體心理學緣起

Heinz Kohut（1913-1981）所創的「自體心理學」（self psychology），他最著名的就是將自體心理學介紹到精神分析的工作裡，心理疾病其實就是「自體（我）」（self）的困擾，而更嚴重的可以追溯到早期母親－嬰兒關係的困擾（Cashdan, 1988）。Kohut認為一個人（自我或自體）與其重要他人的「客體」關係對於其人格的建立及健康有莫大關聯。所謂的「自體（我）」指的是心理的「自我架構」（self structure），是人格的核心，是「接近個人所經驗」（experience-near）的（Tudor & Worrall, 2006），我們是經由認同、了解與整合我們情緒的方式（也就是「自我客體」關係），來發展我們堅定、有反應且具彈性的「自我架構」（Hycner & Jacobs, 1995, p.133）。他的理論不強調「性」與「攻擊」（Kahn, 1997, p.87），如客體關係一樣，也強調人格形成與「客體」表徵（即內在心像）及人際關係的重要性，也有學者將其歸類在客體關係理論裡（如Cashdan, 1988）。

Kohut的理論源自精神分析，也受到客體關係理論的莫大影響，他相信治療關係與移情的重要性，也是將傳統精神分析與人本學派做整合的重要人物（Kahn, 1997, p.88）。自體心理學探索早期關係是如何形塑自我與自我架構（St. Clair, 1996），Kohut認為人是出生在社會環境裡，與他人的關係就是心理生存最根本的要件（Cashdan, 1988）。由於自體心理學是植基於佛洛伊德所謂的「心理現實」（psychic reality），因此自體心理學是一個屬於「心理內在」（intrapsychic）的研究，而「外在現實」就是一種內在體驗的組織架構（external reality is always an internally experienced organization）（Goldberg, 1988, pp.63-72），也就是個人所體驗、知覺的「真實」最重要。

Kohut的理論主要是說「自我（體）」的發展與統合是個體生活最重要的促動因素，也決定了此人在特殊情境下如何做反應，也因此當事人主體（觀）的經驗就是治療焦點（Hycner & Jacobs, 1995）。對Kohut來說，要貼近當事人

的主體經驗是藉由「神入－內省」（empathic-introspective）的管道（Hycner & Jacobs, 1995），其理論強調「神入」（empathy，與稍後人本學派的「同理」用字相同，但是層次不同）、自我形象、目前經驗及以整體的觀點看人（Seligman, 2006, p.132）。

　　Kohut對於「自戀」的研究對於諮商貢獻最大（Seligman, 2006, p.132），他的理論解釋了那些從現實人際中退縮的自戀型當事人，事實上是因為無法仰賴其內在資源，卻因此與他人形成了緊張的關係（St. Clair, 1996）。他認為「自戀」是人類的基本需求，正在發展中的孩子基本上是自戀的，孩子會透過早期的「自我客體」（selfobjects，或「他人」）關係來滿足兩種自戀需求，一種是展現出自己的能力且受到讚賞，另一種是形成對雙親之一（通常是母親）的理想印象（Cashdan, 1988）。健康的自戀有助於自尊與需求的滿足，不健康或是病態的自戀造成不穩定的自我概念（誇大或不能同理他人需求、出現不適應徵狀或了無生趣）或情緒困擾（Seligman, 2006, p.134）。Kohut的自戀理論為情緒困擾與人類發展提供了思考的新方向，自戀是人格中一個重要且有價值的部分，成熟的個體是有能力去找尋並滿足個人成熟自戀需求的「自我客體」（Kahn, 1997, p.106）。

　　Cashdan（1988）認為「自我客體」指的是真實的人，而非想像的表徵；但是Hycner與Jacobs（1995, p.107）卻主張「自我客體」不是指實際的人物，而是此人（物或事件）的「功能」是否能夠讓當事人維持、發展自我感？也就是讓情緒因素統合進入「自我經驗」（slef-experience）裡。此外，「自戀」只是反映出不同程度的成熟而已，而正常成人都有自戀需求，也持續需要自我客體的自我鏡照，病態自戀是由於缺乏父母親對孩子鏡照需求的同理反應，也讓孩子缺乏理想化的目標人物（St. Clair, 1996）。個體終其一生都會展現其自戀的需求在他人身上，而這些都是建構其自我的因素（Goldberg, 1988, p.215）。

二、自體與自我感

　　Kohut將「他人」視為「自我客體」（selfobjects），因為自我客體是在自體內在，以象徵化的方式執行其功能，也是自體的一部分，因此孩子

需要內化「夠好」的父母親特質，同時能夠將理想化的自我客體納入自己的世界中（Tudor & Worrall, 2006），唯有照顧者的「同頻反應」（attuned responsiveness）才能讓個體的自我統合順利發展（Hycner & Jacobs, 1995, p.107）。Kohut認為照顧者與孩子之間的溝通不限於具體的方式，同時也以「神入」的方式（empathic ways）做溝通，而這些「神入」的互動是孩童發展自我最重要的元素，也是孩子未來與他人建立關係的重要基礎（Cashdan, 1988），這也說明了能夠擁有「神入」的父母（或照顧者）與玩具（可以將其理想化的素材投射在玩具上）是很重要的（Tudor & Worrall, 2006），而「神入」對治療師而言比較像是一種「認知調查」（cognitive-investigative orientation）（Hycner & Jacobs, 1995, p.107）。

Kohut特別提到個體與他人關係對於發展「自我感」（sense of self）的關鍵意義，滿足孩子需求的重要他人就是從自我延伸出去的「自我客體」（將他人當作自我的一部分、或是提供自我功能的人），孩童透過與父母他人的「鏡照」（mirroring）互動以獲得「自我感」，因此父母等重要他人的適當、有效反應，可以讓孩童有安全的感受（St. Clair, 1996; Liebert & Liebert，楊妙芬譯，1998/2002, p.173）。自體心理學派強調我們是如何運用人際關係（自我客體）來發展自我感的（Corey, 2009, p.81），我們也從一般生活中看到自己小時候很依賴他人是怎麼看我們，甚至用他人的標準來定義自己、評估自己，慢慢學會看自己或定義自己的方式，當然這也意味著個人不是從自己的角度來看世界而已，也需要學習從他人的立場與角度看世界，這樣就可以明白Kohut的意思。

三、自我的發展

Kohut認為「自我（體）」（self）是從關係中發展而來，也因此，個體終其一生都需要「自我客體」（也就是「與他人接觸」之需求），而自我的發展與成熟也是終生持續不斷的過程（Kahn, 1997, p.97; Tudor & Worrall, 2006）。我們每天都需要與周遭人物（如同事或鄰居）有「共通感」（sense of common purpose），就是這種「自我客體連結」（selfobject tie）讓我們有穩定與支持性的「自體與他人」（self-with-other）的正向發展（Hycner & Jacobs,

1995, p.133）。良好的自我客體關係可以協助自我做統整，也較有自我控制感（Goldberg, 1988, p.216），自我的成長或受苦，端賴滋養的自我客體的存廢（Goldberg, 1988, p.65），因此兒童與父母親建立有意義目標與早期依附行為是非常重要的（Seligman, 2006, p.133）。自我像一個功能系統，由不同的（「自我客體」）關係所組成，而當我們可以了解某人到某個程度時，我們也就成為某人自我系統的一部分，而所謂的「了解」就是一種溝通連結、立即參與在自我架構內，而自我形式的展現是從所觀察到的「自我－自我客體」的移情而來（Kahn, 1997）。

　　Kohut（1984, cited in Kahn, 1997, pp.91-97）認為自我要能發展完全需要滿足三種強烈的需求（同時也是「自我客體」的功能），若這些需求沒有被滿足，就不會被整合到人格裡面，這些需求是：㈠「鏡照」（to be mirrored）——浮誇展現的需求，孩子需要在重要他人面前認為自己是重要、很棒、且被喜愛的，有足夠「鏡照」的孩子就有能力成為自己的「鏡照」〔稱之為「內化轉換」（transmuting internalization），將外在的客體關係轉換成不同的內在關係模式〕，即使遭遇失敗的鏡照經驗時，也可以發揮「鏡照」功能，增強自我的「建構」（structure），自尊也因此而穩固紮根；㈡「理想化」（to idealize）——孩子相信自己父母之一是有力量、鎮靜、有自信的非常重要，即便父母有時候會讓他們失望，但是孩子會因為成功內化理想父母形象而成長、成熟，因為他們心中有一個引導生命的理想，也可以有能力控制並善用衝動，甚至在遭遇挫敗或壓力時有自我安慰的能力；與㈢「像他人」（to be like others）——發展自我的需求〔Kohut稱之為「孿生」（twinship）或「改變的自我」（alter ego）〕，孩子知道自己像父母、或與其他人類似，知道自己有所歸屬；也因此Kahn（1985, cited in Tudor & Worrall, 2006, p.120）認為Kohut提供了更深入、複雜的觀念，讓我們更了解自我。

　　Kohut認為經由「浮誇展現」（grandiose-exhibitionistic）與「理想化父母形象」（idealized parental imago）（這也是所稱的「自我兩極」——「誇大自我」與「理想化父母形象」）可以了解「自體（我）」，而高功能的個性面向（如幽默、神入、創意與智慧）都源自於成功內化了「理想化父母形象」，倘

若父母未能滿足孩子足夠的需求，孩子可能發展出所謂的「自我障礙」（self disorder）（Goldberg, 1988, p.152; Kahn, 1997, pp.94-96）。「自我」浮現的重要因素有二：一是個體天生俱來的潛能，二是親子關係的同理（神入）關係；嬰兒最初是沒有自我的，但是有投射父母的潛能，父母（或「自我客體」）可以針對孩子的鏡照與理想化需求做反應，只要沒有太大的創傷或失敗，基本上父母親的反應就會讓孩子的「核心自我」（nuclear self）開始出現，而「核心自我」經過內化的轉換（transmuting internalizations，「自我客體」與功能由「自我」與其功能取代）過程，就開始展現（St. Clair, 1996, p.157）。

Kohut提到成熟的關係就是互相依賴與互惠的關係（Liebert & Liebert，楊妙芬譯，1998/2002, p.174），是我們一生都在持續發展的（Kahn, 1997），而不是以自我為中心，這就可以從個人發展階段來看：從一切以滿足自我需求為中心的嬰幼兒，慢慢地與周遭重要他人的互動中學會看世界的不同方式與角度，也知道如何適當地管理好自己的自戀與自我中心，個體持續需要一個支持、會反應的關係，才可以順利度過許多人生的轉捩點。當個體漸漸邁入成熟，「自我」與「客體」的區分就慢慢增加，最後會認可另一個人也是一個實體（Goldberg, 1988, p.35），Kohut拓展了客體心理學派的「自我客體」，前者是指將母親形象內化，Kohut則是指一般我們內在對於他人的經驗，而這些內在表徵就是自我的一部分，會不斷改變與成熟，也是一輩子的需求（Cashdan, 1988）。

佛洛伊德所說的「客體」（object）是指直覺與其滿足，與驅力有關，Kohut（1971）的「自我客體」是指「另一個人所經驗的就是自我的一部分」（cited in Goldberg, 1988, p.35），Kohut認為基本驅力的適度調節是正常發展的一部分，也是自我的一部分，而不是問題或困難的源頭（Goldberg, 1988; Seligman, 2006, p.133）。在關係中的「他人」可以滿足個體的「自我客體」角色，或是體驗他人的經驗成為自我的一部分（Goldberg, 1988, p.64）。舉例來說我若被同儕拒絕，彷彿自己的一部分也被否定了一樣（有些人會將他人「拒絕」自己某件事延伸為「拒絕本人」），因為我將他人視為「自我客體」的「鏡照需求」無法達成，而我若是之前有過足夠的需求滿足，那麼我就可能將

這樣的失敗經驗，經由「內化轉換」的方式，重新整合到自我裡面。

Kohut認為母子之間的情感溝通與回饋是孩子賴以生存的最重要關鍵，「同頻」（in-tune）的回饋也是孩子未來成長的基石，孩子的成長與成熟需要用說出來、溝通與分享的方式來確認，倘若父母親對孩子來說是神祕、不明的，那麼孩子就不能正確解讀他人的內心世界（Goldberg, 1988, pp.112-123），當然也就缺乏同理與了解，造成後來生活與人際的失能，而「自我神入」（self-empathy）的能力可以協助孩子在困擾或挫敗時用來建立心理上的平衡。嬰兒的成長可說是親子「互為主體」（intersubjectivity）的旅程，是要經過一連串的妥協步驟，而孩子也從與父母親的互動中慢慢發展「神入」的能力（Goldberg, 1988, pp.123-125）。

四、自體心理學派治療重點

(一)治療關係

自體心理學與客體關係一樣，都認為心理疾病是起因於「發展受阻」（developmental arrest），因而導致未完成或未整合的人格結構，兩者也都強調早期與內在客體的關係，這也是它們的最大貢獻所在：此外自體與客體關係理論對於邊緣型與自戀型人格違常都有貢獻，協助治療師對於此二型人格違常的診斷與處置（St. Clair, 1996）。自體心理學不談對真實世界的評估，而是聚焦於「對當事人的意義為何」，同時也關注於治療關係（Goldberg, 1988, p.35），可看見並展現出來的「神入」是治療最重要的關鍵之一（Kahn, 1997, p.15）；「神入」具有社會意涵，要放在脈絡中做評斷，也總是需要回饋的（Goldberg, 1988, p.118）。

(二)了解移情

在治療過程裡，「自我客體」移情就是所有移情的一個面向（Hycner & Jacobs, 1995），治療師透過了解當事人在治療關係中的移情進行客體關係的修補與矯正。Kohut提到在治療過程中的三種「自戀移情」，這些移情都是正

向的經驗：1.鏡照移情（mirror transference）——植基於反應的自我客體（例如當事人可能表現出希望自己是治療師的最愛），是當事人與治療師之間一種穩定的情況，也是重現當事人發展階段中的自我客體；2.理想化父母移情（idealized parental transference）——植基於仰慕的自我客體（例如當事人表現出仰慕治療師）；(3)改變自我移情（alter-ego transference）——植基於認同的自我客體（例如當事人表示自己與治療師有許多共通處）（Goldberg, 1988, p.64 & pp.219-220; Kahn, 1997）。治療師可以允許當事人發展這些移情關係，並提供與當事人早年經驗不同的「客體」（或「鏡照經驗」），改變就可以慢慢進行。

　　而在當事人與治療師建立了「自我客體連結」之後，「移情」就產生了，治療師進一步就要去了解當事人在治療關係中的移情（Hycner & Jacobs, 1995）。自體心理學派所使用的「詮釋」，提供問題或思考的其他觀點，也將過去似乎不重要的經驗與目前的反應做一種深層、有意義的連結，但是使用時要注意時機，以暫時性的方式呈現，問問題或資訊提供，也可以讓當事人自己來做詮釋（Seligman, 2006, p.136）。

　　當事人早期的需求未獲得滿足（父母親的鏡照失敗），就將其壓抑、隱藏起來，當事人出現的徵狀其實就是其努力想要恢復自我的統合與持續性（cohesion and continuity）（Messer & Warren, 2001, p.70）。在治療現場就是重新創造適當的情境，讓當事人可以將潛藏的自我浮上檯面，而這些自我都可以被同理地接受（Kahn, 1997, p.103），因此即使當事人對諮商師有任何移情的表現，諮商師都可以以不批判、不處罰的態度接納，且進一步讓當事人可以表現出真實的自我感受。治療師的主要角色就是了解當事人在治療關係中的移情，治療師的反應會影響當事人一些必要的「自我客體」需求，而當事人的反應同樣也會引起治療師一些反移情反應，因此治療師與當事人兩造間就形成了「行動－反應」的「互為主體」回饋圈（intersubjective loop of action and reaction）（Hycner & Jacobs, 1995, p.111）。

　　Kohut的治療方式是以精神分析為基本，強調早期依附、主觀經驗的重要性，同時重點放在當事人的復原力與賦能上（Seligman, 2006, p.135），但

是他不認爲諮商師應該是一張白板，而在治療現場是需要極度投入、有反應的，Kohut堅信當事人是自己的專家這一點，十足表現了對當事人的極度尊重（Kahn, 1997, p.110）。治療開始是要諮商師願意容許當事人進入關係中的嬰孩面向，而當治療持續進行時，當事人就會克服那些自戀的、嬰幼兒的移情面向，往更成熟的關係邁進。移情的解除（resolution of the transference，就是將治療師視爲正向、健康的自我客體）提供了正向的「內化轉換」（Cashdan, 1988），也就是當事人有機會重新去修正自己以前內化的負面客體關係。

(三)反省與神入

治療就是反省與神入的過程，然後讓當事人有能力解釋給自己聽，治療師所做的就是讓當事人可以從不同的角度看自己（Goldberg, 1988, p.82），也可以說治療與神入的發展是並行的（Goldberg, 1988, p.124）。自體心理學使用「神入」與「詮釋」，探討當事人的早期發展缺陷，反映在移情關係上，協助當事人不愉快的情境浮現，然後找到期待的快樂與賦能；「神入」是提供確認與鏡照，對健康自我的發展是很關鍵的，而在治療中使用則與Franz Alexander（1946）所提的「矯正情緒經驗」（corrective emotional experience）若合符節（cited in Kahn, 1997, p.99），也就是治療師提供給當事人新的機會去重現與滿足以前失敗的鏡照經驗，讓當事人可以在被了解與涵容的氛圍中重新得力、繼續發展成熟；換句話說，治療師開放自己去發現當事人是怎麼看治療師的（Seligman, 2006, pp.133-134）？倘若治療師未能如同當事人一樣的體驗、未能滿足當事人的必要需求，就是「自我客體」連結失敗，也就是「神入」失敗（Hycner & Jacobs, 1995），而所謂的「悲劇性人物」（tragic man）就是缺乏神入母親與缺席父親的產品，因此「神入」是治療關係最重要因素（Seligman, 2006, pp.133-134）。

自體心理學重視此時此地，Kohut相信過去雖然對我們的發展有影響，但是解決之道卻是在當下經驗（Seligman, 2006, p.133），治療師聚焦在當事人的主觀經驗與意義，進入當事人的世界，協助其建立健康、一致的自我。Kohut認爲治療主要包括「了解」與「解釋」兩部分（Kahn, 1997, p.109）。在治療

過程中，治療師像是滋養撫育的父母，擔任「重新親職」（re-parenting）的角色，因此治療師的「同理心」或是「擬情了解」（或「神入」）是最重要的，「同理的了解」是將複雜的東西作配對，看見彼此的相似點（不完美或不完整）而讓過程更輕鬆，「了解」就是將意義連結在一起，可以讓當事人更清楚、也更容易掌握情況（Goldberg, 1988, p.81）。「了解」就是神入的功夫，而「解釋」則是協助當事人看見他們所作、所感，以及如何與治療師的連結，都與他們的生命經驗相關，也都是有道理的；了解與解釋不只創造了一個成長的氛圍，也增加了當事人對自己生命的了解，讓當事人的更多行為是可以自我掌控的，也讓當事人有能力去建構新的自我（Kahn, 1997, pp.111-113）。

　　Kohut定義「神入」為「讓當事人知道治療師盡其所能去了解他們看事情的方式」（Kahn, 1997, p.101）。Kohut在治療自戀型人格違常的當事人時，就採用觀察，並以反思與神入到當事人內在生活的技巧，因此在治療過程中特別強調對當事人私人經驗的同理敏感度，特別是當事人對治療師的感受與體驗為何（St. Clair, 1996）？「神入」是工具，也是有理論基礎的觀察方法，是累積資訊並且做傳達的一種方式，同理是「自省」與「站在他人立場」的結合，但是可能因為認知了解的不足，而未能真正發揮效力，因此需要解釋（在認知上抓住正確意義之後）讓他人知道我們的理解。治療師的工作也就是自省與同理（神入）的過程，然後有能力解釋給自己或他人了解，面對當事人時，讓當事人看見不一樣的自己，而當事人的成長與發展也與其自我了解同步發生（Goldberg, 1988, pp.82-83）。治療師同時將當事人的抗拒與出現的徵狀視為企圖保護脆弱自我、維持些許內在一致性而做的努力，諮商師的神入可以讓當事人願意談論痛苦或不被接受的經驗（Kahn, 1997; Seligman, 2006, pp.134-135），也就是提供「涵容」的環境，重新讓當事人體驗不同的客體關係，同時不需要受到阻礙或拒絕。

動力取向治療的貢獻與評價

　　動力取向治療理論提供了治療師了解當事人內在動力（dynamics）的情

況,以及治療可以如何協助當事人去修通深植的人格問題,它的人格理論也讓我們了解人格的深層結構與發展過程、潛意識的功能、焦慮與防衛機制的角色、早期經驗與未竟事務的影響、徵狀的功能與起源,以及在日常生活與治療關係中的移情與反移情現象,還有當事人的「抗拒」是怎麼一回事、其意涵為何(Corey & Corey, 2011, pp.160-162; Corey, 2009)?後來修正的短期動力取向治療在時間與次數上都較為節約,聚焦在一個特殊的人際問題上,也較不強調治療師的中立立場,甚至與當事人建立較佳的同盟關係,同時也較早使用解釋技術,現代的動力取向的分析也是建立在探討治療師與當事人複雜的意識與潛意識動力狀態。傳統精神分析只注意自我(ego)的發展,較少去注意社會與文化的影響因素,若自我較為薄弱者也不適合此取向的治療方式,另外將治療師中立化(或匿名化)也影響治療效果(Corey, 2009)。

家 庭 作 業

1. 你/妳在與人互動中,發現有哪些挑戰或困難?與同學兩人一組討論。

2. 你/妳的人際互動中,有哪些與你/妳跟父母互動模式相同?

3. 你/妳是否知道自己的依附型態(早期與主要照顧人的關係)?這些如何影響你/妳與人互動?

第五章

關係與體驗取向的諮商理論

——人本中心學派與阿德勒心理學派

 體驗與關係取向的基本理念

　　體驗與關係取向理論（experiential & relationship-oriented approaches）是人文運動（the humanistic movement）的產物，有別於行為主義與精神分析學派，是所謂心理學的「第三勢力」（the Third force），重視人的創意與行動力（Pos, Greenberg, & Elliott, 2008），強調個人感受與主觀經驗，將治療視為當事人與治療師一起參與的旅程，強調治療關係的品質，肯定當事人的潛能，對於自己問題有解決的能力，與動力取向治療的最大不同在於將治療責任轉移到當事人身上，治療師的「在」（presence）及角色典範很重要，許多的技巧是用來讓當事人體驗的（Corey & Corey, 2011, p.164; Seligman, 2006）。體驗取向治療的基本原則為：㈠體驗是想法、感受與行動的基礎；㈡人們有行動、選擇與自我決定的潛力；㈢人是多面向的，整合所有面向時功能最佳；㈣當其關係是接納、不控制，且真誠、心理不缺席（psychological presence）時，此人

能發揮最佳功能；㈤成長與發展是潛能，最好的是終其一生都在進行著，因此體驗取向的治療師將個人視爲一個複雜、自我組織的系統（Pos et al., 2008, pp.93-94）。

在「體驗與關係取向理論」裡，會先後呈現「人本中心學派」、「阿德勒（個體心理）學派」、「完形學派」與「存在主義學派」。本章先介紹「人本中心學派」與「阿德勒學派」。

人本中心學派的基本理論——心理學的「第三勢力」

人本取向的理論主要是相信人可以充分發揮功能的傾向（become fully functioning）（Halbur & Halbur, 2006, p.57），代表人物有馬斯洛（Abraham Maslow）與羅吉斯（Carl Rogers），他們的心理學被稱爲「心理學的第三勢力」，有別於行爲主義與佛洛伊德學派。「人本心理學」主要是假設「人是想要活著的」（the person wants to live, Maslow, 1996, p.26），人本心理學者相信人有向上、向善發展的潛能，只要供給其正向、信任與溫暖的環境，就可以促使其朝自我實現（self-actualization）的方向前進，「自我實現」是一個終生持續的過程。人本取向是以「人」（當事人）爲中心的，治療師會以同理的態度，進入當事人的主觀世界（現象場），重視其情緒與內心世界，治療師基本上是以自己爲治療工具，關係本身就是治療（Kahn, 1997, p.13），提供當事人人性的關懷與理解，讓當事人因此「得力」（或「賦能」），對自己有新的了解、有新的解決能力，願意去面對新的挑戰。

馬斯洛的「需求層次論」

Maslow提出的「需求層次論」（the hierarchy of needs）與「高峰經驗」（peak experience）影響人本學派很大，他是第一個清楚陳述人類有心理需求的大師，而這些需求是Freud歸類爲「昇華」的，像是「後設需

求」（metaneeds）裡的「創意」、價值與良善。Maslow（1996, p.93）提到「B價值」（Being values，存在價值），這個「B價值」不是「匱乏需求」（Deficiency-needs，因為缺乏而產生的需求），而是有成長動機與成長需求的，Maslow等於是創造了一張人性的新地圖，而他也很重視人類的靈性需求，也認為每個人都有「更高的人性」（a higher nature）；他所謂的「高峰經驗」不是所謂的「神祕體驗」，而是日常生活的一部分，也是每個人都可以體驗到的（Hoffman, 1996）。Maslow的需求層次論是將人類需求從最低到最高臚列出來，從最基本的生存（如食物和水）、安全（如身體有遮蔽、穩定）、愛與隸屬（如情感依附）、自尊（如成功、地位），到最高層的「自我實現」（self-actualization）（Rice, 2001, p.33），自我實現的需求是跨文化與跨歷史的，只要能去發掘人性中的自尊、安全、被愛與愛人，就可以看到人性的光明面被加強與肯定。一般的精神疾病是個體努力要獲得基本需求與後設需求的滿足，但是卻處於焦慮、害怕、缺乏勇氣的情況（Maslow, 1996, pp.28-29）。然而如同其他一般理論一樣，Maslow的需求層次論也需要檢視，儘管一般人是要滿足更基本的需求之後，才會追求更高層的需求，但是也有例外，像是受暴婦女為何寧願承受身體安全或生存的威脅，而不願意離開家或婚姻關係？是不是要以更高層次的需求（如「愛與隸屬」）來換取「安全」？

　　Maslow的需求層次論讓我們很清楚每個人有基本需求，而需求的滿足有其不同優先次序，「自我實現」是最高需求，也是人本取向諮商追求的目標，而治療的目的就是協助當事人可以儘量達成自己想要成就的目標。

卡爾·羅吉斯的立論

　　Rogers於人性的基本假設有：㈠相信每個人都有自尊與價值；㈡人對自己的行為是有知覺的（人的行為是適應當時情境，且視情境與自己所知覺的一致，人是有其自己的目的與選擇的）；㈢人有自我實現之傾向（發揮自己所能來維持與增進自己的生活），以及㈣相信人是良善、值得信賴的（George & Cristiani, 1995）。

一、從「非指導性治療」到「個人中心治療」

人本學派的代表人物卡爾・羅吉斯（Carl Rogers, 1902-1987），生長在一個嚴謹且具宗教氣息的家庭，他大學時代學的是農業，後來對神學、教育等也有涉獵，他曾經與Otto Rank有過多次接觸，因而將「關係」視為治療核心。此外，羅吉斯的理論還受到來自多方面的影響，除了其成長與受教育背景的因素之外，也受到場地理論的影響與啟發，他不重視原因，而著重在「人格改變過程」，也因為受到Maslow思考的影響，他提出「人是努力朝向自我實現的方向前進」（Gilliland et al., 1989, p.69）。人本中心認為人性是想要真理、與他人有建設性的社會連結的，也就是自我實現的傾向，而在治療中也相信當事人是所知最多的（Mearns & Thorne, 2007, pp.54-55）。

Rogers所創的「個人中心」（person-centered）學派，主要經過三個時期的改變（從「非指導性治療」到「當事人中心」治療，然後才是「個人中心」治療）。Rogers（1967）曾說：「讓當事人引導過程運作的方向，我就可以做得更好」（cited in O'Leary, 1999, p.1）。Rogers認為治療關係是讓當事人改變的必要且充分條件（Pos et al., 2008, p.82），Rogers的治療理念從㈠提供當事人支持與正確的反映是促成正向成長與改變的必要條件，接著㈡著重在當事人所表達的特殊參照架構，然後發展成㈢有效的治療師必須要讓當事人感受到幾個核心條件（無條件積極關注與真誠），才能促成更有效的改變（Kensit, 2000, p.346）。「個人中心」治療是影響層面最廣的一個學派，其所遍及的領域不只是在諮商界，也廣及教育與世界和平，是跨文化性的，也是全世界適用的，而羅吉斯也曾獲得諾貝爾和平獎的提名。

二、自我概念與當事人的狀態

關於當事人的部分，Rogers提出「自我概念」（self-concept）、「評價中心」（locus-of-evaluation）與「體驗」（experience）三個重要理念（Raskin & Rogers, 1995）。「自我概念」指出每個人都有「理想我」（ideal self）與「現實我」（real self），之所以會產生問題，主要是這兩個「我」之間的差距過

大，也就是個體所覺知的自我（perceived self）與真實自我（actual self）的距離所造成的「不一致」（incongruence），由此也可以理解羅吉斯不將個體視為「病人」，而只是「適應不良」的人，也因此他認為當事人進入治療時是在一種「不一致」的狀態（當事人未能了解部分的事實，因為這與他／她的自我概念有所扞格）（George & Cristiani, 1995; O'Leary, 1999, p.51）。「評價中心」是指當事人對於自我評價會從他人的標準（外來的）移轉到自己的標準，自我價值在最初雖然需要他人的積極關注，但是後來個體就不需要依賴這些外來的關注，成為一個有自信與自尊的人（Gilliland et al., 1989, pp.70-71; Raskin & Rogers, 1995）。個人的經驗是很重要的，不需要去否認或是扭曲，要不然就會造成個人與「有機體的價值過程」（organismic valuing process，是人與生俱來的智慧）漸行漸遠，甚至脫離的危機；因此其治療目標在於讓「不一致」的個體在經驗與自我概念中持續順利發展（Gilliland et al., 1989, pp.70-71）。Rogers提出「功能完全的人」（the full functioning person）的理念，也就是理想的情緒健康的人，不僅對經驗開放、活得有意義與有目的，也相信自己與他人（Seligman, 2006）。

三、三個核心條件

人本學派諮商除了注重治療關係的品質以外，同時相當重視治療師本身的特質（治療師為治療工具），Rogers提出「三個核心條件」（core conditions），它們是「無條件積極關注」（unconditional positive regard）、「同理心」（empathy）、與「真誠一致」（genuineness or congruence），而這些核心條件也都是對治療師的要求，因為唯有治療師提供這些「有療癒」效果的條件，當事人也才可能在此氛圍下去發揮與展現。「無條件積極關注」是指以不批判、溫暖信任的態度來關切當事人所提的議題及當事人的福祉；「同理心」是設想自己站在當事人的立場、進入當事人的主觀世界，去體會當事人的感受、想法與作法，這種「擬似」（as if）的揣摩還要經由管道表現出來讓當事人知道與確認，很重要的是「同理」不是一項技巧，而是一種「態度」（Kahn, 1997, p.168），不是反應的技巧，而是一個「與當事人同在」的

過程，也是一種與當事人存有的關係（a way-of-being-in-relation to the client）
（Mearns & Thorne, 2007, p.70），其功能不只是傳達諮商師對於當事人的了
解，也可以鼓勵當事人做更深層的探索。Rogers認為正確的同理了解之所以重
要主要有兩點：其一是可以協助當事人認出、釐清事情脈絡之後，以象徵方式
或語言表達出他們經驗的細微之處，其二是可以讓當事人感受到被正確地了
解，在接納自己的情緒時不會感到孤單，而是與另一人類更有連結（Tudor &
Worrall, 2006, p.206）。Tudor與Worrall（2006）認為同理心本身就是療癒的媒
介，因為它具有釋放、肯定的功能，同時帶領害怕的當事人重新回到人類族群
中（一旦人被了解，就有歸屬感）。

　　「眞誠一致」指的是治療師的「透明度」（transparency），讓當事人感
受到治療師不是「人前人後」不一樣，也沒有虛假（偽）的面具，而是將心比
心，以最眞切的心來對待，而強調治療師本身的「透明度」，主要是指治療師
必須要很了解自己；而自我覺察是治療關係的一部分，因此「眞誠」就是建立
關係很重要的一環，需要治療師積極傾聽、進入也了解當事人的世界（正確同
理），以及正確反應當事人的感受（Kahn, 1997, p.40; Kensit, 2000, p.346）。
治療師以自己為治療工具，也適當對當事人自我剖白（Halbur & Halbur, 2006,
p.59），是自然自發地開放自己（Mearns & Thorne, 2007, p.119），主要就是運
用治療師也是人的觀點，以人的經驗去體貼人、進入對方的主觀參考架構與
世界，可以更了解當事人所關切的議題與立場；而人是處於持續變動中的經
驗，這個論點就有「現象學」的涵義（Seligman, 2006）。Eagan（1975, cited
in Gilliland et al., 1989, p.80）提到治療師要傳達自己的眞誠，可以去除角色的
限制、不需要躲藏在專業角色的背後，發揮自發性，不防衛，前後、裡外一
致，也分享自我。人本諮商師非常重視治療師自身的覺察與功能，治療師本身
就是一個工具，運用他／她自己以及治療關係來協助當事人，傾聽自我是每日
的功課，諮商師的存在是有效療癒的基本要素，而諮商師與自己的關係，更是
決定其工作品質的重點（Mearns & Thorne, 2007）。諮商師在治療過程裡呈現
自己是一種「一致」的狀態，展現的是眞誠、統整的人，在治療關係中治療師
是一個可以自由、深刻表現自己的人，而「一致」也讓諮商師的工作去神祕

化（Mearns & Thorne, 2007, p.152）。羅吉斯所謂的「一致」有三個層次：了解自己正在經歷的是什麼、外在的表現也表達了他／她清楚正在發生什麼事、願意向當事人吐露任何重複的重要經驗（Rogers, 1957 & 1980, cited in O'Leary, 1999, pp.53-54）。

Wood（1995）提到人本治療師的工作重心就在於「試著去傾聽與理解當事人所說的每一件事，當事人覺得被一個誠實的人所了解」（cited in O'Leary, 1999, p.45），因此治療師運用同理的傾聽就是在「更了解的過程」（in the process of understanding better, Goodlishian & Anderson, 1992, cited in O'Leary, 1999, p.12），而Rogers的同理包含了認知、情緒與體驗的層面（Kahn, 1997, p.43）。

Mearns與Thorne（2007, p.121）認為同理心是「過程」，無條件積極關注是「態度」，而同理心是一種「存在的樣態」（state of being），而不是機械式的技巧而已！Bozarth（1998）認為這三者不可分割（cited in Mearns & Thorne, 2007, p.149），而Corey（2001）甚至將此三者總稱為「存在的樣態」，而唯有諮商師處於這樣的狀態才可以提供自己作為治療的工具，我非常同意這一點！因為選擇「諮商」其實就是一種生活方式與哲學，也是一個人想要成就的生命型態；一個尊重自己與他人（或其他生命）的諮商師，同時也以真誠無偽的心來對待自己與他人，這樣的真誠才可以感動人，與人做真實接觸，也就因為這樣，「同理」才可能產生。Rogers認為生命的目的在於「成為真正的自己」，而「自我接受」就是治療師可以給予當事人最有價值的禮物，當事人會隨著新體驗的自己而有建設性的改變（1962, cited in Kahn, 1997, pp.49-52），諮商師要去了解當事人的個人世界與意義，感受其私密世界就好像諮商師自己一樣，但是沒有失去「彷彿好像」（as if）的特質（Rogers, 1957, cited in O'Leary, 1999, p.61）。

人本諮商治療目標與過程

人本中心治療可以視為是一個「如果……那麼……」（if, then）的取

向，「如果」在怎樣的情境下，「那麼」一個特定過程就要啟動，其治療聚焦在「當下」（或「此時此刻」）與「情緒」上（George & Cristiani, 1995, p.61）。治療目標在於提供一個安全信任的環境，讓當事人可以運用這樣的治療關係去做自我探索、了解阻礙其成長的因素，學會遵循自己內在的標準看自己，也就是不只協助當事人問題之解決，同時也協助他／她的個人成長、有能力去因應自己目前與未來所面對的問題（Corey, 2011, p.166; Seligman, 2006）。簡言之，也就是協助當事人變得更成熟、可以重新啟動，並邁向自我實現之路（George & Cristiani, 1995）。

　　諮商聚焦在當事人的感受經驗上，而治療關係若可以達到相互信任、接納與自發性（spontaneity），就會有正向的結果（Gilliland et al., 1989, p.74）。諮商師的了解、接納、重視當事人，也尊重當事人的主觀經驗（私人世界），全然與積極投入治療過程，就是賦能當事人的最佳條件（Seligman, 2006）。治療師是一個催化者（Raskin & Rogers, 1995），與當事人有「心理上的接觸」（psychological contact）才是有效諮商的關鍵（George & Cristiani, 1995），也因為人本中心治療強調治療關係品質與治療師個人特質，因此就較不在乎技術層次的問題，其介入主要都是為了增進治療關係與當事人的自我覺察及有能力的感受（Seligman, 2006），原則上儘量減少指導性、解釋、診斷或探問的技巧，最常使用的有「積極傾聽」、「同理心」、情感反映與釐清（Corey, 2011, p.167; Kahn, 1997），這也是一般諮商師訓練課程裡會著重的部分，我會以簡單篇幅敘述一下「同理心」技巧，而同時也介紹許多人本中心學者與臨床專業人員研發的一些技術。

一、同理心

　　就是可以站在當事人的立場去思考其可能有的感受、想法與行為，通常是在當事人敘述了自己遭遇的困擾之後，諮商師將當事人所敘述的內容以「自己的話」簡述重點讓當事人聽見，而除了對當事人故事「事實」或「事件」的描述之外，也會加上諮商師所觀察到的、當事人說出來的感受，更重要的是，可以將當事人「深層」或是「未道出」的感受細膩描述出來。

「同理心」是溝通的重要因素，通常是從「傾聽」開始。我們一般在訓練準諮商師時，會採用一些既定步驟來「練習」傾聽，包括：開放姿勢（坐姿要讓對方覺得沒有防衛、不緊張、也專注，要與當事人有眼神接觸）→簡述語意（把剛剛所聽到的「大意」說給對方聽，不只是讓當事人知道治療師「聽到」了，也讓他／她有機會去釐清）→情感反映（將對方所說或表現出來的明顯情緒或感受說出來，讓對方知道）→同理心（將前二者融合在一起，還站在對方的立場去感受他／她可能隱藏未說的情緒，並且替他／她說出來）。但是在臨床實務運用上不會有這些明顯的階段分野，而是整合在一起，也就是在敘述事實的同時，將諮商師所看見的「表面」與「猜測」的情緒，也一起說出來讓當事人知道。

二、立即性

「立即性」（immediacy）就是治療師自我揭露自己在諮商現場所觀察、感受到的，包含對當事人與治療關係的看法與感覺，著重在「此時此刻」（here-and-now）（Corey, 2001, p.110），可以是「自我揭露」（諮商師表露個人感受、反應或對當事人與治療關係的經驗）或是「挑戰」（用來面質當事人在治療關係中的議題），也是提供資訊（當事人行為模式）的方式（Hill, 2004/2006, p.272）。

三、治療師的自我揭露

人本主義諮商最重要的就是治療關係，因此治療師將本身當作治療工具，要真實、一致地展現在當事人面前，也讓當事人看見角色楷模的同時，接納人都有其限制與弱點，而「自我揭露」就是很直接的表現管道。諮商師的自我揭露基本上有幾項功能：㈠讓當事人了解諮商師是人，也經歷過與他／她相似的人類困境，讓當事人感覺被了解；㈡可以減少治療師的神祕感及不切實際的移情現象。而自我揭露必須要注意到：不是用來給諮商師宣洩之用，要注意適時與適當性（Corey, 2001, pp.110-111）。

四、重新架構

「重新架構」（reframing）的使用是讓原本一個社群對某一事件的特定解釋作延展，協助當事人對此事件創造新的意義，如同家庭治療師Salvador Minuchin所言：「去拓展人們被困住的現實」（to expand the reality of people who are stuck, cited in O'Leary, 1999, p.37）。使用「重新架構」的技巧可以是「重新命名（或「標籤」）」的方式，或可以衍生出不同的意義與方向。

 # 人本中心學派的貢獻與評價

人本學派治療對現代諮商實務與人本心理學影響極大，它是突破傳統精神分析的治療取向，也強調當事人在治療中的積極角色與責任，治療過程是「關係過程」而不以技術為主導（Corey, 2011, p.167; Kahn, 1997），提供當事人積極涉入的環境，以反映傾聽去了解當事人的內在架構，讓當事人承擔起自己該負的責任，人本的理念不只可以運用在治療上，也可以擴及其他教育與日常生活的範疇（George & Cristiani, 1995）。人本取向是屬於體驗諮商（experiential，著重在內在反思）及過程體驗治療（process-experiential，著重在正確同理）的運用，有不少實證研究也證明人本學派治療師的態度的確有正面療效（Kensit, 2000, p.348）。

人本學派治療將治療重心轉到當事人身上，認為當事人是有成長與發展的潛能，因此諮商目標不是問題的解決而已，也強調讓當事人充分體驗當下、學習接納自己，也做改變的決定，協助當事人的自我認同與成長，讓他／她可以將在諮商過程中所學習到的運用在日常生活裡，也有更好的能力處理現在與未來的挑戰，此學派挑戰了傳統的心理治療，強調當事人的責任與主動的角色，也讓心理專業人員注意到治療關係的重要性，而不是將焦點放在諮商技術上（Corey & Corey, 2011, pp.166-167; Gilliland et al., 1989, p.85; Seligman, 2006）。Rogers也是將晤談過程錄音，並在事後做分析與研究的第一人，因此他所倡導的學派也有很堅實的實證基礎（Kahn, 1997, p.39）。

人本學派強調獨立與個別化,這並不適合跨文化的價值(Nystul, 2006, p.210),雖然Rogers揭櫫和平教育,也在世界各國宣揚其理念,甚至獲得諾貝爾和平獎提名,然而環境與行為論者批評他不了解文化與社會因素對個人行為與態度的影響力,也就是個人的自我實現其實受制於社會文化機制(Kensit, 2000, pp.348-349)。雖然人本倡導的三個核心條件可以催化當事人個性的改變(Nystul, 2006, p.210),然而Quinn(1993)卻認為是無效諮商的溫床,因為沒有直接針對首要(如焦慮與孤立)與次要(如缺乏社會責任)的防衛機制做處理,而這些可能比內在的自我實現更重要(cited in Kensit, 2000, p.349)。此外,其諮商目標不清楚,導致諮商過程的模糊、不確定(Nystul, 2006, p.210)。最常見的批評是:諮商師若只是傾聽與反應,容易被當事人操控或不被尊重;而當事人中心的諮商是不是只適合健康的個體,而不適合有嚴重困擾或是智能較低下的當事人?再則,較缺乏經驗的諮商師可能無意中反映了當事人自貶(或自我挫敗)的陳述而不自知(Gilliland et al., 1989, p.86)。其限制還包括:㈠有些治療師將理念過於簡化,因而也限制了同理傾聽與反映的使用;㈡治療師對於使用技巧與使用「自我」不容易分辨,而當事人也不太了解治療要達到的目標為何?㈢對於非自願來做治療的當事人較無效(George & Cristiani, 1995, pp.65-66)。

阿德勒(個體)心理學派的基本理論

許多學者在提到其他不同諮商學派之前,要先將阿德勒(Alfred Adler, 1870-1937)的個體心理學派(individual psychology)做優先介紹,因為阿德勒的許多想法後來被不同的同僚拿去做進一步發展,就創立了其他的諮商學派,因此有必要將阿德勒的觀點做說明。

Adler基本上與Freud一樣相信有的行為受若干需求所驅動,而最重要的一項就是「社會興趣」(Gemeinschaftsgefuhl, social interest)(Halbur & Halbur, 2006, p.49),這與新佛洛伊德學派的注重「社會文化」因素若合符節。Adler不同意Freud強調生物生理決定論的立場,因為這太絕對、也太受限了,Adler

有關社會脈絡、家庭動力與孩子教養的觀念受到極大注意，其取向是現象學的、有賦能意義、著眼在目前與未來（Seligman, 2006, p. 70）。

Adler身為六個孩子的老三，原本是老么的地位受到出生弟弟的威脅，後來弟弟在他三歲時過世；他自小身體不佳、患有軟骨病，視力也不好，小時課業落後，有人建議其父親讓他去做修鞋匠，後來他念醫學院專攻眼科，這些都與他後來的學說有關。他對於臨終病人常覺無助，也因此轉變了生涯方向，轉攻神經、心理與社會科學，後來在公立學校成立兒童輔導診所。他的理論以「權力慾」與「完全功能的人」來取代性驅力與慾力，後來又以「社會興趣」取代「權力慾」，因為人基本是需要認可、肯定自我價值與加入社會的（Seligman, 2006, pp.71-72）。Thomas Sweeney（1989）認為Adler學說是「社會－目標－分析」（socio-teleo-analytic）取向，或是Warner與Baumer（2007）所稱的「統整－社會目的」取向（a holistic socio-teleological approach），因為人希望是屬於整體社會的一分子，為自己掙得一個位置，並願意為他人謀福祉，而個體也只有在社會脈絡下，與他人互動的情況下可以被了解；每個人的行為都有其目的，每一個人在生命裡要追求與成就的目標不同；大部分的行為是無意識的或不被了解的，因此可以透過分析與解釋，讓當事人可以覺察與理解其行為目的與要追求的生命型態（Sweeney, 1989, pp.6-10）。

Adler的學說之所以會在美國發揚光大，主要還是靠Rudolf Dreikurs與Don Dinkmeyer兩位學者的功勞，前者在美國發行自我心理學期刊，也在芝加哥成立了Adler學派的北美中心，Don Dinkmeyer則是Dreikurs的嫡傳弟子，將Adler理論用在親職教育上成效顯著（Gilliland et al., 1989; Sweeney, 1989, p.5）。Adler的學說常被視為是「普通常識」（common sense），但是卻歷久不衰，但因為他的許多觀念都引導或啟發了後起的理論與學派，像是Frankl的意義治療（logotherapy）、Maslow的人本取向、May的存在主義治療，以及Ellis的理情行為治療，此外Glasser的現實學派、Satir的家族治療、Berne的溝通交流分析與Perls的完形治療也都借用Adler的治療技術（Gilliland et al., 1989, pp.35-36; Sweeney, 1989, pp.2-3）。甚至有學者視「新精神分析學派」者（neo-Freudians）為「新Adler學派」者（neo-Adlerians），因為他們脫離了佛洛伊德

的生物決定論，轉向Adler的社會心理與目的論（Ansbacher, 1979, cited in Corey, 2009, p.98）。

Adler學派是一種人際心理學，重視意識與潛意識，了解個人需要了解其認知組織與生命型態，人類行為會依據當下的情境要求與生命型態的目標做持續改變，人有選擇的自由，也會面對不同的選擇，生命的挑戰是以生命任務方式呈現，也因為這些生命的挑戰，因此需要勇氣（Mosak, 1995）。Adler的人格理論與佛洛伊德學派有幾點不同：㈠在人格發展上，社會動機先於性衝動；㈡思想與價值觀的主要來源是意識層面的；㈢決定行為的因素比遺傳或性驅力更多；㈣正常心理發展是循「選擇模式」（model of choice），而非不同程度的心理疾病（Gilliland et al., 1989, p.37）。此學派主張人是「社會性」的生物體，受到社會因素的影響與促動，人是「完整」（holistic）的個體，也是積極、主動、有創意、做決定的個體，不是命運的犧牲者，因此個人會主動選擇自己想要的生命型態（Corey & Corey, 2011, pp.162-163）。

Adler學派的主要理念包括：㈠人本取向（humanistic）——重視人與社會的福祉；㈡完整的（holistic）——視人為一整全個體；㈢現象學的（phenomenological）——從個體觀點來看世界；㈣目的導向的（teleological）——個體受主觀未來所引導；㈤場地理論的（field-theoretical）——在個人與社會及物理環境互動過程中，考慮到個人的感受、想法與行動；㈥社會取向的（socially oriented）——視個人是主動對社會做反應，也貢獻社會；以及㈦方法論上是操作取向的（operational in its methodology）（Ansbacher, 1977, cited in Gilliland et al., 1989, p.43）。Adler學派的主要幾個觀點如下，而這些觀點是互相有關聯的：

一、社會興趣

自我心理學派學者認為一個人的心理健康，可以用「社會興趣」（social interest）來評估（Warner & Baumer, 2007）。社會興趣是與生俱來的潛能，需要在日常生活中練習才能獲得發展，而「社區感」與社會興趣也是道德行動的基礎（Nystul, 2006）。人類行為主要是受到社會興趣所驅動，而「社會興

趣」也是評估一個人適應情況的指標，適應良好的人認為自己是社會的一分子，也欣賞彼此的不同；適應不良的人則是以自己的需求為主，沒有看到他人的需求或社會脈絡的重要性（Seligman, 2006, p.76）。Adler最著名的就是提出「社會興趣」這個觀念。

　　「社會興趣」是指個體對他人的正向態度，與自我認同、同理他人有關（Corey, 2001, p.33）。「社會興趣」讓我們想要有所歸屬，成為人類社會的一員（而且是有貢獻的一員），讓我們所處的社會更好（Corey & Corey, 2011, p.162），而社會興趣是可以教導與發展的（Seligman, 2006, p.77），也只有將人置於社會脈絡中才能夠了解此人（Corey, 2009, p.102）。人基本上有幾項生命任務（life tasks）（工作－對社會的貢獻，友誼與愛－與人的聯繫，與自我的關係，以及與宇宙的關係），這些都與「社會」或周遭人有關聯，若是發現自己未能實現其中的一項生命任務，就會有精神官能症的產生（Warner & Baumer, 2007）。

二、行為目的論

　　與Freud相同的是，Adler也認為人格是在早年形成的，但是他不是一個「決定論者」，因為一個人的行為與人格是受到自己的「目的」（teological）所影響，人有自由意志、也有選擇之自由，因此個人的行為是「有意識」下的決定，而不是受天生性驅力所左右。每個人都有自己的「虛構最終目標」（fictional finalism）〔後來Adler以「自我理想引導」（guiding self-ideal）或「完美目標」來取代這個用詞，用來說明人類努力追求超越或完美的動力〕，也因此其行為是有目標導向的，這些虛構目標就是引導個體朝向未來的動力，儘管這個最後的「虛構最終目標」不一定可以達成，卻是引領人往前的最大力量（Corey, 2009; Halbur & Halbur, 2006, p.49; Gilliland et al., 1989, p.37）！換句話說，每個人都有他（她）想要成就的人生目標與意義，而Adler相信每個人都是在互動的社會脈絡中有目的地發揮功能（Bitter, Roberts, & Sonstegard, 2002, p.42）。

　　自我心理學者提出了一些「虛構目標」，而每個人的「優先次序」或有不

同：(一)主導（ruling）——在與人關係中喜歡掌控與主導；(二)獲取（getting）——總是期待自他人處獲得些什麼、依賴他人；(三)逃避（avoiding）——逃避問題、不想負責或承擔；(四)想要成就（driving）——成功是唯一的選項；(五)控制（controlling）——喜歡有秩序、不能忍受無序或髒亂；(六)受害或是殉難者（being victimized or martyred）——兩者都受苦，但是前者較被動、後者則是較主動；(七)表現好（being good）——總是表現出有能力、有用、總是對的；(八)表現對社會有益（being socially useful）——與他人合作、也貢獻自己。只有最後一種是表現出社會興趣的（Gilliland et al., 1989, pp.39-40）。

　　生命目標形塑一個人的生命型態與個性，一旦生命目標成形，個體就會將其視爲最終要達成的標的（也就是「虛構最終目標」）（Bitter et al., 2002）。在達到「虛構最終目標」之前必然有一些小目標可以慢慢趨近總目標，然而並不是每一個目標都可以有效達成，而每個人可能也會有「錯誤的目標」（mistaken goals），讓個人誤以爲是對的目標，卻導致個人做了錯誤的決定，造成錯誤的結果（Halbur & Halbur, 2006, p.49）；「錯誤目標」也可稱爲「私人邏輯」（private logic），是個人所擁有，也只有當事人了解的，主要是個體對其經驗的偏誤看法，通常是小時候就成形，其特色是過度類化或簡化（Warner & Baumer, 2007），例如一個孩子認爲自己應該完美，才可能贏得父母親的喜愛，因此不容許自己犯錯，但是這樣的作法卻造成他不快樂的結果。

　　不切實際的目標或是難以達成的目的，都會造成個人「自卑」（inferiority feelings）的感受，也是「沒有受到鼓勵」（discouraged）的原因，而沒有受到鼓勵就會發展成「不適應」行爲，治療師的任務就是讓當事人可以走向社會接納、有益於社會的生活，而工作、愛與友誼就是生命任務（Gilliland et al., 1989, p.36）。「自卑」感受是與生俱來的，也是激勵每個人往成功奮進的最初動機，而「覺得有用」就是個人價值所在（Bitter et al., 2002），我們因爲工作而可以貢獻給社會，因爲有愛與友誼，覺得有所歸屬、感覺自己是有價值的，而這些生命任務是不可分割的。Adler認爲每一個人都是獨特的，這就是現象學的觀點，人生是有目的的，也是未來導向的，而每個人的目的引領他（她）有不同的生命型態（life-style）（Corey, 2009, p.101）。

　　每個人都希望讓別人看見自己的「好」與「優勢」，這是每個人尋求他人「認可」（recognition）、肯定自己的重要途徑，通常一般人都會努力想要表現好的行為、符合一般的社會期待，這就是對「社會有益」（social useful）的方向，然而如果這些「好」的行為沒有達到他人的標準、或是沒有被注意（或「認可」）到，此人就會轉向「社會無益」（social useless）的方向，至少「大家看到了」總是比沒沒無聞、沒有被注意要好。舉一個簡單例子，我們常常看到青少年的叛逆、標新立異，其實在做這些不被一般人贊同的行為之前，他（她）曾經努力表現好，只是結果不如他人預期（或未達到他人所設的標準），因此產生極大的挫敗感，因此他（她）就只好往相反的（社會無益）的方向努力、表現讓人覺得厭煩而討厭，但是至少讓別人「看到」啦！

　　從這個觀點延伸，自我心理學派的學者又提出了「不適應行為」（maladaptive behavior）這個觀點，而所有的問題都是「社會性」問題（social problems, Gilliland et al., p.44），主張人類行為主要是受到社會關係所驅動（Corey, 2009），他們不將人的行為「病態化」，而只是稱之為暫時的「不適應」而已！因此我們在孩子身上會看到幾種「不適應行為」，這些「不適應行為」的背後都有動機（要請讀者注意判讀這些行為動機背後所引發的「情緒反應」之後才做決定）（Dreikurs, 1964; Sweeney, 1989; Walton & Powers, 1974）：

1. 引起注意（attention-getting）——某人的行為讓你覺得很「煩」，可能其目的就是引起你的注意；
2. 權力抗爭（power-struggling）——某人的行為讓你覺得「生氣」，可能是因為他（她）想要證明給你看「誰是老大」；
3. 報復（revenge）——某人的行為讓你覺得「很痛」，很有可能是以前他（她）也曾經受過傷，因此採用同樣的方式來「報復」你，讓你可以感受到他（她）的痛；
4. 我不行（inadequacy）——某人的行為讓你覺得「無望、無力」，也許就因為某人有過太多失敗的經驗，對自己也失去信心了，他（她）的意思可能是告訴你「不要再試了，試了也沒用」；

5. 刺激興奮（excitement）——某人的行為讓你覺得「無厘頭、莫名奇妙」，可能就是因為生活太無聊了，所以做一些動作來排遣。

舉例來說，媽媽看見哥哥一直捉弄弟弟，但是只要媽媽的眼光盯著哥哥看一下，捉弄動作就會停止，然而只要視線一離開，哥哥又故態復萌（媽媽覺得很「煩」），那麼哥哥行為的動機可能就是「引起注意」；同一場景，媽媽也看了哥哥，但是哥哥卻當著媽媽的面繼續捉弄弟弟，媽媽很「生氣」，大罵哥哥，但似乎收不到預期效果，那麼哥哥的行為動機可能是「權力抗爭」；同樣是哥哥捉弄弟弟，媽媽開口罵了哥哥，哥哥竟然回以三字經，媽媽一聽覺得心上一陣「刺痛」，也許哥哥的行為動機就不是「權力抗爭」那麼單純，可能他之前也曾經遭受這樣的待遇，他也要媽媽去「感受」一下那種痛苦感覺！如果換成媽媽教哥哥功課，但是哥哥態度不積極、一副不想學的樣子，要他做做練習題，他也是沒勁地握著筆，做錯了也不改，媽媽在一旁乾著急而已！媽媽的感受是「沒有希望」，這可能是因為哥哥有過太多挫敗經驗，他也預料自己不會成功，現在連試都不想試了！同樣一個案例，哥哥會偶而捉弄弟弟，只因為這樣做「好玩」，但是弟弟或媽媽的感受是「莫名奇妙」，那麼哥哥可能是因為生活太無聊了，自己創造一些「樂趣」。面對這些「不適應行為」的方式為：協助孩子了解不適應行為背後的目標，不讓那個不適應行為得逞，找尋其他方式來鼓勵孩子，運用班級或是同儕團體讓孩子可以感受到友善的氛圍並參與合作（Walton & Powers, 1974, p.7）。Adler要我們去進一步了解行為背後的「動機」，就可以了解其行為的「目的」，接下來才可以思索處理之道。

三、生命型態

「生命型態」（life-style）指的是終生引導個人生活、組織其現實世界，以及給予生命事件意義的核心信念與假設，通常與我們所覺知的自我、他人及世界有關（Corey, 2009, p.101）。生命型態是自己創造的，每個人都想克服他／她的自卑、達成目標，而運用獨特的方式展現，這些目標通常與能力、卓越有關聯，生命型態包含的內容有個人的世界觀、目標、行為策略以及結果（Seligman, 2006, p.76），雖然生命型態是處理經驗的工具，但是絕大部分是

無意識的，且其內容是由認知（而非「行為」）組織而成（Mosak, 1995）。
「生命型態」主要是個人對於自己、他人與世界的信念與假設而來，而根據這些信念與假設也決定了我們的行為目標，倘若這些假設錯誤，也可能導致錯誤的行為與生命目標（Corey & Corey, 2011, p.162）。

　　Adler學派學者提到我們有五種「生命任務」（life tasks）需要完成，它們是愛（建立親密關係）、友誼、工作（對社會貢獻）、自我接納與靈性（價值觀、生命目標、與宇宙關係），當事人尋求協助主要也是因為不能成功完成這些生命任務（Corey, 2009; Halbur & Halbur, 2006, p.50）。這些生命任務的重要性也決定了每個人的人生方向與努力目標，每個人都有自己要達成的「虛構最終目標」、要成就的生命型態，因此就有不同的生命型態與性格產生。生命型態主要是以「私人邏輯」（private logic）為基礎，發展出個人不同的生命計畫，然後受到「虛構目標」所驅動（Gilliland et al., 1989, p.40）。私人邏輯裡的錯誤包括：過度類化（人都有敵意）、錯誤或不可能的安全目標（錯一步就死定了）、錯誤覺知生活或要求（生活很辛苦）、小化或否認自我價值（我是笨蛋），以及錯誤價值觀（即使犧牲別人也要第一）（Mosak, 1995, p.70）。

　　Adler學派學者提出了幾個一般的生命型態，它們是：㈠規劃或統治他人；㈡迴避人際與他人的挑戰；㈢討好或贏得他人讚許；㈣控制與管理；㈤仰賴他人、需要被照顧；㈥追求卓越與完美；㈦追求成就；㈧殉道者或受害者；㈨尋求安慰與舒適；㈩提升社會福祉與進步（Adler, 1956, Mosak, 1971, cited in Seligman, 2006, p.80）。像是以「控制」為主導的人，認為自己凡事都要在自己的計畫與思考範圍內，可能缺乏社會興趣，也會在有意或無意中傷害了自己與他人；而想要「獲得」的人，一心為滿足自己的需求與利益作考量，也許會流於過度依賴；而「逃避型」的人，會儘量減少與他人或世界接觸的機會，雖然避免了失敗的機會，同樣也喪失了成功的可能性（Halbur & Halbur, 2006, p.50）。讀者可以對照前段的「虛構目標」，就可以看出其與「生命型態」的關聯性。

四、自卑情結與超越自卑

　　Adler認為每一個人生來就認為自己不如人（「自卑」），但也是這個「自卑」驅使他／她要更努力，讓自己掙脫這樣的命運，朝向「超越」之路邁進（Corey, 2009, p.98）。人在童年早期就有的不如人感覺，對其後續發展影響重大，因此他人的對待與自己如何處理這些自卑感受，對其人格的形塑就很關鍵（Seligman, 2006, p.73）。而Adler本身的成長過程的確就是他提出這個理念的寫照，早年Adler身體虛弱、學業成績也不好，但是後來爭拔直上、克服了這些阻礙，成為一位成功的醫師與心理學家。自卑情結可能是真實的或想像的，它會激發人奮鬥的動力，希望可以克服或補償這些自卑或劣勢（Corey & Corey, 2011, p.162），因此我們可以看到朱仲祥與乙武洋匡的成功案例（克服自己天生的殘疾，成就不一樣的人生）。讀者也可以將個人超越「自卑情結」對照佛洛伊德的「昇華」防衛機制，只是前者是潛能成長傾向，後者是因應焦慮所產生的防衛。

五、出生序與家庭星座

1. 出生序（birth order）

　　Adler學派特別重視「家庭星座」（family constellation）與「家庭氛圍」（family atmosphere）對於孩童發展的影響，每個家庭成員的特性、孩子出生序、手足的性別與家庭大小都會影響孩子在家中的地位，而家庭氛圍是屬於拒絕還是支持，也會影響孩子對自己的看法，沒有受到鼓勵的孩子會變成「適應不佳」的孩子，他／她可能有所謂的「錯誤目標」，導致他／她運用引起注意、權力鬥爭或是「我不行」的方式，企圖取得在家中的地位與認可（Gilliland et al., 1989, p.42）。

　　Adler也是第一個進行家庭治療的治療師，他不僅將「民主」精神帶入治療裡，也納入家庭中，而且是第一位依據個人在家庭裡的生、心理出生序探討人格特質的心理學家（Yang, Milliren & Blagen，2010, p.130），也就是說實際的排行不重要，重要的是當事人如何解讀他／她自己在家庭裡的地位（Corey,

2009）。家庭是我們最早、也有最重要影響力的社會系統，他所使用的「家庭星座」、「家庭氣氛」與「出生序」的探問，甚至是將家人聚在一起進行治療，都是業界的第一人。

Adler以「社會心理地位」（psychosocial position）的角度來研究出生序，有別於實際上的出生次序（chronological position），其中最重要的決定因素就是當事人本身，父母親是如何「看」自己在家庭中的地位？他研究了五個出生序，包括獨子、老大、兩位手足中的老二、老么與中間的小孩，各有不同的特性。老大較為保守傳統，也威權、可靠、過度負責、內化雙親的價值觀與期待、完美主義者、成就傑出、占主導優勢、也非常勤奮努力（Corey, 2009; Yang et al., 2010, pp.130-131），口語能力較佳、較有組織、行為良好也較符合社會期待，常常是領袖的角色（Seligman, 2006, p.74），會以衛護家庭為先，與長輩的關係較好；老二出生之後，老大會感受到失寵、喪失原有地位與重要性。兩位手足中的老二，若與老大差距三歲以內，可能就會將老大當作假想敵、競爭的對手，他（她）會先從老大擅長的地方下手，若是發現無法超越，就會朝不同的方向發展；像是老大若是課業很行，老二就會朝向音樂或運動發展，為自己爭得一片天！老二較照顧人、表達能力亦佳，老二常常感受到競爭的壓力（Corey, 2009; Seligman, 2006, p.74）。老大常常做被追趕的夢、或是從高處掉下來，可見其要護衛自己地位的驅力；反過來說，老二可能會做追趕他人的夢，一路很辛苦。獨子較獨特、自我中心、也孤單，擁有老大與么子的性格，習慣成為注意焦點，與成人關係較佳，較早熟、也很早就學會與成人合作，當自認為表現不佳時，也容易有偏差行為出現（Yang et al., 2010, p.131; Seligman, 2006, p.75）；若是與前面出生的手足差距三歲以上，其出生序的涵義就會有所不同。

家中的么子有類似老大與獨子的特性，除了知道後面沒有追趕他的人之外，基本上是被寵愛的，也予取予求、我行我素，喜冒險、自由自在、具同理、社交能力強、也有創意（Seligman, 2006, p.75），但是也顯示其獨立性甚高，縱使家人對其無太多期待，但卻常是為了要與其他手足並駕齊驅，而成為成就最高者（Yang et al., 2010, p.131），雖然么子最早發展成人使用的語彙，

也可能採用父母親的價值觀，但可能是一個保守黨、或是一個背叛雙親價值觀的人（Nystul, 2006）。中間的小孩通常是「被忽視」的孩子，覺得家中沒有他（她）的擅長之處，所以會朝家庭外發展，也因爲較少被注意到，所以擁有較多的自由與創意，在外的人際關係與脈絡較佳，認爲自己要認眞努力才可能獲得認可，懷疑自己能力、反抗性強、有同理心（Sweeney, 1989; Yang et al., 2010, pp.130-131），若家庭中有衝突，中間的孩子常常擔任「和事佬」的角色（Corey, 2009），然而也對於他人的批判相當敏感（Nystul, 2006）。當然，除了出生序之外，還必須考慮到家庭大小、孩子能力表現、健康情況、手足間年齡差距與競爭情況、家庭中發生重要事件（如意外、生病、流產）、家長態度等（Yang et al., 2010, p.131），若是老二發現自己可以超越老大，可能就取而代之，這與家人的對待方式有關。了解出生序的排行，可以進一步了解當事人的個性與發展（Corey, 2009; Seligman, 2006, p.75）。當然，出生序的影響只是一種「傾向」，並不是絕對的，主要還是看父母對待孩子以及孩子如何解讀自己的地位（Nystul, 2006）而定。另外，也有必要將「性別」因素與社會文化列入考量。

2. 家庭星座

Adler認爲原生家庭對一個人的人格發展具有關鍵影響力，從家庭星座中可以看到一個人怎麼形成他／她對自己、他人與生活的獨特看法，因此文化與家庭價值觀、性別角色期待與家人關係，都影響孩子觀察家庭互動的模式（Corey, 2009）。Adler認爲家庭星座是一個人最主要的社會環境，每個孩子都企圖在家庭裡展現傑出、爭取自己的位置（Mosak, 1995）。家庭星座也包含了家庭組成與大小、排行與互動關係（Nystul, 2006），每個人在家中的地位與角色是其在家庭中與人互動的結果，與我們最不同的手足是影響我們最深的。Adler也認爲孩子不是一個被動的個體，在家庭中也是一個主動的成員（Nystul, 2006），這也讓我們聯想到家族治療裡常常擔任「代罪羔羊」的就是孩子，而其呈現的徵狀（或問題）其實就有「主動」成員（就是主動協助解決家庭問題）的意涵。

六、自然結果與邏輯結果

Adler是最早從事家庭治療的，因爲他發現個人的問題通常不是問題的根源，而是因爲每個人的行爲都有其目的，因而採取了因應的方式，而這種因應的方式不一定是有效的。「自然結果」（natural consequence）與「邏輯結果」（logical consequence）常常被運用在家庭教育或是親職功能（Sweeney, 1989），以及教育現場上。所謂的「自然結果」就是不需要人爲操作、自然生成的結果，像是走路走太快容易跌倒，「跌倒」就是「走路太快」的自然結果；而「邏輯結果」就是經由人爲操弄而產生的後果，像是媽媽說沒把功課寫完就不准看電視，「不准看電視」就是「功課沒寫完」的邏輯結果，媽媽則是安排這個「邏輯結果」的人。Adler很清楚光是靠「自然結果」所學習的範圍有限，但是他也特別強調「邏輯結果」安排的「合理性」，像是作業沒寫完「罰跑操場一圈」就是沒有邏輯，也是不合理的安排，自然會引起被處罰人的不滿。此外，讓孩子有「選擇權」是很重要的，因爲自己選擇就較容易負責任；舉例來說，問「你到底是要吃還是不吃」其實沒有選擇，可以提供更多的選項，像是「現在吃還是晚一點吃？或者現在吃一點，稍後再多吃一些？還是我把東西放在櫥櫃裡，你自己餓了就可以吃。」

七、夢

Adler對於夢境的解釋與佛洛伊德不同，他認爲夢是「情緒的工廠」（factory of the emotions）（Warner & Baumer, 2007, p.136），日有所思因此夜有所夢，而在夢境中是常常將白天所遭遇的問題作演練與解決。夢的分析也可以是生命型態分析之一環（Mosak, 1995; Nystul, 2006），而在治療中也可以作爲諮商師了解當事人問題、未來生活型態的方向，了解當事人在諮商關係中的動向、協助當事人清楚其個性動力（Corey, 2009; Dinkmeyer et al., 1979, cited in Gilliland et al., 1989, p.47）。Adler將夢視爲提升個人覺察的管道，不強調其象徵性，也可以提供生命型態與目前關切議題的重要資訊（Seligman, 2006, p.80）。

 阿德勒學派的治療目標與技術

　　Adler的個體心理學派運用在諮商治療裡有幾個重點：㈠注意每個人的生命目標的重要性，包括評估這些目標、以及其對個人的影響為何？㈡聚焦在個人對於在家庭裡早期經驗的解釋，也強調對於目前生活的影響；㈢早期記憶的運用；㈣了解與面對基本錯誤（basic mistakes）；㈤強調個人行為與感受受到認知的影響；㈥治療的合作關係；㈦鼓勵的重要性（Corey, 2001, p.63）。個體心理學派治療師認為只是行為的改變是不夠的，需要改變其覺知與社會興趣才是根本（Warner & Baumer, 2007）。

　　Mosak（2005, cited in Nystul, 2006, p.189）提到自我心理學派的治療目標為：㈠增進當事人的社會興趣；㈡協助當事人克服沮喪感受、減少自卑；㈢修正當事人的觀點與目標，改變他們的生命腳本；㈣改變錯誤的動機；㈤協助當事人覺得與他人平等；以及㈥協助當事人成為對社會有貢獻的人。因此，個體心理學派的治療目標在於讓當事人可以修正自己的錯誤動機或假設，重新燃起社會興趣，並朝有益社會的方向前進，其「心理教育」的意味濃厚。個體心理學派的治療師認為當事人不是生病而是「缺乏鼓勵」（discouraged），因此會與當事人一起努力，克服其自卑情結，感受到自己與他人一樣平等（Corey, 2001, p.29）。

　　如同其他關係與經驗理論一樣，Adler學派的諮商師不拘泥於一些技巧，重視的是治療關係。治療師與當事人在諮商過程中都擔任積極、主動的角色，彼此是合作的關係，而治療師可以發揮創意、適當運用與研發技術來協助當事人。Adler認為治療關係應該是平權與合作的，也因此治療目標應該是當事人與治療師雙向溝通之後所達成的共同結果（Corey, 2001, p.29），他相信當事人是自己問題的專家，也是首位將民主理念（諮商中的平等關係、家庭裡每一分子的權利）帶入治療中的臨床治療師。Adler學派的諮商師在治療過程中常常採用「猜測」的語句（像「可不可能是……？」「我猜想你會覺得……」），因此是「開放式」的陳述，而不是「斷然確定」的說法，這樣的取向會讓當

事人覺得沒有壓迫感、受到尊重，而且對於諮商師猜測錯誤的可以有機會修正。Adler學派的諮商師主要是協助當事人看見他（她）第一順位的目標為何、接受它，同時決定此目標值不值得當事人付出這麼多（Dinkmeyer, Pew, & Dinkmeyer, 1979, cited in Gilliland et al., 1989, p.48）？

　　Adler學派的治療是一個「學習過程」（Warner & Baumer, 2007），或者是一個「合作教育企業」（cooperative educational enterprise）的過程（Mosak, 1995, p.67），其治療步驟為：建立治療關係與目標（給予適當鼓勵），評估分析與了解個人與其問題（包括家庭背景、生命型態、私人邏輯與目標、認出個人破壞行為或錯誤邏輯），再教育、頓悟與重新導向（運用解釋與面質，讓當事人對自己的生命型態有所覺察、看到行為背後隱藏的動機，也看到行為的不良結果），以及增強、評估、結束與追蹤（增強當事人的正向改變）（Corey, 2009; Seligman, 2006, pp.78-81; Warner & Baumer, 2007）。治療最後的步驟就是「重新導向」（reorientation）的「行動」階段，是一個「動機修正」（motivation-modification）的工作，讓當事人可以朝向對社會有益的方向發展，並完成自己的生命任務。治療師也做詮釋的動作，只是重點在於「目標」而非「原因」的釐清、強調「行動」而非靜態「描述」、著重「運用」而非「擁有」。Adler學派將當事人的「抗拒」視為「缺乏鼓勵」，因為缺乏鼓勵才會造成與目標之間的差距（Gilliland et al., 1989, pp.48-49）。

　　也因為此學派有其濃厚的教育意味，因此在諮商現場其「心理教育」技巧也常常被使用，主要都是希望藉由認知與行為的方式讓當事人改變，使用的技術如下（Corey & Corey, 2011, pp.162-163; Nystul, 2006, pp.190-191; Seligman, 2006, pp.82-83）：

㈠悖論（或矛盾意向）技巧（paradox intention）

　　悖論技巧是Adler學派很特殊的一種諮商技巧，後來也為一些家族治療者所運用，刻意增強當事人的不良思考與行為，讓當事人在誇大的練習中體會到自己行為的可笑與荒謬，因而改變或停止這些不良行為（Gilliland et al., 1989, p.51）。

㈡逮到自己（catching oneself）

主要目的是讓當事人對於自己一直重複的錯誤目標與思考有所警覺，並監控自己的行為，也就是協助當事人認出在錯誤目標或思考出現之前所呈現的一些徵兆或警告，讓當事人可以先做準備，避免重蹈覆轍。當事人知道自己所追求的虛構目標是什麼、又有哪些行動去實踐時，偶而出現的不合理行為或是不該有的罪惡感時，治療師就教他（她）這個「停止」的技術，當然當事人首先要能夠認清楚自己的哪些想法或行為是一種「警示」或「前兆」，才有可能做這個「停止」的動作。認知行為裡面也會常用這樣的方式，像是在當事人手腕上綁個橡皮筋，只要是自己有想要做出衝動動作（如生氣）的意念時，就拉橡皮筋，彈自己一下，這就是「逮住自己」！

㈢彷彿好像（acting as if）

許多當事人會告訴諮商師說：「如果我可以的話……」，治療師就可以在此時要求當事人表現出「彷彿好像」（假裝）自己就是那個「可以」的人，而當當事人可以以角色扮演的方式來模擬進行那些動作後，彷彿儼然成為那個「可以」、「有能力」的人，不僅增加其真正去執行的動機，也「練習」了那些能力。

㈣在湯裡吐口水或是潑冷水（spitting in the soup）

當治療師解開了當事人自毀行為背後的隱藏動機之後，於是就可以設定這樣的「趨近──逃避」情境，讓當事人不能夠再度「享受」那種自毀行為的好感受，像是當事人會告訴諮商師說：「反正我這個人就是這樣一無是處。」諮商師回道：「也對，這也是你選擇生活的方式與自由。」當事人就會覺得諮商師不應該有這樣的回應啊！接著諮商師就可以解釋道：「也許你就是喜歡這樣的角色，讓你可以依賴他人、怪罪他人，如果是這樣，汝安、則為之。」或者是對於一些喜歡玩掌控遊戲的當事人，諮商師可以藉由「在湯裡吐口水」（或「潑冷水」）的技巧，讓當事人體會到這個遊戲所要付出的代價為何，像是對

於丈夫有酗酒習慣的妻子道：「我眞不懂自己爲什麼可以忍受他這麼多年？」治療師可以回道：「也因爲妳要忍受這麼久，妳得到的同情應該不少！」（Nystul, 2006, p.191）。

㈤按鈕技巧（pushing the button）

這是讓當事人可以更有效管理自己情緒的方法。有些當事人認爲自己無法管理情緒，自己是情緒的受害者、卻無能爲力，諮商師就可以教導這樣的方式，讓當事人在諮商現場「練習」控制自己的情緒，像是假裝按了一個「生氣」的鈕，然後想像一幅令人生氣的場景，之後再按另一個鈕，想像一幅令人喜悅的場景，藉由這樣的練習，當事人也學會了管理自己的情緒。有時候我也使用這樣的技巧，讓當事人可以暫時「轉換」一下自己悲觀沮喪的情緒。

㈥鼓勵

阿德勒學派的治療師是非常善於鼓勵的治療師，鼓勵是對當事人有信心，期待當事人負起自己生命的責任，也重視他們之所是（valuing them for who they are）（Corey, 2009, p.114），因爲他們基本上認爲當事人不是生病，只是「適應不良」，因此鼓勵當事人，讓他們看見自己「能」的部分很重要，而且不是以「應該」來期許當事人，而是以「你可以」的方式，這個鼓勵技巧用在孩童身上特別有效，可以增進其自信。當孩子的考卷拿出來，不是父母親所期待的，不需要先去責備孩子，而是告訴他：「我很高興你會的都寫出來了！現在我們來看看，下一次你也可以答對的有哪些？」鼓勵的技巧也相當吻合個體心理學派所說的「人有被認可」的需求，適當的（正向）鼓勵，可以引導當事人往「社會有益」的方向前進。鼓勵必須聚焦在當事人所「做」的、付出的努力、當下（非過去）、行爲、內在動機、所學到的與做得正確的（Seligman, 2006, pp.78-79; Sweeney, 1989, p.134）。

㈦逃避陷阱（avoiding the tar baby）

協助當事人不要重蹈常踏入的陷阱或是讓自己困住的地方，諮商師使用非

預期的方式回應當事人，像是當事人抱怨自己都亂花錢，因此存不了錢，感覺很不踏實，治療師沒有要他節省，而是要他用一天時間去好好花五千塊錢。

㈧早期記憶（early recollections）

阿德勒學派也認為人格的成形在童年期間就定型，但是並非如 Freud 所言那般被動，而是視當事人如何「主觀」詮釋自己的經驗而定（因此「感受」很重要），所以研發了一個「早期記憶」的技巧，也可以作為人格評估之用。解釋「早期記憶」時需要注意到：當事人將哪部分放入記憶裡？他／她是參與者還是旁觀者？有其他哪些人出現在記憶裡？他們與當事人關係為何？記憶的主題為何？有無特殊模式出現？當事人的感受為何？當事人為何憶起這些？他／她要傳達的是什麼（Corey, 2009, pp.111-112）？只是詢問一般人對於自己記憶中是快樂與悲傷孰多孰少，就大概可以猜測此人對於生命的態度是較為樂觀還是悲觀；另外請當事人就八歲之前的記憶來做描述，將事件發生的人事物與感受都詳實記錄下來，然後由諮商師做一些臆測與解釋，通常就可以大概了解當事人的生命目標與人格特質。不同的諮商師運用不同的早期記憶技巧（如 Willhite, 1981, Eckstein, 1980, cited in Gilliland et al., 1989），讀者可以參閱相關資料。

另外，阿德勒學派也常採用「立即性」、面質、分派家庭作業、幽默、使用故事或寓言、沉默、建議與情感反映等技巧，主要都是為了要促使當事人修正動機（motivation modification），朝向有利社會的方向（Corey, 2009; Seligman, 2006, p.83）。

阿德勒學派的貢獻與評價

Adler 以「意識」為人格的核心（Corey & Corey, 2001, p.162），因此他認為人所做的任何決定都是自己選擇的，有其目的性，也考慮到「社會興趣」的重要性，這與多元文化倡導的能力與尊重是相符的，對於身心障礙者不採用病態看法，將其歸為「不適應」或「缺乏鼓勵」，也重視到女性的地位，的

確十分正向而令人鼓舞，其理論之統整與技巧的彈性也是令人稱道（Seligman, 2006, pp.86-87），而且是耗時甚短的治療取向（Nystul, 2006）。此外，阿德勒學派也是引領其他取向的先驅，其重要理論的影響有（Corey, 2009; Seligman, 2006, pp.87-89）：

㈠早期經驗與家庭星座對目前個人功能的影響；

㈡統整觀（身心靈）；

㈢要將個人置於其家庭、社會與文化脈絡內的考量；

㈣認為思考影響感受與行為；

㈤強調優勢、樂觀、鼓勵、賦能與支持；

㈥生命型態與目標的關聯；

㈦需要認出重複自毀行為背後的目的、予以修正；

㈧合作治療關係的重要性；

㈨治療師與當事人都同意的實際治療目標；

㈩問題與差異是正常生活的一部分，也被視為成長的契機；

㈠治療乃教育與提升成長的過程，也有補救的功能。

㈡強調「健康」而非「病態」；

㈢重視預防與發展；

㈣在社會脈絡限制下仍能展現自由的能力；

㈤注意到多樣與多元的文化（包括性別）議題。

　　但是阿德勒學派最被批評的就是缺乏實證研究證明其觀點，此外有些觀念像是「虛構最終目標」與「超越」（superiority）也沒有清楚定義（Seligman, 2006, p.87）。基本上，Adler的家庭理念仍屬於美國中產階級的核心家庭模式，不能全然套用在其他不同文化或現在變動諸多的家庭型態；其治療取向也將焦點放在當事人身上，詳細的生命型態分析可能不適用於緊急、危機的情況（Corey, 2009）。

家 庭 作 業

1. 仔細去傾聽一位家人或朋友說話五分鐘，在聽的同時讓自己想像自己就是他／她，揣摩對方可能有的想法與感受，然後將這些想法與感受反映給他／她知道。

2. 將自己八歲之前的幾件記憶書寫下來（包括所牽涉的人、事、發生經過、你的感受）。如果你記得三件事，先看看這三件事對你來說是快樂還是悲傷事件，若是快樂事件多過悲傷事件，表示你截至目前的生活，自己還算滿意與快樂；接著看看事件發生時的人物有哪些？是發生在你身上的事件，還是發生在別人身上的？牽涉的人有哪些？這些人是不是也在其他事件中出現？倘若是，表示此人對你的重要性。你的情緒最能說明你對於那些事件的詮釋為何？也可以用來暗示你／妳目前的人格狀態與價值觀。

3. 去訪問十位與你／妳有接觸或熟識的人，請他們說出你／妳的所有特色（不管是優勢或缺點），然後做一些歸類，你／妳會看到什麼？

第六章

體驗與關係取向的諮商理論

——完形學派與存在主義諮商

　　Corey（2001）將完形學派（Gestalt therapy）視為「情緒聚焦的諮商」（emotion focus counseling），就可以想見這個學派的治療過程。完形重視「覺察」（awareness），唯有覺察，改變才成為可能，因此在治療過程中會特別注意當事人的身體與感受的狀態，而當事人也從自己所經驗與體驗中去獲得對自我狀態的覺察（Corey, 2001, p.70），然而完形治療較之其他治療模式是一種面質性更強的治療方式（Lester, 1994, p.371）。最經典的一部紀錄片（1964）裡，當事人Gloria接受三位大師的治療，他們是Carl Rogers、Fritz Perls與Albert Ellis，Gloria儷於Perls的治療技巧，後來找他持續做治療，但是Gloria在四十五歲過世之前，卻一直與Rogers通信連絡，對於Rogers的溫暖與信任一直未變！短短一個小時的諮商，卻可以讓Gloria永誌不忘，可見Rogers予人的信賴與溫暖，但是無可諱言地，Perls的創新也讓Gloria耳目一新！

　　Frederick（Fritz）S. Perls（1893-1970）與其妻Laura Perls（1905-1992）在完形學派諮商的發展上都有不同貢獻，Laura讓Perls學會將許多存在主義的觀念融入其學說之中（Clarkson & Mackewn, 1993, p.8）。完形學派學者相信人是一直在發展中，因此也一直在變化，而人總是在「關係」之中，人的存在就

是持續「創意適應」（Parlett & Denham, 2007），而人具有解決問題與面對困難的必備潛能，所以此學派治療是人本／存在取向的治療（Joyce & Sills, 2001, p.7）。

完形的三個原則為：㈠是現象學取向，其目標為「覺察」；㈡治療是放在「對話的存在」（dialogic existentialism）基礎上，也就是「我－你」接觸／退縮過程；㈢其世界觀是統整的，以場地理論為基礎（Clarkson, 1999, p.30）；因為聚焦在當事人對於現實與存在的覺察，認為人是在「成為」（becoming）的過程中，重新創造與發現自我（現象學），特別注意個人的存在經驗，也肯定人經由人際接觸與頓悟而獲得成長與療癒能力（存在取向），而且注重當下、「什麼」與「為何」，以及「我－你」的關係，是以過程為基礎（process-based）的取向，較不重視內容（Corey, 2009, p.198），聚焦在立即且完整的個人（the immediate and whole person），以及人類共有的經驗（Pos et al., 2008, p.86）。

Perls將完形視為與Victor Frakl的「意義治療」（logotherapy）並列存在的治療（重視人選擇自由與責任），奠基於現象學的心理治療，認為人只有在與世界的關係（場地）、身體經驗（身體）與時間架構的情況下才能被了解（Clarkson, 1999, p.15）。其原則主要是植基於知覺的實驗，強調人類功能與成長的完整、有機體與生物理論，人類的核心活動是給自己的知覺、經驗與存在賦予意義（Clarkson, 1999, p.5）。諮商師運用現象學的詢問技巧，像是「懸置」（bracketing）自己的主觀看法或價值觀、仔細「描述」（description）當下的發現與觀察、「水平化」（horizontalism，等同視之）所有的面向，同時帶著「積極的好奇心」（active curiosity）進行協助工作；當事人通常會發現自己被接納與聽見，增加了當事人的覺察，同時也發現對當事人與諮商師重要的事件，以及當事人是如何建構其生存的意義與相關議題（Joyce & Sills, 2001, pp.17-25）。

完形早期受到禪宗的影響，也就是經由直接、直覺的知覺，可以達成頓悟；Perls也受到Sullivan的影響，認為存在就是一種過程，而治療關係是最重要的決定因素，因此強調當下的關係；Perls也曾經接受Wilhelm Reich與Karen

Horney的治療，因此其治療理念也受這兩位治療師的影響，Reich發現人將情緒記憶與防衛都儲存在肌肉與內臟裡，而Horney「應該的暴君」（tyranny of shoulds）的覺察提供了Perls「優勢／落水狗」（topdog/underdog）的理念。Perls把焦慮視爲「現在」（now）與「稍後」（later）之間的緊張狀態（要離開目前的安全熟悉、對未來又擔心），經由對於整體場域（total field）、自我與他人的覺察與負責，就可以讓個人的生活賦予意義，而人的「反應能力」（response-ability，有更多的自由去改變，也能夠選擇自己的反應）也就更有可能（Clarkson, 1999, pp.11-15; Clarkson & Mackewn, 1993, pp.12-17）。

 ## 完形學派的基本理念

　　Clarkson與Mackewn（1993, pp.32-81）認爲Perls對完形學派治療的貢獻可以分爲：統整概念、場地論、經驗循環、接觸、自我理論與心理困擾，Nystul（2006, pp.211-212）整理Perls（1969）、Yontef與Jacobs（2005）等人的觀點，勾勒出完形的主要概念爲：㈠存在－現象學觀點；㈡協助當事人從依賴到獨立；㈢整合、聚焦在當下；㈣實驗性強；㈤健康是自我調節、與環境場域的接觸；而且是㈥聚焦在關係上。以下篇幅會整合其他學者的看法，做適當的整理與說明。

一、統整（holism）的概念

　　"Geatalt"的德文原文就是「整個」或「完成」的意思（Corey, 2009, p.201），Perls認爲一切事物必須要就「統整」的角度來看才具有意義，而一般人也較容易記得未完成的事項，而那種要完成的渴望也是希望從「部分」衍生出意義（Clarkson & Mackewn, 1993, p.7; Mackewn, 1997, p.15）。每個人與生俱來的天性就是會將所觀察的事物做一種「完整」（whole）的組織與詮釋，像是「完結原則」（the principle of closure，會將所見的資料完成，讓資料具有意義）與「相近原則」（the principle of proximity，依照相近似的特徵來將資料做組織，使成一整體）（Corey, 2009, p.201），也因此完形學派對

於「健康」的定義就不止是個人或個人內在而已，同時也是與脈絡及人際有關的（Mackewn, 1997, p.22），所以完形所謂的「統整」不只是指人身心靈的統整，還包含了人與他人、所生存環境的關係（Clarkson & Mackewn, 1993, p.35）。

完形學派因為注重「整體」，除了將當事人思考、感受、行為、身體、記憶與夢境都納入（Corey, 2009, p.201），也沒有忽略周遭環境的重要性，個體對於周遭環境脈絡的覺察可以決定其知覺的正確性與否（Halbur & Halbur, 2006, pp.62-63），而要了解一個事件或人，也都只能以整體方式或將其置於脈絡中才能夠真正了解（Mackewn, 1997, p.16）。而Köhler在「完形心理學」裡面挑戰了行為學派（behaviorist）所謂的「客觀事實」（object reality）與內省學派（introspectionist）的「直接經驗」（direct experience）：行為學派的觀察與「直接經驗」無關，但是內省學派的「直接經驗」事實上是屬於個人內在隱私的部分，因此「身體就是經驗」。而所謂的「主觀性」（subjectivity）並不是經驗本身，而是所描述的「關係」（relationship）；我們不是對「一個」刺激做反應，而是對一群有「組織」的模式作反應。對我們來說，「事物」本身之所以存在是因為感官經驗賦予其意義（Köhler, 1957/1975），而完形心理學所描述的知覺經驗，也賦予後來的完形學派治療新的心理經驗意義，而人會主動組織其對自我與環境的知覺，然後才去做探索（Clarkson & Mackewn, 1993, p.7 & p.40）。

二、場地論

完形的觀點是從Kurt Lewin的「場地論」（field theory）而來，Perls從Lewin那裡學習到個人與環境的關係非常重要，而每一件事物彼此之間都是有關聯的、互相影響，也永遠在進行之中（Corey, 2009, p.201）。Perls引用Lewin的場地論觀點，強調「需求」與「場地」之間的交互作用，也受到Jan Smuts（1926）的影響，Smuts從物理學觀點出發，強調所有事物都不斷地在改變、創新，而有機體的特色就是形成「有架構的整體」（to form structured wholes）（Clarkson & Mackewn, 1993, p. 15）。

　　場地論者認爲現實是「脈絡依賴」（context dependent）的，也就是要了解一個現象不可能排除其他相關因素（Pos et al., 2008, p.85），著重在當事人內心世界、所生存的世界或環境，以及人與環境之間的關係，個體不是永遠獨立或依賴的，總是與其他事物有接觸，而個體也依據自己需求或早期經驗持續不斷地主動組織其場地形狀（field configuration）（Joyce & Sills, 2001, pp.17-25）。

　　所謂的「形象」（figure，指個人在任何時刻經驗中最明顯的部分）與「背景」（ground，指當事人呈現的是個人經常沒有覺察的部分）（Corey, 2009, p.201），就是指當我們對某一事件（或需求）有興趣時，這個「興趣」就成爲「形象」，而其他沒有興趣或不去注意的事物就變成了「背景」，當這項需求獲得滿足之後（或對於某個事物的興趣消退了），場地就會重組，而之前的「形象」就會退去成爲「背景」，另一需求（或新生的興趣）會出現（突顯爲「形象」），人類就是藉由這樣的不斷組織知覺的經驗，變成有意義的「形」或「完形」（gestalten）（Clarkson & Mackewn, 1993, p.41; Parlett & Denham, 2007）。就如同在人聲鼎沸的宴會中，我們習慣去尋找認識的人（「形象」），其他在場的人就成爲「背景」，若要將其他「背景」轉換成「形象」，主要是看個人的需求而定，對個人來說通常就是最相關、也最有意義的才浮凸成「形象」。

　　諮商所處理的就是人們生活中的「未竟事務」（unfinished business），將日常生活中一些負擔、曲解與阻礙移除，而促成重要、有意義且滿足的「形象－背景」經驗，而好的經驗就是可以依據一再出現的清楚形象來做預測的（Clarkson, 1999, pp.6-8）。「形象形成過程」（figure-formation process）指的是個人將每一刻的經驗加以組織的過程，完形學派的「場地」區分爲「前景」（foreground，就是「形象」）與「背景」（background）二者，而每個當下最突顯的需求會影響這個過程（Corey, 2009, pp.201-202）。Perls強調性格的完整，也將「自我」看作是個人的當下經驗，這也是完形與精神分析不同之處，前者將「過去」當成受人注意的「前景」，後者則是將「當下」作爲「前景」（Clarkson, 1999, pp.9-11）。

三、覺察

「覺察」（awareness）就是當下的經驗，也是Perls認為人類自身與自己全部的「知覺場」接觸的能力（Clarkson & Mackewn, 1993, pp.44-45）。Yontef（1993）將覺察定義為「與自我的存在接觸」（cited in Joyce & Sills, 2001, p.27），有「知道」（knowing）與「存有」（being）兩個層面；限制或是隔絕了覺察，常常會產生缺乏活力或是表現僵硬，而要恢復健康的自我過程，就需要將行為與態度帶到覺察層面，而且直接「再體驗」（Joyce & Sills, 2001, p.28）。「覺察」包括了解環境、自我，接受自我、也能夠去接觸，而覺察就是改變之鑰，也是持續在進行的。諮商師協助當事人注意到自己的覺察過程，當事人就可以負起責任，也可以做出明智的選擇與決定（Corey, 2009, p.206）。由於完形學派最重要的治療目標就是增加當事人的覺察，因此其所採用的技術也多半與此有關。

覺察可以從「經驗的循環」（the cycle of experience）來看其流動情況（Joyce & Sills, 2001, p.34）：

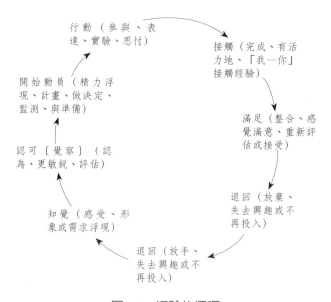

圖6-1　經驗的循環

四、自我調節

　　Perls受到Harry Stack Sullivan的影響有兩點，一是Sullivan將人格視為暫時的現象、或一段時間經驗與互動的模式。Perls將「自我」（self）視為一個有組織且不斷變化的歷程，儘管在人類生存有限的條件下，依然可以自我實現、選擇如何定義自己；此外，Sullivan認為語言是一種自我的表現，Perls也重視語言的力量，將日常用語放入臨床的運用與實驗上。而自我的功能就是「完形」的形成與破壞（也就是形成「形象」與「背景」），如果「同化」與「成長」是「接觸」的結果，那麼自我就是成長的動能（agent）。如果沒有「他者」（other）就沒有自我，自我的產生是因為與環境或他人互動而來，因此自我也是有機體的「界限」（Clarkson & Mackewn, 1993, pp.59-66）。

　　心理健康的人是「自我調節」（self-regulation）的人，能夠在與他人互相依賴的情況下有自我支持（Clarkson & Mackewn, 1993, p.67）。人有生理與情緒的需求，也因此自然會調整自己來滿足這些需求，這就是「自我調節」，一旦需求獲得滿足或解決，就會退回「背景」，直到新的需求或興趣產生，是自然循環的系統。近來的完形治療師已經將「自我調節」延伸為「自我－他人調節」（self-other regulation），主要是因為人類的需求與慾望通常與他人或環境都有關聯，因此也必須要考慮到這些因素（Mackewn, 1997, p.17），而心理困擾就是因為「自我－他人調節」長期受到干擾的結果（Perls, Hefferline, & Miller, 1951/1994）。

　　完形學派強調個體的「自我調節」功能，有機體的需求與渴望會因為其與環境的互動而按照階層組織起來（Pos et al., 2008, p.85），也就是當一種需求、感受或興趣出現時，個體的平衡受到干擾，就會產生自我調節這樣的一種過程，而需求則是以與環境「接觸」或「退縮」的方式來滿足。個體會將環境中現存的資源做最好的運用，也就是在自我能力與環境資源間取得平衡點，而治療的目的就是讓當事人重新獲得平衡感（Clarkson & Mackewn, 1993, p.49; Corey, 2009, p.202）。

　　完形取向是實際且統整的，顧及人類的陰暗面，以及我們內在努力於

健康、快樂與自我實現的傾向，人之所以生病是因為有機體的自我調整過程產生問題（Clarkson, 1999, pp.20-21）。不健康的主要因素就是「疏離」（alienation），分裂了屬於自我的一部分，且很難將其統整入自我裡（Joyce & Sills, 2001, p.137），所以在增進當事人的覺察之後，他／她才可能進一步將否認與疏離的部分做同化與統整，成為一個完形自我；只有在當事人出現「個人一致性」（personal congruence）時，「完形」（或「結束」）才形成，也就是要經過以下四個步驟：㈠表達（expression）──將內在體驗帶到外顯的動作中，治療的互動才開始；㈡區辨（differentiation）──讓當事人可以認出自己內在疏離、否認或破碎的自我，治療採用的是實驗的介入方式；㈢確認（affirmation）──鼓勵當事人去確認自己不同、區辨出來的部分，並且接納其為自己的一部分；與㈣選擇／統整（choice/integration）──當事人可以做選擇，讓那些區辨出來的部分重新整合到自我裡，讓當事人清楚自己是誰（Korb, Gorrell, & Van De Riet, 1989, pp.95-99）。

五、未竟事務

每個人內在都有一種與生俱來要去完成某個情境、企圖尋找內在平衡的衝動（Parlett & Denham, 2007）。在健康的情況下，一個需求或「形象」出現，能量就開始啟動，造成「接觸」，而後「完形」（gestalt）就完成（Joyce & Sills, 2001, p.130）。倘若「完形」未完成（成為「未竟事務」），就會繼續且間歇性地引起我們的注意（Parlett & Denham, 2007），當然也可能干擾我們的生活。從「接觸」（contact）到「退回」（withdrawl）這個循環的完成是天生自然且迫切的（Clarkson & Mackewn, 1993, p.68），最理想的情況就是人們可以在目前需求的促動下，採取行動並完成充分接觸，需求滿足之後就退回，但是往往事與願違，這個時候我們就會在覺察或未覺察的情況下，不去理會（否認）這些未滿足的需求，甚至扭曲或替換（或是「未完成的完形」），原始的需求被否認，甚至被推到意識之外（或遺忘），於是這些就成了「未竟事務」，而「強迫性的重複」（repetition compulsion，個體因為需求未滿足而自動地重複一些反應，即便環境已經改變，但是其反應沒有變）就是表現出來的

一種徵狀，而未竟事務累積過多就會阻礙發展、或產生精神官能症，而且耗費太多能量（Mackewn, 1997, pp.23-24）；這些被延擱的滿足久而久之就成為慢性的問題，需求會被扭曲或「固著」（fixed），固著影響著整個人的身體、情緒與認知（或創造意義）的過程（Clarkson & Mackewn, 1993, p.69）。一般人會希望事情終有「完結」（enclosure）的傾向，我們如果有事尚未完成，心上總是不踏實，像是連續劇看了第一集，總是希望可以看到「完結篇」，要不然心裡會一直想望：「到底結局如何了？」「未竟事務」是當「形象」從「背景」浮凸出來，卻沒有完成或解決時，個體就會覺得事情未了，而這些「未竟事務」可能出現在許多未表達的情緒之中（如氣憤、懊悔、焦慮、痛苦或遺棄），由於個體沒有完全地體會與經驗這些情緒，因此就藏身在「背景」裡徘徊，會被帶入個體目前的生活當中，影響到當事人與自己或他人的接觸；當事人在行為上會出現強迫或自傷行為，而也由於精力受到阻礙，也會呈現在身體的狀況上；而當外在資源不到位、或是個體常用的方式受阻也會出現「僵局」（impasse）。治療師的工作就是協助當事人體驗這種被卡住、挫敗的感受，也接納這樣的現實，讓當事人可以接納（與接觸）生命中所有可能發生的情況（Corey, 2009, pp.203-204）。

六、接觸與抗拒接觸

完形學派最重要的理念就是「接觸」，「接觸」是改變與成長的必要條件，除了五官感受的接觸之外，還有行動。「有效的接觸」是指可以與自然及他人互動，但是也不失其個體性與獨立性。「接觸」之後有「退回」的動作，就是為了整合已經學習到的資訊；健康的功能需要「接觸」與「退回」兩者（也是就是「進」【接觸】可學、「退」【退回】可整合），而中間的區隔就是「界限」（boundary）。人類生活是一連串的「接觸」與「退回」所組成的（Mackewn, 1997, p.19），舉例來說，如果我要準備演講，我有一點緊張與焦慮（知覺與覺察），我開始看演講大綱，也做一些演練（覺察、動員、行動），我全神貫注、感受到自己的心跳與躁熱（接觸），然後當我踏上講台，感到興奮與自在，知道自己有嶄新的經驗可以面對群眾（整合與同化），演說

完畢我走下台，心情回復之前的平靜（退回）。

　　「界限」的功能是「聯繫」與「分離」（Corey, 2009, p.204），也就是說「界限」可以保有自我的自主性與安全，同時可以發揮聯繫與分離的功用，而「界限接觸」（contact boundary）就是指自我與環境之間的關係（Parlett & Denham, 2007）。完形著重的是個體在「自我」與「環境」的接觸界限，以及個人與情境的關係；所謂的「完形固著」（fixed gestalt）就是否認或替換了人類的基本需求（這些都需要耗費能量的），而原始的需求被排擠在覺察之外（Mackewn, 1997, p.27），這樣的固著就需要以不同方式的實驗來破解（Parlett & Denham, 2007）。

　　完形學派學者基本上很少提到「抗拒」（resistances）一詞，他們認為人基本的驅力在於創造意義、好奇與發展能力，而「接觸」受到干擾或阻斷可以稱為「抗拒接觸」（resistances to contact），是可以「克服」的阻礙；完形學者或治療師欣賞當事人主觀的經驗，視其為現象的真實，因此「抗拒」對他們而言不是一個「有用的觀念」（Clarkson, 1999, p.101）。「抗拒」有正負面的性質，是因為個體要因應生活上的情況而產生：Polster與Polster（1973, cited in Corey, 2009, pp.204-205）描述五種不同的界限困擾（妨礙經驗的循環），Perls等人（1951/1994）又另外加上兩種（「減敏」與「自我中心」），探討這些困擾或抗拒對當事人的意義為何？保護了當事人什麼？是什麼阻礙了當事人的經驗？這些都是重要的治療工作（Clarkson & Mackewn, 1993, pp.72-78; Joyce & Sills, 2001, pp.112-128; Mackewn, 1997, p.27）：

㈠內射（introjection）

　　「內射」是毫無批判地吸收或接受他人的信念與標準，沒有經過同化的過程，就讓這些訊息納入，就像我們所說的「囫圇吞棗」一樣，也是治療師最常見的接觸型態（Mackewn, 1997, p.125）。「內射」最常發生在小時候我們會毫無疑問地接收父母親所給我們的訊息，而沒有考慮到這些訊息適不適合我們？因為沒有經過分析與重建，因此我們會被動地迎合環境，沒有去考慮自己真正的需求為何，所以會壓抑自己不被允許的衝動、刻意自制，然而以往這些都

會妨礙個人功能，因為讓個體無法發展自己的性格與價值觀。Perls認為「部分的內射」（partial interjection）是健康的，有助於自我（ego）基礎的建立，但是這些內射都需要經過同化與重建，才是適當而健康的（Clarkson & Mackewn, 1993, p.73）。

㈡投射（projection）

「投射」是否認或壓抑自己的一種特質或感受，同時將其歸因在他人或是機構制度上，投射也是一般人類共有的經驗，以觀察為基礎，然後假設他人與我們可能有相類似的反應或感受，藉此以了解他人，然而若是投射自己否認或危險的部分卻沒覺察，不僅妨礙真實接觸，也阻礙了與他人的互動。「投射」是「內射」的相反，是我們將自己否認、與自我不一致的部分反映到環境或他人身上（「都是別人的錯」），將自己視為「受害者」，也就是拒絕負起責任，這樣也就不需要承擔改變的責任，因此也無力改變。

㈢反射（retroflection）

「反射」與感受、反應或能量的箝制與表達有關（Parlett & Denham, 2007），就是將我們想對自己所做的、或希望對他人做的、或是希望他人對自己做的「回向」給自己，其不適應就顯而易見。常常使用「反射」的人有諸多焦慮，也因為擔心害怕下不了台、罪惡感與悔恨而不敢行動，甚至將矛頭指向自己、攻擊自己，像是憂鬱、自傷或是有身心症者，在「反射」情況的人會抑制自己的衝動而不去行動，較常出現身體上的緊張、或反映在身體的症狀上，像有些人有習慣性的暴怒就是一個例子。反射型的人將自己性格區分為「作為者」（doer）與「被作為者」（done to），對待自己像原本要對待他人一樣，原本是個人與環境間的衝突卻變成個體內在的兩極衝突。像是孩童知道生氣會受罰，於是就將怒氣壓抑下來，甚至用自傷方式來「處理」自己的忿怒，而自憐或自我懲罰都是反射的結果。

四 折射（deflection）

「折射」就是故意岔開或是逃避、忽略內在或外在的刺激，其目的就是避免充分的覺察，因此也未能維持實質的接觸，在「折射」情況的人會一直改變話題，善用幽默、抽象類化或是問問題來逃避或是淡化情況，造成情緒的空虛與剝削。

五 合流（confluence）

「合流」就是分不清自己與他人或環境之間的界限，內在經驗與外在現實之間沒有區分，與人相處無衝突、不太會生氣，希望別人可以接納與喜愛，使得真實的接觸相當困難，處於這種狀況的人在「依附」與「分離」上都有障礙。「合流」若是用來逃避接觸，就會造成不能有真實接觸，也不能退回的兩難之境，在人際關係上最常見的情況就是要求被喜愛、卻不能忍受與他人不同。

六 減敏（desensitization）

所謂的「減敏」就是故意讓自己對身體感覺麻木、或對外面環境刺激無感覺的過程，因此痛苦與不舒服就被隔離在意識之外，其過程與「折射」類似，也是避免接觸的一種表現，涉及的是更為深層的「關閉」，諮商師遭遇到這樣的當事人時常常會覺得想睡覺、也很沉重（Joyce & Sills, 2001, pp.118-122; Mackewn, 1997, p.27）。在一般情況下可能是創意的調適方法，像是牙疼時先讓自己分散注意力、一直等到去看牙醫為止，極端的情況像是創傷受害者，為了避免自己再度承受傷痛，就讓自己與痛苦區分開來（類似「解離」，把感受與自己分開），有些人會藉用藥物來達成這個結果。

七 自我中心（egotism）

「自我中心」是用刻意反省與自我警覺的方式確定沒有威脅或危險，讓自發性減緩下來，以確定自己沒有犯錯或做出愚蠢的行為；健康的「自我中心」是懂得自我反思的，也就是有自我意識的，而不是過度沉浸在自己的思維、

感受與行為對他人的影響上（Joyce & Sills, 2001, pp.118-122; Mackewn, 1997, p.27）。一般生活中可以運用這樣的策略來暫時擱置重要決定或計畫，以免太過衝動壞了全局，健康的自我中心可以讓我們退一步思考、冷靜做評估，然而當我們時時警覺、企圖要控制一些不可控制的情況時，就會產生阻礙接觸的情況，讓我們失去了直覺與自發性。

　　Mackewn（1997, p.28）將上述這些稱為「接觸型態」（styles of contact），我們每個人都會偏好某一種，但是基本上六種都會使用，而每一種接觸類型都有好壞，像「內射」的另一極端就是坦白說出或拒絕，「投射」的另一極端是宣稱主權或精確的表明，「合流」的另一極端是孤單、退縮，「反射」的另一極端為攻擊暴力，「折射」的另一極端為粗率、遲鈍的，「減敏」的另一極端是過度敏感，而「自我中心」的另一極端是衝動，也因此接觸需要依據不同場地做持續不斷地修正，才能夠達到健康、良好的接觸（Joyce & Sills, 2001, p.112）。

七、當下

　　完形學派學者認為聚焦在過去與未來，可能會阻礙當事人不願意面對當下的情境，現象學的探詢也是關切當下所發生的，尤其是詢問當事人「現在正在做什麼」（George & Cristiani, 1995），因此治療師會問「什麼」與「如何」的問題，少用「為何」，也鼓勵當事人以「現在式」（present tense）的方式對話（聚焦過去只會讓當事人逃避現在的責任），不鼓勵當事人「談論」（talk about）感受，而是直接感受（Corey, 2009, pp.202-203）。因為重視直接感受，所以「立即性」（immediacy）與「實驗」（experiment）是治療師最常使用的技巧（Corey, 2009, pp.202-203），其處置方式是建立在當下實際的行為上，諮商師專注於當事人的姿勢、呼吸、態度、手勢、聲音與表情上，要求當事人以第一人稱方式敘述，這也表示當事人願意為其陳述負起責任，由此也可以了解完形學派治療重視體驗的精隨（Gilliland et al., 1989, p.96）。完形治療師並不是否認過去，而是讓當事人經由想像來將過去「帶到」當下來（George & Cristiani, 1995）。

八、改變發生

　　完形學派有一套改變的理論，也就是所謂的「改變矛盾原則」（the paradoxical principle of change），他們認為真正改變的發生不在於「變成什麼」（tries to become what he is not），而是「變成真正的自己」（becomes what he is）（Parlett & Denham, 2007），也就是說：如果要改變，就不必試著去做任何改變（Beisser, 1970, cited in Joyce & Sills, 2001, p.37），協助當事人去接受他們的經驗（不是企圖改變或去除），改變就會發生（Pos et al., 2008, p.86），聽起來有點弔詭，但是卻是事實！我們一般人總是希望成為「某個人物」，卻沒有真正去思考要成為怎樣的自己，當我們去追索「不是」的自己（not what I am），其實就是「想做別人」（to become someone else），總是覺得不實在，而當我們清楚覺察自己是誰、想要什麼時，我們才會去做真正想要的改變。當接觸是有生命力、有動力，而且徹底同化時，自然會產生改變與成長；而要真誠且有生命力地活著，就必須要冒險去突破之前已建立的習慣或認同，而這樣的覺察與接觸會伴隨著存在的焦慮，倘若這樣的焦慮可以忍受，且將精力導向新的「形象」，就是健康的焦慮（Clarkson & Mackwen, 1993, pp. 55-56）。

　　Perls指出精神官能症的五個層面（five layers of neuroses），是自我的建構（Clarkson & Mackewn, 1993, p.78），也可以比擬為治療突破的過程，從最外層到內層是：㈠「陳腔濫調」層面（cliche layer）──指最膚淺的互動與意義，像是問候或握手，與個人真正感受無關，此階段的個體常受「內射」或他人期待所驅使，表現出社會文化所接受的行為。㈡「遊戲」（或「彷彿」）層面（game or role layer）──假裝（as if）比自己真正感受的還要和善、聰明或脆弱，表現出符合自己角色的行為（如受害者、有威權的老闆），也就是習慣性且不真誠地生活著。㈢「僵局」（impasse layer）層面──感受到被卡住、失落、空虛或焦慮；通常是丟棄了自己慣有的角色開始，會發現自己卡在「想完成未竟事務」與「想逃避受苦」的衝突之中，此層有極大的改變潛力。㈣「內爆（或「死亡」，impolsive or death layer）」層面──死亡或是害

怕死亡，這一層是相反力量的麻痺狀態，我們會擔心自己一旦爆發就會死亡、會不被喜愛，因此身體與精神持續緊繃、真正面對焦慮情境，對Perls來說「焦慮」不需要處置或壓抑，而是可以鼓勵當事人去面對、探索與發現其個人意義的契機，也讓當事人有機會真正去解固著的完形（Clarkson & Mackewn, 1993, p.81）。㈤「爆炸」層面（explosion layer）——可以體驗與表達自己的真實感受，也因此個體開始修通過往的未竟事務與真實的自我接觸，活得真誠而自在（Clarkson, 1999, pp.123-124; Clarkson & Mackewn, 1993, pp.78-81）。而Passons（1975, cited in George & Cristiani, 1995, pp.68-69）指出一般人的問題不外乎六個層面：缺乏覺察、缺乏自我責任（只試圖要控制環境，而非自己）、不與環境接觸、無法完成「未竟事務」、忽略自己的需求，以及將自我兩極化（非善即惡），而這些都是與自我有衝突的情況，衝突主要起因於個體無法將個人需求與環境要求做適當處理。

 ## 完形學派諮商過程與目標

完形治療的目標在於：㈠協助當事人承擔自己的責任，讓他／她從「環境支持」到「自我支持」；㈡達到統整（情緒行為一致，也更能適當滿足自身需求）；㈢為了達到自我統整與協調，就需要有「自我覺察」（George & Cristiani, 1995, p.71）。完形學派有存在主義的思維，認為治療過程中，治療師與當事人都冒著危險作對話，而真誠關係就是治療的核心。Laura受到Martin Buber的「我－你」（I-Thou）關係的影響，在諮商過程中治療師與當事人彼此是在真誠的交會中互相影響的，而當事人與治療師在諮商過程中都有意願去實驗、創造與冒險（Clarkson, 1999, p.19 & p.23），其治療契約也是持續進行的過程（Joyce & Sills, 2001, p.8）。完形學派的治療目標是統整、提升覺察與接觸，處理未竟事物，就自然會造成改變與成長（Clarkson & Mackwen, 1993, p. 85; George & Cristiani, 1995; Perls et al., 1951/1994）。

完形治療的主要目的是讓當事人對自己又更進一步的認識與了解，也讓當事人可以真實地與自己更靠近。對於現代人的人際疏離感、熱中於外表的虛

華價值，自然而然會不願意面對真實的自我，對完形學派來說就不是真正地活著，因此其治療目標的確有劃時代的意義，換做現在其意義也不遑多讓！讓當事人了解自己是誰？想要成為怎樣的人？而這些都足以讓當事人可以有更好的配備與能力去面對自己的生活，也因為人有「完成」的傾向，因此完形學者注意到「未竟事務」（也就是指「未解決的情緒」）可能是導致個人生活或功能遇到瓶頸的原因，協助當事人將未了事務做一個「完結」，也是很重要的（Clarkson & Mackwen, 1993, p.85; Halbur & Halbur, 2006, p.64）。在治療過程中探討個人需求、受挫經驗與需求滿足就是重點（Clarkson, 1999, p.5），敏銳的覺察、有相當情緒的反應，以及有效的行動跟進，就是最理想的目標（Clarkson, 1999, p.23）。完形治療師不將心理困擾視為心理或是有機體的問題，而認為是「成長的阻礙」（growth disorder），也因此此學派的治療目的就是讓個體有機會做更好的完整發展與成長（Clarkson & Mackewn, 1993, p.68），因此提升當事人的覺察與健康功能，藉由有意識且負責任的選擇，鼓勵並發展當事人自我與環境的支持系統（Joyce & Sills, 2001, p.78; Korb et al., 1989, p.95）就是關鍵。

完形學派的治療經驗是治療師與當事人所共同建構的，其治療特色有：㈠聚焦在當下經驗（採用覺察、現象學與改變的矛盾意向原則）；㈡提供對話的關係；㈢採用整體與場地論觀點，以及㈣對生命與治療過程採取創意與體驗態度（Joyce & Sills, 2001, p.1）。完形學派的治療過程是呈螺旋狀一直循環的（spirlling and recursive fashion），而每一元素彼此都有關聯，它們是：注意開始時的情況，了解與探索整個場域（了解改變的矛盾理論），發展對話關係，觀察過程並發展對話觀點（分辨與修正不同接觸模式），探索覺察與接觸，整合創意、實驗與個人內在面向，修通身體過程、能量、抗拒與僵局，注意當事人生活中的支持與背景過程，隨時修正諮商過程，同時對自發時刻的開放（Mackewn, 1997, pp.2-3）。治療師的工作就是去創造一個人與人交會與情緒治療的許多可能性情境，也增加自我過程的覺察，可以在支持的環境下實驗新的行為（Parlett & Denham, 2007）。

完形學派著重治療關係，不僅將治療關係視為最重要的療效因子，也將

其稱之為「對話關係」（dialogic relationship），治療師尊重當事人、運用自己為了解當事人的工具，提供一個「真實的關係」（real relationship）、與當事人做真實接觸，治療師是一個參與者、也是一個觀察者，與當事人一起成長及改變（Korb et al., 1989, p.94; Parlett & Denham, 2007），而也容許治療師去發展自己的獨特治療風格（Parlett & Denham, 2007）。完形學派諮商師要有直覺、自我覺察，也與自己的身體與情緒作接觸（Mackewn, 1997, p.2），諮商師需要完整呈現、了解、確認（接納且涵容當事人）及真誠地與當事人一起，而且願意與當事人有開放的溝通（Clarkson & Mackwen, 1993, pp.87-89; Joyce & Sills, 2001, pp.43-54）。諮商師的「教育者」成分較少，而比較注重「催化員」與「調查員」的功能，讓當事人可以做自我發現與學習，就這一點來說是很人本取向的，治療師呈現的品質非常重要，要了解自己與當事人，也對當事人開放，允許自己受當事人影響，也積極分享與當事人在當下的覺察與經驗（Corey, 2009, p.210），而表現在最淺層的行為，往往就是我們最迫切的需求或未竟事務（Clarkson & Mackwen, 1993, p.93）。

　　當事人在治療中是一位積極的參與者，自己做詮釋與作意義的連結，治療師運用行動方式、個人的積極參與讓當事人增強覺察，而包括診斷或是實驗，也都是治療師與當事人共同合作，然而治療工作主要是靠當事人本身來進行（Joyce & Sills, 2001; Corey, 2009, p.206）。完形學派學者對「診斷」很謹慎（將診斷視為「過程」及當事人用來妨礙接觸的工具），主要就是因為它可能會讓諮商師視當事人為病人，而不是一個獨特的人，也因此讓治療關係變成「我－它」（I-it）關係，少了人與人的真實交會（Clarkson & Mackwen, 1993）；診斷最好是描述性的（描述諮商師看見且體驗的、其意義為何）、現象學的（了解這是如何造成當事人的困擾）與有彈性的（Joyce & Sills, 2001, pp.59-61），因此有嚴重精神疾病、自殺或自傷傾向、或有一些特殊問題者（如飲食失調或藥物上癮）比較不適合此取向之治療（Joyce & Sills, 2001, p.11）。

　　完形學派沒有否認「移情」與「反移情」的事實，然而因為其重視「你－我」關係與對話，因此也減少了不適當「移情」出現的機會，甚至將「移

情」視爲「完形固著」、或「未竟事務」的現象，但是完形學派諮商師會注意治療師對當事人的反應（反移情）（Joyce & Sills, 2001, pp.140-150）。當事人在治療中經驗到自我發現（discovery——對自己與情境有新的理解與領悟）、適應（accommodation——當事人了解自己是有選擇的，也在支持的環境中開始嘗試新行爲）與同化（assimilation——學習如何去影響環境）三個過程而有所成長（Polster, 1987, cited in Corey, 2009, pp.210-211），完形學派的諮商師將當事人的徵狀與抗拒視爲「創意適應」的表現（expressions of creative adjustment），特別是在沒有足夠支持資源時會採用的方式（Joyce & Sills, 2001, p.38）。

完形學派諮商技術

完形學派的Perls有其獨特的治療風格，因此有不少人誤以爲完形治療就是練習、實驗與技巧而已（Mackewn, 1997, p.13; From & Miller, 1994），但是現今大部分的完形治療師採用較爲支持、接納、同理、對話與挑戰的型態，著重在治療關係與同理的調和，也注意當事人的智慧與資源（Corey, 2009, p.199），不像Perls那樣擅於刻意讓當事人挫敗的方式來增強覺察、強調面質與忽略人格的認知因素（Corey, 2009, p.226）。完形學派的特色就是使用暗喻、幻想與想像、身體姿勢與動作，以及感受完整的表達，而現代的完形學派目標在於整合身體、感受與智性（認知），將個體最基本的需求放在社會環境的脈絡裡來看；治療過程則是運用關係、覺察與實驗爲主（Clarkson, 1999, pp.2-3），因此，其介入方式也是以存在覺察、體驗與實驗爲主要（Korb et al., 1989, p.91）。

一、空椅法與其他覺察技巧

㈠空椅法

「空椅法」（empty chair）是覺察使用的技巧之一，也是最爲人所熟知

的。完形治療師將當事人的「內在對話」以實際形式呈現，讓當事人可以在「當下」將那些對話作演練、表達出來，就可以更清楚地檢視這些想法與感受，這也是完形很重視的：不要「談論」感受，而是實際「體驗」感受。我們在日常生活中也常常有這樣的自我對話，特別是要做決定或是有衝突的時候，完形的處理方式就是在現場「重現」、「外在化」那些內射的情緒，可以讓思考更具體而清晰。因此，運用「優勢狗（或優勝者）」（top dog）與「落水狗（或劣敗者）」（under dog）之間的對話，可以讓兩個相反（或衝突）的角色或意見（自我）以具體方式展現，用「空椅法」或「雙椅法」的方式讓這些角色對話。若是當事人本身有自己不願意承認的部分，也可以讓當事人以「角色反轉」（the reversal exercise）的方式做實驗（Corey, 2009, pp.216-217），像是一個好好先生讓他擔任「挑剔鬼」的角色，或是一個從不生氣的人讓她扮演總是生氣的角色，其最好結果是這兩個極端的立場都可以軟化一些，彼此都可以了解對方的優勢，進一步可以發現或擁有自我不知道或是否認的部分，甚至與自我經驗中的衝突部分和解（Joyce & Sills, 2001, p.104）。使用「空椅法」來解決衝突是為了：1.做一些統整工作；2.紓解先前未表達的情緒（或是「爆炸」）；以及3.改變觀點，讓衝突不再對立（Greenberg & Rice, 1984, cited in Clarkson & Mackewn, 1993, p.107）。儘管常常讓當事人扮演或是說出不同極端的角色或對話，但是基本上他認為這兩個極端其實是一體兩面，是連續性關係的兩端而已！一般人會陷入個性中兩極端（例如支配與順服）的衝突中，事實上這兩個極端的特性是互補的，也是同時存在的（Clarkson & Mackewn, 1993, pp.105-106）！

㈡繞圈子

「繞圈子」（making the rounds）可以是空椅法的延伸。倘若是在團體中，治療師也可以在安全支持的環境下，用「繞圈子」技術，讓某個當事人直接與團體內不同的人一一對話，直接說出自己的想法與感受，不管是自我揭露或是做實驗，都可以讓當事人做適度的冒險，看見事情的不同觀點，增加頓悟與成長的機會。完形治療師不希望當事人以「內在演練」（internal rehearsal）

的方式過度消耗精力，同時也妨礙了當事人的彈性與去嘗試新行為的意願（Corey, 2009, p.217），因此會協助當事人將想要做的動作先在諮商現場練習（預演），這樣不僅可以做最好的準備，也可以預防未預期的挫敗。

(三)誇大練習

「誇大練習」（the exaggeration exercise）是完形治療師讓當事人可以覺察到較細微的線索所研發的，讓當事人誇大自己的肢體動作、姿勢或是移動情況，「看見」自己的這些行為背後所蘊含的意義（Corey, 2009, pp.217-218）。我們在溝通過程中，不只是聽見文字的陳述，也「觀察」肢體所傳達的額外意義，而通常我們會比較注意「肢體」所表達的意義，因此就更可以了解完形治療師的目的了！「誇大練習」也可以運用在當事人「不敢」表現的相反角色（如老闆或權威人物）上，或是當事人特質（如固執、完美主義）的另一極端（隨和、常出錯）（Joyce & Sills, 2001, p.107）。完形學派也使用吃、嚼、消化與嘔吐等實驗，讓當事人可以體會什麼是「內射」，藉此更能覺察他們生命中受到哪些的干擾（Clarkson, 1999, p.102）。

(四)停留在那個感覺上

「停留在那個感覺上」（staying with the feeling）是完形治療師常使用的另一覺察技巧，我們一般人對於不喜歡或是害怕的感受都會想要逃避，像是獨自走過墓地會吹口哨壯膽之類，不敢直接去面對自己的「害怕」，但是完形治療師要當事人可以達到「完全覺察」（full awareness），這個「完全覺察」包含所有的經驗與感受，少了一部分就無法達成目的，因此諮商師會鼓勵當事人「停留」在那個感覺上，深入去體會與了解自己害怕（或「不喜歡」）情緒的感受，這樣做的目的是需要勇氣的，然而同時也可以讓當事人的忍受力增加，願意做更進一步的成長（Corey, 2009, p.218）。這樣的技巧也可以運用在面對僵局時，讓當事人充分感受到那種被卡住、無法動彈或無能的感受，這樣的經驗對當事人是非常深刻的（Joyce & Sills, 2001, p.107）。

其他像是將「應該」外化（externalizing the "shoulds"）、演出（enacting，

來自心理劇），以及與「內射父母」仳離（divorcing the introjected parent）等也都是常用來覺察的技巧（Clarkson, 1999, pp.103-104）。

二、夢的技巧

完形學派治療師基本上不做夢的詮釋或解析，只是會將夢境搬到治療現場，讓夢境重現，也讓當事人扮演夢境中的特別角色，甚至讓當事人完成夢境中未完成的對話，而夢中的每一個角色都被視為是自我的投射。對Perls來說，夢是人類生存最自然的表現，呈現了未竟事物的情境，有包含了自我存在的訊息與掙扎，不同於佛洛伊德認為夢是「通往潛意識的最佳途徑」，Perls認為夢是「通往整合的最佳路徑」（Corey, 2009, pp.218-219; Halbur & Halbur, 2006, p.64）。

對完形學派治療師而言，夢境或想像都是未竟事務浮現在意識狀態的管道（Korb et al., 1989, p.101），Perls也介紹了另一種夢的技巧：治療師會讓當事人假想自己是夢裡的不同元素或角色，然後做實際扮演，也就是要當事人以「行動」方式來詮釋夢，這樣當事人就可以以這種「抽離」自己（out-of-touch）的方式來重新定義（Mosak & Maniacci, 2006, p.154）。夢的技巧主要是用來探索接觸的可能性（如覺察、擁有感、自我同化）、引發當事人與他人互動的潛能，以及清楚當事人生命中的一些存在意義（Gilliland et al., 1989, p.104）。

三、實驗

完形學派的許多技巧是非常具有創意的，可能與創始者Perls有關，而因為是要讓當事人做覺察，因此聚焦在「自我探索」的技巧，其實驗性質就很強。對Perls來說，實驗（experiment）是「在治療情境中，治療師鼓勵當事人去嘗試新的行為並觀察其後果」（Clarkson & Mackewn, 1993, p.97），因此完形治療過程也可視為實驗的過程。實驗是協助當事人獲得完整覺察的有用工具，其目的是要讓當事人在當下產生經驗或探索經驗（Pos et al., 2008, p.86），讓當事人去體驗內在衝突、解決二分化與不一致性、修通阻礙未竟事務完成的「僵

局」（Corey, 2009, p.215）。

「實驗」的功能主要是讓當事人可以藉由自己去發現，而了解重要的事實（Korb et al., 1989, p.91），Perls尤其重視「顯而易見的」情況，因此他常常會讓明顯的動作或表現更突顯（exposing the obvious）（Korb et al., 1989, p.104）。實驗的主題是從晤談中發展出來的，也是一個共同合作的歷程，可以引出當事人新的情緒經驗與頓悟，但是也要夠安全，讓當事人願意去嘗試。

實驗可以有不同形式，想像一個具威脅性的情境、安排與重要他人的對話、將記憶中一件痛苦事件誇張戲劇化、重現幼時經驗等等（Polster, 1987, cited in Corey, 2009, p.212），而且也不拘於特定的方式或媒介，舉凡戲劇、舞蹈或其他肢體活動、或是對話等等（Parlett & Denham, 2007）。實驗的目的在於：㈠探索新的自我與行為；㈡增強覺察；㈢激勵自我支持；㈣表達出未表達的或是在覺察邊緣的感受與想法；㈤重新擁有自己否認的部分；㈥完成「未竟事務」；以及㈦預演或練習新的行為（Joyce & Sills, 2001, p.98）。

四、語言的使用

「語言」包含了表達與帶入覺察（做反省與探索）的力量（Pos et al., 2008, p.105）。完形學派認為身體的表達就是個體「未說出的內在世界」（Joyce & Sills, 2001, p.155），因此有許多實驗與覺察是以身體為重心的。完形也注意到當事人所使用的語言（因為語言的使用與人格有關）、使用習慣為何？要當事人改變其陳述，像是不用「他／她」或「你／妳」為主詞，而用「我」開頭的陳述，不以「問問題」方式呈現，而用肯定的「陳述句」（statement）（Corey, 2009, pp.206-209; George & Cristiani, 1995）。因為「問問題」是將焦點從自我身上轉移到別處，企圖隱藏自己真正的想法，像是當事人問：「你真的相信嗎？」真正的意思是「我不相信」（George & Cristiani, 1995），治療師鼓勵當事人不用「我不能」（I cannot）而是「我不想」（I won't），也注意到當事人使用的隱喻，以及可能隱藏的故事（Corey, 2009, pp.206-209; George & Cristiani, 1995）。使用「第一人稱」（我）是最有力量的，因為保持了與正在處理事件的第一手接觸經驗（Korb et al., 1989, p.102）；治療過程中，諮商師會強調當事人使用「我」這個主詞的陳述，以顯示當事人自己承擔的責任，或是邀請當事人去反思自己在某些事件或議題上應否負責，這樣的實驗可以讓當事人清楚自己的語言是如何影響、或是造成他／她對自己與世界的態度（Joyce & Sills, 2001, pp.84-85; Nystul, 2006）。

完形強調「當下」，因此有意義的對話也是在當下，隨著覺察的改變衍生出來。完形治療師不問「為什麼」（why）的問題，因為他們認為這樣的問法只會促使當事人去找藉口、逃避責任，諮商師會以「是怎樣」、「如何」（how）與「是什麼」（what）來詢問，基本上是以「現在式」的句法，也會注意到當事人所使用的人稱（鼓勵用「我」來作陳述，而非「你／妳」或「他／她」）。治療師會問當事人：「你／妳感受到自己背部的那種僵硬與緊張了嗎？它告訴你／妳什麼？」「此時此刻發生了什麼事？你／妳的難過是怎樣的情況？」，而「如何」與「是什麼」的問題可以讓當事人發展對當下場地與功能運作方式的覺察，也做完整地發現（Clarkson & Mackewn, 1993, p.94）。

我們所思考的，有時候已經很難用語言作完整地表達，倘若還要留一手，做一些虛與委蛇的動作，豈不是距離自己更遠？心理學與醫學上有所謂的「身心症」，其實也說明了我們身心靈是一體的，只要有一個面向不安適，也會反映到其他層面上，像是壓抑情緒最容易出現一些身心症狀，譬如頭痛、胃痛、關節炎、氣喘與肌肉酸痛，而長期慢性疼痛與有重大失落及阻止自己哀傷有關（Corey, 2001, p.74）。

五、心理劇與完形

在這裡要特別提到「心理劇」（psychodrama）的一些功能與完形學派的理念與使用技巧類似，Perls在1950年間熟悉心理劇，後來也運用了心理劇的一些觀念在治療上，他將心理劇做一些修改來吻合他的治療型態，唯一不同的是他要當事人去扮演所有的角色（Clarkson & Mackewn, 1993, p.20 & p.103）；完形學派不是不重視過往歷史，而是將過往在條件已經改變的當下呈現出來（Clarkson & Mackewn, 1993; George & Cristiani, 1995），「演出」就可以達成這項功能，像是「扮演投射」（playing the projection）就是治療師要求當事人

去扮演相對的角色（如「諮商師」），就可以讓當事人更了解自己所思所感（George & Cristiani, 1995）。

「心理劇」是由Jacob Levy Moreno（1889-1974）所創，但是其原理與Perls的理論極相近，是運用「完整」的概念，也以行動為中心，是不分學派喜歡運用的，Perls也曾與Moreno見過面。心理劇運用了許多的技巧來強化感受、釐清隱含的信念、增加自我覺察，也可以練習新的行為，而心理劇最重要的是讓當事人有機會去「直接」接觸或經歷（direct encounter）那個經驗，而不是用間接的「想像」或是「談論」而已，因此許多人在參加心理劇時，都會感受到那種前所未有的震撼（Wilkins, 1999, p.9）。心理劇其實就是一種團體治療，以人彼此間的「互惠交會」（reciprocity of encounter）為重點，也就是以人際關係為基礎的治療。Moreno相信團體中的每個人都有潛能成為他人的療癒媒介，人的創意與自發是天生的，心理劇的目的就是讓個人可以更有建設性的自發表現，且有足夠的能力去安排自己想要的生活，在當事人解除了覺知的障礙、有能力去處理改變時，「頓悟」與「情緒宣洩」擔任了重要功能（Jan Costa, 1995, cited in Wilkins, 1999, p.4）。

心理劇基本上有舞台（stage）、導演（director）、主角（protagonist）、配角（auxiliary egos）與觀眾（audience），其進行程序基本上是暖場（warm-up）、演出（enactment）與分享（sharing）。暖場主要是提供一個安全信任的氛圍，同時讓觀眾與演出者等都準備好，可以激發團員的自發性與創意、催化彼此的互動，以及協助成員聚焦在個人想要解決的議題上（Holmes, 1991, cited in Wilkins, 1999, p.30）。「演出」就是讓主角以行動方式來說出他／她的故事，將主角所關注的議題以「此時此刻」的方式呈現，而這個場景也會引發其他場景的出現；最後的「分享」之前要先讓所有參與的角色「退場」，讓主角重新與團體連結，然後分享大家因為主角的故事而觸動的生命故事（Wilkins, 1999, pp.29-32）。心理劇基本上沒有什麼特別的理論依據，其所使用的技巧有：㈠「角色反串」（role reversal）——就是要當事人去扮演另一個重要他人的角色，非常具有張力（Corey, 2001, p.95），主要目的是讓當事人可以從他人角度來看世界，更了解自身與劇中其他元素的過程；㈡「替身」（doubling）

──讓另一團員站在主角旁邊，模仿主角的行為與態度，可以同理主角的立場，也表達主角壓抑或可以在劇中檢驗的想法與感受；㈢鏡映（mirroring）──讓主角可以從外面來看到裡面的場景，鼓勵主角可以從更客觀的角度覺察到自己與他人的互動情況（Wilkins, 1999, pp.33-36）。然而儘管心理劇嚴重缺乏實徵研究的支持，卻無損於其運用的價值，因為不管任何學派，多多少少都會使用心理劇的技巧、或是將技巧作一些改變（Wilkins, 1999, p.127）。與完形、心理劇一樣較屬於「體驗式治療」的還有音樂、藝術、舞蹈治療等（Nystul, 2006），有興趣的讀者可以找專書來看。

 ## 完形學派的貢獻與評價

　　Perls將人類「整體」（holistic）的概念帶入治療中，把覺察、實驗、視像（visualization）、幻想、演出、語言與非語言等等整合出前所未有的獨特融合體，治療是分析與整合當事人整個有機體（Clarkson & Mackewn, 1993, pp.83-84）。完形學派所使用的方式雖然頗具創意，但是較容易引起當事人緊張激烈的情緒，尤其是針對情緒的部分，對於某些限制情緒表達文化背景的當事人或許並不適合，可能引起更多的焦慮，當然對於敏銳的完形諮商師而言，保持適當的彈性、並注意到當事人所處的背景文化是最佳的，特別是不要以「技巧」取勝，而是將焦點放在當事人身上（Corey, 2009, pp.223-224），治療師以自己為最重要的治療工具（包括對當事人的反應、自己在當下的覺察）（Joyce & Sills, 2001, p.33）。

　　Cain（2002, cited in Corey, 2009, pp.224-225）認為完形學派的貢獻有：㈠強調個人、他人與環境的「接觸」；㈡真誠治療關係與對話的重要性；㈢強調場地論、現象學與覺察；㈣治療重點放在當下、此時此刻的經驗；以及㈤創意與自發性地使用實驗，作為體驗式的學習管道。完形學派顛覆了之前「對話治療」的傳統，而將「體驗」與實驗帶入治療現場，也讓當事人覺察到自己的創意潛能，並且藉以促成自我的改變。而完形學派的夢工作，不是傳統的釋夢，而是將夢境視為自我的一部分，不僅可以讓責任歸屬清楚（屬於當事人），當

事人也可以自己去發現意義；另外，完形重視治療過程以及創意的表現，也是其他治療取向的先驅（Gilliland et al., 1989, p.108）。

Corey（2009, p.225）認為完形的貢獻有：㈠將人類的衝突與掙扎帶入諮商現場，並採用創意的方式讓當事人從「談話」到行動與體驗；㈡認為夢是增進自我覺察的特殊管道，而以「增進覺察」的方式讓當事人重新認可自己否認或疏離的部分；㈢一個統整的取向，對於當事人生命中的各個面向都同等視之，也重視個人與環境間的關係；㈣企圖發展一個整合理論、實際與研究的取向。而另外George與Cristiani（1995）認為，完形治療可以避免當事人在諮商過程中常跟治療師玩的遊戲，也不讓當事人以無助為藉口來逃避責任，當事人可以修通那些阻擋未竟事務完成的阻礙，也可以讓治療師與當事人從對話中去完全經驗與覺察人際互動。

完形學派的限制主要是針對以前Perls運用的方式，但是目前的完形學派已經有許多改善，在技巧的運用上Perls是被誤解的，因為他曾經說過「沒有理解而運用的技巧只是一種噱頭（gimmick）而已」（Barry Stevens in Gaines, 1979, cited in Clarkson & Mackewn, 1993, p.96），治療師若只是憑依技巧為工具，就失去了完形學派的連貫性，因此「彈性」與創意是很重要的（Korb et al., 1989, p.100），然而還是有些治療師只注意技巧，而忽略了諮商師本身需要達到高層次的自我發展（Corey, 2009, p.226）才可能勝任，也可能會無形中逼迫當事人而產生倫理上的問題（如濫用權力），畢竟在Perls自己的治療模式中，他是以治療師為主導力量的（Korb et al., 1989, p.106），與目前臨床實務有差異。

治療師的訓練、技巧與人格，關乎治療的成效，而在治療過程中只是強烈引發當事人的情緒，卻沒有進一步做整合動作，也會讓當事人留下許多未竟事務，甚至治療師為了戲劇效果，導致治療速度太快，造成療效適得其反；再則，完形治療師將責任放在當事人身上，當事人在現實世界可能會覺得很挫敗或是不能忍受；倘若將完形運用在團體裡，可能還需要顧慮到團員因為領導的主動而呈現被動狀況，反而減低了團體的療效（Gilliland et al., 1989, pp.108-109）；此外，忽略更廣大的社會脈絡與所處時代的考量，也是完形的限制（Parlett & Denham, 2007）。還有學者（George & Cristiani, 1995）提到完

形學派未能發展為一個堅實的理論，而呈現出「冷酷」（這應該是針對Perls的治療型態）的諮商師模樣也是其限制，但是後繼的Polster也針對這些批判做了改善。

存在主義諮商

　　存在主義根源於歐洲，主要是聚焦在人類的限制與生命的悲劇面向（Sharp & Bugental, 2001, cited in Corey, 2009, p.134）。當Rollo May將存在主義引進治療中，並且介紹到美國境內，就已經經過了一翻轉化。存在主義治療是一般人理解最少的一個學派，主要是因為其：㈠以哲學做基礎，而非奠基於心理學；㈡存在主義治療師較擅長理論信條的解釋而少實務；㈢不同存在主義又有許多的分流或派別；㈣存在主義治療充其量只是一個批判或反制的思考，沒有前瞻性；㈤強調每個當事人、治療師與治療關係的獨特性，缺乏系統化的組織或指導原則（Cooper, 2008, p.237）。而Corey（2009, p.132）也提到存在主義治療應該是一種「哲學取向」、或是一種思考方式，此取向主要是相信人是自由的，也為自己的選擇與行動負責任，也就是存在主義治療以其哲學理念引導諮商師實際上的治療工作，但是沒有特別規範如何進行，因此也較缺乏實徵的研究支持。但是也因為不受既定的取向所綑綁，存在主義治療的缺失也正好是其強項，也就是不會限定治療師的技巧，而是提供了許多的想法、可能性與批判，讓諮商師可以將其融入治療中；也因為不受特定取向的限制，更可以刺激不同的創意思考，也協助治療師可以發展自己獨特的治療型態（Cooper, 2008, p.237）。

　　總而言之，存在主義諮商不像其他取向那樣廣為人知，主要是因為沒有單一的創始者，立基於哲學，通常屬於學術領域而非實務，治療焦點放在事實與現實層面（而非個性、生病或痊癒、功能或失功能），以及思考人類面對生命中不可避免的挑戰時的能力，也就是將生命當成我們的老師；而人類要如何在這些生命的限制下活出創意，有生產力的人生就是最重要的（van Deurzen & Adams, 2011, pp.7-9）。Rollo May是美國存在主義諮商的主要奠基人，他將歐

陸的存在主義介紹到美國大陸來，而Irvin Yalom則是將存在主義諮商發揚光大的代表人物。

 ## 存在主義諮商的源起與基本理論

一、存在主義源起與幾個重要派別

存在主義發源於歐陸，存在主義諮商是立基於「哲學」而非心理學理論，這是它與其他諮商學派的最重要分野。此外存在主義諮商也是以現象學為基礎探討人類生存的議題，焦點放在事實與真實性，思考人類因應生命課題的能力（van Deurzen & Adams, 2011, p.1），因此將它放在「人本取向」裡來討論，也由於存在主義治療因焦點不同而有不同派別，有代表英國的R. D. Laing與Emmy van Deurzen，也有Viktor Frankl（1905-1997）的「意義治療法」（logotherapy），以及在美國的Rollo May（1909-1994）與Irvin Yalom（1931-present）的「存在－人本主義」取向（existential-humanistic approach）（Cooper, 2008, pp.239-243），本書會將重點放在存在主義於美國本土發展做介紹。

英國的Laing與van Deurzen都認為當事人的困擾不是功能失常，而是「活著的問題」（problems in living），Laing認為人類的生存基本上是「關係導向」的，也建議治療師應該進入當事人的現象世界裡，就可以更了解當事人為何會生病？而van Deurzen是一位出生於荷蘭的臨床心理學家，她的治療目標是協助當事人「如何讓自己活得更好？」，她認為生命是無止息的掙扎，因此她要喚醒當事人不要再自欺、勇敢面對生活的挑戰，也去發現自己的才能與諸多可能性，目前英國的「存在分析」（existential analysis）取向是最活躍、熱門的（Cooper, 2008, pp.241-242）。

Viktor Frankl所創的「意義治療法」，是結合了二次大戰時他在納粹集中營的經驗而研發的。logos的希臘文意思就是「意義」，人類生存的中心動機就是「意義的意志」（the will to meaning）（Corey, 2009, p.137），而人類的

存在是有目的性的，因此意義治療法的目的就是協助當事人去發現生命目標，克服無意義與絕望感，此派治療者認爲人類最基本的需求就是找尋生命的意義；治療師使用訓誨的方式，協助當事人發掘生存意義與目標，也以產婆式的對話協助當事人找出生命中最在乎的爲何（Cooper, 2008, p.240）。

二、存在主義治療的理論

　　存在主義的理念來自於Martin Heidegger與Jean-Paul Sartre的「存在先於本質」（existence comes before essence），「我們是」比「我們是什麼」還要重要（that we are is more basic than what we are），人類有自我覺察與反思的能力，有別於其他生物，但也因此必須負起個人責任（van Deurzen & Adams, 2011, pp.9-11）。人生存的現實是有死亡、自由、孤單與無意義（Nystul, 2006, p.214），因此了解自己是誰、在生命中的實況、該如何創造自己的生命意義是最重要的，而所謂的「我」（self）是一個過程，隨時在變動與形成。人類生存的世界包含四個層次（由內往外爲）：靈性（與未知、理想世界及個人價值觀）、個人（與個人內在世界有關，包含對自己的認識、過往經驗與潛能等）、社會（與他人的關係，是我們意識到自己會死亡的限制才發現的，如何在獨立與互賴之間取得平衡）與物理世界（包括人爲的與自然的環境，像是我們的身體、天候、擁有的物質、與死亡等）；生命與創造意義有關，因此存在主義治療主要是「靈性」的範疇（van Deurzen & Adams, 2011, pp.16-20）。

　　May（1961）提到人類的特色有：㈠人的中心是自我，而精神病只是人用來保護自己生存所使用的方式之一；㈡人有自我肯定的特質，因此需要意志；㈢人類可以從「自我中心」轉爲「參與」，只是需要冒險的勇氣；㈣「覺察」就在自我中心裡；㈤人類的自我覺察稱爲「意識」；㈥人都有焦慮，而焦慮就是對抗自己的「不存在」而產生；此外，Frankl（1959）加了另一項㈦人類生活的主要力量在於尋找意義（cited in George & Cristiani, 1995, pp.74-75）。存在主義治療學者認爲，人類的生存現實是「像動詞的過程」（verb-like processes），是開展的、不固定的，因此每個人都是獨特的、有選擇的能力與自由（人可以選擇自己的存在樣態），人是未來導向的，不是受過去經驗所

決定，儘管人的存在也受到許多限制，但是人與世界、與他人的關係卻也是最重要的（Cooper, 2008, pp.243-245），我們也努力從生活中衍生與創造意義（Nystul, 2006, p.213）。

存在主義學者強調焦慮與痛苦是人類存在的事實，這點不同於人本取向的立論，而人的焦慮與痛苦來自於選擇錯誤（這是「自由」所伴隨的「焦慮」），對他人的罪惡感（這是「自由」伴隨的「責任」），活在限制中的焦慮、閾限、不公與失落，以及人類存在「互為主體性」（intersubjective）的現實（也就是人是社會建構而成，因此所有的意義、目標或價值觀都不是絕對有效）；而人若否認存在的現實，就可能會刻意去逃避感受，反而造成更嚴重的心理疾病。「健康」與「困擾」是一體之兩面，創意的生活包含兩者（van Deuren, 2007）。

Frankl是誕生在維也納的一位醫師，後來納粹將其全家人都關在集中營裡，其父母、第一任妻子與手足也都死在集中營裡，這個經驗讓他更能體會生命的許多實相，也看到了人類創造意義與目的的「意志」是最重要的生存動機，他所研發的「意義治療法」就是「透過意義做治療」（therapy through meaning）的意思，協助當事人去發現與留意自己所擁有的自由與意義的潛能，然後將這些潛能加以實現，轉換成生存的意義（Seligman, 2006）；他也將「自由」與「責任」連結在一起（Corey, 2009），「自由」或「選擇」的另一面就是「責任」，也就是人有選擇的自由，但同時也要承擔選擇後的責任。Rollo May原本是一位傳教士，後來受到其恩師存在神學家Paul Tillich的影響，與同事在1958年合編了一本《存在－精神醫學與心理學的新面向》（*Existence: A new dimension in psychiatry and psychology*），直接將歐陸的存在與現象精神醫學帶入美國（Cooper, 2008）。May本身有過艱困的童年、不成功的兩次婚姻、加上疾病纏身，這些也都有助於其發展存在諮商，他最先提到「焦慮」，將存在主義視為一種生活態度，也是人類的處境（Seligman, 2006）；根據May的說法，「活著」需要勇氣，而我們的決定也決定了自己是誰，而人的主要掙扎在於要追求安穩的依靠，還是成長的悲喜參半（Corey, 2009）？

在「存在－人本主義」取向裡有濃厚的精神分析的意味（最具代表的人物

就是Yalom），其將精神分析的主題（驅力→焦慮→防衛機制）取代爲存在現實→存在焦慮→防衛機制（Cooper, 2008, pp.240-241），改變了焦慮的來源。Yalom（1980）列出人類生存的條件爲「邁向死亡」、「自由」與「責任」、「孤獨」與「無意義」，而人必得在這些限制下，創造出自己生存的意義與目的，人類的存在是持續變動的，而我們總是努力於可能性，讓生命更有價值，而身爲人意味著我們要去發現與合理化我們的存在（Corey, 2009; Seligman, 2006）。

　　存在主義者定義「焦慮」的範圍較之其他治療取向更爲廣泛，認爲是人類想要存活、保存自我與確保生存的需求，其與精神分析所定義的焦慮（因爲驅力引發焦慮）有分別：焦慮有「正常」或是「神經質」兩種，前者是適合所生活的情境、不需要壓抑、可以做創意的運用，後者正好相反（May & Yalom, 1995, p.264）。人類的焦慮本質來自於「死亡」的虛無，而「孤獨」的最終點就是每個人都必須要獨自面對死亡，也因此會讓人去思考生命的意義到底在哪裡？我們若是無端被拋擲在這個世界裡，同時有這麼多的限制（包括死亡、環境與選擇），人的自由就來自於自己創造自己的生命意義、做自己想要的選擇，並依此成就自己的生命樣態，所以Yalom（1980, p.30）說：「肉體的死亡毀滅我們，但死亡的觀念拯救了我們」。

三、存在主義的治療理念

　　Nystul（2006, pp.214-215）整理May與Yalom（2005）的存在主義治療理念有：㈠每個人都是獨特的；㈡人會尋求意義；㈢焦慮在生命中的角色；㈣自由與責任是一體兩面；㈤存有（being）與不存有（nonbeing）是人類焦慮的根源；㈥三種生存樣態（即人與自然、人與社會、及人與自己的關係）；以及㈦自我超越（self-transcedence，超越「主－客」觀的二分法，形容治療中諮商師與當事人發展出親密，且有深度的了解與同理關係）。

　　存在主義諮商有幾個關鍵主張：㈠我們有自我覺察的能力；㈡基本上我們是自由的個體，因而也必須要接受隨自由而來的責任；㈢我們有保留自我獨特性與自我認定的傾向，也經由與他人的互動來了解自己；㈣我們存在的獨

特性與意義不是固著或不變的，而是終其一生一直重新創造的；㈤焦慮是人類生存的本質；㈥死亡也是人類生存的本質，覺察死亡讓生命有意義（Corey & Corey, 2011, p.165）。「不存在」或「死亡」是人類焦慮的根源，治療師會協助當事人儘可能地去面對焦慮（May & Yalom, 1995），也因為人是孤獨的（包括自己孤單面對死亡），因此就需要與他人互動，減少存在虛無的焦慮，也創造生命的意義（Yalom, 1980），而所謂的「自我仰賴」（self-reliance）指的是人有能力自處，同時與他人發展深度而有意義的關係（van Deurzen & Adams, 2011, p.33）。人是一直在變化中的（in a constant process of becoming）（van Deurzen, 2007, p.198），健康的人可以整合、統一自我與世界（Seligman, 2006），換句話說是可以自主、獨處，也可以與周遭世界（包含他人、環境與宇宙自然）和諧共存。存在主義諮商重視心靈層面的照顧，這在現代科技猛進、世事變動劇烈的社會特別適用。

存在主義治療師認為人與人間的真誠「交會」（encounter）就有療癒效能，而這樣的交會當然也有（不能預期的）危險性，但是也唯有這樣的人際交會才可能帶來幡然的轉變（Cooper, 2008, p.246）。存在主義強調的「透明」（transparency）指的就是存在的靈性面向，也可以將生命的每個部分連結起來，其重要性是一樣的，不僅對內在經驗開放，也對生命所遭遇的一切開放，可以沉著地接受我們不能改變的，也有勇氣去改變我們可以改變的（van Deurzen & Adams, 2011, p.34）。個體不願意去真誠面對自己生存的事實是因為：㈠我們所居住世界所引發的諸多焦慮，讓我們意識到生存的現實（如生活在犯罪率很高的地區，嗑藥、酗酒率也高）；㈡或是擔心自己真正體驗的會受到批判或處罰（如一位男性受到同性吸引），因此想要逃避；㈢個體沒有學到適當的技巧與策略來面對或處理；㈣有些人天生就容易焦慮（Cooper, 2008, pp.249-250）。治療師就是協助當事人去探索與面對生命不可避免的恐懼與焦慮的挑戰（Seligman, 2006），有勇氣去做正確的選擇與行動，創發出自己獨特的生命型態！也因為存在主義治療師不將個人的困擾視為個人「內在的」因素使然，因此所謂的診斷指標（如DSM-IV或ICD-10）只是社會企圖標籤、忽略與控制不符合社會常規的人，而不是生心理的事實（psychobiological reality）（Cooper, 2008, pp.249-250）。

四、存在主義治療目標與過程

存在主義關切的是人類的終極關懷（人生意義），但是其入手卻是每個人必須每天面對的議題（我們每天逐步向死亡前進），因此其諮商目的就是協助當事人去發現與創造生命的意義（Halbur & Halbur, 2006, p.59），可以發揮自己的能力、過眞誠而滿意的生活（Cooper, 2008, p.250）。諮商師協助當事人：㈠發現自己的獨特性；㈡找到個人生命意義；㈢以正向方式運用焦慮；㈣覺察自己的選擇，並負起責任；以及㈤將死亡視爲最終的現實，給予生命個殊意義（Nystul, 2006, pp.214-215）。Bugental（1990）提到治療工作主要是：㈠協助當事人看見自己並未眞誠過生活；㈡協助當事人去面對自己一直逃避的焦慮；也㈢重新定義自己與生活世界，可以更眞誠地與生命接觸（cited in Corey, 2009, p.148）。所謂的「眞誠」就是對自己誠實，也明白自己內心最深處的可能性與限制（van Deurzen, 2007）。因爲「死亡」是「不存在」或「空無」，是最根本的焦慮來源，因此人類自古以來就希望可以長生不死，秦始皇派遣人員去尋找長生不老藥就是一例，當然後來的「長生不死」有許多的衍生，包括「轉世」之說、生命不息或是以其他方式「證明」自己的存在（如萬古流芳的事蹟、或是以人名造路或機構）。存在主義治療者認爲我們是以自己的選擇來定義自己，每個人也是自己生命的作者，雖然人生無常，但是接受我們都是孤單的事實，也開創出有意義的存在（Corey & Corey, 2011, p.164）。存在主義治療目標在於鼓勵當事人去反思自己的生活，了解生活中的其他選項，然後做決定，也因此挑戰當事人逃避責任或自我欺騙（Corey, 2009, pp.133-134），Corey（2009）認爲肯擔負責任才是改變的基礎，因此倘若當事人不願意負起責任，將問題怪罪於他人，就不適合存在治療。

因爲相信人不是環境的受害者，而每個人所做的選擇形塑自己的生命樣貌，「存在－人本主義」的治療師更強調要去挑戰當事人去注意自己生命中的自由、選擇與責任（Cooper, 2008, p.257）。與人本主義不同的是，人本注重當事人，而存在主義治療則同時強調當事人與諮商師、重視治療關係品

質（Nystul, 2006, p.215），治療師是同伴、也是一同探索的夥伴（Seligman, 2006），諮商師以自己為工具（是治療師、也是一個人），與當事人真誠接觸，深入當事人的內心世界，與當事人共享生命中的一段旅程，因此治療關係平等且重要（van Deurzen & Adams, 2011）。而治療關係中的「真實接觸」更是關鍵，治療師也要呈現自己真實的一面，因此自我揭露也常常發生，而人際的真誠交會就愈有療效。治療過程是：㈠協助當事人認出與釐清自己對世界的假設、定義與質疑他們觀察與定義生活的方式；㈡鼓勵當事人檢視自己價值系統的來源與權威性；然後㈢將在治療中所學化為行動（Corey, 2009, pp.151-152）。

因為植基於「哲學」，所以存在主義學派對於「技術」取向的實務是有存疑的，因此其治療重點在於合理地處理當事人生活的方式，而不是去除徵狀或問題，讓當事人可以更有勇氣去面對生活中的困境、而不是逃避，很適合在人類面臨危機時使用（van Deurzen & Adams, 2011, pp.1-3），而當事人在諮商過程中常常會發現自己更有力量，也對生命有更透徹的了解（van Deurzen & Adams, 2011, p.4）。存在主義諮商沒有特定的諮商技巧，而治療師與當事人在治療場域也是以對話方式進行，而這樣「蘇格拉底」式的對話，可以克服對立的觀點、更接近事實真相，也可以從對立衝突或兩極的呈現中去學習忍受曖昧與不可預料的情況，最後達成統整，畢竟人類生存的動力現實總是暫時性、變動不居的（van Deurzen & Adams, 2011, p.23）；生活不可能是永遠安全無虞，焦慮是常態、也是我們的老師，去接受與忍受這些曖昧不清的狀態，才可以做更清楚的決定。Seligman（2006, p.203）提到Frankl所使用的一種技巧，是屬於矛盾意向法的一種，叫做「去咎責」（dereflection），主要是用來處理無意義的感受，要當事人不要聚焦在自己身上，而是從自身以外去發現意義（例如讓憂鬱症者去協助他人，這樣就少了焦慮，也發現了助人的意義）。

存在主義治療重視治療關係品質（Corey, 2009），諮商師在探索他人之前需要自己願意做自我檢視與反省，有目的地利用自己作為治療工具，也明瞭人生活在世間的挑戰與困境，進一步願意將這些矛盾與歧異做整合，而可以持續地覺察與過反思的生活，會處理自己遭遇的危機與困境，而生命經驗會讓諮商

師的生命更爲豐富，才堪稱是良好的存在主義治療師（van Deurzen & Adams, 2011, pp.27-29），因此此趨向對治療師資質的要求有生命經驗、態度與性格、理論知識以及專業訓練，治療師要有彈性的態度、關切當下當事人最重要的事務、不要企圖去改變當事人，也在對話中去探討議題（van Deurzen, 2007）。尋求諮商協助的人是因爲生存受限、或是自我覺察功能受制，治療師的工作就是面質當事人所選擇的這些「限制」，讓他們可以覺察到自己在製造這些「限制」中的角色（Corey & Corey, 2011, pp.164-165）。諮商師的角色就是「存在當下」、面對當事人所關切的議題，而不是一個情緒宣洩垃圾桶或是問題解決者（Corey, 2004, cited in Halbur & Halbur, 2006, p.61），要當事人了解自己當時的存在樣態，去接受自己是自己生命的作者，要當事人爲自己的選擇與自由承擔起責任（Corey & Corey, 2011, p.165）。

　　雖然「問問題」是存在治療裡最常出現的情況，但是其動機是「好奇」、立基點是「合作式」的而非「訊問式」的。治療師以現象學的方式探索、了解當事人的世界，先將個人的假設或批判擱置在一旁，然後確認觀察是正確的，時時覺察假設是否扭曲或偏誤，並隨時做修正；治療師會站在「不知」（un-knowing）的立場去了解當事人，使用描述性（現象學）的方式協助當事人體驗，甚至使用解釋、教育、身體的覺察等任何可用技巧（Cooper, 2008, pp.253-258; van Deurzen & Adams, 2011, pp.41-44），治療師也會去了解當事人的夢，而夢被視爲是夢者給自己的訊息（van Deurzen, 2007）。此外，「意義治療法」還運用「去咎責」（de-reflection，協助當事人聚焦在優勢上）與「矛盾意向法」（paradoxical techniques）〔包括「開立徵狀處方」（symptom prescription）與「抑制」（restraining）；前者是讓當事人體驗或維持徵狀，後者是要求當事人慢慢改變或不要改變〕（Nystul, 2006, p.216）。

五、存在主義諮商的貢獻與評價

　　存在主義諮商影響許多諮商與心理治療的實務，包括治療關係、人本諮商的立論，注意全人的健康（包括靈性），也注重生活不同面向的平衡（Seligman, 2006）。此取向的哲學意味勝過其他的治療模式，而對於自由與

責任的覺察會讓人產生存在的焦慮，但卻可以激勵人去自我實現；治療師也試圖拓展當事人的心理世界，協助當事人儘量去體驗存在的意義（George & Cristiani, 1995）。存在主義治療雖沒有發展出屬於自己的治療技術，但是也表示其對於自發、創意與不可預期的開放程度（Cooper, 2008, p.251）。存在主義治療在跨文化的運用相當重要，因為不受制於某特定學派的價值觀，也注意到人的靈性需求（van Deurzen & Adams, 2011, p.2），因為注重的是人類生存的現實與焦慮，很適合多文化的族群（Cooper, 2008, p.261）。存在主義治療的優勢在於協助當事人去檢視社會文化因素對其行為的影響，也關切人類存在的基本議題，將治療重點重新放在人身上，也鼓勵當事人對自己生命做反省，過更真誠的生活。

其限制包括：缺乏系統性的原則與實務運作，許多觀念是相當崇高卻不明確的，也極少開發專屬於此取向的技術，再加上缺少實驗研究證明（Cooper, 2008; Corey, 2009）。van Deurzen（2007, p.215）指出存在主義治療被批評的主要是：㈠將重點放在自我反省與了解可能會有限制；㈡此取向常被誤認為是「智性」（intellectual）治療，但是真正好的治療師是會顧及所有可能不同（如情緒、行為）的生命經驗的；㈢不強調「疾病－健康」面向，無法滿足需要解除痛苦的當事人的需求；㈣最大限制在於治療師需要「夠成熟」的生命經驗與訓練。

心理整合諮商

目前的諮商趨勢已經將心靈層面的需求也整合進來，畢竟所謂的健康應該是「身心靈」合一、不可偏廢，因此不少臨床助人專業，也開始正視當事人的精神與心靈需求，將宗教與靈性的需求也納入諮商內涵（Burke & Miranti, 2001; Firestone, Firestone, & Catlett, 2003），而在Myers與Sweeney（2005）等學者的全人「健康」（wellness）定義裡，也將「靈性需求」列入，認為唯有如此才得以概括人的所有身心健康面向。雖然美國諮商學會（ACA）沒有規範諮商師應否與當事人討論宗教議題或採用靈性介入方式，但是美國與台灣有許

多教會學校也都設有「教牧諮商」（pastoral counseling）的課程，是讓神職人員也擁有諮商知能，可以更有能力服務教會群眾。靈性是人類的一部分，不管有無皈依特定宗教或教派，一般人都希望可以為自己生命找尋意義或目的，尤其是遭遇到痛苦或苦難之時，那種需求更強烈。一般的諮商會著重在人的身體、情緒、心理與社會需求，卻忽略了靈性或宗教這一面向，有必要將靈性／宗教納入諮商的理由是：㈠靈性面向可以提供讓諮商師更了解當事人世界觀的地圖；㈡宗教認同通常也像文化或種族認同一樣影響當事人；㈢多元文化觀點也包含靈性／宗教（Miranti, 1998, cited in Burke & Miranti, 2001, p.604）。諮商師若是刻意忽略靈性面向可能就涉及違反專業倫理，也不能提升當事人的成長或福祉，許多諮商師或治療師不敢跟當事人提及靈性或宗教的議題，主要是因為㈠害怕將個人價值觀加諸在當事人身上；㈡諮商師本身對靈性的態度；㈢諮商師缺乏靈性方面的知識；以及㈣缺乏可用的理論模式（Burke & Miranti, 2001, pp.604-606）。

　　心理整合諮商（psychosynthesis counseling）是由義大利籍的Roberto Assagioli在1960年代創發的，他本身的思考有西方與東方傳統，因此他將佛洛伊德的「潛意識」（unconscious，我們人類基本的生理驅力與未解的情結）含括在他的理論裡，但是仍覺得不完整，因此就將「超意識」（superconscious，超出我們一般的意識覺察範圍）也納進來（Crampton, 2001）；基本上它是「超個人心理學」（transpersonal psychology）的一種，也就是將人類心靈層面的需求也放進去，但是它又含括了人本取向的諸多元素，像是完形學派與Maslow「高峰經驗」（peak experience）及自我實現的觀點（Whitmore, 2004, p.55）。Assagioli也認為治療是將「潛意識化為意識」，只是不同於精神分析的是，他相信我們必須要有一個「較高」（height）與「較深」（depth）的心理學，因此人要從「我」（I）的物理層次晉升到超個人的「自我」（Self）層次（這是生命方向與意義的來源）；此外他也不同意治療目標放在「將潛意識化為意識」就足夠造成改變，因為「覺察」只是其中一部分，而「覺察」必須要與人格中的「意志」（will）作平衡，才可能做有效整合。Assagioli視意志為「我」（I）或「自我」（Self）的表達，他同時也看見意志與「認同」

（identity）之間的親密關聯，真正的意志是沉靜而不受侷限的，可以讓我們做出與自我最深需求一致的選擇（Crampton, 2001）。

Assagioli認為生病只是展現了全人（total person）的一個面向，是指精力被阻斷、需要進一步去探詢（Crampton, 2001）。心理整合諮商學者認為：心理上的徵狀有「象徵」（symbol）意義，指引我們朝向自我療癒的方向，不是一個需要除之而後快的病痛而已。我們同時是一種「存有」（being）與「成為」（becoming），當事人就是一個有人格的「自我」（self），「自我」是豐富而完整的，也是當事人自我療癒的資源，而「陰影」也是人的一部分，需要加入整合，當事人是因為未整合完全，因此才會經歷痛苦或危機，因此諮商目標在於讓當事人可以恢復「自我」，因為所謂的「疾病」（dis-ease）是否認自我的表現。人受到許多自我認同事物的主宰，也因此就不認同原本的自我，而自我有許多面向（所謂的「次人格」，subpersonalities），治療師會協助當事人有意識地「去」認同（disidentify）自我人格的不同面向，讓當事人可以更自發做調節（Whitmore, 2004, pp.55-56）。「次人格」也就是一些「小我」（small I's），只代表個人的「部分」而非全部，「次人格」基本上是一團態度、驅力、習慣與信念系統所建構的，是為了適應內外在環境所組織而成，如同精神分析的「情結」與TA的「遊戲」；而「次人格」有一些重要的資質，對於保存人格轉變（transmutation）過程相當重要，「次人格」常常是相對地發展（像是溫馴與叛逆），為的就是取其平衡（Crampton, 2001）。

諮商關係就是提供一種「容器」，接受當事人的所有面向（不管好壞），藉由這樣當事人才可能找到繼續存有（continuity of being）的意義（Whitmore, 2004）。Assagioli認為生命是「發展與區分的演化旅程」（an evolutionary journey of development and differentiation），而「問題」正好是協助這種開展的機會，所謂的「問題」或「阻礙」的深層蘊含有意義、演化、一致與潛在的轉化能力（Whitmore, 2004, p.1 & p.11）。

Assagioli發展了兩個互相依賴與互動的觀點：㈠個人心理整合（personal psychosynthesis）──目標是發展一個完全整合的人格，與㈡超個人或靈性心理整合（transpersonal or spiritual psychosynthesis）──讓當事人了解自己更高

天性與人生目標的可能性（Whitmore, 2004, p.4）。Assagioli認為「過去」可能在決定個體的成年生活品質上具有更大的功能與影響力，而「目前」所呈現的議題不能只看見其表面而已，而「未來」具有無限潛能，每個人都希望可以與自我（有意義的存在）、他人（愛與被愛）及社會（與人的聯繫）合而為一（unity with）；人的「超意識」就是比道德還要高的層次（如利他、創意等高峰經驗），而豐富的靈性必須要與日常生活結合，因此「心理整合諮商」在超個人面向上是結合了「體驗」與「表達」（Whitmore, 2004, pp.7-16）。治療師先讓當事人可以充分體驗「我」（I）的現實，協助當事人獲得自我價值與認同，有能力與責任去引導自己的生活，然後才引領當事人朝向「自我」的超意識層次；一旦當事人與超個人精力（transpersonal energies）慢慢增加接觸時，就更可以「去」（除）認同自己內在「受傷的小孩」態度，同理父母親的情境，並加以原諒，也就是可以將自己生命整合成一體，不僅接受、也積極擁抱與珍惜自己的身分（own identity）（Crampton, 2001）。

　　心理整合諮商假設當事人的問題只是表象，因此去發現、表達更多目標與創意的生活，讓生活更有意義、更有價值就是治療目的；在修通當事人的困難之後，超個人的內容才會出現，所謂的「健康」不是一次就到位，而是持續動力的改變過程（dynamic on-going process of change）。諮商關係是「我－汝」（I-Thou）的關係，治療師協助當事人擴大可能性與選擇，而「我－自我」的連結則是健康的基礎，諮商師提供「我」的楷模，以及一個「涵容」的環境（holding environment），讓當事人可以正確鏡照「我－自我」的連結，直到當事人可以成為自己的「內在統整中心」（internal unifying center）（Whitmore, 2004, pp.17-22）。諮商師的態度與功能是：接納、確認（當事人的經驗與現實）、不執著於結果、適當刺激（擴大當事人的視野與選擇）、與連結（提供適當、全面的觀點）等，治療師要在「愛」（love，如同母親一樣，提供鏡照功能）與「意志」（will，如同父親一樣，培養當事人的認同與個別化）之間做平衡，然後整合「愛」與「意志」這兩種原型（Whitmore, 2004, pp.36-41）。

　　心理整合諮商治療師運用許多技巧，包含體驗作業，主要就是去發掘問

題的歷史根源，以及改變的創意可能性。所謂的「整合」是整合「體驗」與「了解」，有效的改變才會產生（Whitmore, 2004, p.48）。此外，像是情緒宣洩、分析、日誌、心像、繪畫或是完形技巧也都在運用之列（Crampton, 2001; Whitmore, 2004）。

 ## 體驗與關係取向的貢獻與評價

關係與體驗取向的治療重視治療關係，這也是促成當事人改變的最重要因素（Corey & Corey, 2011, pp.163-164）。另外顧名思義，這些治療學派的治療師也常常使用「體驗」的方式或作業，讓當事人可以體驗當下或一些重要經驗；相信人性是向善、向上的，也將治療責任從治療師移轉到當事人身上，這樣的觀點是目前諮商專業所承襲的治療責任的分攤（隨著諮商過程的進展，治療責任慢慢由治療師身上移轉到當事人的持續性動態），當事人不是被動、無能的；治療師所提供的同理與真誠關切，容許當事人在安全、信任的環境下，重新發揮自己的能力去面對與解決問題。當事人的主觀感受以及其建構現實的現象場域，也都是治療師關切的議題，而如何面對生命的許多議題與挑戰時，可以創造意義、完成自己想要成就的生命樣貌，就是人類共通的所在。

家 庭 作 業

1. 與同儕討論自己最早出現「存在空虛感」是什麼時候？可能原因為何？

2. 腦力激盪分別討論「有死亡」與「無死亡」的優劣。

3. 以日誌方式記錄自己的生活覺察，持續一週，然後與同儕討論你／妳的發現與心得。

第七章

行爲取向的諮商理論
——行爲主義治療與
BASIC I.D.

 行為主義治療的立論

　　「行爲治療」是許多諮商學派會運用的技巧,因爲治療的最終目的通常是要讓當事人有所改變,而這個改變最好的檢視方式就是「行爲」的改善。行爲主義治療主要是對佛洛伊德精神分析學派的一種反制,認爲其理論與效果缺乏實證支持,也懷疑所謂的「潛意識過程」(Westbrook et al., 2008, p.2)。行爲取向諮商顧名思義就是較忽視心理層次的「黑箱作業」,而將注意焦點放在眼睛可以觀察、工具可以評量的「可見」行爲上,此取向視人類行爲受文化社會環境所制約而形塑、決定(Halbur & Halbur, 2006, p.54),也受到自身天生的基因影響,個人過去的歷史也非常重要(Richards, 2007)。其學說主要是受到60年代自我控制與自我調整過程的影響,而將焦點從「環境決定論」(environmental determinism)轉移到人與環境的「互惠決定論」(reciprocal determinism)(Forey & Goodrick, 2001, p.95);因此健康的人是可以與他人、環境互動,且獲得正向增強者,「精熟度」(mastery)與「控制」是其特色(Richards, 2007),而自1970年代之後,又加入了「認知」因素在其過程中(George & Cristiani, 1995)。行爲主義對人的看法是:㈠沒有好壞,但是有表

現不同行為的潛能；㈡能夠概念化與控制自己的行為；㈢能夠獲取新行為；㈣能夠影響他人行為，也被他人影響（George & Cristiani, 1995, p.87）。

行為主義主要是從不同的學習理論發展而來，「行為」也是我們一般看到改變的開始。Corey（2001, p.31）提到當事人在諮商中的改變可以從其身體姿勢的改變看到，當我看見當事人從最初低垂的頭與雙肩、絞著交纏的雙手，到抬頭挺胸、願意與治療師有眼神的接觸，這就是諮商效果的指標之一。「行為」指的就是可以「觀察」與「評估」的動作，行為主義之所以風行主要是因為：㈠其技巧可以用在不同當事人身上，比較沒有文化或價值觀的偏見；㈡許多當事人會希望「有所改變」，而行為上的改變是有目共睹的；㈢治療最後階段都需要採取行動才能奏效（Corey, 2001, pp.79-80）。

行為主義是從「學習理論」而來，人類的學習是受到「刺激－反應」模式規範，而某個特殊問題就是對於一套刺激的反應，適應與不適應的行為都可以經由「學習」獲得（George & Cristiani, 1995）；目前行為主義的發展也慢慢趨向折衷學派，既然個體是環境的產物與創造者，而人格是由成熟與學習而來，因此行為也可以用來解釋人格，而個人不適應行為也應該將文化、時空、社會階級與情境考量在內（Corey, 2009; Gilliland & James, 1998, p.200 & p.204）。Nystul（2006, p.237）整理各家說法，將行為主義治療的主要觀念摘要為：㈠行為治療是聚焦在外顯、可觀察到的行為過程與認知；㈡行為治療著重在當下、此時此刻；㈢不適應行為主要是學習的結果；㈣運用具體定義與目標；㈤行為治療是依據科學方法進行。也就是：行為主義治療師聚焦在可觀察的行為上、決定目前行為的因素、學習可以提升改變的經驗、就不同當事人的情況有不同的介入策略、以及嚴格的評量與衡鑑（Corey, 2009, p.234）。因此，行為主義治療師是協助當事人㈠改變不適應行為；㈡學習做更有效率決定的過程；㈢藉由加強可欲行為（desirable behaviors）來預防（未來）問題；以及㈣將改變的行為遷移到日常生活中（George & Cristiani, 1995, pp.90-91）。也就是說，行為治療的共通點為：不採「病態」觀點來定義問題，而是認為個人遭遇「生活的問題」；行為不管適應與否都是學習而來，因此也可以用同樣方式來學習新的適應行為；聚焦在目前影響行為的因素，不去討論過去的影響；治療前先

將行為做分析，因而可以有系統地處置特殊問題或情境；會依照個人不同需求調整治療方式；了解問題的根源無助於問題行為的改變，而成功地改變行為也不意味著了解病源；是一個以科學為依據的治療（Wilson, 1995, p.199）。行為取向的諮商理論可說是由以下幾個理論所衍生發展而來：

一、古典制約理論

俄國心理學家Ivan Palov的「古典制約」（classical conditioning）理論幾乎許多人耳熟能詳，他所做的是讓狗兒在聽到鈴聲之後就會「自動」分泌唾液的實驗。實驗內容是讓實驗對象的狗兒先挨餓，讓牠對食物（非制約刺激）產生強烈的需求動機，狗兒聞到食物的味道之後，自然會分泌唾液（非制約反應），後來將鈴聲（制約刺激）與食物同時出現多次，就發現狗兒只要聽到鈴聲（制約刺激），而不需要等到食物的出現，就會分泌唾液（制約反應），這說明了原本沒有任何意義的鈴聲（非制約刺激），在刻意操弄之後，也可以引發唾液（制約刺激）的分泌，而鈴聲也就成為「制約刺激」。運用在一般生活上的案例，我們一聽到垃圾車播放「少女的祈禱」（制約刺激）就會知道要出來倒垃圾（制約反應）。

二、操作制約理論

Skinner的「操作制約」（operant conditioning）理論是「古典制約」理論的進一步修正，因為人類的學習不能只靠古典制約就可以解釋一切，人類的學習應該是跳脫出「古典制約」的「刺激－反應」（Stimulus-Response）的機械性行為，產生更為廣泛與多元的學習。此外，人類的行為不只是被動地反應而已（例如「打人－被打」），還有積極、主動的一面（如「打人──疼痛──回擊或退縮」）。如果「打人」是「刺激」，被打者覺得疼痛，卻不一定會直接打回去，因為被打的人會思考行為可能的後果（如會打輸、被扁得更慘，或是因此而破壞彼此關係），因此接下來所採取的行為就會有所不同！所以其關係就變成「刺激──個體思考可能結果──採取反應」（Stimulus-Organism-Response）。人類基本上會「趨樂避苦」，一個不喜歡的刺激過來，

第一個反應是會逃避（flight），但是在思考過後可能會採取逃離或直接面對（flight or fight）的行動；倘若刺激是個人所喜愛的（喜愛的食物），可能第一反應就會直接接受，但是經過仔細思量（例如擔心會發胖），可能會拒絕。同樣的道理，行為主義者認為「酬賞」（reward）是一般人喜歡的，而「懲罰」（punishment）是一般人不喜歡的，而藉由操弄（operate）「酬賞」與「懲罰」就可以形塑人類行為。所謂的「形塑」（shaping）就包含「增加」（increasing）或「減少」（decreasing）某特定行為的出現，因此行為學派也觀察與研發了許多增強規則來運用。

1. 增強原理：「增強」就是給予當事人喜歡的酬賞，讓他／她更願意表現出所酬賞的行為，像是一般人都喜歡被看見表現出好的行為，倘若加上他人的讚許、甚至獎勵，會表現得更好！在形塑新行為時，增強要即時、且頻率高；若是要「削弱」某行為時，就慢慢減少增強次數，最後移去增強物。對於年紀愈小的孩子，具體的「原級增強物」（primary reinforcer，如食物）的吸引力較大，然而也隨著年紀與時代的不同，「次級增強物」（secondary reinforcer，如獎狀或特權）與「社會性增強物」（social reinforcer，如讚許、擁抱）的效果會更佳。增強的最終目的是希望當事人可以「自我增強」，也就是不需要仰賴外人或外物，自己在從事這些行為時自然獲得酬賞（如閱讀）。

2. 正增強（positive reinforcement）：給予當事人喜愛的物品或獎賞，讓「可欲」（或目標）行為（desirable or target behavior）出現更多，就是「正增強」。「代幣制度」（token economies）就是正增強的一種應用，會在稍後敘述。

3. 負增強（negative reinforcement）：就是將「不舒服」或引起「負向」情緒或後果的「刺激」移除，或是逃離不舒服的情境，讓當事人或是個體增加可欲行為的機率。「負增強」的主要目的是增加可欲行為，與懲罰目的是希望「遏止」不良或傷害性的行為有差異。

4. 懲罰：懲罰基本上是要將目前已經發生或正在發生的傷害或不良行為制止，以防止更多的傷害發生。

5. 行為改變技術（behavioral modification）是採用一系列小步驟的評估與操作方式，讓當事人可以達成行為改變的目的，包括設立基準線（baseline）、訂立目標（操作性定義）行為、執行方式、酬賞與處罰。

Skinner（1962）所著的《桃源二村》（*Walden Two*）（心理出版社印行）裡面描述一個烏托邦的虛擬世界，所揭櫫的就是運用操作制約理論來統治人類社會，描述的是一個「被動社會」，卻沒有去探討主政者的用意是良善的或是邪惡的（passive society, Maslow, 1996, p.116）。

三、社會學習論

㈠社會學習論

班度拉（Albert Bandura, 1925-）的「社會學習理論」（social learning theory）〔或是「社會認知與學習理論」（social cognitive and learning theory）〕主要是注意到人類的基本學習，就像是遠古時代的人類祖先，從小跟隨著父母親與族裡的長輩學習求生之道，這是最基本的觀察學習，但也是範圍最窄的學習。Bandura的理論結合了操作與古典制約，同時強調「認知」中介過程對於行為的影響力，也就是人類行為不是只受到外在環境的左右，而是根據過去經驗、運用行為結果的資訊，來滿足自己所期待的需求與結果（Forey & Goodrick, 2001）。觀察學習可以有「替代學習」的效果，所謂的「殺雞儆猴」就是其中一例：觀察學習裡面最重要的就是所觀摩學習的角色或典範（model），典範愈接近觀察者的背景，則仿傚學習的成果愈佳。前一陣子英國與我國先後做了一項國小、國中學生的調查，同樣發現在這些學生族群裡，最想要成為「星光大道」的歌手（如保羅、蘇珊大嬸或小胖林育群）、其次為運動員，我們從這裡也可以看到時代與價值觀的轉變，同時也看見一些偶像或是社會顯達人士對於其他人的影響力。

Bandura刻意拋棄機械性的環境決定論，將社會因素引入觀察學習，其「自我效能」（self efficacy）理論還加入了認知的因素（張厚粲，1997，

p.452）。行為學派的諸多技巧都是從社會學習論而來，尤其是社交技巧與「自我效能」（Kellogg & Young, 2008, p.46），此外，像是增強、示範、形塑、認知重建（cognitive restructuring）、系統減敏法（desensitization）、放鬆練習、教導（coaching）、行為預演（behavioral rehearsal）、角色扮演等（Corey, 2001, p.79）技巧也常被運用。

(二)自我效能理論

Bandura所創發的「自我效能」理論，與一個人相信自己有能力成功完成某項工作有關（Nystul, 2006, p.237）。最簡單的評估方式就是詢問某人對於完成某項工作的信心有多少（Wilson, 1995），倘若個體對於要完成的工作沒有信心，當然也會影響其接下來採取的行動，以及投入心力的多寡。當事人經過認知行為（會在下一章說明）的治療之後，其自我效能感也會增加，更有自信去處理或解決面對的困擾（Forey & Goodrick, 2001）。自我效能包括幾個向度：強度（對工作困難度的預期，個人通常對愈簡單的工作信心較強）、類推性（對於某種情況的精熟程度是否可以類化到其他情境的程度）與韌性（即使遭遇到困難挫敗的忍受度如何），因此要有較佳的自我效能的條件為：有適當的成功經驗、社會模仿（觀察他人行為的結果如何）、社會說服（口頭上的鼓勵、勸導或是建議），以及生理情緒的狀態如何（Bandura, 1977 & 2004，引自王文秀，2011, p.122）。

行為主義治療目標與過程

行為主義治療目標是運用行為活動進入與修正當事人的三個情緒反應（自動化、行為與認知）系統，協助當事人直接改變行為，就可以造成其他系統的改變（Richards, 2007）。要讓當事人學得更多可以反應與因應的技巧，治療師的功能就是透過功能性的評估（或「行為分析」），以系統化的資料蒐集方式，指出維持問題的情況、前因與後果。要改變發生必須將新的學習技巧運用在日常生活中，鼓勵當事人去做實驗、拓展自己適應行為的範疇（Corey,

2009）。治療關係是平等的，治療師需要有反應、誠實，也試著因應處理（Richards, 2007），行為主義治療師認為溫暖的治療關係是必須的條件，但是不足夠，諮商師必須要讓當事人有足夠的能力去應對自身所遭遇的困境。

適合行為治療的當事人有：當事人行為是可以觀察的，當事人的困擾是正在進行、可預測的，當事人與治療師雙方可以對特殊治療目標有共同定義與協議，行為困擾非其他生理層面的因素所造成等（Richards, 2007, pp.336-337）。

行為取向的諮商理論與技術的運用

行為取向運用在諮商治療的現場，主要是直接針對「不適應」行為做「修正」與「改變」，而治療關係也是成功治療的要件，唯有良好、支持的諮商關係，才有可能協助當事人在困境中依然有動力去做改變，目前的治療學派也會納入當事人一起分析、計畫、評估的過程，治療師對科學知識與實驗技術要相當精熟（Gilliland & James, 1998, pp.206-207），然而萬一行為修正或改變不可行，就必須要改變「環境」。由於行為取向諮商是依據科學原理與證據進行，因此特別注意「評估」與「技術」層面。

一、**教育**（education）：教導當事人一些行為或技巧，以及必要了解的步驟。其實行為治療的許多技巧與面向也都蘊含教育成分，像是示範、教導放鬆運動或系統減敏法等都不脫離教育。

二、**模仿或示範**（modeling）、或**「社會示範」**（social modeling）：尤其是新技巧或是當事人不熟悉的情況下，讓當事人可以觀察、效仿某個特定人物的行為，治療師也可以做適當的示範，可以請人當場示範，也可以運用多媒體素材（如影片）來協助進行。

三、**系統減敏法**（systematic desensitization）：系統減敏法是一種「反制約」（counterconditioning）的過程（George & Cristiani, 1995），是由Joseph Wolpe（1915-present）所發明，運用了古典制約的原理、刺激－反應的學習理論，以及其針對減低害怕所做的臨床實驗等為基礎，所研發的特殊治療方式（Wilson, 1995）。治療師會依據以下步驟進行：㈠教導當事人深度放鬆技

巧；㈡發展出一個階層圖（若是焦慮，就發展極細膩的、從最無焦慮到最焦慮的情境階層）；㈢治療師讓當事人可以在進入深度放鬆的同時，以想像的方式進行（焦慮）階層的漸進工作；㈣進行實景（in-vivo）的練習，讓當事人可以直接接觸或目睹其焦慮的物品或情境；以及㈤追蹤與評估（Nystul, 2006, p.241）。通常治療師與當事人在前二階段工作時間會較久，而必須要讓當事人學會放鬆技術，甚至在日常生活中可以運用之後，才可以進行接續的步驟，以免當事人未準備好而受到傷害。

四、放鬆練習或訓練（relaxation exercise or training）：首先要注意環境的安靜與安適，讓當事人身心都處於舒適、沒有壓力或外在干擾的狀態下進行。放鬆練習通常是以口語述說方式引導當事人進行，也可以輔以輕鬆音樂，或加入想像或冥想的元素，慢慢讓當事人在口語引導之下進行放鬆動作。放鬆需要練習，因此除了在諮商場域練習之外，也許要額外的練習，成為一種當事人隨時可以運用的能力。放鬆練習的原則就是：對個體來說不可能在身體完全放鬆的同時，情緒會激動亢奮，反之亦然（Gilliland & James, 1998）。

五、肯定訓練與社交技巧（assertiveness/assertion training and social skills）：「肯定訓練」主要是協助在特定的人際場合裡未能肯定自己的當事人（George & Cristiani, 1995），其目的是要讓當事人在不傷害他人的情況下，有能力去執行自己預定的計畫，也讓當事人可以擺脫被動、無助的立場去處理自己面對的生活情境（Gilliland & James, 1998, p.211）。肯定訓練是以冷靜、自信的語調來作反應，同時保持適當的眼神接觸，表達自己需求的同時，也尊重對方的需求與權利（Hunter & Borg, 2006），其基本假設是人們有權利表達自我。最好是在團體的情況下進行訓練，彼此可以互相打氣、支持、觀摩學習、以及練習，對於不敢表達憤怒或情感、不敢說「不」、過度有禮貌卻讓他人占便宜、有社交恐懼症、或是認為自己不應該表達想法或感受的人，都是肯定訓練的最佳候選人（Corey, 2009）。在諮商場合會遭遇到許多不善於維護自己界限或權益的人（像是不敢拒絕他人或說「不」），他們擔心拒絕會損害人際關係、同時妨礙自我形象，但是不拒絕又讓自己很委屈，因此需要了解如何在「人際關係」與「自我權益」之間取得平衡的智慧，此時諮商師就會建議當事

人做一些肯定訓練。肯定訓練通常會牽涉到角色扮演、示範等不同的技巧，以循序漸進的方式，讓當事人學習到如何因應與解決問題的能力；也因爲能力不是一蹴而幾，因此需要不斷地練習、修正，甚至與當事人一起作實地演練，這樣才容易讓當事人將所學習的新能力運用在日常生活上。肯定訓練也是社交技巧的一環，一般情況下會以肯定訓練來替代「社交技巧」一詞。

「破唱片法」也是可以運用的一種肯定技巧，在治療現場可以用教導與角色扮演方式進行，其作法就是站穩自己的立場，同時可以反映給對方知道自己了解其立場與情緒，但是仍然堅持自己想要堅持的。像是要求老闆加薪：

老闆：「現在公司的營運也不是很穩定，過一段時候再說吧。」

當事人：「現在公司的營運有慢慢進展，大家也都很努力，但是因爲我已經五年沒有加薪了，即使可以加薪的幅度不多，至少是給自己一個肯定。」

老闆：「我不是不想加薪，也知道你們的辛苦，可是現在大家共體時艱，再忍一忍。」

當事人：「我很了解老闆的苦心與想法，你也希望可以讓我們有一些獎勵，只是我還是希望老闆可以看在我們這麼多年共事的立場，多多少少給我們一些鼓勵。」

從上例當中，可以看到當事人「要求加薪」的立場不變，而且可以依據老闆的回答作適當回應。

六、**圖表紀錄**（charting）：使用圖表紀錄（不管是折線圖、柱狀圖或是一般的日誌方式），都可以讓進度一目了然，也是讓當事人可以清楚知道自己的情況。在使用行爲改變時，圖表紀錄的使用率相當高也有效。

七、**契約**（contract）：治療開始就與當事人訂立「行爲契約」，希望藉由當事人「自我管理」的方式達成諮商目標（Gilliland & James, 1998, p.207），這樣的方式不僅說明了當事人必須積極參與改變，也釐清當事人的責任。

八、**嫌惡治療**（aversion therapy）：嫌惡治療的爭議性頗大，因爲可能也會造成傷害，主要是依據古典制約的原則，將某個需要改變的行爲（如吸吮拇指）搭配一個不受喜愛的刺激（如拇指上塗上辣椒），讓個人在做「喜歡做

的事」（此例爲「吸吮拇指」）時，同時對其後果（此例爲「辣椒刺激」）產生厭惡，而減少了吸吮拇指的習慣，這是「減少」某個「不可欲行爲」（undesirable behavior）的方式。有些嫌惡行爲不需要實際進行，而是讓當事人以想像的方式來做，也稱爲「內隱減敏法」（implicit desensitization），然而其運用也受到許多專業倫理上的質疑（張厚粲，1997, p.476）。倘若要增加某個「可欲行爲」（像是「做作業」），最簡單的就是採用所謂的「皮馬克原理」（Premark principle），將「可欲行爲」（如「做作業」）擺在「喜愛的行爲」（如「看電視」）的後面，而增加了「可欲行爲」的發生次數，一般家長不需要了解心理學的「皮馬克原理」卻已經早早在採用。

　　九、饜足感（或「洪水法」）（satiation）：饜足法是較爲緩和的「嫌惡治療」，採用「過多」的正增強讓原來的增強物失去效力或是讓當事人對於原增強物減低喜愛程度。這就類似大腦的飽足機制一樣，像我們吃了許多燒烤物，飽足之後再聞到燒烤的味道會不喜歡、或是想要嘔吐。同樣地，讓有不良習慣的人（如狂食者）一下子吃下很多超乎其平時的攝取食物量，讓他／她覺得不舒服，可能就會讓他／她的狂食習慣有所改善。但是這樣的「過量」有時會妨礙到當事人的健康（如抽菸），也有違反專業倫理的考量，應當謹慎使用。「洪水法」就是讓當事人在短時間內同時接觸到（不管是直接接觸或是想像）引發其焦慮的實景，而且是重複進行相當長的一段時間，可以有效減低當事人的焦慮（Corey, 2009）。

　　十、實景曝露（vivo exposure）：將當事人帶入引起其焦慮或是害怕的實際場景中，或是讓其與害怕的事物直接面對面接觸，這些都需要先經過仔細設計，當事人的準備度是最重要的，必須在其可以控制的情況下做實景曝露的實驗，「系統減敏法」也是實景曝露的技巧之一（Corey, 2009）。Albert Ellis（理性治療創始人）自己克服人際害羞時也使用過，曝露法主要是運用在恐懼或焦慮的當事人身上，是重複且長時間的曝露在令當事人害怕或焦慮的場景下，慢慢地當事人的恐懼或焦慮就不會那麼強烈，而其恐懼與焦慮程度的呈現（或曝露）也需要漸進式（graded）地進行（Richards, 2007）。

　　十一、「代幣制度」（token economy）：是由Ayllon與Azrin（1968）所發

展出來的技術（Nystul, 2006），先規劃一個有系統的酬賞與處罰方式，讓某種行爲可以建立起來，這也是一般學校（尤其是小學）或特殊教育教學上最被廣泛使用的行爲策略。通常是施行之前要與當事人約定好酬賞與處罰的方式、次數，然後有正確紀錄，只要當事人表現出可欲行爲，也許就是獲得一個微笑獎章，集滿五個可以兌獎，或是累積下去獎項更大。「代幣制度」是正增強的一種應用，採用的是「次級增強物」，先要確定目標行爲（如主動寫功課），然後確定「基準線」（baseline，如觀察一週主動寫作業次數的平均），最後選擇適當增強物（如收看「海綿寶寶」，是當事人喜歡的，必要時可適時做調整或更換）、「代幣」類型與增強方式（如貼個「笑臉」，集滿三個笑臉可以換一次收看機會，一週內集滿七個，每天都可以收看）（張厚粲，1997, pp.474-475）。

　　十二、自我監控（self-monitoring）：或稱「自我管理」（self-management）、「自我增強」（self-reinforcement）。自我監控的目的是希望讓當事人積極參與諮商過程，並爲自己的行爲與改變負責任，學習觀察、監控、紀錄與自我增強行爲，也可以增進諮商效果（Gilliland & James, 1998, p.214）。自我監控涉及訂立（可評估的操作）目標、自我監控過程、改變計畫與執行，以及評估行動計畫等，基本上是使用之前所提到的「行爲改變」技巧。

　　十三、眼動減敏及歷程更新療法（EMDR, Eye movement desensitization and reprocessing）：Corey（2009）將其列入行爲治療的技巧，可能是因爲名稱裡使用了「減敏」（desensitization）這個字，但是發明者Francine Shapiro本身卻認爲其治療較人本取向（引自鄔佩麗，6/23/11）。這個治療方式對於有創傷的當事人治療效果已經獲得肯定，可以快速減緩創傷的主要症狀，也是一種曝露治療，運用了想像洪水法、認知重建、快速有節奏的眼部動作，以及雙邊刺激（像是拍打當事人兩邊大腿的外側），是相當短期的治療（Corey, 2009; Inobe, 2001）。EMDR整合了認知行爲、體驗、精神分析與其他取向的觀點，藉著一個結構性歷程（包括身體雙邊的律動刺激），治療師需要具有認知行爲以及精神分析理論的背景，才能參與治療過程中的觀察工作（Inobe, 2001）。EMDR

的立論是認為記憶被不當儲存與處理，所以才會有一些殘留物，一直影響著當事人。進行前首先要建立安全的情境，讓當事人描述受創的經驗，接著拍打當事人雙側（刺激左右腦的對話），然後暫停，讓當事人談自己的想法（或重新架構），如此重複多次（鄔佩麗，6/23/11）。其施行步驟首先是蒐集當事人歷史、教育當事人有關EMDR的準備階段、評估當事人目標記憶與徵狀、減敏、置入當事人想要的正向認知、身體掃描看是否仍有殘留的身體徵狀、結束時會教導當事人預防復發的情況該如何處理（Inobe, 2001）。要使用此技術的治療師需要經過嚴謹的訓練，國內有台師大的鄔佩麗老師成立了機構，專研此取向。

　　十四、家庭作業（homework assignment）：行為取向的諮商師基本上都會以作業來延續治療效果，同時鼓勵當事人將在諮商中所學習到的運用在日常生活中，也以行動來改變錯誤的認知，這就像是孫中山先生認為國人「知易行難」的習慣需要用「知難行易」來破解一樣。而對於憂鬱的當事人，「活動」治療是最有效的，也讓當事人每日規劃自己可以做的事，同時增加愉悅的活動（Richards, 2007）。

行為主義治療的貢獻與限制

　　行為主義治療廣泛地運用在許多的心理困擾與問題上，不管是在教育、復健與醫療上都常常被使用，此外用在一些特殊情況，像是恐慌症、強迫症、性功能障礙與其他孩童的疾病，都特別有效，其主要就是強調「矯正學習經驗」（corrective learning experiences）（Wilson, 1995）。「行為」或是「行動」基本上也是任何治療過程不可或缺的元素。行為取向的治療師沒有去探討情緒困擾背後的原因，基本上治療師是相當具有創意的（Halbur & Halbur, 2006, p.56），而治療目標很具體、可評估、實際且可達成（Gilliland & James, 1998, p.223）；具體定義的目標讓治療師可以清楚諮商結果的標準，而當事人可以知道關於自己進度的具體資訊，若是接到正向回饋或增強，更能加速其進度（George & Cristiani, 1995）。行為主義治療師基本上是主動、積極、指導

性極高的，通常也運用許多問題解決技巧（Wilson, 2005, cited in Nystul, 2006, p.238），而治療過程也較短（通常是二十五至五十次）。目前純粹的行為治療已經不存在，基本上與「認知治療」結合在一起（Richards, 2007），因此可以運用的策略與技巧就更多元了。

　　治療師對於當事人在治療進行中或是結束治療之後可能會發生的「復發」（relapse）情況都有預防，也會在事先與當事人做好準備（Richards, 2007）。行為主義還補足了一般諮商的不足，就在於「行為主義」發現當個人的任何改變已經努力做了，但是情況依然糟糕時，就要思考下一步──改變環境──的可能性。「改變環境」可以視實際將環境做改善（如垃圾不落地政策就減少了汙染與髒亂），也可以將個人「抽離」所置身的環境，到另一個新環境去（像是霸凌情況沒有減緩，就轉校；或是當事人會受到家庭環境的嚴重限制，因此自己獨立出來居住可能較為適當）。

　　然而行為主義治療沒有提供機會讓當事人可以有創意地參與整個自我實現的過程，當事人可能因此被「去人格化」（depersonalized），而對於有困擾、卻沒有積極表現在行為上的當事人，就很難運用（George & Cristiani, 1995）。

BASIC I.D.

　　Lazarus（1932-present）所倡導的「多元模式治療」（multimodal therapy），也可以簡稱為BASIC I.D.，是屬於一個統整取向（integral approach）的治療（Lazarus, 2008）。多元模式理論假設大部分的心理問題是多面向、多元決定與多重的，因此完整治療需要謹慎的評估（Lazarus, 1985; Lazarus, 2008, p.427），這些評估的面向（BASIC I.D.）同時也是人格的面向（Lazarus, 1985），包括了：「行為」（Behavior，指的是外顯的行為表現，包含習慣與反應）、「感情」（Affect）、「知覺」（Sensation，五官感受）、「想像」（Imagery，包括自我意象、記憶、夢境與幻想）、「認知」（Cognition，構成個人價值觀、態度與信念的，包括領悟、哲學、思考、意見、判斷、自我對話等）、「人際關係」（Interpersonal relationships）、「藥

物與生物因素」（Drug or medication，也包括營養與運動），這些面向彼此都會互相影響，而此取向是以社會學習論與認知治療的理念爲基礎，運用了許多行爲技巧在不同問題的解決上（Corey, 2009; Lazarus, 2008）。

Lazarus將情緒困擾與心理疾病的原因列爲十項，而其彼此間也互相影響：衝突或模糊的感受或反應、錯誤的資訊（尤其是失功能的信念）、缺乏資訊（如技巧缺陷、忽略、太天眞）、人際的壓力、與自我接受有關的議題、錯誤連結（制約）導致的不適應習慣、覺察到生存的現實（與生命意義有關的）、嚴重的創傷經驗、外在壓力（如生活困境、不安全的環境），以及生理失能（Lazarus, 2008, pp.428-430），當然也不忽略像是政治、社會文化與其他廣大環境的事件（Lazarus, 1985）。

BASIC I.D.的治療目標與過程

多元模式治療師基本上是主動積極的，對於當事人的情況會先做統整、清楚的了解（也就是蒐集BASIC I.D.的資料），會直接反應或提供當事人相關資訊與指導，會挑戰當事人自我挫敗的信念，也提供建設性回饋或是增強，同時也會有適度的自我揭露（Corey, 2009），務期以最適當的方式進行治療（Lazarus, 1985）。多元模式治療的主要目標就是去修復當事人所有的明顯問題（BASIC I.D.），而良好的治療關係是充分且必要的（Lazarus, 2008），治療師與當事人各自的BASIC I.D.若能有較多契合度就更佳（Lazarus, 1995）。

治療通常是先了解當事人主訴的問題，建立當事人的「樣式側面圖」（Modality profiles）（就是列出當事人問題與最佳治療的七個向度的圖表），也讓當事人填寫一份「生命歷史問卷」（Life History Questionnaire）（了解當事人早期發展、家庭互動、教育背景、關於職業與婚姻經驗，評估BASIC I.D.最明顯的向度）（Lazarus, 1985），然後藉由「造橋」（bridging）的連結技巧，將當事人的問題連結到BASIC I.D.的評估，然後依據當事人所提供的資料來設定處理的優先次序（如當事人提到不舒服的生理知覺S、討厭的事件影像I、因此有不好的想法C、引起不適應的行爲B），這個次序S-I-C-B就是處理

的優先順序（fire order）：倘若處理遭遇瓶頸，就需要另一次更詳盡地重新評估相關的BASIC I.D.，當然如果是緊急事件或危機出現，就應該優先處理，而暫時擱置對BASIC I.D.的評估（Lazarus, 1995）。

　　治療師不忽略頓悟與認知重建的重要性，而沒有經驗就不可能改變（Lazarus, 1995），也會給當事人適度的家庭作業，鼓勵他們去做不一樣的事或是同一件事做法不同，要先讓當事人理解為何做此作業的理由、難度要適當（不要費時太多），也要讓當事人看到作業的執行與問題改進有關（Lazarus, 2008）。評估與治療是雙向與持續性的，當治療遇到瓶頸，就需要做第二層次的BASIC I.D.，詢問與評估得更詳盡；此外，治療師也會給予當事人一份「建構側面圖」（Structural Profiles）的問卷，讓當事人可以自行評估自己進步的情況（Lazarus, 1985）。多元模式治療所運用的理論與方式來自於家庭系統、溝通訓練、完形治療、心理劇以及其他的取向，主要是依照當時情境所需而設（Lazarus, 1985），因此就如同其名稱一般，其技術之使用也不拘泥於某一學派或取向（是「折衷式」的），也因為它是按照當事人的情況量身打造，所以只要有效，皆在治療師的選項之內。

　　依據Lazarus（1995, pp.323-325）所言，基本上多元模式治療有幾種特色，也可以視為其技巧或處理方式：

㈠聚焦在具體而完整的BASIC I.D.上。

㈡運用第二層次的BASIC I.D.評估。

㈢運用「樣式側面圖」。

㈣運用「建構側面圖」。

㈤刻意的「造橋」過程：指的是治療師刻意地針對當事人最明顯的情況作反應，而先不涉及其他較有建設性的面向（Lazarus, 1985），也只有先進入當事人關切的面向之後，才有可能慢慢地引導當事人進入其他更有意義的軌道上。

㈥「追蹤」（tracking）樣式（modality）的先後順序（fire order）：小心檢視不同模式的先後順序，這個技術可以讓治療師選擇最適當的處置技巧。

BASIC I.D.的貢獻與評價

行為治療強調改變特定行為的方法、發展當事人的問題解決技巧，也注意當事人將其所學習的運用在日常生活中，而基本上許多人進入諮商就是希望可以做些改變，BASIC I.D.提供了相當完整的評估與行動策略，讓當事人可以明顯看到改變，此取向可以運用在許多不同的問題上。多元模式治療是一種強調實證基礎而發展成的短期、有系統而統整的治療策略（Lazarus, 1985），因此其效果是被認同的。Lazarus（1995, p.135）認為多元文化模式與認知治療、理情行為治療的共通處在於：㈠大部分的問題都起源於社會學習的缺失或錯誤；㈡治療師與當事人的關係比較像是訓練員與受訓者，而非醫師與病人；㈢將治療所學的遷移到日常生活上是需要刻意地練習，特別是藉由家庭作業；㈣診斷的分類或標籤是奠基於外在行為的操作定義。

行為取向諮商理論的貢獻與評價

行為取向的諮商理論基礎是可以預測且可靠、有科學依據的，而且是直擊問題行為，這樣的目標與做法很容易說服當事人（Gilliland & James, 1998, p.223）；然而許多行為主義的理論是在實驗室中完成，甚至是以動物為實驗對象，因此要將在動物身上所做的實驗結論用來說明解釋人類行為，或是套用在人類身上，感覺上似乎貶低了人類的立場與能力。此外，也不能完全解釋人類的行為；雖然說人類的許多學習是從環境、歷史與經驗中習得，但是行為主義的這種學習理論基本上範圍較狹窄、不切實際。行為主義諮商較少顧及情緒與深層感受，也不注重認知層面，只聚焦在出現的徵狀上，也忽略不適應行為的發展歷史，而且諮商師需要接受相當嚴謹的行為分析訓練，萬一諮商是受到錯誤的治療師所「控制」，傷害豈不更大（Gilliland & James, 1998, p.224）？行為治療可以與其他取向治療結合是其優勢，也不斷地進行科學研究與改進，但是有些技巧的使用（如嫌惡法、饜足法等）容易引起倫理上的爭

議；再則，其過於強調環境決定論，忽略個人自由意志、生物因素，以及社會因素的可能影響，而只針對出現的「徵狀」做治療，問題還是持續存在，徵狀也容易再起或是轉換成其他症狀（張厚粲，1997, pp.478-479）。Corey（2009, pp.264-265）提到行為主義的限制在於：行為治療㈠也許可以改變行為，但是卻沒有改變感受；㈡忽略了治療關係的重要性；㈢沒有提供頓悟；㈣治療徵狀，卻不是治療原因；㈤涉及治療師的控制與操作。

家 庭 作 業

1. 將自己想要改變（增加或減少次數）的一個行為擬定成完整的執行計畫（包括要改變行為的操作型定義、基準線、酬賞或處罰方式、每週進度等），進行三個月之後，視其成效如何？
2. 去觀察校園中一些人物的行為，然後猜測其情緒與想法，若有可能就前去求證。
3. 運用BASIC I.D.的建構，去分析一個個案。

第八章

認知取向的諮商理論

——理情行爲治療學派與認知治療

認知治療取向的發展

　　「認知治療」基本的立論是認爲：思考上的謬誤通常是心理疾病的肇因，因爲思考上的錯誤，而引起情緒上的騷動或是行爲上的失常，也就是聚焦在個人如何「解讀」事件上（Kellogg & Young, 2008, p.43）。將「認知過程」視爲影響感受與行爲的主要因素，而所謂的「認知過程」包含評估與組織環境及自我的相關資訊，因應或解決問題的資訊處理，以及預測與評估未來事件的方式（Forey & Goodrick, 2001），因此特別強調認知在影響情緒上的角色（Nystul, 2006）。目前認知治療結合了行爲學派治療，因此常常出現的是「認知－行爲治療」（cognitive-behavioral therapy），雖然其主要治療目標還是放在協助當事人釐清自己的思考與行爲是負面情緒所產生的結果，然後做出必要處置，找出正向的成長與發展方向（Nystul, 2006, p.234）。認知取向的心理治療主要是結合了認知與行爲理論，雖然在名稱上似乎忽略了情感的成分，但是此取向的治療師表示在治療過程中並沒有刻意忽略情感層面，而是較聚焦在「認知」層面上，而認知治療學者或臨床師也常運用「家庭作業」（homework）來讓當事人練習新的行爲、重新「制約」（re-conditioning）（Corey, 2001, p.62）。

　　「認知取向」的治療主張：人的行為與情緒主要是受到個人「詮釋」事件的影響，因此「思考過程」就是很重要的一環，許多人可能因為偏誤的思考，而導致情緒或行為上的不安與失序。一般的諮商幾乎都可以稱之為認知治療，而這個「認知取向」治療基本上有四個共同點：治療師與當事人是合作關係，心理困擾主要是根源於認知過程的功能受到干擾，改變認知造成感受與行為上的改變，以及是屬於短期教育性的治療方式（Corey, 2009）。有學者（Kellogg & Young, 2008, p.43）認為，目前認知治療是依循著四個階段演變而成：最初是「語意學治療」（the semantic therapies），主要是指Albert Ellis所研發的「理情行為治療」（Rational-Emotive Behavioral therapy, REBT）與Aaron Beck創始的「認知治療」（Cognitive therapy, CT）；接著是行為學派的學者與治療師將認知這個元素加入行為治療內（如Donald Meichenbaum的「自我指導訓練」）；然後是將建構主義（constructivism）融入認知治療，近年來則是有所謂的「第二代認知治療」（the second-generation cognitive therapies）的發展〔例如「基模治療」（schema therapy）的出現〕。

　　認知取向的治療師一致認為：情境本身沒有決定個人行為與情緒的力量，改變認知就是改變情緒的捷徑（Corey, 2001, p.60）。認知學派使用許多「教育」或「教導」的技巧，其最終目標是希望當事人也成為自己的治療師（Nelson-Jones, 2000, cited in Halbur & Halbur, 2006, p.65）。本章會先就Ellis的理情行為治療做闡述，之後則是針對Beck的認知治療做介紹，接下來另一章則是介紹溝通交流分析與現實學派治療。

　　Albert Ellis（1913-2007）於1955年所研發的「理情行為治療」（Rational Emotive Behavior therapy, or REBT）是從幾位學者的理論所融和而成，主要是希臘哲學家Epictetus所寫的「人們不是受到所發生事件所困擾，而是他們對於事件的看法所影響」（men are disturbed not by things but by their views of things）（Dryden, 1999, p.1），而古希臘禁慾主義者（Sotics）所稱的「詮釋與情緒痛苦之間的關係」，以及Alfred Korzybski的「一般語意學」（theory of general sematics）、Alfred Adler的「個體心理學」，以及Karen Horney所說的「『應該』的暴行」（tyranny of shoulds）（Ellis, 1997; Kellogg & Young, 2008,

p.44）；Adler（1932/1964）曾經說過：我們相信的會決定我們所做的（cited in Mosak & Maniacci, 2006, p.4），Ellis（1970, 1971）也提到Adler相信個人的情緒反應是出自於個人的態度、信念與覺知，因此情緒是認知所創造出來的（cited in Gilliland & James, 1998, p.231），所以一個人的思考與行為常常受到自己所著眼的角度不同、也有不同解釋。我們最常聽到的比方就是：同樣是半杯水，悲觀的人說「只剩下半杯」，樂觀的人說「還有半杯」，雖然是「語意」上的不同，但是也影響了我們對這半杯水的不同看法，心情也因而有差異！曾經有一位同學說被交往多年的好友背叛，覺得非常痛苦，問我該怎麼解決？我回道：「恭喜你以一個簡單事件，就測出一位該不該繼續交往的朋友！」

Ellis創發的REBT，曾經經過三個名稱的轉換階段，最先是叫做「理性治療」（rational therapy），1961年改成「理性情緒治療」（rational-emotive therapy），然後在1993年改為目前的稱謂（理情行為治療），主要是要強調許多批評者認為此治療方式注重「認知」卻忽略「行為」的部分（Dryden, 1999, pp.1-2）；事實上REBT學者認為行為、情緒與思考是不可切割，而且是彼此互相影響、且互為因果的，每個人都帶著自己獨特的需求與非理性信念到生活經驗裡，因此也是一種建構諮商（Ellis, 1989, cited in Dryden, 1999, p.6）。

我們的情緒源自於對生活情境的信念、評估、解釋與反應，學會改變認知就會改變對情境的情緒反應，而REBT的治療目標不只是出現的問題而已，也讓當事人可以因應未來生命中的議題（Corey, 2009）。Ellis認為人基本上是屬於享樂主義（會趨樂避苦）的（Dryden, 2007），但同時有理性思考與非理性思考的潛能，理性就是增進個體幸福與存活的（因此是彈性、不極端、合邏輯與現實），而非理性則是妨礙幸福與存活的（因此是僵固、極端、不邏輯、與現實不符），人天生就容易有非理性的發展，但是也有潛能去抗拒這個發展，而人的知覺、思考、情緒與行為是同時發生的（Corey, 2009; Dryden, 2007; Nystul, 2006）。主要的心理困擾（psychological disturbance）（對生活實境或覺知的困擾反應源自於非理性思考）有自我困擾（ego disturbance）與不舒服的困擾（discomfort disturbance）兩種，前者常以「自貶」（self-depreciation）的方式呈現（自我要求達不到時、或嚴苛要求他人），後者主要就是非理性信

念造成（如要求舒適、不能忍受事情不如己意），而只有無條件接受自我、做出有理性合現實的反應，而且有適當的困擾容忍度（disturbance tolerance）才是健康（Dryden, 2007）。

　　Ellis幼年就有腎臟方面的疾病，中年之後也罹患糖尿病，年輕時他認為自己太害羞無法與女性說話，但是這些經驗也讓他思考為什麼自己要接受這樣的事實，而不能做任何改變嗎？於是他體會到了想法會影響情緒與行為，自己還劍及履及運用「羞愧攻擊法」及「實景曝露法」（in vivo exposure）克服了自己不敢與女性說話的擔心；Ellis是一個精力旺盛的治療師，他每天工作超過十六個小時，一直到過世前兩年都是如此（Corey, 2009），而他與學生出版的論文也陸續完成、沒有間斷，這也可以反映出他的治療風格。

　　人有理性與非理性思考的傾向，所謂的「理性」有四個標準：㈠是有彈性、非極端的；㈡是很實際的；㈢合邏輯的；㈣以事實為依據的；而相反地，非理性就是僵化、不切實際，不是以事實為依據（Dryden, 1999, pp.2-3）。我們一般的觀察與推論互相影響，而其程度及所使用的評估可能會導致非理性信念與問題的產生，像是：㈠非評估性的觀察、或只是描述事實（如「隊伍這麼長，今天可能會要多花時間。」）；㈡對於事情的非評估推論（如「我今天可能會因為塞車遲到。」）；㈢對於事情的正向、絕對性推論（如「因為塞車，所以我跟顧客約會會遲到，但這是很重要的顧客，我一定要趕一趕、不能讓他等太久。」）；㈣對於事情的負面絕對性外在推論（如「這是什麼交通狀況？台灣人真是太不守法了，我那個顧客也太機車，我怎麼會在這個工作待這麼久？」）；㈤對事情的負面絕對性內在推論（如「為什麼每次我有重要事情的時候都碰到塞車？害我什麼事都做不好，我這輩子大概就是這麼沒出息了！」）（Ellis, 1984, Ellis & Bernard, 1986, cited in Gilliland & James, 1998, p.236）。前面兩項可能較不易有非理性信念的產生，但是後面三項就很有可能。

一、REBT的ABC架構

　　Ellis的ABC架構中，A（activating event）是表示「引發事件」，B（belief）是表示「信念」，C（consequences of emotion and behavior）表示

發生的情緒與行為結果，後來其將整個治療過程以ABCDEF架構來表示，D（debate or dispute）表示「辯論」方式（通常是先檢視、辯論，然後是區辨可能的非理性想法），E（effect）表示治療「有效結果」，而F（new feelings）表示治療有效後的新感受。治療師要讓當事人了解某事件發生（A，如塞車）不一定會產生確定的行為或情緒結果（C，猛按喇叭或覺得很煩），主要是中間有個「信念」（B）在左右，因此就以塞車事件而論，可能會有兩個結果：

㈠塞車→猛按喇叭→覺得沮喪

㈡塞車→停下來觀賞車陣→覺得放鬆

　　同樣是塞車，但是結果大不同，兩者之間的差異究竟在哪裡？可能就在於上面沒有出現的「信念」之中，㈠例中開車的人「認為」：已經遲到了，現在又塞車，等一下又要挨上司一頓罵；㈡例中開車的人「想到」：剛剛一路上都很匆忙，覺得快要呼吸不過來了，正好趁著塞車時段，可以有一點喘息機會。當然這個「信念」有「理性」與「非理性」兩種，前者常常是以「必須」、「應該」、「一定」等絕對性字眼的方式呈現，讓人覺得沒有選擇、無所遁逃、壓力極大，因而導致「非理性結論」，而「非理性結論」中又以「災難化」（awfullising）、「低挫折忍受度」（low frustration tolerance）與「貶損」（depreciation）最多（Dryden, 1999, p.7）。

　　日常生活中我們時常受到一些「一定、必須」的信念攪擾、不得安寧，而這些「必須」基本上是對自我的要求（如「我一定要很有成就，否則我什麼都不是」）、對他人的要求（如「你一定要了解我，要不然我們怎麼相守一生？」）與對世界／生活條件的要求（如「這不是我想要的生活，我好可憐」）等三類（Dryden, 1999, pp.8-9），然而「必須」只是我們的期待，卻不一定是事實，倘若事實與期待差距過大，許多人的挫折感就產生。

　　Ellis認為一般人內化的一些非理性信念有「三個必須（或「一定」）」（Corey, 2009, p.277），它們分別是：「我必須要做好，才可以得到其他人的認可」、「別人一定要善待我、對我體貼、公平，否則他們就要受到責難或懲罰」，以及「我一定要得到我想要的，如果得不到我要的就很可怕，我不能忍受」；換句話說就是會「糟糕化」（awfullizing，想到事情的最嚴重結果）、

「自我貶抑」（self-damnation，認為自己什麼都不行），以及「我不能忍受」（I-can't-stand-it-itis，無法承受任何自己不想要的後果）（Gilliland & James, 1998, p.238）。Ellis（1997, p.7）提到一般人的低挫折忍受力主要是因為：要求自己的生活要很輕鬆舒適，堅持他人對待自己要絕對和善、體貼、公正與慈愛。這些要求與期待太過絕對，讓人沒有轉圜的餘地，怪不得會惹來許多負面的情緒與行為！「責怪」通常是最嚴重的情緒困擾，而相對也表示我們不能接受自己的不完美，REBT就是要讓當事人儘管不完美，仍然能夠接受自己的模樣（Corey, 2009）。

　　Ellis提出我們的心理困擾自何而來？首先是不了解心理困擾是受到僵固與極端非理性想法所擾，這些負面思考或是完美態度可能是從周遭的一些重要他人、同儕或是媒體而來（Gilliland & James, 1998），其次是我們會灌輸自己這些非理性的想法、內化這些自我挫敗的思維，這樣的自我灌輸甚至從早年就開始，而消除心理困擾最重要也最根本的方法就是對抗非理性思考，以及我們有非理性思考與表現失功能的傾向（Corey, 2009; Dryden, 1999, p.14）。

二、REBT的治療目標與過程

　　Ellis（1997, p.8）認為REBT在1960年代是一個先驅的「社會生物」（biosocial）取向治療，許多有困擾的人在生理上與學習上都有強烈「失功能」的傾向。REBT了解人性是追求短期、眼前的快樂，因此將長短期的快樂做區分，其最終目標是希望當事人可以在顧及社會興趣的同時，追求自己長期的快樂（Dryden, 1999），也就是基本「生活哲學」的改變。Ellis（1979, cited in Gilliland & James, 1998, pp.241-242）提到理情行為的治療目標是減少當事人的自我挫敗，獲得一個更務實、可忍受的生活哲學，也就是減少當事人的焦慮（自責）與（對他人與世界的）敵意，教導當事人自我觀察與評估，以確保情況的改善。

　　REBT是問題導向的治療，協助當事人去克服情緒上的困擾，但不是直接針對當事人所面臨的實際困擾作解決，因此它要造成改變基本上是情緒上的為先，也就是先解決C（情緒結果，情緒結果非獨立存在，而是與認知、行為都

有關聯）而不是A（實際結果）（Dryden, 1999, p.35），因此改變C需要：㈠知道自己有困擾；㈡認出並克服困擾行為背後的困擾（meta-disturbance）；㈢確認原始問題底下的非理性信念；㈣了解非理性信念是不合邏輯、與現實不符且造成生活的不良結果；㈤了解非理性信念的理性選項適合邏輯、與現實相符且有較好生活結果的；㈥挑戰其非理性信念（包括「應該」與「必須」），也開始增強他們對理性信念的信任（區分「喜愛」與「必須」間的分野）；㈦運用不同的作業來加強對理性信念的信任，同時減少其非理性信念（Dryden, 1999, p.16; Gilliland & James, 1998）。

改變C之前，先要將當事人所感受的情緒作評估，看是否為「不健康」的情緒？不健康的情緒基本上會讓當事人很痛苦，可能會導致自我挫敗行為，也會阻礙當事人達成自己的目標（Dryden, 1999, p.38）。此外，Dryden（1999, p.43）提醒治療師「A」可以代表：一個發生在過去、目前正在發生或預測未來會發生的事件、思考、引述、想像的感受、行為或是真實發生的事件，因此不要只侷限於「事件」的思考而已。也就是理情行為治療師會先展示給當事人其不合邏輯的想法，協助他們了解為何與如何會如此，接著讓當事人相信這些想法可以被挑戰與改變，最後就是協助當事人在辯駁非理性／不適當的想法之外，同時重新灌輸自己理性思考，也持續努力朝向更理性的生活邁進（George & Cristiani, 1995）。

在Ellis的治療過程裡，最主要的就是對當事人的「再教育」（re-education）工作（Kellogg & Young, 2008, p.44），也就是說先從當事人所使用的語言開始改變，然後才深入改變當事人的生活哲學。我們是不是經常告訴自己：「我『一定』要成功。」「我『必須』要贏得他人的讚許。」「我『應該』要孝順，不能違逆父母親的想法。」這些「一定」、「必須」、「應該」就是所謂的「要求」（demandingness），聽起來給人的感受很強烈、很有壓力，倘若將這些「要求」轉變成「喜歡」（preference），是不是就少了被壓迫的、不得不的感受？如上例：「我『喜歡』成功，我會盡力。」「我『喜歡』贏得他人的讚許，但是我不需要討好所有的人，因為不必要、也不可能。」「我『喜歡』孝順我的父母親，順從他們的想法當然很好，但是我也有

自己的想法的自由。」這些「語意」的改變，連小學生都會感受到不同！比如「我『一定』要考一百分！」與「我『喜歡』考一百分。」這兩句話所引發的情緒與壓力就明顯不一樣了！這樣的語意改變就不是忽視事情的嚴重性，而是可以提供另一個角度的觀察與看法，同樣也喚起當事人原來擁有的能力，甚至是快樂與幸福的可能性（Kellogg & Young, 2008, p.44）。REBT所採用的辯駁是實際的、邏輯的，而且是有證據力的爭論（Dryden, 1999, pp.30-31）。

　　人不容易改變是因為「低挫折容忍度」所造成，因此人若要改變，也不必經由治療（Dryden, 2007）。REBT的治療關係是彈性的、且無條件接納當事人，但是不鼓勵過於溫暖的關係，因為這樣可能會無意中鼓勵了當事人尋求讚許與愛的需求、低挫折忍受力，與當事人是合作探索的關係（Dryden, 1999, pp.18-20）。Ellis（1997）認為REBT是非常積極主動的（active-driven），其治療哲學是告訴當事人讓他們困擾與不安的理由為何？進而採用一些認知、行為與情緒的技巧來減少這些困擾，治療目標是減少當事人的情緒困擾與自我挫敗的行為，鼓勵當事人過較有意義與快樂的生活，因此最終需要做深度的生活哲學改變，也就是鼓勵當事人可以思考更邏輯、理性，感覺更健康，及以更有效率的行動達成目標（Dryden, 1999, p.17），而REBT的最終治療目標就是讓當事人成為自己的治療師（Dryden, 1999, p.100）。治療要成功需要當事人：㈠放棄對自己、他人與世界的索求，而選擇不專制的「喜愛」（non-dogmatic preferences）；㈡拒絕評價自己，才能無條件悅納自己；㈢拒絕給予他人或自己的生活條件負面評價；以及㈣在努力達成自己基本目標的同時，增加自己的挫折忍受度（Dryden, 2007, p.363）。

　　REBT治療師要讓當事人先學會區分自己的「行為」與對「自我」的評估，其目標是讓當事人可以減少情緒困擾與自我挫敗的行為，而有更實際的、有效的生活哲學（Corey, 2009），協助當事人去探索與辯駁自我挫敗的意義、評價、想像等認知形式，重建新的自我認知與獲得更具象的生活哲學，整個治療過程是具教育性與面質性的，因為Ellis不相信溫暖的關係是改變的充分條件，而治療師適時指出當事人的矛盾是必要的（Nystul, 2006）。

　　治療初期諮商師較為主動、指導性較高，但是隨著治療持續進行，治療師

與其他取向的治療師一樣，需要配合當事人的步調（Dryden, 1999, p.81），也都需要慢慢放手，讓當事人也承擔更多的責任（Dryden, 1999, pp.20-21）。治療過程先是要教導當事人REBT的情緒困擾模式（也就是ABC），讓當事人了解其情緒困擾主要是受到非理性信念的影響，而不是發生的事件本身；接著讓當事人了解為了要改變這些失功能的信念，就需要質疑當事人目前所持有的信念，而當事人若要獲得諮商的長效，就需要在諮商過程中努力練習與執行他／她所學習到的（Dryden, 1999, p.83），許多當事人會認為事情之所以發生是超乎他們控制之外，而治療師需要讓當事人看到其他的選項（Gilliland & James, 1998, p.244）。

改變都需要一段時間，因此治療師要求當事人在日常生活中固定花一段時間練習新學會的技巧是很重要的，這樣才有可能去了解這樣的改變當事人喜不喜歡？結果是不是滿意？這就如同我們要養成一個新的習慣之前，總需要花心力去試試，嘗試過了、體驗過了，才能真正體會其效果，也才能決定是不是繼續下去？諮商師也需要常常回頭與當事人重新協議諮商目標，因為一旦當事人了解自己的非理性思考之後，原本認定的「問題」可能就會改變（Gilliland & James, 1998, p.244）。

當然每個取向都只能解釋一部分當事人的行為，REBT也不例外，因此Dryden（1999, p.91）提醒治療師：不要預設所有當事人的問題都由非理信信念所引起，而有些當事人可能不只有一個非理性信念而已！此外，治療師也不是「價值中立」者或是全然客觀的（Ellis & Bernard, 1986, cited in Gilliland & James, 1998, p.244），因此也要常常檢視自己的看法。治療師也不諱言揭露自己的價值觀與信念，而Ellis認為所謂的「移情」也是非理性信念的表現（Corey, 2009）。

當然治療師也要特別注意自己本身可能有的非理性信念，像是要表現完美、成功協助當事人、受到當事人愛戴與尊重，也要求當事人付出同樣的努力等（Dryden, 1999, p.25）。Dryden（2007, p.366）提到適合擔任REBT的治療師條件為：㈠對於治療的結構化很自在，也保有彈性面對較不結構化的治療；㈡智性、認知、哲學導向，且受REBT理論吸引；㈢有強烈的行動導向態度；

以及㈣不怕失敗。Ellis（1987）提及REBT的治療師還需要有下列特質：喜歡主動與指導性，喜歡解決問題，獻身於哲學、科學邏輯與實證，是有技巧的教師與溝通者，無條件接納自己治療上的失誤、也努力減少錯誤，在諮商過程中具實驗精神、也願意冒適當的危險，有很好的幽默感、也在諮商過程中適度展現，是有活力、有力量的，也以彈性、不具批判性的態度運用REBT（cited in Dryden, 1999, p.27）。就如同其他諮商學派一樣，當你／妳相信某個取向的理念，這些理念不只是反映在治療師的諮商現場，也反映在治療師的日常生活中，也就是不管在職場與生活中都在實踐這個取向的理念。

三、REBT的治療技術

　　REBT重視人類困擾的生物、環境與社會來源，此學派較接近「折衷派」，因爲諮商師所使用的技巧並不侷限於某些取向，而是以「有效」爲考量（Dryden, 1987, cited in Dryden, 1999; George & Cristiani, 1995），主要是採用邏輯實證（logicempirical）的科學方式進行（Gilliland & James, 1998, p.244）。REBT結合了情緒、信念與行爲三者，因此它的諮商技術也至少包含這三類，而Ellis認爲當事人在每次晤談之間的學習比晤談時段更多，因此「家庭作業」就相當重要，而REBT鼓勵當事人去執行協調之後的作業，也認爲家庭作業是諮商過程的核心（Dryden, 1999, p.23）。家庭作業的目的就是要當事人將所學的「知識」（knowledge）轉換成「相信」（conviction），也就是從「智性頓悟」（intellectual insight）轉變成「情緒頓悟」（emotional insight）（Dryden, 1999, p.31）。如果作業是成功的，那麼表示當事人用行動嘗試新的行爲是可以持續下去的，倘若失敗了，也讓當事人看到結果並不是大災難或不可承受（George & Cristiani, 1995），況且當事人在治療時段之外的時間嘗試的行動作業，也會修正其想法、感受與作法，而一旦有效也更願意與治療師合作（Corey, 2009），因此家庭作業當然也含括行動、想法及感受這三項，以下做簡單敘述：

㈠情緒技巧

情緒技巧的主要目的是讓當事人在治療師協助下的改變過程中，可以體驗自己的情緒反應，同時認清、質疑、與改變自己的非理性信念，強調「喜歡」與「必須」之間的差異（Gilliland & James, 1998, p.245）。像是幽默誇張法（humorous exaggeration methods，讓當事人看見非理性信念的可笑面，而進一步了解不可能發生，通常是使用極為誇張的方式，如當事人擔心自己出糗的事許多人都知道了，治療師也許說「或許上了報紙頭條也不一定！」），理性幽默歌曲（rational humorous songs，讓當事人可以更嚴肅看待自己，這是治療師可以自己創造的，也可以協同當事人一起來做，像是「我很胖，連呼吸都會胖，吸氣與吐氣之間差距可以超過一百磅」），治療師自我揭露（therapist's self-disclosure，諮商師也可以與當事人分享自己類似的困境，減少當事人的焦慮），故事、箴言、寓言與格言（stories, mottoes, parables, and aphorisms，藉由這些故事或是箴言可以讓當事人了解到諮商室以外的資源與一般人的共同經驗，增強當事人的理性信念），強有力地質疑理性與非理性信念（the use of force and vigor in questioning irrational and rational beliefs，鼓勵當事人強有力而理性的自我陳述及自我對話），理性角色轉換（rational role reversal，在當事人已經學會一些質疑非理性信念的技巧之後，治療師可以扮演一位「魔鬼代言人」，以非理性的論述與當事人爭論），以及羞愧攻擊練習（shame-attacking exercise，此技巧可以運用在當事人認為將自己的弱點曝露在公共場合時的羞愧感受，讓當事人去執行一般人可能會認為的「丟臉」行為，看看是不是如他／她想像那般恐怖？）（Dryden, 1999, pp.95-97），此外，也運用想像技巧讓當事人可以體驗正向的情緒（Nystul, 2006）。

㈡認知技巧

認知技巧主要是用來增進當事人的信念改變，處理的是當事人生活中的「應該」與「必須」（Gilliland & James, 1998, p.245），包括有：錄音答問（tape-recorded questioning，當事人扮演理性與非理性兩方的自我對話、

並將其錄下來）、理性因應的自我陳述（rational coping-self-statement，請當事人將自己的理性信念書寫下來，並隨時提醒自己）、教導他人REBT（teaching REBT to others，要當事人以教導他人REBT的方式來練習自己的新理性哲學）、語意精確使用（semantic precision，讓當事人注意到自己使用的語言，因為人們常常使用語言來灌輸自己的非理性信念）、辯駁非理性信念（disputing irrational beliefs，協助當事人以問問題的方式來挑戰與改變自己的非理性信念）、教育心理技巧（psycho-educational methods，讓當事人閱讀有關REBT的書籍或資訊，或是聽相關錄音，延展諮商時段的效果）、參照比較（referenting，請當事人列出一個特殊思考的正負面證據，鼓勵當事人聚焦在自我挫敗的行為上，讓其有動力去克服這些行為），以及認知行為表（cognitive homework forms，可以在諮商中期使用，目的是讓當事人可以藉由這些特製的表格更了解REBT，且成為當事人可以在日常生活中使用的有效技巧）（Dryden, 1999, pp.93-94）。

治療師也採用「認知重建」（cognition restructuring）的技巧，協助當事人以其他可行、建設性的想法來替代舊有的非理性想法，也同時幫助當事人去監控自我敘述、認出不適應的自我對話，代之以更適合的自我對話，最後甚至變成「哲學重建」（philosophical restructuring）（Corey, 2009）。

(三)行為技巧

使用行為技巧的主要目的是運用不同的技術讓當事人改變不可欲行為，同時也有更好的適應行為產生，因為改變行為的同時就可以改變認知（Gilliland & James, 1998, p.245）。REBT治療師認為除非當事人付諸行動，否則很難看見當事人內化的理性思維結果，因此行為技巧就相當重要，諮商師也鼓勵當事人在日常生活中做一些行動作業，甚至鼓勵當事人直接面質自己所害怕擔心的事物，就可以克服當事人的「低挫折忍受度」（Dryden, 1999, p.98）。此外，許多的計畫或是行動常常是受制於認知，也就是在未行動之前就讓自己的思考卡住（例如認為難度過高、害怕失敗等），因此尚未行動之前就早已放棄，然而只要願意踏出第一步，許多擔憂或是假設都會不攻自破。有許多的行為技

巧可以運用在治療現場或是家庭作業上，準諮商師不妨參考行為治療的許多策略。

㈣想像技巧

想像技巧的目的也是用來增進信念的改變，像是：理性—情緒想像（Rational-emotive imagery，將當事人不健康的負面情緒轉為健康的負面情緒，可以讓當事人在想像負面事件的同時，藉由學習改變非理性信念而改變自我挫敗行為）、因應想像（coping imagery，讓當事人想像自己在實際生活中做出有建設性的行為，可以將此積極想像運用在實際行動中），以及時間投射（time projection，當事人可能會假設萬一某事發生，情況會不可收拾，治療師可以暫時相信當事人的判斷，然後與他／她一起經歷當此事發生時的種種情況，可能不是想像中那麼可怕或不能處理）（Dryden, 1999, p.94）。

理情治療學派的貢獻與評價

理情治療讓大家目睹非理性思考的存在與其影響力，也強調當事人在治療場域所學習的新行為可以運用到日常生活中、延續諮商效果，這是它的優勢，然而強調治療師是專家的角色，也可能會太強勢、甚至將自己的價值觀強加在當事人身上，而只著重在「認知」層面，也會忽略了個人的其他面向（George & Cristiani, 1995）。在1999年的一次諮商師年會上，Albert Ellis曾經針對他人對REBT的批評而說明他實際上已經將C（contextual/cultural）（脈絡／文化）列入治療元素中，其治療取向是REBCT（Ivey, D'Andrea, Ivey & Simek-Morgan, 2007, cited in Kellogg & Young, 2008, p.61）。Corey（2009）認為理情治療師會以較為強勢、有力的方式協助當事人從智性的頓悟到情緒的領悟，因此質疑有強迫當事人的可能性；REBT治療師常站在指導、說服與面質的立場，較傾向是「教師」的角色。治療學派的創始者真是辛苦，只要有批評，就必須為自己的理論辯護，在多元文化的衝擊下，連REBT的大師也不例外！不過這也的確說明了理論必須要與時代脈絡同進、作適當的修正與更新，才可能更切合當事

人的需求。

 ## 認知治療的基本立論

　　Aaron Beck（1921-present）創始的「認知治療」（CT）也結合了Alfred Adler與Karen Horney的理念、禁慾主義者（Sotics）的想法，以及George Kelly 的思考（Kellogg & Young, 2008, p.45），而「建構理論」（constructivism）也在認知行爲理論的發展上扮演了重要角色，它讓臨床實務者有更多的自由可以自行決定（Kellogg & Young, 2008, p.46）。Beck與Ellis幾乎是同時獨自研發了認知行爲的不同取向（Corey, 2009），Beck的基本立論是「資料處理過程」對每個有機體生存的關鍵性（Beck & Weishaar, 1995）。他的理論基礎源自於現象學派（個人怎麼看自己與世界比行爲更重要）、建構理論與深度心理學（尤其是Freud的認知階層建構），以及認知心理學（尤其是George Kelly的個人建構，以及信念在行爲改變的角色），人格的成形是受到個人內在特質（生物因素）與外在環境（社會因素）互動所影響，像是社會依賴型（social dependence）的人會因爲關係破裂而憂鬱，而自立型（autonomy）的人則會因未達成既定目標而憂鬱（Beck & Weishaar, 1995），這似乎隱含了性別文化的意義。目前的認知治療主要受到兩個取向的影響，一個是由Wolpe與其他人所發展的行爲治療（Behavior therapy），另外是Beck所發展的CT，尤其是在70年代開始了所謂的「認知革命」（cognitive revolution），而Beck針對憂鬱症患者使用新的療法、效果不遜於抗鬱劑，後來將此新療法使用在其他情緒失調的患者身上，效果亦顯著，因而引領風潮，至今歷久不衰（Westbrook, Kennerley, & Kirk, 2008）。

一、基本假設

　　認知治療的核心理念就是人的行爲基本上受到自己信念的影響，因此有些信念是不證自明、卻被視爲是眞理，而且奉行不渝。認知治療基本上會辨識認知、情緒或感受、行爲與生理等四個系統，而這些系統彼此互動、影響

（Westbrook et al., 2008, p.5）。而人格的發展是奠基於「習得認知的進展」（progression of learned cognitions）遠勝過生理上的特質，這也是認知治療較之理情行為治療較少哲學意味的主因（Gilliland & James, 1998）。認知治療學者相信人們的情緒反應與行為是深受認知理念的影響，是我們對自己或是情境的思考、信念與解釋，也就是我們賦予的意義如何（Westbrook et al., 2008）？

認知治療的基本假設是：㈠人是主動與其世界互動的；㈡人與世界的互動是經由此人對他／她所處環境的解釋與評估而產生；㈢「認知」的過程是意識層面上的，以思考及想像的方式呈現，也因此個人有潛力去改變（Moorey, 2007, p.300）。

二、基模

人格是由「基模」（schema）所形塑，「基模」是認知結構，包含了個人的基本信念與假設，是個體早期從個人經驗與認同重要他人的過程發展出來的，因此基模可以是適應的、或是失功能的（Beck & Weishaar, 1995）；健康的基模與我們預測將要發生的事是一致的，同時有足夠的彈性，也會因為新資訊而做改變，但是有心理困擾的人，其資訊處理過程就是有偏誤的，通常是負面而扭曲的，其基模因此較為僵固、絕對、與過度類化（Moorey, 2007）；系統性的訊息處理偏誤會產生「認知扭曲」，像過度類化、兩極思考、誇大或小覷等（Nystul, 2006）。

「基模」是認知行為的核心觀點（包含核心信念與基本假設），影響我們建構現實、對自我的假設、解釋過往經驗、組織學習經驗、做決定與對未來的期待（Beck & Weishaar, 1995）；「基模」像一個樣板，會篩選掉我們不想要的資訊，會注意到環境中重要的面向，並將之前的知識、記憶與新的資訊做連結（Moorey, 2007, p.300）。「基模」也是心理學上的資訊處理過程與行為引導的指標，是從幼年期到青春期間就發展的，其主要目的就是為個人提供了生活與世界的藍圖，不僅提供資訊、同時也提供意義；「基模」共有五種，它們是認知（如抽象化、解釋與回憶）、情感（與情緒或感受相關）、動機（與希望或渴求有關）、工具（組織系統以為行動之用）、與控制（協調的機制，監

控行爲或工作，做抑制或重新導正）。若基模愈僵固，表示病情愈嚴重，不同的心理疾病者其解讀有系統化的偏誤（Kellogg & Young, 2008, pp.46-48）。

　　要改變認知是有先後層次的，最外層的是「自願性想法」（voluntary thoughts），接著是「自動化思考」（automatic thoughts），緊接著是「假設」（assumptions），最核心則是「基模」（Beck & Weishaar, 1995）。

三、自動化思考

　　Beck的理論取向是從治療憂鬱症患者身上開始的，他發現患者對自己、現況與未來的思考都很負面、沒有希望，連詮釋自己的經驗也是很灰色的，他們的情緒與行爲困擾因此而產生，於是他得到的結論是：每個人所覺知、建構經驗的方式決定了自己的感受與行爲；而人在經驗心理挫敗時，對於事件的知覺與解讀就變得非常有選擇性、自我中心且僵固（Beck & Weishaar, 1995），而壓力就是啓動憂鬱情緒的主要來源（Scher, Segal, & Ingram, 2004），所以他最先指出所謂的「負面自動化思考」（negative automatic thoughts, or NATs）（Westbrook et al., 2008）。NATs是指我們從生活周遭或是自己內心所衍生的一些負面的評價或解釋，會影響我們的感受與行爲，而只要我們專心去想、去看，就可以很容易辨識出這些NATs（Westbrook et al., 2008）。

　　Beck認爲人的情緒困擾主要是「邏輯謬誤」的結果（logical errors），也就是當個人遭遇到不愉快或挫敗的情境時較容易出現，而不適應是由於扭曲的認知（distorted cognitions）使然，因此有些念頭會自動出現來「解釋」目前的況狀（像是「我連這個都做不好，我是一個輸家」），這就是「自動化思考」（automatic thoughts），自動化思考是個人化的念頭（personalized notions），是受到特定的刺激所引發的情緒反應（Corey, 2009）。

四、核心信念

　　「核心信念」（core beliefs）指的是每個人心理的「底線」，也就是我們最終的價值觀與世界觀（或「生命哲學」，對自我、世界與他人的假設），而這些核心信念大部分是可以在意識層面提取的，以「一般通則」或是「絕對

式」的陳述出現，大部分是我們從早期經驗學習得來，有些創傷或慢性壓力可能引發特殊的信念與態度，使得人們較容易有心理困擾（Moorey, 2007）。

連結在NATs與「核心信念」之間的是「失功能的假設」（dysfunctional assumptions, or Das），它們是「生活的原則」（rules for living），常常是出現在「如果……那麼……」（If…… then……）的陳述裡（Westbrook et al., 2008, p.8），許多的心理疾病（如憂鬱與焦慮）都可以追溯到認知的失功能（像是錯誤解讀環境線索），而人有自決的能力，因此認知在心理健康上的角色就相當重要（Nystul, 2006）。這些進行認知治療時，很重要的就是找出「錯誤」的核心概念，然後做適度的修正或改變，只是這些「信念」由來已久，也需要經過不斷地練習，才有可能改變。

五、認知三角與可能思考謬誤

Beck的CT強調要認出與改變負面思考或不適應信念（或「基模」）。Beck是以研究憂鬱症起家，因此他對於情緒困擾的認知模式的解釋是：了解（情緒困擾）當事人對於引發事件或思考的反應與內容是相當重要的（Corey, 2001, p.67），且使用直接或間接方式來修正錯誤的思考模式，治療師教導當事人先與自己的認知保持一段距離，然後可以客觀地檢視與評估自己的思考、分辨評估與現實的差異，接著就可以修正自己扭曲的認知（Lester, 1994）。扭曲的思考造成「選擇性的注意」及對結果不正確的預測（Forey & Goodrick, 2001）。以憂鬱症患者來說，有所謂的「認知三角」（cognition triad）思考模式，也就是對於自己、周遭世界與未來持負面、悲觀看法（Kellogg & Young, 2008, p.47; Westbrook et al., 2008, p.10），像是：「我的情況不可能變好」、「我擔心的事也不會變好」、「情況都不會變，只會更糟吧」。憂鬱症患者的思考通常是不切實際的悲觀、自信心低落（Hollon & DeRubeis, 2004），常常有嚴厲的自我批判、有很痛苦的情緒經驗、會誇大外界對他（她）的要求與壓力，治療師則是協助當事人列出自己的責任所在、事情的優先次序，然後發展一個實際有效的行動計畫（Corey, 2009）。治療模式一般是：目前問題的描述、解釋事情為何與如何發展的、分析問題持續的關鍵點與假設（Westbrook, et al., 2008, p.37）。Beck甚至發展了「貝氏憂鬱量表」（Beck Depression Inventory, or BDI）與「貝氏自殺量表」，常常使用在一般學校與臨床治療上；BDI主要就心理（情緒、想法、動機與行為）與生理症狀（睡眠、飲食、疲乏與體重）兩層面作探究。

　　建構主義（constructivism）者認為每個人對於事件的解釋，會因為自己經驗、背景、甚至角度的不同，而有不同的解釋，而這些解釋可能不是事實，但是當事人卻信以為真！這就是「自我定義」（self-definition）的自由，而「主流」價值觀主導社會可接受的行為、善惡與事實，也是建構主義所強調的，建構主義的理念在後來認知行為治療的發展也有影響力量（Kellogg & Young, 2008, p.46）。而每個人的「想法」只是一種看法或觀點，並不一定是「事實」（Westbrook et al., 2008, p.116），認知治療諮商師會與當事人一起檢視可能的認知謬誤，可能的思考謬誤如下（Corey, 2009, pp.288-289; Kellogg & Young, 2008, p.48）：

㈠武斷推論（arbitrary inference）——沒有相關支持證據就做結論，包括「災難化」（catastrophizing），像是：「你看，沒有人喜歡我！」。

㈡「斷章取義」（selective abstraction）——以單一細節或事件來評斷一種情況或下結論，忽略了大的、整體面向。如：「我上課連（一個）學生都打瞌睡了，可見我上課很無趣！」。

㈢「過度類化」（overgeneralization）——以一些特殊條件來形成規則，從一件事就延伸、拓展到全部，像是：「我連這種小事都做不好，以後根本就不可能成功的！」。

㈣「誇張或小化」（magnification or minimization）——將事情看得比實際要嚴重或不重要。如：「完了，我錯了一題，全都完了！」或「沒人理我也沒關係，我自己活得很好！」。

㈤「個人化」（personalization）——將一些外在事件與自己連結在一起，變成自己的責任，事實上是根本毫不相關的，像是：「他本來可以得到這個工作的，是我害了他！」。

㈥「兩極思考」（dichotomous thinking）——將事情區分為兩極，常常會有

「全有全無」或「非黑即白」的想法或解釋，像是：「如果我連母親這個角色都做不好，我不是很失敗嗎？」。

(七)「標籤」或「錯誤標籤」（labeling or mislabeling）──只是將某人不足或是缺陷的部分突顯出來，像是：「斷眉的不是處女」或「貧窮起盜心」。

從下表我們可以看到幾個認知的偏誤（Westbrook et al., 2008, pp.115-116）：

	陳述例子	謬誤種類
1	「我都一直出差錯，我不能相信任何人，我注定要失敗！」	極端思考（包括「不切實的期待」與「災難化思考」）
2	「他表示好意，一定是有求於我。」	選擇性注意（包括「過度類化」、「心理篩選」、「忽略正面資訊」、「誇大」或「小覷」）
3	「我可以控制我的酒量，不必擔心。」	仰賴直覺（包括「太早下結論」、「情緒化推理」）
4	「活動辦不好都是我的緣故，我主持太爛了！」	自我責難（包括「個人化」、「自責」或「自我批判」、「責罵」）

六、認知側面圖

Beck與Weishaar（1995, p.240）列出了一些常見心理疾病的「認知側面圖」（cognitive profile）（如下表）：

疾病名稱	資訊處理的系統性偏誤
憂鬱症（depression）	對自我、經驗與未來持負面看法
輕躁症（hypomania）	對自我與未來的誇大想法
焦慮症（anxiety disorder）	對生理與心理危險的感受
恐慌症（panic disorder）	對身體與心理經驗的災難式解讀

（續）

疾病名稱	資訊處理的系統性偏誤
恐懼症（phobia）	在特定、不可避免的情境感到危險
偏執狀態（paranoid state）	歸因於他人的偏見
歇斯底里症（hysteria）	對動作或感受的不正常觀念
強迫思考症（obsession）	對安全的重複警告或懷疑
強迫症（compulsion）	運用特殊儀式來抵擋覺察到的威脅
自殺行為（suicidal behavior）	對解決問題的無望感與無能
厭食症（anorexia nervosa）	害怕變胖
慮病症（hypochondriasis）	歸因於嚴重的醫療疾病

 認知治療目標與過程

一、治療目標

　　Beck與Weishaar（1995, p.248）認為有效的心理治療必備的三個條件為：完整的架構、當事人情感的投入以及現實測試。認知治療是屬於短期治療，通常治療是從釐清問題開始，然後治療師會讓當事人熟悉認知治療的模式，協助當事人看見情緒與認知之間的關係（用生活案例的解釋或是閱讀認知治療相關書籍），治療師基本上是聚焦在「問題」上的，接著是檢視其信念或基模的合理與否，然後就要讓當事人進入現實世界去檢視其信念（或基模）之可信度，發展新的因應方式（Beck & Weishaar, 1995, pp.245-247; Kellogg & Young, 2008, pp.57-58），因此讀者可以了解認知治療前段著重在「認知」上，接著就將重點放在「行為」與「情緒」上，主要目的是檢視基模之有效性，最後則是發展新的可行之道。認知治療主要是以蘇格拉底的「產婆式」對話，包括釐清與定義問題，確認思考、想像與假設，檢視事件對當事人的意義為何？檢視持續這樣錯誤認知與行為的後果為何？同時也運用一些實驗來檢視基模的有效性

（Beck & Weishaar, 2005, cited in Kellogg & Young, 2008, pp.51-52）。

　　治療目標通常是從減輕當事人目前的症狀開始，接著釐清並協助當事人檢視自己的「自動化思考」（對照現實情況、找出思考中的謬誤、協助當事人檢視自己的推論是否正確、然後當事人意識到自己是如何達成結論），並做必要之修正，最終是消除當事人思考的系統性偏誤，而讓當事人成為自己的治療師（Moorey, 2007），可以有效處理自己的困擾。認知治療是短期治療，也是學習的歷程，簡言之，治療目標有三個：㈠解除症狀、解決問題；㈡協助當事人獲得新的因應策略；㈢協助當事人修正認知架構以防復發（Moorey, 2007, p.307）。Beck認為認知治療的策略有：合作式經驗主義（collaborative empiricism，將當事人視為一位科學家、積極參與治療，此時主要是以產婆式問句進行）、引導式發現（guided discovery，從當事人目前的錯誤知覺循線去連結過去的相關經驗，去經歷新的經驗，藉此讓當事人修正錯誤信念與假設）（Beck & Weishaar, 1995）。

二、治療過程

　　基本上認知治療的程序是：（由下往上）

核心信念（如「我是無能的」、「沒有人愛我」）

↑

中間信念（指態度、規則、假設，如「我本來就是要受苦的」、「受苦總比沒有感覺要好」、「我將永遠是這個模樣」）

↑

自動化思考（如「我不能這樣待著，我必須有所行動！」）

↑

情緒、行為、生理反應（如情緒低落、關在房間、焦慮減少）

治療師基本上會從最低階的「情緒、行為、生理反應」這裡著手（Walsh, 2006, p.153）。認知治療治療師在治療過程中與當事人的關係是「合作的」、是問題導向（problem focused），有建構的、短期、有實證依據的，治療師也會主動介入，而當「證據」與想法不一致時，就表示有新的觀點會出現（Westbrook et al., 2008, p.28）。在治療過程中，擬定切實有效的執行計畫是很重要的，所謂的「切實有效」指的是：具體的、可評量的、可完成的、符合實際的、有時間限制的（Specific, Measurable, Achievable, Realistic, have a Time-frame-SMART）（Westbrook et al., 2008, p.155）。從這裡可以看出認知治療裡的「行為」元素。

治療師的主要功能是與當事人一起檢視自動化思考、假設與基模，最終目的是要讓當事人在面對問題情境時，能夠自發性地找出有效的反應方式，因此指出思考的偏誤也許還在其次，主要是這些信念是否協助了當事人達成其目標？Kellogg與Young（2008, p.51）因而簡單地將認知治療分為兩階段：

㈠建立治療關係、讓當事人了解認知治療的治療模式、了解問題與徵狀、安排關切議題的優先次序、認出「自動化思考」（或是第一層次的支持情緒困擾的認知或想法）。

㈡釐清與改變潛在的基模或信念。

近年來認知治療師會在治療初期就強調核心信念、也了解可能的假設，將注意力放在童年時發生的事件與治療關係上，同時注重當下的生活問題，稱之為「基模焦點治療」（schema-focused therapy）（Hollon & DeRubeis, 2004, p.46）。

三、治療關係

認知治療很注重治療關係，治療師與當事人是合作的夥伴，與當事人一起努力解決問題，諮商師也是一位「調查員」，引導當事人自我發現，慢慢探索當事人所關切的議題與經過，治療師會藉由評估與找證據的過程，協助當事人找出扭曲或失功能的認知，然後教當事人學會做更切實際的思考（Corey, 2009），其目的就是鼓勵當事人經由認知型態的自我檢視，可以有更多適應

性的思考（Forey & Goodrick, 2001）。諮商師最忌諱給予當事人建議該如何思考、或是直指當事人這樣的想法不對，因為還未清楚當事人的想法與問題背景就輕率給予忠告，不只會破壞治療關係、也損害了治療成果。

在臨床經驗中，我也發現：通常治療師因為實務經驗與訓練之故，有時候思考會比當事人更深入、或是在當事人還沒有想到之前就已經知道，有時候有些當事人願意傾聽治療師的看法，但是絕大部分的當事人若是還沒有領會、進展到這一點〔這就必須回到上表（p.190）的治療程序去思考〕，當事人可能會覺得諮商師沒有聽清楚、或不了解自己的實際狀況，反而對治療師不信任，這就是所謂的「步調」（pacing）問題（要注意與當事人的進度差不多，不要躐等以求），這也是要特別提醒準諮商師的，在治療過程中若有誤解或不清楚之處，正可以用來檢視可能的認知謬誤。

 ## 認知治療技術

認知治療的技巧主要是用來將資訊處理過程移往更具功能的情況，同時修正一些基本信念來避免錯誤解讀（Beck & Weishaar, 1995）。認知治療所使用的技術包含許多，除了Beck研發的治療方式與程序之外，還有放鬆練習、系統減敏、心理與情緒想像、認出與明確示範、停止思考（thought stopping）、認知重建、冥想、生理回饋（biofeedback，運用科技方式讓當事人知道自己的生理狀況，如血壓、心跳、脈搏、呼吸等數據，然後運用心理的想像方式改變這些呈現的數據）、語言神經計畫（neurolinguistic programming，經由五官來處理資訊，治療師可以運用當事人主要處理資訊的管道，例如「眼睛所見」的，來了解當事人內在世界或所要表達的為何）與「眼動減敏及歷程更新療法」（EMDR）等（Gilliland & James, 1998）。其主要使用的技巧略述如下：

一、蘇格拉底式對話

Beck的CT治療過程是採用「產婆式」（或蘇格拉底式，Socratic dialogue）的對話，主要是先定義當事人所使用的關鍵語句，讓彼此更清楚其

具體意義，然後了解當事人是依據怎樣的規則？有沒有證據可以支持？將當事人對問題的陳述視爲可以測試的假設，其主要目的是要當事人自己去思考，而不是因爲治療師的威權而接受治療師的觀點（Dryden, 1999; Moorey, 2007），可以有效地鼓勵當事人重新去看自己的情況與相關的部分，也可以改變態度、感受與行爲，所以會使用四種問話（「結果如何」、「有任何證據嗎」、「有沒有相反的證據」，以及「有無其他的看法」）（Westbrook et al., 2008, p.92）。產婆式的對話需要治療師以問問題方式蒐集有關當事人未能覺察的、自動思考的資訊（Padesky, 2004）。對話是要讓當事人可以有新的學習，其主要目的是：㈠釐清或定義問題；㈡協助當事人認出自己的想法、想像與假設；㈢檢視事件對當事人的意義，以及㈣評估若持續維持不適應想法或行爲的結果爲何（Beck & Weishaar, 1995, pp.244-245）？

二、認知技巧

認知行爲治療顧名思義在諮商過程中會運用到認知與行爲技巧，認知技巧像是「去災難化」（decatastrophizing，就是「如果……怎樣……」what if，協助當事人去準備最害怕的結果）、「去歸因」（deattribution，以可能的不同結果來測試自動化思考與假設）、「重新定義」（redefining，讓那些自認爲失控的當事人可以更有動力）、與「去中心化」（decentering，用在焦慮當事人身上，因爲他們相信自己是每個人注意的焦點）（Beck & Weishaar, 1995, pp.248-251）。

「認知重建」（cognition restructuring）的技巧包括：確認與挑戰在特殊情境下的不適應的想法，這個技巧是「當下」導向的，也就是著重在當下這個認知對於情緒與生活功能的影響爲何（Shipherd, Street, & Resick, 2006, p.99）？

認知治療運用許多策略，問題解決過程基本上是：「問題概念化」、選擇適當策略、選擇執行方式或技巧，最後是評估技巧之有效程度。此外，也會運用「認出負面自動思考」、「測試負面自動思考」、「現實測試」、「找出其他變通之道」、「重新歸因」、「去災難化」、列出優劣勢等認知技巧（Moorey, 2007）。

三、行為技巧

　　行為技巧像是測試假設、曝露治療、行為預演或角色扮演、安排活動、與家庭作業（Beck & Weishaar, 1995, pp.248-251）。所以治療師運用認知作業（包括寫日誌或紀錄）、想像之外，還有行為技巧，像是角色扮演、演練或預習、實驗、放鬆練習、冥想、呼吸控制、運動、肯定訓練等是很常見的，這些也都可以成為當事人的「家庭作業」，用來維繫或維持治療效果。此外，「安排活動」、「評估精熟度與快樂程度」、「漸進式作業」（graded task assignments），以及行為實驗等（Moorey, 2007）也在使用之列。

　　家庭作業是認知治療很重要的一部分，不僅可以用來蒐集資訊，提供將治療所學運用在生活上的機會，也可以讓當事人真正去體驗，而在給當事人作業之前需要與當事人協商並說明作業的意義與功能、清楚的方向、可能遭遇到的干擾等（Kellogg & Young, 2008, p.58）；簡言之，「家庭作業」需要：與諮商時段所發生的有關聯、合理有邏輯、符合當事人之生活情況、要有周詳規劃（並防止可能之困難或問題）（Westbrook et al., 2008, p.157）。基本上這些作業是「漸進式的」作業，也就是以減輕目標問題為目的，按照由易到難的順序依序呈現（Forey & Goodrick, 2001），這樣可以讓當事人有較多成功經驗、有信心願意繼續嘗試，也同時讓當事人培養挫折忍受力。

 ## 認知治療與理情治療的異同

　　兩位認知治療取向的創始者彼此之間有密切聯繫，他們同樣強調「信念」與「詮釋」在病態心理的發展與維繫的影響力，治療過程中包含許多教育心理的訓練，兩個理論都指出一般人都有不必要的自我困擾，因而導致自我貶低、低挫折忍受力、要求太多，甚至在不如意時有災難化思考（Ellis, 1997, p.7）。兩學派治療目標都是希望當事人最後都成為自己的治療師，治療是主動、直接、短期、注重當下與問題導向，治療是合作關係、有建構且實證性的、運用家庭作業，也需要明確指出問題與發生的情境（Beck & Weishaar, 2008, cited in

Corey, 2009, p.287）。

　　Albert Ellis的「理情治療」（REBT）與Aaron Beck的「認知治療」（CT）
仍有一些差異存在（Kellogg & Young, 2008, p.45）：㈠Ellis的治療取向基本上
是哲學性的，而Beck的治療取向是以個人科學爲依據的；㈡治療過程中，Ellis
會直接挑戰有問題的信念，Beck則會協助當事人探索思考的全面向，與當事人
一起試驗、採證，蒐集對信念支持或反對的證據；㈢Ellis相信所有的心理病學
（psychopathology）底下都以「要求」（demand）爲核心原則，而其展現形式
則是「應該」與「必須」，也強調共通的原則，因此理情行爲治療師較爲強勢
（Corey, 2009; Forey & Goodrick, 2001）。

　　認知治療師認爲失功能的信念在妨礙正常認知過程時就會有問題，而不
是直指那些信念就是失功能（Corey, 2009），其作法是邀請當事人自行選擇要
改變的關鍵認知模式與方向，治療型態較爲緩和（Forey & Goodrick, 2001），
而Beck則是將不同心理疾病與思考做連結（Kellogg & Young, 2008, p.45）。再
者，認知治療與理情行爲治療較不同之處在於治療關係，認知治療比REBT更
注重治療關係，而其使用的方式也較不強勢（使用產婆法），引導當事人可
以自行去發現自己的一些偏誤邏輯與自動思考，讓當事人成爲自己的治療師
（Corey, 2009）；另外，認知治療從「歸納」模式出發，協助當事人將解讀與
信念轉爲「假設」，然後測試其眞實性；理情治療則是從「演繹」角度出發，
直接指出非理性信念。認知學派認爲每一種困擾都有其典型的認知內容，但是
REBT卻假設所有的困擾都有相似的非理性信念。認知學派認爲問題有其功能
性，但是REBT卻視爲是「哲學性的」問題（Beck & Weishaar, 1995）。最後，
認知治療較著重於實際問題的解決，而理情行爲治療則是側重於解決問題所引
起的情緒（Gilliland & James, 1998）。

認知行爲治療與自我指導訓練

　　在Ellis的REBT與Beck的認知治療之後，一定要提到Donald Meichenbaum
的「認知行爲改變技術」（Cognitive behavior modification, CBM）與「自我指

導訓練」（self-instruction training），因為這是與這兩學派並行的治療取向，雖然沒有像前二者那般嚴謹的理論為前提，卻是治療上常常使用的策略與方式。Meichenbaum運用「認知修正」與「技巧訓練」作為因應技巧（Beck & Weishaar, 1995），所以CBM結合了認知與行為治療的主要元素，其目的是改變當事人的自我陳述（self-verbalization），而「自我指導訓練」用來發展一連串的反應模式，「認知」是反應連鎖行為中的一部分（Forey & Goodrick, 2001），主要聚焦在當事人對「自我對話」（self-talk）的覺察（Corey, 2009）；其進行方式先是讓當事人觀察與了解自己在緊張情境下的情緒行為反應，開始新的內在對話、也學習新的技巧，然後以「自我指導」的方式讓自己可以對抗消極反應，也就是使用當事人積極有效的「自我陳述」（考試不是因為我緊張，而是正常生理反應）、放鬆療法，以及對抗消極的自我陳述所採取的一系列步驟（Corey, 2009; Nystul, 2006）。Meichenbaum認為行為的改變是內在語言、認知架構、行為與結果的互動產物，個體不是負面思考與感受的受害者，而是實際也參與其中（Corey, 2009），這一點與Beck的理念相呼應。

此外，Meichenbaum最著名的還有「壓力免疫訓練」（stress inoculation training, or SIT）。一般人在面對壓力時可採用的「壓力免疫訓練」，包括資訊給予、產婆式討論、認知重建、問題解決、放鬆訓練、行為演練、自我監控、自我指導與增強，以及修正環境（Corey, 2009）。Meichenbaum認為當事人未能因應壓力，主要是對情境的不正確評估以及缺乏特殊技巧使然（Forey & Goodrick, 2001），其治療程序是把因應壓力的方法先做學習、練習之後，然後運用在實際情況下（張厚粲，1997, p.471; Nystul, 2006）。

認知行為理論的其他運用
——以「辯證行為治療」為例

有許多的諮商治療模式是在認知行為理論的大傘之下，主要就是將認知理論的主要理念與其他理論（或理念）做結合而產生新的模式，希望能夠涵蓋不同的當事人或是治療議題，達成最有效的治療結果，但是其主要概念依然

是從認知取向的基本立論而來。認知治療認爲人是內在、生物、發展與環境互動的產物（Nystul, 2006, p.247），而「辯證行爲治療」（Dialectical behavior therapy, or DBT）是Marsha M. Linehan（1943-present）所創發，結合了「生理社會學」（biosocial theory──生理與環境的互動影響一個人）、「行爲理論」（behavioral theory──是DBT的核心，包括了人類行爲的一切，如感受、思考與外在反應）與「辯證理論」（the theory of dialectics──「現實」被視爲是互相關聯的，結合了相反的力量，而且持續在改變之中）三者；此治療方式結合了佛教的觀念與認知行爲治療的策略，最先是使用在邊緣型人格違常者身上（Klosko & Young, 2004）。其內涵不僅包含技巧練習（如情緒與人際技巧）的部分，還包含了問題解決與「確認」（validation──以溝通方式肯定當事人正確的信念與情緒反應，並教導當事人如何區辨有效與無效的信念及行爲）策略（Wager & Linehan, 2006）；治療師所使用的技巧包括教導當事人情緒管理的方法、人際效能技巧、挫折忍受方式，以及正念（或「內觀」，mindfulness）技術。

家 庭 作 業

1. 運用「貝克三欄」（發生事件、當時想法、其他可能想法）的方式，檢視自己一週內發生的重要事件。

2. 與同學討論在自己遭遇不順利的事情時，常常「對自己」說些什麼？有沒有習慣性的自我陳述或思考模式出現？可以怎麼做改變？

3. 去做一件自己從未做過的小事（不能是違法或是會傷害自己或他人者），然後與同學討論。

第九章

認知行為取向諮商

——溝通交流分析與現實治療

溝通交流分析學派
溝通交流分析學派的基本理念

　　溝通交流分析理論（transactional analysis, TA）曾經在國內風行一時，創始人是Eric Berne（1910-1970）。Berne的主要興趣在溝通理論，他的理論思考受到兩個人的重要影響，包括Paul Federn讓他對自我心理學萌發興趣、思考人格的建構，而Eric Erickson提醒Berne注意社會與發展對於人格形成的影響（Lister-Ford, 2002, pp.1-2）。

　　TA是精神分析的一個簡易、完整的觀念（a simplified, holistic conception）（Lester, 1994, p.369），TA的哲學立論有三：㈠人有內在價值，也有能力去與人聯繫、解決問題；㈡人會思考；㈢人會做決定，而決定也決定了人的命運（Tudor & Hobbes, 2007）。換句話說，TA的基本立論是：人類都是良善的，每個人有能力思考，人們決定自己的命運，而這些決定是可以改變的（Stewart, 1989, p.1）。

　　TA源自於精神分析、認知行為學派，也有存在的思考、現象學的涵義（Lister-Ford, 2002），TA提供了一個人格理論、溝通理論、兒童發展理論與

病態理論（Stewart & Joines, 1987, p.3）；其所重視的不只是表面上的人際互動，還深入探索互動兩造間的心理歷程。TA有幾個發展階段：1960年代，Berne發現了三種自我狀態，在接下來幾年是著重在遊戲，看見溝通訊息下隱藏的社會意義，而第三階段則是將重心放在腳本分析（script analysis）上。1970年代則是Gouldings夫婦將完形的理念融入，創造一個「再決定治療」（redecision therapy）（Gilliland & James, 1998, pp.165-166）。由於TA主要分析的是人際互動中的一些內在動力情況，但是基本上其治療過程是以「教育」爲主要，含有極大部分的認知成分，因此將其歸在「認知行爲取向」內。

一、自我狀態模式

TA最著名的就是「自我狀態模式」（ego-state model，或稱「PAC模式」），是一組相關的行爲、思考與感受（Stewart & Joines, 1987, p.4），是個人外顯、可觀察的心理狀態（Goulding & Goulding, 1979/2008, p.13），進一步就是指：「一種感受與經驗的一致模式，直接與相對應的行爲模式有關」（Berne, 1966, cited in Stewart, 1989, p.31）。「自我狀態」基本上是借用Freud的三種人格結構做延伸，但是不同於Freud的「本我」、「自我」與「超我」是存於「潛意識」層面，TA所指的三種自我狀態是在眞實的行爲中展現的（Gilliland & James, 1998, p.167，見圖3-1），是可以觀察到的具體行爲，而「自我狀態」與個人的特殊認同有關，Freud的則是一般的，而且每一個「自我狀態」都包含 Freud 三種自我的影響（Stewart & Joines, 1987, p.17）。自我狀態將早期經驗（兒童）、重要他人影響（父母），統整到當下有效的現實上（成人）（Lister-Ford, 2002, p.2; Stewart & Joines, 1987, p.12）。

「自我狀態」主要是描述人格在內在（intrapsychic）、人際關係中的過程（Tudor & Hobbes, 2007）。基本上Berne認爲每個人在與人互動時，內在都有三種自我狀態（兒童、成人與父母），而這三種狀態會影響彼此間的互動情況與效果，也是建構一個人人格裡的思考、感受與行爲的一致系統（Gilliland & James, 1998, p.165; Jacobs, 2004, p.9）。「兒童自我」是重現當事人小時候的經驗，「父母自我」則是童年時自父母親身上所模仿學習或是借來的，「成人自

我」則是對於當下情況的直接反應（Stewart, 1989, p.30），然後將這些整合到個人人格之中（Goulding & Goulding, 1979/2008, p.13）。健康平衡的人格需要這三種自我狀態，需要「成人」來做當下的問題解決，讓我們可以成功有效地處理生活中的課題，需要「父母」讓我們可以適應社會生活，而「兒童」讓我們可以自發、創意地享受生活（Stewart & Joines, 1987, pp.14-15）。TA理論讓我們了解：內在世界不僅影響我們與他人的互動，也影響到互動模式本身（Lister-Ford, 2002, p.2）。

兒童自我（child ego state）是藉由感受與直覺的反應來尋求個體的滿足（Lister-Ford, 2002, p.21），「兒童」也是我們感受與直覺的重要來源（Goulding & Goulding, 1979/2008, p.14），有與生俱來的衝動（如愛、感情、創意、攻擊、叛逆與自發性），也往往是個人過去未竟事務的殘渣（Lister-Ford, 2002, p.59），是早期經驗、反應與對自我與他人「位置」（positions）的紀錄，提供個體「想要去」行動的動力（Gilliland & James, 1998, p.167）。兒童狀態還依功能分為「自然兒童」（nature or free child）與「適應兒童」（adapted child）兩種，前者是人類與生俱來的自然反應，包含愛、恨、好玩有趣、喜樂、氣憤與衝動，基本上少受到社會化的影響；後者是經由環境淬鍊的結果，也就是從經驗或結果裡所學習到的罪惡感、悲傷、悔恨等等，是為了生存與適應而產生的；處於「自然兒童」階段太久，會被視為失控或不負責，但是若處於「適應兒童」太久則被形容成抱怨、妥協、叛逆或勤奮的，似乎掙脫不了父母的監控（Gilliland & James, 1998, p.167），「適應兒童」的部分有許多是從非口語訊息中習得的（Goulding & Goulding, 1979/2008, p.17）。此外，在「兒童」裡慢慢浮現的「父母」稱之為「小教授」（Little professor），是本能、創意與操控的來源，其功能是協調「自然兒童」與「適應兒童」（George & Cristiani, 1995）。

「父母」則提供界限與限制來保護個體（Lister-Ford, 2002, p.21），可以是從上一代或是文化裡所傳承下來的圭臬或準則，包括許多的價值觀、禁令與應該（George & Cristiani, 1995），基本上父母是提供保護、照顧與關切的角色（Gilliland & James, 1998, p.168），也可以是從重要他人那裡所內攝的、未解

決的議題（Lister-Ford, 2002, p.58）；而父母的部分又可依其功能區分為「挑剔父母」（critical parent）與「慈愛父母」（nurturing parent）兩類，顧名思義，前者是批判責求多、後者是支持與愛護多；「挑剔父母」是壓制性的、有偏見、使用權力、嚇人與掌控型的，基本上是運用外力來逼人就範，這類父母太多可能導致攻擊型人格、太少則會造成被動消極人格；反之，太多「慈愛父母」則產生不可駕馭的性格，太少則是思慮不周、缺乏體諒的性格（Gilliland & James, 1998, p.168），此外「父母」也可以是想像的，也就是個人自己的「創造」（Goulding & Goulding, 1979/2008, p.21）。

　　「成人自我」（adult ego state）是指邏輯、理性的自我，是不涉及情感的部分，其功能聚焦在資料分析、可能性評估與做決定（George & Cristiani, 1995），主要是維持或調整情感「兒童」與僵固「家長」之間的平衡（Halbur & Halbur, 2006, p.52），會將外面世界的一切作檢視與列表，將現實情況帶入內在觀點中作考量（Lister-Ford, 2002, p.21），也像類似「裁判」的角色，試圖調節父母的「要求」與兒童的「想要」之間的平衡，提供方法與解釋理由，有點像是「觀察者」或是電腦的角色，「成人」太多則無趣、太少又不合理（Gilliland & James, 1998, p.168）。這裡的「兒童」有點像是我們「情緒」或「情感」的部分，「成人」則是「邏輯」的部分，而「父母」則是代表「道德」或「規則」的部分，可以相對應於佛洛伊德所謂的「本我」、「自我」與「超我」的功能。

　　在諮商現場，治療師首先在「初次晤談」時，就可以檢視當事人的自我狀態：㈠當事人對於諮商的感受如何（兒童自我）？㈡當事人對此的價值觀與判斷為何（父母自我）？以及㈢當事人的實際經驗為何（成人自我）？（Lister-Ford, 2002, p.23）。

　　圖9-1為「自我狀態」的圖示：

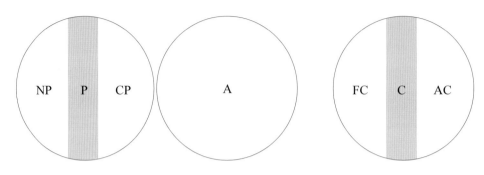

圖9-1　TA的自我狀態（引自Gilliland & James, 1998, p.167）

二、自我狀態出現問題

「自我狀態」是一種發展模式，主要是標明早期經驗（兒童）、重要他人的影響（父母），以及將前二者整合到當下的現實（成人）（Lister-Ford, 2002, p.2）。一般人可以在適當時機選擇最有用的自我狀態，且三種自我狀態會維持一種平衡，除了「資訊不足」外，自我狀態不會趨於極端（Goulding & Goulding, 1979/2008, p.24）。自我狀態出現問題有幾種情況：㈠「汙染」（contamination）——也就是個人自我狀態間的界限被破壞了，其成人狀態受到兒童或／及父母狀態所汙染，造成誤將父母或孩童狀態中的訊息當作客觀正確的資料（Goulding & Goulding, 1979/2008, p.24），個人以為自己表現出來的是某個狀態（如「成人」），但事實上不是（如表現出「兒童」狀態），就會產生偏見（來自父母狀態的汙染）或將幻想視為真實（來自兒童狀態的汙染）（Goulding & Goulding, 1979/2008, p.24）。例如：「男人都不是好東西！」（受「父母」狀態汙染）「我才不碰毒品那東西，一碰就死人！」（受「孩童」狀態汙染）「男人不可信，我不能信任任何男人！」（受「父母」偏見與「孩童」害怕狀態汙染）；㈡「排除」（exclusion）——也就是三種自我狀態中有一或兩種狀態常常控制一個人的行為，例如一個人表現出威權（「父母」狀態主控）、表現得像無情緒的電腦（「成人」狀態主控）以及不負責任的人（「兒童」狀態主控）（Gilliland & James, 1998, p.176）；㈢「三種自我狀

態互相干擾」──最常見於精神分裂症患者（例如聽見父親的聲音，但是醫生告訴他父親已死），也就是其自我狀態沒有作用，治療目標之一也就是「去汙染」，協助當事人分辨事實與幻想（Goulding & Goulding, 1979/2008, p.25）。

治療師在初見當事人時，就可以觀察與了解當事人的自我狀態為何？可以探索當事人四個面向的自我狀態，它們是行為、社會、歷史與現象學的自我狀態（Berne, 1961, cited in Stewart, 1989, p.32），不管是從行為上的觀察（如用字遣詞、語調使用、手勢、姿態或面部表情）、社會互動（從他人那裡得到的反應如何）、歷史經驗（詢及當事人童年經驗裡的重要人物），以及現象學的主觀體驗（當事人是否是在諮商現場重新體驗了當時的場景與感受）等線索得知。每個人都擁有「孩童」、「父母」與「成人」三種自我狀態，只是分配情況可能不同（例如有人有較強的「父母」狀態、較少之「孩童」）、或是自我狀態太僵化，都可能造成問題，因此協助當事人在不同情境或是面對不同的對象時，其自我狀態可以有彈性、發揮功能，也是TA的治療目標。

三、不同溝通模式

TA的治療目標就是聚焦在人們所玩的人際遊戲，而這些遊戲目的就是逃避與人互動時的親密（George & Cristiani, 1995）。TA最著名的、也是廣為一般讀者所熟悉的就是「溝通分析」，因此有必要特闢一個篇幅來說明。一般的溝通都存在著「社會」（social，或「明顯」）與「心理」（psychological，或「隱藏」）兩層訊息，前者是與說話者所處的社交圈有關，心理的訊息則是真正溝通的意義，TA學者認為：我們的溝通交流（transactions）就是內心世界的直接反映（Lister-Ford, 2002, p.115），任何溝通的行為結果都取決於心理層面，而非社會層面（Stewart, 1989, p.4），且當事人最先展現的交流，通常就是最能單純表達其目前自我的一種情況（Lister-Ford, 2002, p.25），溝通交流也是「共同創造」的關係（Tudor & Hobbes, 2007）。

㈠平行或互補溝通

在我們與人溝通過程中，常常會先入為主帶有一些「期待」出現，如果對

方反應是自己所期待的，就是「平行溝通」（parallel transactions，對話雙方有同樣的自我狀態）或是「互補溝通」（complementary transactions，對話雙方是互補的自我狀態），而其反應是適當的、可以預期的（George & Cristiani, 1995），這樣的溝通可以一直持續下去，如：

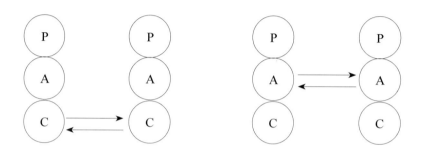

圖9-2　平行溝通

平行溝通：

【案例一】

「哇！真是漂亮！」（「兒童狀態」）

「哇！真的！酷斃了！」（「兒童狀態」）

【案例二】

「人家不想吃嘛！」（「兒童狀態」）

「你幫我吃嘛！」（「兒童狀態」）

【案例三】

「這個新聞很驚悚。」（「成人狀態」）

「我同意！」（「成人狀態」）

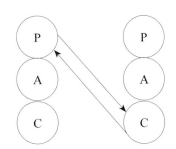

圖9-3　互補溝通

互補溝通：

【案例一】

「哇！真是漂亮！」（「兒童狀態」）

「我說嘛，妳會喜歡！」（「慈愛父母狀態」）

【案例二】

「我沒說不算！」（「兒童狀態」）

「可是做人要講信用。」（「批判父母狀態」）

㈡交錯或交叉溝通

但是如果所期待的反應沒有出現，就可能會有問題，且溝通不能持續，這是「交錯（叉）溝通」（crossed transactions，非平行溝通，接收訊息者以不同於發送者所針對的自我狀態來應對），溝通很容易陷入瓶頸或斷裂，除非其中反應者願意做適當改變，要不然溝通裡其中一方或兩者會覺得受傷、生氣或被誤解（George & Cristiani, 1995）。像是：

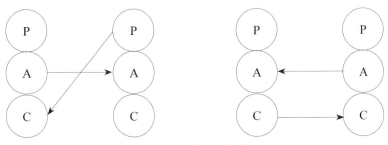

圖9-4　交錯（叉）溝通

交錯溝通

【案例一】

妻子說：「我今天不想煮了，好累！」（「成人狀態」，期待對方也可以做成人的反應，如「累了就不要煮，我們出去吃。」）

但是丈夫卻說：「妳不煮我們要吃什麼？」（「批判父母狀態」）

也可能出現另外一種情況：

【案例二】

妻子說：「我今天不想煮了，好累！」（有撒嬌的味道，「兒童狀態」，期待對方也可以做孩童的回應，如「好啊！好久沒出去吃了，我們出去吃飯！」）

丈夫說：「妳知道這個月的預算都超支了嗎？還是隨便吃吃就好。」（「成人狀態」，做合理邏輯的「問題解決」）

(三)曖昧或隱藏溝通

另外一種溝通型態是「曖昧溝通」（ulterior transactions），含有兩個層面（社會層面與心理層面）的溝通，而且常涉及兩個以上的自我狀態，溝通時一個訊息是在社會層面發出（通常是「成人－成人」），而另一個隱藏的訊息卻是在心理層面發出（像是「兒童－父母」）（George & Cristiani, 1995）。心理層面的訊息是曖昧的，也就是它所設定的自我狀態不同於社會層面鎖定的（Gilliland & James, 1998, p.171）。如：

【案例一】

店員（心理是針對顧客的「兒童狀態」，但是表面上仍維持社交禮儀的「成人狀態」）：「這件衣服是名牌，一件至少五千元起跳，我們賣得很好。」

顧客（心理上是對店員的「兒童狀態」，但表面上也維持「成人狀態」）：「沒關係，我能夠看上眼的都是一萬元起跳的。」

兩個人的對話如圖9-5所示：

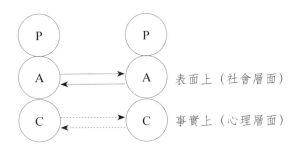

圖9-5　曖昧（隱藏）溝通（引自Gilliland & James, 1998, p.171）

　　我們社會文化裡有一種溝通模式最讓人有挫敗感的就是「隱藏溝通」（covert transaction），也就是TA所謂的「曖昧溝通」，眞正想要傳達的意思是隱藏的、不清楚的；就是說的是一回事（社會層面），但是卻指的另一回事（心理層面），這與我們是「高脈絡」文化有關（注重「關係」勝於表達內容，相對於「低脈絡文化」是注重所表達的「內容」）。例如妻子說：「你去呀，放心去玩啊！我跟孩子在家沒事！」（這裡的語調讓聽者覺得是有「陷阱」、或是其他隱諱的意思），因此當你聽到對方（表面）所說的都是「贊成」丈夫出去的意思，但是事實上眞正要傳達的卻是「你給我出去試試看！」。

　　以上的案例如果用TA的概念，可以分析如下：

　　妻子說：「你去呀，放心去玩啊！我跟孩子在家沒事！」（自己以爲表現出「成人狀態」，但是事實上語氣卻是「情緒兒童狀態」）

　　我們東方人常常顧慮到人際關係，是「間接溝通」的多，因此「隱藏（或曖昧）溝通」常常出現，說的人不想明說，因為明說了有損自己身分或是立場、或擔心破壞關係，因此就「稍微」表示，甚至表現出相反的行為，要對方去「猜測」，偏偏比較不靈敏的、或是關係較不親密的對方就會常常「猜錯」，也造成溝通障礙！就如同我聽過一個實例：一位醫師對外宣稱不收禮，第一次看診的病人就眞的當一回事了，後來家人住院之後，發現臨床也是同樣

一位主治醫師，但是醫師似乎比較「常」去隔壁床巡房，後來細問之下才知道，醫師的意思是說「他在門診的地方不收禮」，於是趕緊補上一禮，病人待遇才相當！怪不得最近流行一句話是「有關係就沒關係，沒關係就有關係」！可見「關係」之為大矣！

生活中因為要與不同的人互動，所以溝通交流幾乎隨處可見，只是並不是每個人都會留意到其中的細節。我在生活中觀察到老一輩的母親常常會有這樣的曲目出現：

「媽，我們今天難得全家聚在一起，就出去吃飯吧！」女兒說（「成人狀態」）。

「哎呀，在家隨便吃吃就好了，不要浪費錢。」母親說著就朝廚房走去（自認為是「慈愛父母狀態」，但是卻表現出「批判父母狀態」）。

「媽！不要忙了！快去穿衣服。」女兒（「慈愛父母狀態」）拉著母親，母親掙扎了一下，往自己房間走。

母親換好衣服、坐在客廳，還有點忐忑不安地道：「還是在家吃好了，隨便弄弄很快的——」（「慈愛父母狀態」）

「媽，走了！」兒子過來拉母親手臂，往門外走去（「適應兒童狀態」）。

「你們去吧，我在家隨便——」母親在跨出門口時還不忘加一句（「自然兒童狀態」，渴求對方的關注）。

在治療現場，治療師提供「互補溝通」的模式（Lister-Ford, 2002, p.25），可以了解當事人當時的自我狀態，也建立治療關係。

四、生命腳本與生命位置

TA也提到每個人的「生命腳本」（life script）。腳本是在童年早期就形成的潛意識生命計畫，是對外在影響與內在脆弱而做的反應，也會有代間傳承（Lister-Ford, 2002, p.3）；「生命腳本」是一種持續進行的心理過程，將每個經驗都賦予意義，同時也是一個「做決定」的過程（Tudor & Hobbes, 2007）。「生命腳本」的決定主要是為了「解釋未獲滿足的需求與未竟的

感受」（Erskine & Zalcman, 1979, cited in Stewart, 1989, p.23），從這個觀點看，TA就有「完形」的味道，而大部分的生命腳本是在七歲之前就已經形成（Stewart & Joines, 1987, p.5），是對於外在壓力的反應，是以非語言、情緒反應的方式儲存的（Stewart, 1989, p.16），其功能是為了存活之用，因此可能有一些謬思或錯誤，需要做適當的更正；父母親會給孩子不同的「資訊」影響孩子生命腳本的形成，「允許」（permissions）的訊息是給孩子無條件的正向安撫、有助於成長，而「腳本訊息」（script messages）則是負面、限制或破壞性的資訊，是抑制成長的（Gilliland & James, 1998, p.169）。從父母所傳達的病態訊息有兩類：㈠禁止訊息（injunction，來自父母痛苦的兒童自我狀態，包含不可告人或是痛苦挫折的需要，如「不要做」、「不要活」、「不要親近」或「不重要」等）；㈡應該訊息（counterinjunction，來自父母的父母自我狀態，其功能為限制個人，也包含宗教、種族、性別刻板印象，如「要堅強」、「要努力」、「要完美」等）。一般人容易遵守「禁止訊息」，但是同時內心未滿足需求的痛苦情緒卻依然存在（Goulding & Goulding, 1979/2008, pp.36-39）。

　　幼小的孩童將腳本決定（script decisions）組成「生命腳本」，這些決定主要功能是讓其需求可以獲得滿足、存活之用，因而常常有敵意，往往因為需求無法獲得滿足，因此會壓抑原本真實的感受，倘若將這些腳本決定帶入成年，就是所謂的「腳本信念」（script beliefs），腳本信念通常是在個人無法覺察的意識之外，因此其所表現出來的感受、行為與思考也是對幼年時候的情況作反應，而不是針對當下的情景。若要了解當事人的腳本信念為何，可以從當事人所表現出來的、當事人被養育的情況，以及其所呈現的問題等來進行了解（Stewart, 1989, pp.52-57）。

　　孩子在語言發展之前與之後所做的腳本決定會有所不同，也可能會運用後來的決定（counterscript或「相反腳本」）來保護之前的決定，前者主要是反映了當事人文化背景與自身受養育及教育的結果，也就是協助當事人適應社會要求的腳本（script proper或「適當腳本」），而後者是以具體或想像為基礎、較為籠統、是生存所必要的（Stewart, 1989, pp.52-57）。例如當事人的「適當

腳本」可能是「我不應該存在」,而其後來的「相反腳本」可能是「我不應該存在,但是只要我努力,我就可以存在」。Gouldings與Gouldings(1976)列出了以下十二項「適當腳本」,它們是:「我不能存在」、「我不能是我自己」、「我不能是小孩」、「我不能長大」、「我不能成功」、「我什麼都不能做」、「我不能是重要的」、「我不能屬於誰」、「我不能跟人親近」、「我不能健康」、「我不能思考」、以及「我不能有感覺」(cited in Stewart, 1989, p.59)。當然也有人隱藏著極端的腳本(自殺「傷」或殺「傷」人、與瘋狂),這是TA所說的「逃避的閘門」(escape hatches),是最具悲劇性的結果,諮商師自然要處理這樣的情況,因此有必要協助當事人取消這樣的腳本,而且是以「成人」狀態訂下的契約與承諾(Stewart, 1989, pp.82-92)。

所謂的生命位置(與生命腳本有關)有幾種:⑴我好你好(I'm OK-You're OK)──兒童剛踏進這個世界的感受,這是「贏家」(winner's)的腳本;⑵我好你不好(I'm OK-You're not OK)──兒童不被善待,這是「偏執狂」(paranoid)的腳本;⑶我不好你好(I'm not OK-You're OK)──兒童的需求沒有被滿足,這是「沮喪」(depressive)的腳本;⑷我不好你也不好(I'm not OK-You're not OK)──缺乏安撫或獲得極度負面的安撫,這是「無望」(hopeless)的腳本(Gilliland & James, 1998, p.169),也是治療時「自我狀態的功能分析」(functional analysis of ego-states)裡的內容(Stewart & Joines, 1987, pp.21-26)。

五、安撫、雜渣與遊戲

Berne(1961)強調「渴求刺激」(stimulus-hunger,刺激的需求及與人接觸)是發展的必要因素(cited in Stewart, 1989, p.16),因此個體會尋求正向或負向的「安撫」(strokes)(包括身體與情緒的),用不同的方式來滿足所需要的「安撫」,而這些生命腳本會讓個人玩弄不同的「遊戲」(games)(遊戲是重複的行為模式,且導致我們所熟悉的「不良」感受)(Lister-Ford, 2002, p.3)。在每個人的腳本裡,個體對當下的壓力做反應,而這個反應就是重現童年時所用的策略(Stewart, 1989, p.21)。「遊戲」也是一種「交流模

式」（transaction pattern），其目的是獲得每個人想要的「安撫」，這個「安撫」類似阿德勒學派的「認可」（recognition）動作，也就是每個人都需要被看見，而當自己認為好的部分沒有被認可（「社會有益」的方向），可能就朝「社會無益」的方向作為，但是總比不被看見好。諮商師要謹慎調整其所提供的「安撫」是否切合當事人的個性？像是害羞的當事人可能需要一個低調的安撫，而善於表達的當事人可能就需要較為明顯的安撫（Lister-Ford, 2002, p.24）。

　　每個人都需要「安撫」作為人際互動的基本動機，也是心理健康的重要指標（Gilliland & James, 1998, p.168），如果未能得到自己想要的「安撫」，就可能造成負面情緒的結果，稱之為「雜渣」（rackets，或「扭曲的感覺」）。「雜渣」意味著個體在生命腳本裡所重複的行為、想法與感受模式（Stewart, 1989, p.21），這些「雜渣」通常是幼年時自父母親身上所習得的、用來確定自己「生命位置」的不良或負面感受。「雜渣」通常是個人原生家庭中不被允許出現的感受替代品，而一般人喜歡蒐集一些自己偏愛的「雜渣」，像是罪惡感、憂鬱、笨拙等來增強與確認自己的生命腳本，這些特別品牌的「雜渣」又謂之「交易郵票」（trading stamps，就像是我們集點去超商換取贈品一樣），代表某種結束遊戲時的特定情緒反應，結果可能造成暴力相向或哭泣，更可怕的是失業、官司纏身、自殺、謀殺等（Gilliland & James, 1998, p.172; Stewart, 1989, p.26）；像是嬰兒想要獲得母親的注意卻不成功時，可能就是以發脾氣的方式來作反應，使得他／她以「氣憤」來替代原來的「害怕」感受，也就是孩子會認為只有用生氣的方式才可以滿足他／她的需求，而母親的反應可能是大叫，但是至少有反應、也獲得注意了，因此等到孩子長大成人後，會重現類似這樣的兒時策略。大部分的「雜渣」是反映了個人的腳本信念，然而有時候也是對抗或反撲腳本信念的表現（Stewart, 1989, pp.24-25）。

　　治療師處理「雜渣」的方式就是破壞其惡性循環（信念→壓抑的感受→增強信念），以新的選項來取代，也就是可以修正腳本信念、解決隨著信念而來的感受（Stewart, 1989, p.28）。而TA所謂的「真實感受」只有四種（生氣、悲傷、害怕與快樂），除此之外都是「雜渣」，但是這些「真實感受」有時候也

不是真的，治療師可以從當事人所處的環境脈絡（不同情況下都重複同樣的情緒），以及該情緒未能達成解決問題之目的等，來辨識此情緒是否為真實感受（Stewart, 1989, pp.68-69）。

「安撫」基本上是人際互動背後的最主要動機，因此人們會彼此玩「遊戲」，來獲得自己想要的「安撫」（Halbur & Halbur, 2006, p.53），其形式可能是語言、身體或心理（George & Cristiani, 1995）。遊戲是一連串互補的「隱密（或曖昧）溝通」，朝向一個可預測的結果（Tudor & Hobbes, 2007），「遊戲」是以交換「雜渣」開始，可以一直持續下去，結束時玩遊戲的人感受都很不好，除非其中一人突然改變了角色（像是由「受害者」變成「加害者」），遊戲才會停止（Stewart, 1989, pp.72-73）。玩遊戲其中一方會覺得不舒服（產生「雜渣」或「扭曲的感覺」），其目的是想要改變他人（Goulding & Goulding, 1979/2008, p.35），而這些心理遊戲就是將腳本「付諸行動」的表現（Lister-Ford, 2002, p.68），但都不是在成人狀態的覺察下進行，代表受到以往未竟事務的影響（Goulding & Goulding, 1979/2008, p.32），然而「雜渣」累積到最後可能會到不可收拾的局面（如自殺）（Goulding & Goulding, 1979/2008, p.35）。我們也可以用「交換理論」（exchange theory）來說明人際關係一樣，人們藉由獲得與取得「安撫」的方式來增進自己的生命位置、生命腳本、自我功能與交流等等（Gilliland & James, 1998, p.169; Stewart, 1989, p.72）。TA治療目標之一也是協助當事人去除「雜渣」，讓當事人可以有真實、好的感受（Goulding & Goulding, 1979/2008, p.35）。

六、TA治療目標與過程

Eric Berne把一般人的生活方式分為六種，它們是：退縮（如做白日夢或睡覺）、儀式（如參加典禮或日常生活習慣）、消磨時間（如聊天、逛街）、活動（如工作、運動）、玩心理遊戲（交換安撫或累積雜渣）與親密（與人真誠的互動）（Goulding & Goulding, 1979/2008, p.31）。Berne原先的治療目標是要讓當事人達成社會控制（不管是徵狀或是失能行為）、徵狀解除、移情療癒（transference cure）與腳本療癒（script cure），而目前TA的治療目標是「自

主」（autonomy，也就是爲自己的感覺與想法負責），並發展「覺察」（自我）（awareness，成人狀態的自我覺察，以破除成人－孩童的迷思）、直覺或「自發性」（表達）（spontaneity，整合成人自我狀態的自然感受、認知與行動）與「親密」（關係）（intimacy，以「如是之我」對所關心的人開放與親密）的能力（Lister-Ford, 2002, pp.3-4; Tudor & Hobbes, 2007）。換句話說，TA的主要治療目的就是讓當事人了解自己的生命腳本、所玩的遊戲、累積的「雜渣」，以及不同形式的「交流」，然後進一步才願意做一些改變，採用新的與人互動的方式。

　　TA尊重所有人、注重個人責任（個人責任在於展現選擇的力量），也認爲改變是可能的（Lister-Ford, 2002, pp.6-7）。TA是「做決定」的過程，也視「責任」爲治療關鍵，它是「契約」關係，也因爲有一些通用的詞彙要使用，因此「教育」當事人就是諮商中很重要的元素。在治療過程中，就會蒐集與分析以下這些資訊：交流（transactions）——人們彼此所言所行；腳本（script）——從兒童早期衍生的行爲回饋、持續影響目前行爲的；遊戲與不良結果（games and cons）——與他人不良的交流，也導致個人要付出的不良結果；建構（structures）——每個人不同的自我狀態（Gilliland & James, 1998, p.166）。

　　TA並不將治療重點放在情緒的宣洩上，因爲情緒宣洩不一定具有治療效果，而且可能會讓當事人更陷入、確認其腳本信念；也許在治療初期，治療師會讓當事人做適當的「雜渣」情緒宣洩，目的是要找出當事人可能隱藏的信念，諮商師最重要的工作則是讓當事人將「雜渣」情緒的發洩轉爲「眞誠」感受（也是將「情緒」的責任由外在因素轉爲當事人自己的責任），而這樣的情緒轉換正是改變（也就是「再決定」）的開始（Stewart, 1989, pp.126-128）。

　　有效的TA治療師善於觀察，尊重自己與他人、相信自我的責任與自主、謙虛與眞誠，也展現不同的溝通型態，像是干擾（interruptive）、直接、詢問（requestive）、滋養或重視情緒等（Tudor & Hobbes, 2007）。TA諮商師也注意同理，而治療師自我感受的「重新調整」（retune）也很重要，留意當事人最初的溝通模式可能就是自然展現當事人很重要的交流型態，同時也與當事人

建立「互補」的溝通模式（Lister-Ford, 2002, pp.19-20）。Berne鼓勵諮商師努力「治癒」或「轉換」（cure or transformation），也就是超越人類的環境、過去歷史與內在的自我毀滅驅力與衝動，因此就不需要藉由心理遊戲或依循腳本訊息而重蹈覆轍，也因而解除了下一代的歷史負擔（Lister-Ford, 2002, p.8）。

有效的TA介入方式就是面質當事人的生命腳本，邀請當事人可以慢慢走向自主，諮商師不斷地呈現給當事人在自己成長的現實中可以取得的其他選項，同時也邀請當事人在所處的現況中測試其腳本信念（Stewart, 1989, p.27）。若要造成改變，TA強調治療師選擇的介入方式、與當事人所訂立的契約，以及對當事人的診斷這三者形成了「治療方向」，這是有效的處置計畫所必須（Stewart, 1989, p.9）；而TA也強調當事人對自己感受、想法與行為及改變的責任，因此治療師在諮商過程中與當事人的責任分攤也是契約內容之一（Stewart, 1989, p.2），基於「我好你好」的哲學立場，每個人必須為其決定與行為負責任，因此TA的治療關係是平等的，而且治療契約中所使用的語句是正向的、沒有負面（如「不要」或「停止」）的字眼，同時也會提供至少另一個行為改變的選項或目標，來替代原本要改變的負向行為（Stewart, 1989, p.94, pp.97-98）。

讓當事人學習區辨自我狀態的功能也是必要的，主要是從使用的字彙、音調、語氣、音量、說話速度、身體姿勢的改變等判斷，而當事人的自我狀態改變之後，也會發現其身體姿勢的改變；在當事人覺察自我狀態的改變之後，就愈能夠了解自己的感受、生命腳本與所玩的心理遊戲（Goulding & Goulding, 1979/2008, pp.26-27）。從了解「交流」到「交流分析」（transaction analysis），就可以更了解每個人內心與實際互動的情況、在玩哪些遊戲、承受了哪些不好的感受，而這些是從哪裡來的？然後協助當事人是否要做一些改善？重新撰寫自己的生命腳本，這就是TA治療過程。

TA諮商有五個步驟：㈠讓當事人說故事——此階段的治療同盟開始發展；㈡當事人開始發展頓悟與覺察——他們開始了解自己問題的根源，情緒也開始浮現；㈢修通（working through）階段——埋藏的情緒、相關的記憶會出現，此階段會出現焦慮；㈣再決定階段——當事人開始放開自己腳本角色、做

選擇，以及決定要做怎樣的人、過怎樣的生活；與㈤後續與結束諮商（Lister-Ford, 2002, pp.11-12）。另外，Woollams與Brown（1979）提供七個步驟的治療（cited in Gilliland & James, 1998, p.179）：促發動機、覺察、治療契約、孩童狀態的解惑（deconfusing the child）、重新決定、重新學習、結束，也就是治療師必須要在治療過程後段挑戰或面質當事人「不合時宜」的生命腳本，讓當事人看清現實的狀態為何，且以其目前所用的資源重新做適當的決定。諮商師會「阻斷」（block）當事人企圖要治療師繼續「安撫」他／她的「雜渣」感受、肯定當事人的早期信念，而積極協助當事人以「成人」的功能重新做決定（Stewart, 1989, pp.109-116; Tudor & Hobbes, 2007）。

　　不同的諮商學派可能針對某些議題或當事人的效果較佳，那麼誰不適合接受TA的諮商呢？Lister-Ford（2002, pp.41-42）提出以下幾個條件：不願意或無法做自我反省者，不能掌控自己情緒者，希望擔任被動當事人者，不願意去思考新的觀點或可能性者，不願意或無法面對治療過程中必然會產生的心理傷痛者，以及不願意進入諮商、但卻因其他理由（如誰的建議或轉介）而來談的當事人。

七、再決定治療

　　從TA衍生的另外一派叫做「再決定治療」（re-decision therapy），是由Mary Goulding與Robert Goulding夫婦所創發，基本上當事人在治療過程中要了解他們在童年時期所學習到的規則是如何影響他們目前生活的？而現在他們有機會將一些不適用的規則做一些改變，也就是協助當事人擺脫早期決定的限制，重新做有效的決定（George & Cristiani, 1995）。

　　每個人在幼年時期都會將父母親所教育我們的一些生活規則（該做與不該做，像是「不要做女生」、「不要犯錯」、「不要這麼孩子氣」、「不要靠近我」）內攝（射）（injunction）到自己內心裡，然後從此以後就遵循著這些規則過生活，以獲取他人的認可或接納，但是這些規則若一直沿用下來、沒有經過檢視或修正，後來甚至會影響到個體日常生活的運作與功能，因此治療師就會引導當事人重新去經歷（re-experience）早期發生事件的場景（scene），

然後重新做更適當的決定（Corey, 2001, pp.124-128），也就是著重在「當下」（Goulding & Goulding, 1979/2008, pp.4-5）。

所謂的「腳本治療」（script cure），最棒的是讓下一代自過往的負擔中解脫出來（Lister-Ford, 2002, p.8）。以前所決定的腳本可能是錯誤的，需要做適當的修正，才可以讓當事人過更好的生活，那麼就有必要將過去、不合時宜的決定重新審視，看看是否需要以更新進、有效的決定與腳本來取代？也就是先協助當事人破除一連串的癥結（情緒技巧），讓他了解自己過去的思考、感受與行為模式，是如何影響其目前的生活？也讓當事人體驗自己內在小孩的部分，喜愛自己小孩的這個部分、在安全感足夠的情況下，可以重新做決定與改變，包括改變安撫的型態（而不需付出不必要的代價），以及擁有彈性、發揮功能的自我狀態（Goulding & Goulding, 1979/2008, pp.6-8）。Goulding夫婦（1979/2008）喜歡採用團體的方式進行治療，因為㈠讓團員可以生活在一起幾週，不僅可以讓其彼此互相支持鼓勵、做練習；㈡還可以在某團員突破某癥結之後，決定「暫停」治療空間，讓團員有機會回味之前的收穫、沉澱自己的感受（Goulding & Goulding, 1979/2008, pp.6-7）。

此外，「再決定治療」會從孩童的自我狀態來處理「癥結」（disease，被不同力量拉扯而卡住，因此無法解決問題）。所謂的「癥結」有三種：㈠當事人父母自我狀態與孩童自我狀態的掙扎（問題出在「應該訊息」），孩童為了獲得父母的認同與安撫，依照父母的要求來做，但是忽略自己真正的需求；㈡父母親的父母自我狀態發出的「應該」訊息與其孩童狀態發出的「禁止」訊息時所做的決定，當事人很頑固地堅守著，不能放鬆或是自由；㈢當事人認為自己生來如此，起因在於接受禁止訊息時年齡太小、或是訊息太隱諱了（Goulding & Goulding, 1979/2008, pp.47-51）。

Stewart（1989）提到「再決定治療」的幾個步驟（pp.139-156），包括：㈠建立清楚的晤談契約；㈡邀請當事人重新去體驗新近所發生的場景（也就是當事人來尋求諮商的主訴問題、設定諮商目標）；㈢邀請當事人重新體驗早期經驗裡與目前相關的場景（讓其問題鮮明化，並知覺要改變的需求）；㈣讓當事人停留在「孩童自我」狀態時，也了解目前他／她所有的資源為何（覺察當

下現實情況）？㈤邀請當事人停留在「孩童自我」時，以目前的資源來重新做決定（邀請當事人做出正向的陳述，並釐清做了新決定之後可能的擔心）；㈥請當事人回復到「成人自我」狀態，在當下確定他／她所做的新決定（讓當事人可以連結他／她的「成人」功能與新的「孩童」決定）；㈦執行當事人「成人」狀態的決定（「成人」針對改變的討論，唯有「認知」與「感情」的結合才能達到長效）；㈧重新協定新行爲的契約內容，也就是邀請當事人不斷練習與執行新的決定（新的決定只是開啓改變之門而已，需要後續新行爲的練習，才能眞正達到改變之目的）。Goulding夫婦較喜愛先探索「禁止」訊息、早期決定、雜渣，較不重視生命腳本（Goulding & Goulding, 1979/2008, p.43）。

「再決定治療」融合了TA與完形的理論及技巧（易之新，2008, pp.4-5），治療師擔任見證人與催化員的角色，與TA不同之處在於：㈠孩童並不完全是被動接受父母的訊息，而是經過自己的「選擇」；㈡同時運用情緒與認知技巧，不像TA較鍾情於認知層面；㈢認爲自我狀態的發展是終其一生都在進行的，是從過去到目前經驗的總和，而不是只限於幼年期的發展而已；㈣治療第一步不是分析自我狀態，而是先處理問題，再用自我狀態的觀念來解釋；㈤一般TA治療師認爲人們受制於自己的人生腳本，因此治療師需要以「再撫育」（reparenter，很強的「父母自我狀態」）的角色協助當事人重寫腳本，但是Goulding夫婦不以爲然，他們認爲既然我們能在幼年時寫下腳本，就能靠自己的父母自我狀態來重寫腳本（Goulding & Goulding, 1979/2008）。而「再決定」只是一個開始，因爲「再決定」之後當事人開始使用新的思考、感受與行動，治療師也期待當事人可以不斷練習「再決定」，成爲自己生命的主掌者（Goulding & Goulding, 1979/2008, p.369）。讀者有興趣可以閱讀《再生之旅》（心理出版社）一書，內容有個案實例、簡單明瞭，也很幽默、充滿創意。

八、TA學派運用的治療技術

TA治療重視過程（Tudor & Hobbes, 2007），因爲承自完形與精神分析，因此其諸多技術也沿用完形學派的治療，包括「空椅法」（讓當事人不同的自我狀態做直接對話，用來宣洩情緒或是增強「成人」之功能）（Goulding

& Goulding, 1979/2008; Lister-Ford, 2002）。此外，也著重「當下」的體驗，注意情緒與身體的感受，運用積極想像，同時鼓勵許多的創意（如Goulding夫婦），提升當事人成人狀態的覺察（免於成人－孩童的汙染），讓當事人去接觸自己「內在的小孩」（早期經驗的殘留）可以更清楚當事人的腳本與早期決定為何（Goulding & Goulding, 1979/2008; Lister-Ford, 2002）？

九、TA的貢獻與評價

TA算是一種「社會精神病學」（social psychiatry），重視自我與他人的社會面向（Tudor & Hobbes, 2007）。人際互動是人類生存與人類社會非常重要的特色，因為沒有人是孤島，即便是存在主義也特別注意到人際互動，而「人際關係」也是心理健康的一個重要指標。我們在臨床工作中最常碰到的也是人際的議題，廣一點的範圍是一般的人際相處，窄一點的則是家人與親密關係的經營，可見人際關係是多麼重要的生活面向，也是許多人所關切的議題。

每一種人際互動都是一個「交流」（Halbur & Halbur, 2006, p.53），因此TA之所以風行，不是沒有道理，況且它還深入去了解人內心裡的動力狀態！而在TA治療中所使用的許多觀點，並不限於人際互動，TA以「社會精神病學」的社會覺察及反歧視為精神，希望可以成為社會改變的代言人，因此倡議平等的治療關係，也使用非精神醫學的簡單易懂語言，讓當事人可以有情緒與人際關係的能力（Lister-Ford, 2002, p.9; Stewart & Joines, 1987, p.8）；也因為Berne強調「開放溝通」，因此TA治療師特別注意與當事人的直接溝通（Lister-Ford, 2002, p.10）。

TA強調治療契約用來引導治療方向，諮商師與當事人是夥伴關係；TA讓當事人可以很容易了解與運用其理念來分析其人際關係；而TA也讓心理動力治療少了許多神秘色彩，讓不同文化背景的人也可以從具體的圖形中去了解其理念（Gilliland & James, 1998, p.195）。在治療過程中，TA尊重當事人、採取開放溝通（強調諮商師在治療過程中可以說的一切，也都可以直接跟當事人說），甚至在治療開始就讓當事人了解治療進程與步驟。TA不執著於既定的技巧，鼓勵治療師的創意，對TA的一些批判如太簡單膚淺，容易被誤用（少

數治療師只是濫用那些名詞、或是只重分析、忘了去改變行為）（Gilliland & James, 1998, p.195）。此外，其未將靈性層面納入理論中，「療癒」的觀念也過於保守、傳統，以「核心家庭」出發的論點也受到質疑（Tudor & Hobbes, 2007）。

 ## 現實治療基本理念

　　現實治療是由葛拉瑟（William Glasser, 1925-）所創發，由於Glasser（1990）將治療過程視為一不斷前進的歷程，又稱之為「行動治療法」（引自張傳琳，2003, p.92），因此我將「現實治療」放在認知行為取向理論中，當然Glasser也自其他學派那裡取用了一些理念作為現實學派的基礎；而「選擇理論」（choice theory）就是現實治療的骨架（Glasser, 1998）。一般習慣將Glasser的理論解釋為「3R」（就是Reality「現實」、responsibility「責任」、right & wrong「對錯、道德」），如同其他學派一樣，當事人必須清楚知道自己要的是什麼、為自己的選擇負起責任（responsibility），依據現實條件與資源（reality）採取適當的有效行動，也要注意是否符合社會規約與法律（right & wrong）。Glasser（1975）定義「現實」包括我們生存世界的限制，對當事人來說現實固然痛苦殘酷，但是會慢慢改變，「責任」則是無法滿足基本需求的表現（但是同時不能剝奪他人的權利，這就是「道德」），也因為「討論」不負責任的行為無濟於事，因此需要積極「行動」，改變才可能產生。

　　Glasser（1975, pp.51-71）曾指出其治療不同於傳統心理治療（主要是指精神分析）之處：㈠傳統治療相信心理疾病的存在，而且可以做有效分類，但是現實治療師認為當事人被貼上「心理疾病」的標籤，就不能負責地與治療師合作，而診斷只是用來選擇合適的處置方式；㈡傳統治療會將深入探索當事人的過往歷史、以了解病因，但是現實治療儘量不涉及當事人的過去，因為了解原因無助於改變現狀；㈢傳統治療處理移情的問題，現實治療則以真實自我與當事人連結；㈣傳統治療強調當事人必得了解自己潛意識的情況，獲得頓悟之後才可能改變，而現實治療並不侷限在潛意識的衝突裡；㈤傳統治療避免接觸

諮商理論與技術

道德議題，但現實治療強調行為的道德責任；㈥傳統治療不重視「教育」的成分，而現實治療聚焦在教導當事人有效滿足需求的方式；㈦傳統治療的治療師與當事人儘量維持客觀、疏遠的治療關係，但是現實治療師卻是全心投入。而Glasser（1998, pp.116-117）認為：㈠治療不需要去長期探索問題，因為問題通常都是不滿意目前的關係；㈡既然問題是存在當下，就不需要花太多時間去調查當事人的過去；㈢傳統治療會花很多時間在探問與傾聽當事人對徵狀的抱怨，這也是當事人選擇在目前所做的，但是「選擇理論」要教當事人我們唯一可以控制的就是自己。

一、關係決定一切

早期Glasser認為當事人尋求治療是因為無法滿足基本需求所產生，徵狀的嚴重性也表示了需求未能滿足的程度，而且所有當事人的共同特徵是「否認周遭現實世界」，因此其治療目標就在於協助當事人接受現狀、在現實世界中滿足其需求（Glasser, 1975）。Glasser認為個體失功能都是因為不滿意目前的關係而起，也就是當事人選擇了無效的方式去滿足自己的需求，但是卻造成了不滿意的關係，因此治療師的功能就是引導當事人可以做更有效的選擇，採取更有效的方式來滿足自己的需求、以維持滿意的關係（Glasser, 1998; Corey, 2009）。

Glasser認為每個人都有一些基本需求（生理與存活、愛與被愛、有權力、自由與玩樂）需要滿足，只是每一項需求的強度不同、滿足需求的能力也不同，他也認為「愛與隸屬」（才會感受到自身與他人的價值）是最重要的需求（Corey, 2009; Glasser, 1975）。

Glasser原本是以「控制理論」（control theory）作為理論基礎，用來解釋我們大腦的功能（大腦持續監控我們的感受，以決定我們該做些什麼來滿足自己的需求，也會調節我們的行為以改變周遭世界），後來改為「選擇理論」（張傳琳，2003; Corey, 2009）；在「選擇理論」裡他將原本「現實治療」裡的「愛與價值」（love and worth）擴增為目前五種需求（Glasser, 2000, p.226）。心理的需求存在大腦的皮質層（或是「新腦」，new brain）中

（Glasser, 1995），這些需求都是個人主觀的定義與認定其對個人的重要性，因此而有所取捨，甚至會犧牲某些需求去滿足另一個更重要的需求（讀者可以去思考「爲何家暴受害者不願意率然離家」，就可以理解是不是「愛與隸屬」的需求強過「生理與存活」？）。像是有人認爲「權力」最重要，但是有些人卻認爲「愛」是擺在最優先的位置，而我們所表現出來的行爲就是滿足這些需求的工具（Halbur & Halbur, 2006, p.68）。

　　這些需求可以參照馬斯洛（A. Maslow）的需求階層論（need hierarchy）來做比較，馬斯洛將需求自最低階層排列到最高階層（生存－愛與隸屬－自尊－自我實現），低階需求滿足之後，才會產生較高階的需求，但是Glasser對需求沒有這樣的解釋。Glasser與馬斯洛在前兩個需求（生存、愛與被愛）上是相同的，但是後三者不同；我們也可以這樣解釋：「自尊」就是感到「有權力」的一種形式，也要有權力才可能達到「自我實現」，而人性中除了嚴肅的生命任務之外，還有想要「自由」、「玩樂」的成分，才會覺得「快樂」、「有意義」！Glasser認爲「愛」與「歸屬」是一切需求之源，許多的心理疾病產生也是因爲無法獲得「愛與歸屬」的滿足（張傳琳，2003），運用在治療現場，就可以想見Glasser注重治療「關係」的意義了！

　　因爲每個人的生活世界都在變動，因此也需要重新學習不同滿足需求的方式（Glasser, 1975）。固然每個人的需求或有其優先次序（取捨），但是並不一定所要的需求都可以獲得滿足，例如一位母親希望可以掌控一切（「權力」需求），因此從小就要求孩子要順服、不能有自己的意見，但是孩子會長大，有些孩子會考慮到母親的「愛」最重要，因此雖然心裡不舒服，但還是順從不忍違逆，可能在外人眼中看來就是怯弱、沒有自己的主張；而倘若其中一個孩子覺得「自由」比較重要，也希望擁有自己決定的「權力」，那麼就可能與母親的期待不同，母子之間常起衝突、彼此敵對不說話。從這個例子也可以了解：許多人的困擾都是因爲企圖想去控制「不能控制」的情境而產生；如上例中的母親企圖讓孩子遵從她的決定與想法，但是孩子卻有自己的思考、希望母親可以了解，雙方都是想要「掌控」不能掌控的，因此才會出現困擾與爭執。現實學派的理論是：需求不能獲得滿足，主要是因爲採取行動所產生的效率不

讓人滿意之故。Glasser認為，每個人都有選擇權，而選擇讓自己需求獲得滿足的能力就是決定一個人身心健康的關鍵因素。

二、選擇理論與優質世界

Glasser以「選擇理論」為現實治療的理論基礎，而「選擇理論」是一種內在控制的心理學（internal control psychology），解釋了我們為何與如何為自己的生命做決定，我們所選擇的行為也都源自於我們的腦袋（Glasser, 1998, p.7）。Glasser曾經描述「憂鬱」要付出許多可怕代價，「選擇憂鬱」的當事人是：㈠憂鬱與其他疾病一樣包含著許多的忿怒；㈡這個「憂鬱」行為是一種強有力的求助訊號；㈢憂鬱行為讓我們不去做我們擔心會失敗的事（Glasser, 1998, p.145）。Glasser相信：㈠人們選擇某種行為而進入治療，是因為他們努力去解決目前的、不滿意的關係；㈡治療師的工作是協助當事人選擇新的、促進關係的行為，去真正滿足其基本需求；㈢為了滿足每一種需求，我們需要與他人有良好的關係；㈣現實治療是著重在「當下」（此時此刻的）；㈤雖然每個人都曾經受創，但是卻不一定要成為受害者，除非我們自己選擇成為受害者；㈥當事人選擇的痛苦或徵狀並不重要，因為那些徵狀會讓當事人逃避真正的問題；㈦現實治療目標是去創造一個治療師與當事人之間一種「選擇理論」的關係，藉由這種滿意的治療關係，讓當事人可以學習如何改善不良關係（Glasser, 1998; Glasser, 2000, pp.22-23）。

我們所有的選擇都是當下我們認為最佳的選擇，只是有些「創意」的選擇卻有許多不良後果，我們的快樂來源就是與人的關係，倘若關係不能滿足我們的需求，就可能尋求「不需要關係」或「非人」（nonpeople）的快樂（Glasser, 1998）。

「選擇理論」也說明我們的需求不是「直接」被滿足的，而是我們自出生開始就注意到做哪些事會讓我們「感覺良好」，然後將這些資訊都儲存在大腦裡，於是大腦裡就建立了一個我們的「想要」（wants）檔案〔稱之為「優質世界」（quality world）〕，優質世界裡包括了我們對於特殊人物的意象、活動、事件、信念、擁有的東西與情境，構成了我們生活的核心，而「人物」就

是我們優質世界裡最重要的元素。有些圖像在我們的大腦裡是不清楚的，因此導致我們不知如何選擇，治療師的工作之一就是協助當事人列出優先次序，然後可以有效執行（Corey, 2009）。

我們的「優質世界」是我們自己的桃花源或是理想，也是我們希望可以在現實生活中達到欲想的世界；「優質世界」也是我們生命的核心、行爲最直接的動機，我們的優質世界裡最重要的一幅圖畫是我們看自己的樣子；自殺意念的出現主要是當我們不能與自己的優質世界裡很重要的圖畫連結時（Glasser, 2000, pp.78-83），像是想要與自己愛戀的對象結縭（優質世界），卻因爲種種因素不能如願。

我們的優質世界通常分爲兩種圖像，一種是有一點理想性的，另一種是極端理想性的，通常我們會先將最理想的圖像拿來比較，發現自己不滿意（通常就有「生氣」的情緒），然後才會拿較爲理想的圖像作比較，這樣我們才會覺得容易達成；我們通常不喜歡與他人分享我們的「優質世界」，甚至連最親近的人都不可能，主要是害怕這些人不能夠支持我們想要的（Glasser, 1998）。每個人所覺知的現實不同，主要就在於每個人理想中的「優質世界」圖像迥異，這個小小的、私人的「優質世界」是從小就開始創造與再創的，而且會持續終生，其所積存的就是我們認爲滿足需求的最佳方式；大部分的人會將這些圖像一直保留下來，除非哪一天我們認爲它們再也不能滿足我們的需求爲止（Glasser, 1998）。

三、行爲與語言

我們隨時都在「行爲」（behaving），現實治療所謂的「全部行爲」（All behavior）就是我們努力去滿足自己需求的最佳企圖，是由不可分割的四部分所構成──行爲（acting）、思考（thinking）、感受（feeling）與生理（physiology）（Glasser, 1998; Glasser, 2000, p.65），這四部分都是同時發生的，因此行爲都是有目的的，用來讓我們「想要」的與實際要達成的落差縮小（Glasser & Wubbolding, 1995; Corey, 2009）；而每一部分都有其創造能力，創意可以分爲壞的或好的，像是我們說壞的創意可能是「心理疾病或瘋了」，好

的創意則是「天才」（Glasser, 2000）。人類的全部行爲就像是汽車的四個輪子，前輪是「行動」與「思考」，後輪是「感覺」與「生理狀態」，而前輪的運作可以帶動後輪的傳動，任何一個行爲的改變也都可能牽動其他行爲之改變（張傳琳，2003）。人因爲內在需求而產生「行爲」，因此每一個行爲都有其目的，治療師的工作就是協助當事人可以用有效率的方式獲得需求的滿足，或是發展更令人滿意的選擇（Glasser & Wubbolding, 1995）。

　　Glasser的理念是：我們的行爲是自己主動選擇的，而我們唯一可以掌控或改變的也只有自己的行爲，但是我們在生活與諮商場域中，卻常常碰到不願意爲自己所選擇、所做的行爲負起責任來的人，甚至是希望他人改變，像是怪罪他人讓自己日子不好過，這也是Glasser起初認爲患者需要「治療」的原因，因而Glasser特別強調人選擇行動的「主動性」，他使用了「I am depressing」來替代「I am depressed」，就是這個涵義。在現實治療裡，諮商師少問「爲什麼」的問題，比較常問「什麼、你在做什麼」的問題，主要是因爲「爲什麼」暗示當事人行爲改變的理由，然而事實上卻非如此（Glasser, 1975）！治療師會將當事人所使用的形容詞與名詞轉換成「動詞」，也就是教導當事人：我們不僅是主動選擇自己所抱怨的，同時我們也可以學會做更好的選擇來除掉那些抱怨（Glasser, 1998）。

　　理情行爲治療強調選擇是有效生活的途徑，而現實治療則是強調「行爲」就是「選擇」（Glasser & Wubbolding, 1995），因此Glasser（2000, p.166）認爲上癮者是最難治療的，他們無意改變自己的行爲，因爲沉浸在藥物的效果中，他們找到了他們所找尋的快樂，而治療則是剝奪他們這樣的快樂。當然這樣的說法也是可以挑戰的，其他學派可能就會有不同的解釋。

　　Robert Wubbolding（2007, cited in Corey, 2009, p.319）特別提到語言是一種行爲，也就是將我們的訊息經由行動表現出來。Glasser與女兒所出的一本《選擇理論的語言》（*The language of choice theory*, Glasser & Glasser, 1999, p.ix）裡，提到選擇理論的語言基本上是相信每個人可以控制的行爲就是本人而已！即使是任何關係問題，都是其中一方或兩方使用了「外在控制」的方式（Glasser, 2000, p.194），一般人所使用的也都是「外控」（external control language）的語言較多，像是「應該」、「必須」，或是威脅、處罰或是利誘的字眼，這些語言用在人際關係裡會是重大傷害，因此他建議採用思考過後所「選擇」的語言，會讓彼此關係加溫，也減少損害（Glasser, 2000, p.25）。而Glasser也特別強調行爲主要是「內在控制」（選擇就是一種「內控」）而產生，不是迫於外在因素（張傳琳，2003），而Glasser的選擇理論將「責任」的焦點轉變成選擇（Corey, 2009），也就是他直接將「選擇」與「責任」連結在一起，是一體之兩面。

「選擇理論的語言」本身具有創意，也會創造出新的、有建設性的意義；如何將「外控」轉爲「選擇」思考與語言，這就是「做較好選擇」，讓治療成功之處，因此現實治療諮商師也在諮商過程將「選擇理論」教給當事人了解並運用（Glasser, 2000, p.25）。

四、正向耽溺與負向耽溺

「正向耽溺」（positive-addicting）行爲是一般人認爲對自己很重要的事，如果不做就覺得生活空虛或乏味；治療師也要注意對當事人來說是很重要的事，這些「正向耽溺」行爲在當事人面臨生命的挑戰或困境時相當有幫助，可以讓當事人更有挫折忍受力、不輕易被倒打或灰心喪志（Halbur & Halbur, 2006, p.69）。反之，人不願意改變、也不採取行動，最後就變成一種「負面的耽溺」（negative-addicting）行爲，對自己愈不滿意，久而久之形成一種「失敗認同」（failure identity）。簡單地說，就是當個人習慣性地未能有效滿足其需求，就會發展出一種失敗的認同，也容易出現失控的行爲；失敗的認同通常是經過「放棄」、「選擇負面徵狀」與「發展負面耽溺」（讓人有扭曲與暫時的聲望、權力、刺激或脫離痛苦）三階段（例如「嗑藥者」）；反之，成功的認同則是經過「想要改變與成長」、「正向徵狀」與「發展正向耽溺」（如冥想與非競爭性的運動）等階段（Glasser & Wubbolding, 1995, pp.300-301）。

現實治療目標與過程

由於現實治療學派學者認為每一個行為都有其目的，治療師的工作就是協助當事人可以用有效率的方式獲得需求的滿足、或是發展更令人滿意的選擇（Glasser & Wubbolding, 1995），這也是現實治療的目標；Glasser認為我們每個人都選擇了自己所做的（Glasser, 1998），因此要有效地滿足需求，就需要改變行為以產生讓人更滿意的結果（Glasser & Wubbolding, 1995）。治療師可以協助當事人評估自己的行為改變是否為自己想要的、其可能性如何？是否可以符合現實世界的要求（Glasser & Wubbolding, 1995）？Glasser（1998）認為改變發生通常是：選擇我們想要的、改變我們現在所做的，或是兩者都做改變。

現實學派的治療目標是協助當事人清楚自己的需求為何，然後才可以做新的、更有效的選擇與行動，因此現實治療師常常會問這些問題：「你想要什麼？」「你正在做什麼？」「你現在所做的可以得到你想要的嗎？」「你想要找出更好的方法嗎？」（Passaro, Moon, Weist, & Wong, 2004, p.506）。現實治療師總是會問當事人：「什麼時候開始去做？」一般說來，現實治療的目標有：行為改變、做更好的決定、增進重要關係、讓生活更好，以及心理需求可以獲得更有效且滿意的結果，也就是可以學習做更好、有效的選擇，對自己生活更有控制感（Corey, 2009）。現實治療師不會與當事人做無聊的論辯，但是會積極鼓勵當事人採取行動作改變，也因為要當事人負起責任、過負責的生活，因此不輕言「放棄」，最終則是要當事人成為自己的治療師（張傳琳，2003）。

現實治療強調當事人對自己行為所做的價值判斷，一旦當事人做好判斷、也面對現實了，就會為自己的行為負起責任，而Glasser也將「責任」與心理健康連結在一起（George & Cristiani, 1995）。「負責任」是力量（「選擇」的力量）的展現（Lister-Ford, 2002, p.7），也就是指當事人是一個「行動者」，我們在諮商場域中常常碰到「想要改變」的當事人，但是卻沒有造成改變的「積

極行動」出現，像是描述親子關係不良者，卻只單方面要求對方改變、自己毫無作為，這在Glasser眼裡就是「不負責任」。

　　治療師會營造出肯定、友善、適於改變的環境（Glasser & Wubbolding, 1995）。Glasser認為「移情」就是治療師與當事人迴避責任（承認自己是什麼人、正在做什麼）的表現，因此他不談「移情」，也不贊成使用DSM-IV的標籤（除非有醫療保險的需要）；而許多人將自己的困擾歸咎在「過去」，「過去」會保護當事人避免去面對現實，Glasser認為我們不是「過去」的受害者，我們是有選擇的（Corey, 2009）。

　　治療師必須要適當「介入」治療關係，而這樣的介入是有目的的（Glasser, 1975），也因為注重改善目前的關係，因此也重視治療關係（Glasser, 1998）。治療師的角色比較像是督導與老師，治療關係要了解、溫暖、一致、接納、尊重與開放，而治療師的挑戰當事人不會影響治療關係；治療師較少單獨聚焦在當事人情緒上，因為這些情緒與感受、行為不可切割，而目前的現實治療目標主要聚焦在當事人不滿意或是缺乏的關係上，尤其是當事人與重要他人的關係。雖然當事人可能會懷疑治療師為何聚焦在他／她目前關係上？基本上是因為治療師相信所有出現的徵狀，都是目前不滿意關係所引起（Corey, 2009）。

　　治療師也會教導當事人「選擇理論」（Glasser, 1998），讓當事人可以更清楚自己的能力與權力，可以過更有效控制的好生活。儘管現實治療有一既定的理論依據，但是Glasser強調治療師還是需要依照當事人的需求與特性量身打造適當的治療（Glasser, 1998）。簡而言之，其治療過程為：㈠涉入（或參與）──溫暖與了解的關係；㈡聚焦在行為而非感受上──強調當事人知道自己在做什麼；㈢聚焦在當下──除非過去與現在行為有關才會溯往；㈣做價值判斷──當事人要檢視自己所做的，並檢驗是否為負責的行為？㈤擬定計畫──訂出具體執行計畫，將不負責的行為改為負責任的行為；㈥做出承諾──計畫只有在當事人願意做出執行承諾時才有價值；㈦不接受藉口──不是所有計畫都會成功，但是一旦計畫失敗，就要發展新的計畫，而不是檢討為何會失敗？㈧去除懲罰──計畫失敗無須懲罰，只要繼續執行未來計畫便可

（Glasser, 1972, cited in George & Cristiani, 1995, pp.95-96）。

現實治療學派較少提及「技術」層面的運用，然而從不同的著作裡（如張傳琳，2003；Wubbolding & Brickell, 1999/2003）可以發現，除了一般的諮商技術如同理、專注、傾聽（主題與隱喻）、適當使用幽默感、自我揭露、摘要與聚焦之外，其他的許多是「原則」居多，像是：治療師態度要堅決、公平與友善，不批判、不預設立場，建立界限、遵守專業倫理等，還有一些「必不做」（不要爭辯、不用老闆式管理、不批判或強迫、不貶低自己、不灌輸害怕、不找藉口與不輕言放棄）；治療師主要是讓當事人有「希望感」，這是改變很大的動力。

 # WDEP系統

Robert Wubbolding是將現實治療發揚光大的重要人物，他提出了一個WDEP系統，也常常是現實治療很好的步驟說明，它們是：W（wants，想要：探索當事人想要、需要與覺知的為何？）、D（direction，方向：探索目前所做的是不是自己想要往的方向？要如何達到？）、E（evaluation，評估：評估自己目前所做的是否協助當事人更往目標邁進？）、P（planning，計畫：發展具體切實的計畫來達成目標）（Corey, 2001, p.83; Glasser & Wubbolding, 1995）。

Wubbolding（2000）提到有效的計畫需要具有幾個條件：計畫個人化（依據個人目標來訂立）且具體，可以轉換為「目標行為」（target behavior），是一個清楚的、簡單且容易了解的「行動」計畫，可以儘早開始行動，計畫需要考慮當事人能力與動機、資源與限制，以正向的陳述來描寫（如「增加嘗試的次數」），可以由當事人自行行動，計畫應該可以重複並每日進行，以過程（而非結果）為主的活動（process-centered activities）（如練習放鬆動作、找工作），可以隨時修改；現實治療也注重當事人對於改變行動的承諾，而每個人的承諾程度有別，但是只要當事人願意做行動改變的承諾，改變都容易發生（cited in Corey, 2009, p.328）。

現實治療的貢獻與評價

　　許多的治療師將現實治療運用在心理治療之外的領域，像是學校、矯正學校、青少年中途之家或是社區內（Glasser & Wubbolding, 1995）都頗有成效，對於有不同情緒困擾者也有正面效果（Perry et al., 2009）。治療過程讓當事人可以自我評鑑，也要當事人對改變負起責任與承諾，而且以「行動」為焦點的治療，可以減少當事人的抗拒，讓當事人為自己的治療貢獻力量。現實治療是「行動取向」同時也是多元文化諮商的重點，會因人制宜、為不同的當事人量身打造適當的處置計畫，然而對於不敢說出自己想要的是什麼的當事人，現實治療也會遭遇困難；現實治療既然是「行動」諮商，可能就不會注意到當事人其他層面（如情緒、過往）的情況（Corey, 2009）。

認知行為學派的貢獻與評價

　　認知行為學派就像是國父孫中山先生當年革命時挑戰國人的「知易行難」觀念，其對抗的方式就是「知難行易」，以「行動」來破解迷思。認知治療在協助憂鬱症與焦慮的當事人特別有效，也是實證研究做得最多的一種取向，是一種短期治療（通常需要進行十二到十六次）（Beck & Weishaar, 1995），有科學基礎，也可以運用在許多的心理困擾問題上（Moorey, 2007）；而治療師也不需要直接介入，當事人的積極參與和行動，就是最好的自我治療，當事人也在行動中釐清了許多迷思、獲得新的領悟，不僅讓治療去神祕化，同時此取向是統整式的治療也較周延。

　　認知治療取向的限制包括治療師在執業之前的完整訓練，可能會誤用治療師的權威，甚至讓當事人有壓迫感，而在注重當事人靈性與宗教層面的現在，Ellis的某些理念可能會受到挑戰；Beck注重正向思考的力量，但是在治療過程中卻較少留意情感面向；認知治療師也許會挑戰當事人的文化假設或信念，當然這是在不得已的情況下才會發生，也就是這些信念可能造成了當事人的失功

能或是困擾時，然而並不是每位當事人都有這樣的勇氣做同樣的挑戰。認知治療最大的誘惑在於：治療師告訴當事人「該怎麼思考」，而不是讓當事人去改變他們的知覺（Kellogg & Young, 2008, p.50）。此外，若將當事人的困擾全歸咎於思考上的謬誤或偏差，其實也是太大膽的假設（Corey, 2009）；有嚴重心理困擾者不適用「談話治療」，而運用家庭作業或自助方式，可能對某些當事人也不適合（Moorey, 2007）。

家 庭 作 業

1. 拿一張紙，不需要想太多，列出自己「應該」與「想要」的各為何？

2. 與同學討論你在與人互動過程中最常出現的問題為何？與同學練習三種不同形式的溝通模式（即平行、曖昧與交錯）。

3. 對你來說，什麼是此生最重要的價值觀？從最重要的到最不重要的次序為何？目前你達成的百分比是多少？

第十章
後現代取向的諮商理論

——敘事治療與焦點解決短期諮商

　　所謂的「後現代取向」（post-modernism）的治療，其理論是以「後建構主義」（post-structuralism）為基礎，主要理念有「主體性」（每個人都是主體，都有其價值與觀點）、「意義」（意義是從人的互動中產生，也共創出來），以及「語言」（語言使用的重要性）（Weedon, 1997）。而Freedman與Combs（1996）（cited in Corey, 2009, p.388）認為建構主義，說明了權力、知識與真相是在社會文化的脈絡中妥協出來的。後現代諮商的三個核心假設為：㈠個人與家庭都是自我規範（self-organizing）的系統，會自我更新（self-renewing）與自我參照（self-referential）；㈡個人與集體的知識植基於個人與社會所建構的象徵過程，現實是相關聯的且可改變的；㈢結構的拓展經由整體、位階式的轉換為更廣大的情況，也就是機構呈現多樣化、強調合作與威權的分攤（Rigazio-DiGilio, 2001, p.199）。Tarragona（2008, pp.172-175）提到後現代治療的幾個共通點，它們是：㈠受到不同領域（含括了哲學、人類學、歷史、語言及文學理論）的啟示；㈡採用社會或人際對知識與認同的觀點；㈢注意脈絡；㈣語言是中心概念；㈤治療就是夥伴關係；㈥重視多元觀點與聲音；

(七)重視地方性知識（或是個人的知識）；(八)當事人是主角；(九)治療師的公開或透明；(十)注重「有效的」方式；與(土)個人動能（personal agency，能夠自己做決定並採取行動）。此外，Eron與Lund（1996）認為後現代理論的治療者有個共通點就是：他們對於改變問題是有計畫的。本書會介紹三個後現代取向，分別是敘事治療、焦點解決短期諮商，以及女性主義治療。

 # 敘事治療的起源與理念

一、敘事治療

敘事治療（narrative therapy）從1980年早期紐西蘭與澳洲開始發跡，主要代表人物為Michael White（1948-2008）與David Epston（1944-present），特別是前者的貢獻最多。White的理論基礎受到法國思想家Michel Foucault的影響最大，特別是在「權力」的定義與「外化問題」的觀點；White發現知識與力量都掌控在社會中的主流論述裡，因此想出了將問題「外化」在當事人與其關係之外的理念（West & Bubenzer, 2002）；此外，White還受到Jerome Bruner、Erving Goffman、Gregory Bateson等人的思想引領（Payne, 2007），包含Bateson對於解釋的想法（我們不能直接了解事實，只有經過解釋的過程才有可能），Bruner提供了時間意義與行動在敘事中的重要性（West & Bubenzer, 2002）以及敘事隱喻（narrative metaphor）（Zimmerman & Dickerson, 2001），White將「系統論」的隱喻重點放在「行動」（action）上（也就是需要「行動」來改變）。此外，White不以病態觀點來看當事人，也摒棄所謂的「專家」立場，強調一個人的多元身分與故事，而人的身分、價值觀與信念都因為文化與語言而有不同（Payne, 2007），這是近年來西方社會（尤其是美國）心理健康專業領域會強調「多元文化」議題的主要原因。

二、建構與社會建構理論

Michael White的治療哲學是從「社會建構理論」（social constructism）而來，不僅是個體受到文化與環境的影響甚鉅，而所謂的「事實」也是個人

經驗之後所發現的眞相（Halbur & Halbur, 2006, pp.75-76）。我們是藉由創造自己對環境的建構而顯現對世界的理解與意義（George Kelly, 1955, cited in Nichols, 2010, p.94），而「建構主義」則是將重點轉移到「人們對自己的問題的了解」上，也就是看到行爲之外的情況——我們如何去解讀經驗，因此「意義」就變得很重要。「社會建構主義」指出即使這些解讀也受到我們置身的社會脈絡所影響；雖然兩者都強調解讀經驗是「行爲的媒介」（mediator of behavior），但是「建構主義」強調主觀個人的解讀，「社會建構主義」則是更強調語言、文化「互爲主體」的影響，既然「意義」是在彼此互動中建構出來的，我們對世界的許多想法其實也是從與他人的對話、互動中產生，因此治療也可以變成「解構」（de-construction）的過程——讓當事人脫離被「陷溺」信念所統御的情境（intersubjective influence）（Nichols, 2010, pp.94-96）。White從社會建構理論而來的觀點，就是語言的使用與文化因素形塑也創造了個人在文化中的意義（Zimmerman & Dickerson, 2001），White與Epston特別注重語言的使用，甚至強調治療師本身要對語言相當地敏銳，也能夠正確地使用（Payne, 2007）。

三、敘說與解釋形塑生命意義

從敘事的觀點來說，「個人」是由故事所建構而成，治療師邀請當事人決定自己喜愛的故事版本，協助他們留意適合這個版本的生命經驗（Zimmerman & Dickerson, 2001）。敘事治療師相信人是社會的產物，因爲大部分的人在敘說自己的故事時，其中心主軸都是繞著「人際關係」在打轉，而每一個人也是藉由「敘說」來定義自己生活的意義，因此每個人所說的故事也決定了他們是怎樣的人、會有什麼樣的行動出現（Halbur & Halbur, 2006, pp.75-76）。人類是「解釋」的動物，我們會將日常生活中所經歷的賦予意義，而我們對於自己生活的故事是將一些事件以特殊方式、透過時空加以連結，然後找到解釋的方式或是讓其有意義，而我們也不斷地賦予自己生命意義；但是我們所敘述的故事在許多情況下是受到文化或社會價值（「脈絡」）所影響的「主流」故事（dorminant stories），欠缺個人的主體性，也因此加重了「問題」的嚴重性。

敘事治療學者認為我們的故事是多面向的（multistoried），不限於一個「主流故事」，即便一個事件也可以有不同故事產生，而生活就是要能協調主流故事與「不同故事」（alternative stories），也因此我們總是在妥協與解釋我們的經驗（Morgan, 2000）。

四、觀點與多元身分

Morgan（2000）認為敘事治療是了解人們不同身分的特殊方式，也是一種尊重、非責備（non-blaming）的治療取向，將當事人視為自己生活的專家，認為人有技巧、能力、信念、價值觀與承諾等，協助其減少問題對自己的影響。敘事治療所謂的「觀點」（perspective）代表的是看事情的方式，給予生命意義的方式，也是一種生活方式（Bubenzer, West, & Boughner, 1994, cited in West & Bubenzer, 2002, p.358）。敘事治療的目的不只在於問題的解決，讓當事人生活更好、可以繼續前進（Payne, 2007），也希望可以改變當事人的思考與生活方式，邀請當事人可以預見自己喜愛的未來，藉由「再敘說」〔或「重新建構故事」（restory）〕的方式，以新的角度與眼光來重新檢視自己關切的議題與生活（Halbur & Halbur, 2006, p.76; Payne, 2007）。

敘事治療的基本假設在於：文化、社會與政治因素會影響在其中生活的人，特別是與權力有關的一切滲透到個人及更廣範疇之所在，因此敘事治療師看見主流（dominant）社會的觀點對一個人生命與觀點的影響（Payne, 2007）；White（2007/2011, p.24）甚至說過「許多需要治療的問題本質上都具備文化屬性」，而主流社會觀點對當事人生命的複雜度與多樣化有許多限制，因此會在治療中特別梳理出屬於個人、非主流的觀點，讓當事人有機會去探討與看見生命經驗的其他面向（複雜與多樣化），也進一步對這些生命故事有更深層的描繪，讓當事人重新得力（Morgan, 2000）！敘事治療讓當事人看見自己在「主流社會（或文化）」所定義的「單一身分」之外，還有其他被忽略、漠視或是刻意壓抑的其他「非主流」身分（identities），因此基本上敘事工作是政治性的（Zimmerman & Dickerson, 2001），因為一般人會受到主流論述的箝制，不能發展屬於自己的非主流故事，甚至也要為被邊緣化或壓迫的個體發

聲、共同反抗壓迫者。

五、解構「人」與「問題」的連結

　　敘事治療最著名的就是使用「外化問題」，其使用方式會在稍後的治療技術部分做敘述。「外化問題」就是不將「人」與「行為」連結在一起，可以讓當事人有空間去創思解決之道、不自困於問題當中，甚至是抽離出問題情境，讓當事人脫離「負面身分」（negative ifentity）（通常是主流文化所定義的），甚至創造出個人更多元的身分（multiple identities），當事人就可以針對問題、努力思索解答。這樣的處理很重要的一點是：去除「個人化」的問題，因為當事人在遭遇問題時，常常在思考上會陷入所謂的「隧道視覺」情況，也就是看不見其他的選項，甚至常常將矛頭指向自己，認為是自己的錯，讓問題更難處理，因此治療師有必要將當事「人」與「問題」分開，讓當事人從外面的角度來看問題，也減少了當事人的壓力與困擾，讓當事人在走出治療室時是帶著一個正面、健康的新故事離開；再則，讓當事人不要固著在「單一」、「負面」的身分上，而可以經由與治療師的對話，發展出更多元的自我（White, 2007/2011）。儘管「外化問題」在治療過程中不斷地被使用，這樣的作法並不會讓當事人逃避責任，反而會讓當事人更願意承擔責任（White, 2007/2011），然而外化技巧並不是用來解釋破壞性的或凌虐式的行為（而此類行為所隱含的信念或假設可以用外化方式處理，像是家暴事件中的施暴者其信念可能是「想要家庭更團結」）（Payne, 2007）。

　　敘事治療也被運用在家族治療上，而Eron與Lund（1996, p.14）認為Michael White與David Epston的敘事治療將家庭治療「人性化」了，也就是把個人帶回到系統之中，肯定個人的喜好、意圖、故事與經驗都與改變過程有關。而將「外化問題」運用在家族治療裡，不僅不將病徵或問題「病態化」，而且將問題變成家人攜手共同對抗的敵人，同時也「賦能」家庭成員可以「共同建構」（co-construct）新的故事、展現新的行為（Goldenberg & Goldenberg, 1998, p.90）。藉由敘事來組織經驗，也讓經驗意義化，Michael White認為每個來做治療的家庭都是帶著「挫敗的故事」來，而這些故事讓他們無法執行有

效的行動或解決問題（Nichols, 2010, pp.106-107）。另外還有治療師將敘事治療結合「反思團隊」（reflecting team）（如Tom Andersen）這個創意，協助治療師進行家族療程（Andersen, 2003），讓家族成員藉由旁觀者／專家（也就是「外面人」）的角度看見自己家庭的動力運作，因而可以掌握更客觀、完整的相關資訊，反過來，當事人（與其家族）及治療師也可以觀察這個團隊討論的情況，而團隊成員會詢問更多問題，讓喜愛的故事更為突顯；接下來可以做「取回」（take-it-back）的動作，也就是治療師與反思團隊分享他們從當事人身上所學習到，甚至影響他們的經驗（Zimmerman & Dickerson, 2001）。

敘事治療的目標與過程

敘事治療目標通常由當事人做決定，也就是治療師是陪同當事人重寫他們的生命故事，換句話說，就是協助當事人打破「膚淺描述（繪）」（thin description），與當事人「共同著作」（re-authoring）新的、當事人較喜愛的生命（與關係）故事（Morgan, 2000）；對White來說，治療就是「關於個人敘事的再開發，以及自我認同的重新建構」（White, 2007/2011, p.70）。敘事治療師與當事人一起去探索自己生命與關係的故事、影響與意義，也了解當事人在其置身脈絡中的自我是如何成形的、其意義又如何（Morgan, 2000）？

整個治療過程中，治療師都積極參與當事人的對話，主要是提出問題。如同焦點解決諮商。敘事治療以問問題的方式、與當事人一起探索，而在對話過程中避免使用極權式的語言，因為這樣簡化的方式將個人做了太簡單的描述（Corey, 2009; Morgan, 2000），也減少了其他描述的可能性。但是要注意的是：問問題雖然是介入技巧的主要方式，但是並不是機械式的質問，而是以問題來引出經驗，找出問題是何時變得很明顯的？而問題又是如何影響當事人的生活與自我的（Monk, 1997, cited in Corey, 2009, p.392）？

諮商師在敘事治療裡的角色是一個共事者（collaborator），他／她積極參與治療過程，也問一些必要的問題（Halbur & Halbur, 2006, p.76; Nichols, 2010, p.96; Payne, 2007），治療師與當事人的「敘事對話」是一種互動與

合作，敘事方向有許多的可能性，而治療師則是扮演決定方向的重要角色（Morgan, 2000）。敘事治療過程很輕鬆、有目的，治療師採用「去中心」（de-centering）的立場，也就是將治療視為「雙向」的過程，運用「撤退」（taking-back practice）（在治療師意識到與當事人的對話影響到自己的生活時）、維持「透明可靠」（也要當事人留意到治療師本身能力的限制，諮商師不只會反思自我，也明確表達出自己的價值觀，同時也讓他人知道自己的生命經驗，不是站在「專家」的立場）（Payne, 2007; Andersen, 2003）。敘事治療師協助當事人重新檢視自己看事情的方式，也讓當事人可以從不同的角度來探看事物（Nichols, 2010），在這裡諮商師提供了另一個觀看事物的窗口給當事人。

敘事治療師需要有良善意圖（此取向是「非指導性」的）、擅於語言的運用、有系統地去留意當事人敘述故事方式底下所隱含的假設，因此治療師不僅用心傾聽當事人問題故事的「其他可能性」，也在找尋所隱藏的意義、空間或間隙，以及不一致的故事證據（Drewery & Winslade, 1997）。在敘事治療中，治療師的態度或觀點是關鍵，治療師保持「未知」（not-knowing）、好奇的立場，尊重當事人是自己問題的專家，以尊重、開放、合作的態度與當事人對談（Corey, 2009; Morgan, 2000; Nichols, 2010）。由於當事人是專家，也是主動參與治療過程的重要人物，一般的敘事治療時間通常較一般的治療要長，一次治療不限於四、五十分鐘，有時甚至延長到一個半小時或更多，因此它不是一個短期治療（Payne, 2007）。

White（2007/2011）也提醒治療師在使用隱喻時，要留意自己是否不智地促成當事人失去多元的生活方式，甚至與權力關係有所串聯，這嚴重地違反了治療的原意，也要注意不要全面地以負面方式來定義問題。治療師在聽故事時會有一些假設出現，但是不要固執於自己的假設（Payne, 2007）；此外，治療師在分享自己的故事時，需要特別注意這個分享是不是對當事人故事的反應而來的？而不是出自於治療師想要他人當聽眾的欲望（Winslade, Crocket, & Monk, 1997）。

諮商師的功能在於：了解當事人最初所敘述的故事、外化問題

（externalize the problem）、尋求特殊結果的可能性、解構故事、發展也豐厚新的故事（Halbur & Halbur, 2006, p.77）。治療師介入策略包括：外化的對話、為問題命名、探討問題的影響、解構或是將問題放入脈絡中討論、指出特殊的結果、深描計畫（或故事）、重新加入會員（re-membering）、利用治療文件、建立公信力（accountability，其目的是讓被邊緣化的故事有空間可以發展，也讓權力不均的兩造間創造出有意義、彼此尊重與對話的可能性）、與外面的「目擊證人」（或「見證人」）工作（讓故事經由不斷述說而建立起當事人新的認同或身分）（Tarragona, 2008, pp.184-188）。

 ## 敘事治療的技巧

敘事治療師使用了許多問題技巧，「問問題」是為了要引發經驗而非蒐集資訊，而當引發了當事人更多較喜愛的現實經驗時，問的問題就有治療功效。基本上有學者將其分為幾類，它們之間是流動性的：㈠「解構問題」（deconstruction questions）──協助當事人從不同角度看自己的故事；㈡「開放空間問題」（open space questions）──一旦問題角度拓寬了，就有許多空間可以容納「特殊結局」；㈢「較喜愛問題」（preference questions）──在與當事人一起共構新的故事時，要一直反覆確定故事的方向與意義是不是當事人較喜愛的？㈣「故事發展問題」（story development questions）──一旦空間足夠容納一個特殊結局、或當事人喜愛的發展時，就可以開始詢問讓故事更深描的問題；與㈤「意義問題」（meaning questions）──邀請當事人從不同的角度反思自己的故事、自己、以及與他人的關係，可以讓他們重新去思考與體驗特殊結局、較喜愛方向與新建立故事的影響等（Freedman & Combs, 1996）。以下篇幅會就常用技巧做一些說明：

一、外化問題

敘事治療的技巧也可以稱之為介入策略。一般當事人在敘述自己關切的議題時，常常會將問題歸咎自己，因此自責、自疑就很普遍，將「內化論述

『外化』」（externalizing internalizing discourses）就是採用一般語言之外的模式、介紹「影響」的觀點進來，「外化問題」對那些固著、習慣性的主流故事（dorminant stories）的「解構」相當有效。敘事治療將「問題」定義爲「對個人的影響」，而非「個人本身」的問題，治療師會詢及「問題」對當事人的「影響」，也會問當事人對「問題」的影響爲何？治療師協助當事人發展出更豐富的「接近經驗」（near-experience）的深度描述，主要是讓當事人可以發展與問題之間的不一樣關係，幫助當事人對問題可以「採取立場（或位置）」（而不需要被他人定位），當事人也開始注意到自己對於問題「生命」的影響力，因此重點在於問題的「影響」而不是「決定性」，所以使用「外化問題」的技巧來解套（Payne, 2000）。

外化問題是「解構」敘事的一種形式，可以用來決定形塑當事人生命的眞正效果（White, 1991, cited in Becvar & Becvar, 2009, p.262），由於「外化問題」是將當事人與問題做切割，不讓「問題」成爲個人內在的缺陷，而當事人也可以抽開距離去看自己面臨的困境，比較容易思考出解決之道，重點不在於「問題」，而是其背後所持的信念（Halbur & Halbur, 2006, p.77）。

White（1989）曾經敘述外化問題的效果爲：㈠減少人與人之間無建設性的衝突（如夫妻之間的互相責難）；㈡減少失敗的感受（因爲問題並不代表人本身）；㈢可以爲彼此的合作鋪路、共同對抗問題；㈣打開新的可能性，個人可以採取行動恢復自己的生活；㈤讓個人可以擺脫壓力與重擔，採取更有效的方式去處理問題；以及㈥對問題而言，可以打開「對話」的可能性，而不是個人的獨白（cited in Payne, 2007, pp.55-56）。雖然敘事治療有其特殊的技巧，但是基本上它是站在一個對人類生活的倫理與態度的立場（Payne, 2007），思考的是我們想要如何去面對生活？

此外，與「外化」有關的還有「相關影響問題」（relative influence questions），基本上可分二種：㈠找出問題對當事人的影響，以及影響的方向爲何？像是：「問題是怎麼影響你、你的生活以及你與他人的關係？」；㈡協助當事人與他們的故事分開，可以讓當事人更了解他們的故事，例如：「你對於問題的影響又如何？」（Becvar & Becvar, 2009, p.261）。治療師採

用「巡迴」問句或「相關影響問句」〔（circulation question or relative influence questioning），像是詢問當事人「有誰會最先發現你的改變？」、「以過來人身分，你對於與你有類似遭遇的人會有哪些建議？」〕，協助當事人去認出、發現、探索與擴展其他重要他人對此情境的觀感（Payne, 2007），將特殊結局轉化成解決問題的故事（Corey, 2009, p.394）。

使用外化問題的限制有：㈠外化的技巧必須在「後結構」的假設架構上進行，要不然其價值有限；㈡外化並不一定總是適當的，只是在解構某些固定的、積習已久的主流故事時最有效；㈢經由「命名」來做外化，有時候失之過簡或過難，無法真正協助當事人；㈣當在定義「壓迫」的情境（如被威脅、虐待）時，「外化問題」就不適當，此時要特別注意使用時的態度、信念與策略（Payne, 2007, pp.62-64）。「外化」之後就可以接著「命名」（naming）的動作，只是這個「命名」是需要治療師與當事人一起妥協、商議的（Payne, 2000）。

二、解構與重寫

每個人的生命受到自己給予經驗意義、在社會建構中的情況，以及文化語言對自我與關係的定義所形塑而成（White, 1993, cited in West and Bubenzer, 2002, p.366），運用意義一直在改變的特性，以及其在社會互動中複雜的權力間的關係，是敘事治療最基本的理念（Drewery & Winslade, 1997）。敘事治療師認為已經經歷過的故事可以賦予經驗意義（West & Bubenzer, 2002），而當事人所選用的故事也決定了他／她是怎樣看自己的，大部分可能受限於主流論述的影響，將自己定位為受害者或是無力的弱勢，敘事治療就是要協助當事人看見主流故事之外的「非主流」故事，然後將其強化，成為個人的主流故事。敘事治療促成改變的過程有「解構」（deconstructing）與「重寫」或「重新著作」（re-authoring or re-storying）兩個過程（Morgan, 2000）。

由於治療師是站在「好奇」、「未知」的立場，常常會問一些不知道答案的問題，而每問一個問題就是與當事人旅程中的一小步（Morgan, 2000）。由於問題是在社會、文化與政治的脈絡中製造出來的（Monk, 1997），一般對

人們行為／身分的膚淺描繪，也都是由他人（擁有權力的人）所創造，而所形塑出來的身分也是以負面影響居多（Morgan, 2000），因此敘事治療運用「解構」的方式，讓當事人不再受到主流文化與論述的影響，擺脫了受文化限制與壓迫的主流故事（或是「浸潤在問題中」的故事），讓當事人有機會去探索某個情境或事件的其他不同面向（Monk, 1997），重新建構一個屬於自己的、可能的其他故事（或身分）（Andersen, 2003; West & Bubenzer, 2002）。

　　重新建構的故事必須要有「深度描繪」（thick description）（根據當事人的生命故事線索做仔細、詳盡的描述），治療師與當事人一起展開其他故事（alternative stories）的對話，而這些故事是當事人想要的生活，治療師同時協助當事人從不同向度取得資源與證據，才足以讓當事人相信（Morgan, 2000）。敘事治療師也會運用問題來鼓勵當事人去反思不曾注意到（或被忽略）的資源（O'Leary, 1999, p.44），同時治療師也運用了其他技巧來協助故事的展演，包括之前所說的「外化問題」、深描故事（協助當事人做更充分的描述與了解他／她的生命經驗，引發新的、喜愛的生命敘說）、了解「特殊結局」（unique outcomes，或是White與Epston所說的「sparkling moment」閃耀時刻），並創造出當事人所喜愛的其他特殊結局、寫信或是給予獎狀激勵（也肯定）當事人的成就，也邀請與當事人相關的重要他人參與（包括儀式，這些見證人可以讓當事人新的故事浮出檯面）（Monk, 1997）。一般說來，「特殊結局」是與主流故事相抗衡的，透露了先前所忽略的事實，是當事人認為對他／她很重要且有意義的，而治療師必須要去了解特殊結局過去與最近的歷史，才能夠取代原本深陷於文化病態的故事（Becvar & Becvar, 2009, p.262; Payne, 2000）。

　　「重寫」也說明了治療關係是責任分攤的（Winslade et al., 1997），其主要目的就是發展或恢復當事人或其關係中的其他選項，並加以彰顯的過程，特別是在當事人可以區隔主流論述後、重新建構自己的故事時，就更有可能將故事與生活重新導向非主流的方向（West & Bubenzer, 2002），治療師邀請當事人以新的方式與角度來創造新的故事、新的自我（與身分）（Winslade et al., 1997）。

三、治療地圖

　　治療有所謂的「地圖」（map），也就是有可以遵循的方向。通常是當事人先仔細描述問題、也為問題「命名」，治療師指出故事中的線索（看到更多的可能性），然後依據這些可能的線索問一些問題，形成了所謂的「子計畫」（sub-plots），可以修正原先的故事、開啟改變的可能性（Payne, 2007）。治療師需要有相當的創意，隨著對話的進行而敏銳地覺察到當事人所「浮現」的故事；治療師與當事人「共同著作」對話故事、開發「特殊結局」，也協助當事人跳脫文化的框框，重新評估之前所沒有發現的線索（Payne, 2007），在這個階段，很重要的就是讓社會環境也可以一起來支持新的故事（Corey, 2009）。

　　為了讓「重寫」可以更順利進行，治療師可以詢問當事人許多問題，其中包含了「行動地圖」（landscape of action）與「意識地圖」或「身分地圖」（landscape of consciousness or landscape of identity）兩種，前者是聚焦在過去喜歡但未說出的經驗，也將其與最近的經驗做連接，鼓勵當事人將特殊結局放在一連串的事件中，按照特殊規劃、隨著時間慢慢展開；後者是鼓勵當事人去反思，也決定這些行動地圖所發展出來的意義為何，也詢問當事人對於這些特殊結局的貢獻為何（McKenzie & Monk, 1997; White, 1991, cited in Becvar & Becvar, 2009, p.262）？治療師也藉由這兩種地圖去發展特殊結局（Zimmerman & Dickerson, 2001）。此外，還有「體驗的體驗問句」（experience of experience questions），鼓勵當事人去想像當他人站在他／她的立場，又會有怎樣的體會？像是：「當我知道有關你／妳的這些事情之後，你／妳認為我會怎麼看你／妳？」（Becvar & Becvar, 2009, p.262）。

四、治療文件（紀錄）與重新加入會員（re-membering）

　　敘事治療師會善用其他任何可以支持新故事或線索的證據與資料，也不時提供當事人這些可以保存或重新拿出來見證的素材，用來強化、鞏固與鋪陳當事人新的故事與身分，不只可以延續諮商效果，也可以讓當事人即便走出諮商

室，依然可以確定自己是有力量的。

　　治療師會將治療過程中的所有一切都記錄下來或蒐集起來，也鼓勵當事人這麼做，主要是因為這些紀錄或是資料都是有關於當事人的想法、發現與成就，Epston（1994）認為書寫的文件或紀錄，不會像對話一樣很快就消失，而且還可以在往後重複閱讀（cited in Becvar & Becvar, 2009, p.262），而其影響也可以持續下去，也提醒當事人曾有過的經驗與領悟。治療師使用的治療文件含括很廣，像是給當事人的信（肯定他／她的進步或成就，以及在諮商裡的表現）或是獎狀、證明（書），甚至是當事人在諮商過程中所完成的作業或紀錄，其功能可以用來在「重述故事」或是解構權力時（Payne, 2000）。然而在使用文件時也要注意：使用文字的適當性、文法與用詞、目的、避免讓當事人有二度創傷、保密、彈性與（對當事人所寫的有）回應（Payne, 2000, pp.144-146）。

　　治療師甚至會邀請與當事人相關的重要他人加入治療（可以是觀眾、目睹當事人的改變與受到的影響，也可以是已經過世的親友或重要人物，邀請他們「重新加入會員」，re-membering），這些都可以是重要的「目擊證人」（external witnesses），讓當事人新的認同與身分因為有人目睹作證而更為扎實、可靠，也讓當事人新的替代故事可以更具體而豐富（Payne, 2007），這些「見證人」可以從當事人之前所認識或知道的人那裡選取，他們是來協助當事人發展喜愛的故事情節的（Zimmerman & Dickerson, 2001）。從這裡也可以看出敘事治療幾乎是將當事人可以運用的資源都儘量開發與納入，不僅讓當事人在治療過程中覺得很扎實、有力，也為當事人鋪就了治療以外的新生活！

敘事治療的貢獻與評價

　　Monk（1997）認為敘事治療是邀請當事人開始一趟共同探索、尋求被問題所遮蔽的才藝與能力之旅，治療是樂觀、正面的取向，而在敘述故事過程中，不只改變了當事人，也改變了聽故事的治療師。敘事治療含括了許多多元諮商的優勢，而其以「資源」或「優勢」為基礎的治療（a resource-based

therapy），可以提升希望，讓當事人更有動力去改變，同時也注意到文化、社會與權力在當事人困境上所扮演的角色，只是此學派基本上是以家族或配偶爲對象，也較少研究的成果作後盾（Payne, 2007）。White是最先以書信紀錄方式來鼓勵當事人的，而書信中記載著當事人的成就、問題的外化描述與其對當事人的影響，以及當事人在晤談中的優勢與能力（Corey, 2009），這些書信都可以反覆閱讀，對當事人是很棒的一種支持與提醒。敘事治療缺乏的也是將其取向類化的實驗研究，然而它提醒治療師態度與運用問題的能力是任何治療都可以借鏡的（Corey, 2009）。

焦點解決短期諮商——焦點解決的基本理念

一、焦點解決源起

焦點解決短期諮商（Solution-focused Brief Therapy, or SFBT）曾經在國內蔚爲風潮，有一些論文也以這個取向做主題，基本上此取向是以「優勢」爲基礎的短期諮商（Lipchik, 2002, p.xiii）。

焦點解決治療主要是鑒於「時效」而產生，希望可以在短時間之內，以極少的諮商次數來達成治療目標，因此其「諮商目標」就要相當明確，而基本上焦點解決諮商也是以現象學的觀點來做治療，而其時間導向則是「未來」（Halbur & Halbur, 2006, p.77）。它是1980年間，由Steve de Shazer、Insoo Kim Berg及同僚在Milwaukee的Brief Family Therapy Center所發展出來的。基本上此治療取向沒有理論依據，而是漸進地發展而成的（de Shazer, Dolan, Korman, Trepper, McCollum, & Berg, 2007），主要是從「心理研究機構」（Mental Research Institute, MRI）的工作慢慢建立發展，是團隊合作的結晶，尤其是在70到80年代間的一項重大發現（也就是「每個問題中都包含了解決問題的因素」），更使得其發展豁然開朗（Berg & Steiner, 2003, p.2）。

SFBT也受到Milton Erickson（1901-1980）與John Weakland兩位治療大師的影響（Connie, 2009），焦點解決諮商受到Milton Erickson實作觀點的啓示諸

多（Murphy, 1997, pp.31-32），包括：㈠「沒有一般的當事人，也沒有一般的理論」──也就是每一位當事人都是特殊的，採用的治療方式也應該是「適合」此當事人的特殊方式，這頗符合「因材施教」的教育理念。㈡時間效率：不需要去挖掘問題的起源或歷史，把焦點放在「解決之道」上。㈢聚焦在未來：Erickson的「水晶球」（crystal ball）問法就是要當事人看到沒有問題困擾的未來，也鼓勵當事人尋思可能的解決之道；檢討過去雖然有助於對問題的了解，但也容易讓人陷入失望之境，如果瞻望未來，可以讓當事人覺得事情有改善的希望、較願意有努力的動力。㈣強調小改變：只要是朝向當事人可欲的小小改變，都可以引起漣漪效應，造成更大的改變；具體而微的改變，不像抽象遙遠的目標那麼不可及，可以激勵當事人願意投注心力去努力，也體會到目標其實是可見、也可能達成的。㈤實用性：運用當事人帶來諮商場合的任何可用資源，強調當事人就是問題解決專家；把解決問題之鑰放在當事人身上，也肯定當事人爲問題所做的努力與嘗試，會讓當事人對自己具有信心，也在解決問題過程中習得能力。㈥強調使用當事人所用的語言，也是尊重當事人的一種作法；運用當事人的語言就是同理當事人對於問題的看法，可以藉此了解當事人的內在架構，也傳達對當事人的尊重，當然也爲建立良好諮商關係鋪路。

　　此外，焦點解決諮商也運用了MRI的幾個觀念（Murphy, 1997, pp.34-36）：㈠問題過程：是日常生活的一部分，一般人都會試圖解決問題，如果嘗試解決的方法無效，也可能成爲問題的一部分，問題會持續下去一直到「做了不一樣的事情」爲止。㈡打斷無效的解決方式：不能奏效的解決方式有可能讓問題更形嚴重，因此改變當事人對於問題的看法所採用與行動，就可以打斷無效的解決嘗試；每個人有自己建構問題的方式，也因此諮商師提供另一個角度的觀點，可以讓當事人跳脫出自困的問題陷阱，找出解套方法。㈢當事人立場：將當事人立場分爲「訪客」（visitor，不認爲自己有問題，也不想來見諮商師）、「抱怨者」（complainants，認爲有問題存在，但是不認爲自己有能力解決）、與「顧客」（customer，想要改變的人），諮商師應根據不同當事人立場，鼓勵當事人有對問題作解決的動機，而當事人的這些立場也會改變（Lipchik, 2002, p.114）。許多專業人員如果不強逼當事人「承認」問題，

是有機會讓當事人願意成爲合作的「顧客」的（Berg & Miller, 1992; Lipchik, 2002）。Seligman（2006）認爲SFBT還受到行爲與認知行爲取向（改變目前的行爲與想法）與家庭系統理論（注意到當事人的社會系統）的影響，其「系統觀」的理念以Milton H. Erickson所做的家族治療爲基礎，包括：治療師基本上是以「系統觀」來做治療，因爲基本上配偶與家族治療都是一個系統；解決之道是探索性的、互動的，也就是當事人所遭遇的問題基本上是與他人有關聯的；小改變可以造成大改變也是系統觀的理念（de Shazer et al., 2007, p.3）。

二、焦點解決的基本假設與理念

　　焦點解決取向有幾項假設：㈠人們的抱怨涉及了行爲、及其對世界的觀點，因此若可以吻合當事人的世界觀就可以減少抗拒，同時鼓勵當事人合作（一旦合作了，就沒有所謂的抗拒）；㈡人們有成功解決困難的能力，只是暫時失去信心、方向與未發現自己的資源，所以沒有必要去促發頓悟、或去了解當事人的抱怨爲何？因此此取向是「非病態」的，打開了許多可能性；㈢當人們認可正向改變的可能性時，他們的賦能與動機也因此增加了，當事人若認清了目標就更有動力去做改變；㈣改變是持續在發生，而且小改變會造成更大的改變（所謂的「滾雪球效應」）；㈤協助當事人妥協出一個「可解決」的問題；㈥看問題的角度不同，就可以找出解決之道，而問題一定有例外，也就是沒有出現問題的時候，據此思考出有效的解決之道；㈦解決方法也許不是直接針對問題，但是「骨架鑰匙」（skeleton keys）可以協助當事人將問題轉換爲解決之道（Metcalf, 2001; Seligman, 2006, p.416）。焦點解決諮商不同於一般治療之處在於：不是以「病態」的觀點來看當事人與其問題，而是看見當事人的「優勢」與「資源」，讓當事人成爲其問題解決的「專家」，也將改變的可能性增加，甚至相信「小改變可以促成大改變」的連漪效應。Milton Erickson就曾經說過：每個人都有已經學會或遺忘的智慧寶庫，只是一時忘了、但是依然可用（Minuchin & Fishman, 1981, cited in Metcalf, 1998, p.6），這就是將當事人視爲「專家」的一個淵源。

　　焦點解決的基本理念是（Connie, 2009; de Shazer et al., 2007, pp.1-3）：

㈠如果沒壞，就不必修理；

㈡如果有效，就做更多。

㈢如果無效，就採取不同行動。

㈣小步驟可以造成大改變。

㈤解決之道不需要與問題有直接關聯。

㈥沒有問題會一直存在，總是有例外的時候。

㈦解決語言的發展不同於問題描述。

㈧未來是可以創造與妥協的。

　　焦點解決認為當事人可能有三種型態：來訪者、抱怨者與消費者，因此其因應方式也有不同（Lipchik, 2002）。對於非自願的當事人（通常是「來訪者」），最好就是談對他／她非常重要的事件（Berg & Steiner, 2003, p.32）。諮商師必須要找出當事人身上的一些優勢，因此其觀察非常重要，而評估當事人的能力與優勢是持續修正的過程（Berg & Steiner, 2003, p.33）。

　　焦點解決諮商整合了前述兩派（MRI與Milton Erickson）觀點，而有新的理念產生：㈠「骨架鑰匙」：儘管問題不同，但是絕對有一些對大部分當事人有效的方式；㈡「第一次諮商工作公式」（The formula first session task）：要求當事人在第一次諮商後去做一些觀察工作，通常有助於現存問題之解決，也就是焦點解決諮商把每一次的諮商都視為最後一次，而每一次的諮商都是改變的契機；㈢「奇蹟問題」（miracle question）：著眼在「未來」，類似Erickson的「水晶球」技巧；㈣例外（exceptions）：強調當事人曾經在遭遇相似問題時、有過解決的方式，鼓勵當事人的資源與信心，也希望當事人「做更多已經奏效的事」；㈤保持簡單：讓目標具體化，也表明了一個小小改變可以產生連漪效應、促成更大的改變（Murphy, 1997, pp.38-39）。

　　焦點解決諮商運用「共同建構」的原理與當事人一起合作協調可欲目標（de Jong & Berg, 2001; Guterman, 1996），強調當事人在求助之前就已開始了改變的努力（Berg & Miller, 1992），而著眼在「希望的改變」，也就是尊重當事人的諮商目標，這樣不僅容易獲得當事人的合作，也因為是當事人想要達成的目標，因此也會更用心用力（Murphy, 1997）；而在技巧上使用「奇蹟問

題」（miracle question）與「量表問題」（scaling question）協助當事人釐清目標、監控也觀察到自己的進度。治療師運用「例外」來找尋當事人的成功經驗，一來證明當事人有處置問題的能力；二來也給問題的解決有了開始的契機（Gingerich & Wabeke, 2001）；另外運用「因應問題」（coping question）嘉許當事人的進步，也是相當具效果的。

焦點解決運用在不同領域的效果已經有一些研究證明，包括在商業、社工、健康、藥物濫用、心理學與冥想領域（O'Connell, 2007），特別是在學校單位有更多的運用，尤其是在集體文化中的我國，「自我批判」往往多於「自我提升」，而家長與師長的「責全主義」也常常只看見孩子或是學生「不足」（或缺陷）的部分，因此我下文就針對焦點解決在學校諮商的運用，做更詳細說明。

 ## 焦點解決諮商在學校問題上的運用

焦點解決的省時（諮商時間短）、節約（諮商次數少）、樂觀（看到問題的解決面）、未來導向（不鑽研過去）、尊重當事人的資源等觀點，是最適合目前我國學校的學生諮商模式，其不同於一般諮商模式將當事人視為「有問題」或是「有困擾」的假設，的確也翻轉了許多人對於諮商或是輔導的「標籤」看法，這一點也有助於求助者（或當事人）願意為自己的目標與改善做努力。但是將焦點解決的理念與技術運用在廣大的學生族群的研究還是較少，因此對於將美國諮商植入不同文化的運用效果是值得探討的議題。我個人認為將焦點解決運用在學校諮商上，其成效甚佳，國內學校諮商效果一直為人詬病，除了專業人員不足、校方支持態度影響之外，當然主要還是受到整個大環境的許多限制，包括學生的求助態度（多半為非自願性）、輔導諮商實際效果，更重要的是時間上的限制（老師與學生接觸時間有限、因應學生人數眾多而使得一次諮商或指導性輔導占大多數）。焦點解決諮商是近年來心理諮商治療的重大改進結果之一，藉由著重「問題解決」、善用當事人「個人資源」的方式，已經讓許多諮商與治療專業人員對其療效深具信心，廣為推廣。

　　自焦點諮商學派出現的1980年代以來，雖然已經有不少臨床專業人員採用此處置做多方面、不同對象的運用，然而在目前研究文獻上所見的實證與效果研究依然不多；既然焦點解決諮商的許多觀念與學校諮商十分契合，也頗有成效（Durrant, 1995; Metcalf, 1995, cited in McConkey, 1998; Murphy, 1997），因此如果可以將此諮商方式廣泛運用到學校問題上，將可以讓學校輔導工作更為有效。焦點解決短期諮商很適合國內中等教育機構的運用，主要原因有：短期諮商處理符合經濟效益，也適用於學校系統的運作方式；針對「解決方式」而非問題原因，一反一般的治療取向；將當事人視為資源，可以轉化抗拒為合作；諮商關係建立在平等立場，而非敵對或威權；不企圖「要」學生改變，而是將焦點放在學生「願意」作改變上；不放在過去問題歷史或原因之探討，而聚焦在未來可以做的改進，是充滿希望的治療；以及對出現的困難（或問題）自不同角度來詮釋，讓問題與個人做適當區分（邱珍琬，2002，pp.iv-v）。

　　到底焦點解決諮商運用在學校問題上有哪些優勢呢？許多的諮商理論與實務是將重點放在當事人的「問題」或「困難」上，結果讓當事人「標籤化」（Murphy, 1997; de Shazer, 1998, cited in Gingrich & Wabeke, 2001），將當事人視為無助無能的，儘管有些諮商學派（如人本、自我）是把焦點放在當事人的「成長」或「發展」上，卻極少在實際治療時著眼在「優勢」或是當事人自身的「資源」上（Berg & Miller, 1992; Murphy, 1997）；焦點解決諮商打破了這個規矩，從實際治療過程中去發掘也運用當事人本身的優點與資源（如成功例外、當事人是專家）。加上一般學校單位大多是經由轉介方式（導師、任課老師、訓導處等）讓學生接受諮商，也就是說「非自願性」當事人所占比例較高，而學校的「轉介」動作，通常是出於「問題出現」的考量，也就是著眼在學生的「缺陷」或「不行」上，也因此常常讓學生因為這樣的負面標籤，抗拒更多（Gingerich & Wabeke, 2001）；而焦點解決諮商顧慮到當事人非自願前來的可能抗拒，採取合作姿態（當事人是專家、使用當事人的語言、從另外一個角度來看問題——重新架構等），讓諮商效果更明顯，也開發了問題的解決先機。另外，焦點解決基本上是「行動導向」的（Dermer et al., 1998），也是講究效率的「短期」治療，在受限於種種因素的學校環境更能發揮功能。

De Jong與Berg（2001）以焦點解決方式對非自願性當事人做諮商，取得當事人的合作，並且「共同建立」（co-construct）諮商目標，也因此更增進了當事人想做改變的意願與努力；Durrant（1995）對一位小學四年級有強烈焦慮、不願去上學的資優學生做個別與家庭諮商，在十五週之後其治療效用仍持續。McConkey（1998）以呈現一成功案例──一位四年級具攻擊傾向的學生，說明了焦點解決技巧與策略的成功，認為此治療方式很適合用來處理學校相關問題。Murphy與Duncan（1997）對於一位十四歲抗拒師長的個案使用焦點解決諮商，結果在三個月後的追蹤結果看到其違抗行為減少八成左右。Teall（2000）也是針對一個十一歲不做功課的學生做焦點解決諮商，同時也要求老師們的合作，發現當事人在進行諮商之後作業完成比例有明顯增加，即使在諮商結束之後二個月內，也依然維持著九成到十成的作業績效。另外的研究（Morrison, Olivos, Dominquez, Gomez, & Lena, 1993）也是採用焦點解決方式就學校訓導單位對於國小學生幫派行為的處置，邀請了導師、學校相關人士、家長與學生一起參與，追蹤結果發現參與的三十個家庭中，有近七成報告目標已經達成；Berg與Steiner（2003）也認為將SFBT運用在兒童身上，其效果較之傳統的治療更有效！

Dielman與Franklin（1998）則是以焦點解決諮商方式治療一位有過動問題的七年級學生與其家長，也發現學生在行為控制上有相當顯著的改善。而Littrell、Malia、與Vanderwood（1995）運用焦點解決的一些家庭作業（觀察、做不一樣的事、注意自己的例外成功經驗），以一次團體諮商的方式協助社交或學業上有困難的高中生，結果發現所有的參與人員在問題改變與目標達成上與一般學生相形之下有顯著增進；還有實務工作者以焦點解決團體諮商方式協助國小到高中學生（LaFountain & Garner, 1996; LaFountain, Garner, & Eliason, 1996），八次諮商結果發現：學生對於自己社交與嗜好方面的自信增加，對於自我的感受較為正向，也用更恰當的方式處理自己的情緒。此外，Geil（1998）採用焦點解決來訓練學校教師諮詢的方式，八對師生的配對結果顯示，只有兩位學生的成功可以算是處置的結果，焦點解決居其一（cited in Gingerich & Wabeke, 2001）。雖然許多的治療效果是以個案方式呈現，較少系

統化的實徵證據，但是其實也可以看出焦點解決諮商的趨勢正夯。

　　Murphy（1997）對於焦點解決運用在學校場合的臨床經驗頗多，建議在應對中等學校問題上的幾個假設：㈠如果奏效，就用更多，倘若無效，就採用不同方式；㈡每個人都有改變問題的長處與資源；㈢一個小小改變可以是解決問題的開始；㈣著眼在未來的可能性與解決方法上，都可以促成改變；㈤任何行為都有許多意義與解釋，如果這個不適用，就改用其他的；㈥合作可以促使改變發生（pp.40-42）。

 ## 國內外焦點解決諮商的相關研究

　　反觀國內對於焦點解決諮商方面的文獻論述與觀念闡述部分較多（如林香君，2000；洪莉竹，1998；許維素，2001a；許維素，2001b；許維素，2001c；廖本富，2000；廖本富，2001；謝雯鈴，2000；羅華倩，2000a），對於焦點解決的實地執行與運用研究較少。

　　張德聰（1999）將焦點解決治療運用在成人生涯轉換的諮商上，該研究分為個人諮商（參與者五人）、與團體諮商兩部分；在兩部分的結果分析上，該研究都獲得肯定的結果，也就是證實了焦點解決諮商「聚焦在問題解決的可能性」上的理念是有效的。陳清泉（2001）以諮商過程為研究主軸，分析焦點解決諮商效果，其研究對象為男女各三位大學生，進行一到四次諮商，然後依據目標達成程度、情緒感受、解決方法與欲改變目標清楚與否為自我評量項目，結果其中四位表示問題有明顯改善，三個月後的追蹤調查，也普遍表示仍有進步。許維素（2002）以週末營方式對九二一災區大學生作團體諮商，也看到學生對於生命意義有更深刻、正向的思考。

　　羅華倩（2000b）以十六位高職害羞學生為對象，分派到實驗與控制組，運用焦點解決團體諮商來看輔導效果，研究發現實驗組在「害羞困擾」方面有立即效果出現，然而在「人際關係」、「自我意識」與「社會自尊」上沒有顯著效果。翁幸如（2000）以焦點解決諮商處理雙親衝突的高年級小學生，經由「兒童知覺雙親婚姻衝突量表」篩選出可能參與個案，分別將其分派至實驗與

控制組，接著針對實驗組個案做四次個別諮商，結果對照控制組、實驗組有情緒感受上的立即性效果，然而在生活適應與親子關係上無顯著發現，追蹤結果上也無顯著差異。

　　國內文獻對於焦點解決運用在個案與團體諮商的人數過少，很難看出治療效果，追蹤時間也不一，對於焦點解決缺少大量與系統化的運用與觀察，而在「適用性」的檢討上也很少提及。邱珍琬（2008）將焦點解決運用在國中非自願個案的治療，發現有不錯的成效，也建議有些適文化的議題需要考量。

　　對於管訓或是犯罪青少年的治療，有一些研究已經沿用焦點解決的方式做處理，發現有不錯的效果。Seagram（1997）針對四十位在管訓機構的青少年犯，分派為控制與實驗組，以焦點解決的方式進行十週的團體諮商，發現實驗組基本上對於自己在生活上的控制、未來期許等有正面的傾向，六個月後的追蹤也發現實驗組中只有四位再犯，較之控制組中的八位再犯率顯然效果要佳（cited in Wallace & Todd, 2001）。Triantafillou（1997）以焦點解決治療方式訓練督導，針對十到十四歲有攻擊或行為問題與心理疾病（如憂鬱症）而住院治療的青少年進行治療，十六週之後發現他們的嚴重問題行為與沒有接受此型治療的青少年相比較，減少了近七成，而其中有兩位實驗組青少年甚至可以完全停止藥物的治療。Kruczek與Vitanza（1999）是針對兒童期遭受性侵害的青少女做六次以焦點解決為主的團體諮商，結果參與者報告了顯著的立即效果，三個月後的追蹤也發現她們對於自己情緒與衝動的處置效果依然持續。

　　也有將焦點解決諮商運用在家庭治療成功的實例。Williams（2000）以學校為軸心提供社區服務，認為學生問題不應只是針對學生來做治療，而是需要把整個家庭也包括進去，因此採用了焦點解決諮商模式，也發現效果不錯。Softas-Nall與Francis（1997）以焦點解決方式來對一個十二歲女兒有自殺傾向的家庭做諮商，運用了量表問題、例外、巡迴問題等技巧，也以家庭系統為資源來協助有自殺傾向之當事人做監控與支持。O'Halloran（1999）分別針對一位患有厭食症的十六歲少女（五次諮商）與其家人做總共十次治療，焦點解決提供了一個新的觀點，協助這個家庭面臨問題時做有效處理。Selekman（1999）以焦點解決諮商方式協助有問題行為的青少年父母親的親職工作，六

次團體之後，父母親顯然對於此課程的效果極爲滿意，也讓這些原本束手無措的家長重新恢復元氣與自信；評估運用焦點解決在親職教育上的效果，也發現短短每週三十分鐘的課程，對於家長本身的角色形象、客觀性、溝通技巧與設限等都有正面影響（Zimmerman, Jacobsen, MacIntyre & Watson, 1996）。

　　Lawson（1994）調查當事人在打了求助諮商電話之後，有沒有發現改變已經產生？其研究證明了之前Weiner-Davis、de Shazer、與Gingerich（1987, cited in Lawson, 1994）的結果，也就是在當事人決定求助、也有了求助動作之後，已經朝向可欲的改變方向進行！這也是焦點解決所謂的「面談前的改變」（pre-session change），治療師也可以藉此詢問當事人這些正向的問題，提醒當事人其實他／她已經朝可欲的方向前進（Berg & Miller, 1992），而Lawson接著也使用焦點解決諮商在其中二名當事人身上，發現效果很樂觀。Johnson與Conyers（2001）以焦點解決諮商對於從事博士論文寫作的八位學生做支持團體，結果也證明此方式有效，只是此研究僅引用了其中一人的信做佐證，在效果評量上稍嫌弱了一些。Laveman（2000）敘述其社區依據三個治療模式所整合出來的Harmonium計畫，宣稱包括了焦點解決的要點，然而全文的脈絡卻會讓讀者以爲其治療是以「問題」爲焦點，而非以「解決」爲取向；Thomas（1994）試圖運用焦點解決「當事人是專家」的概念到諮商督導上，希望可以藉著受督導人本身的資源與想要達成的目標，成就更切實的督導工作。到底焦點解決諮商可否與其他處置方式並用，又必須考慮到哪些可能衝突或不協調處，似乎也是臨床專業人員必須注意的。

 ## 焦點解決與其他取向的結合

　　SFBT與現實治療、行爲治療都強調行爲改變是最有效的協助之道，它們也注重計畫、聚焦在「想要」與「目標」、建立在「成功」的經驗上，而且不強調過去歷史（Seligman, 2006）。有不少研究者企圖將焦點解決諮商的重點與其他治療或處置結合，但是許多仍止於觀念上的理念、尚未落實，如Anderson-Klontz、Dayton與Anderson-Klontz（1999）也針對焦點諮商偏重於行

為與認知，卻忽略了情感部分的批評（Dermer et al., 1998; Kiser et al., 1993, cited in Anderson-Klontz et al., 1999），而建議將心理劇放在其中作為補救，然而其將心理劇放在「未竟事務」（unfinished business）的作法，似乎與焦點解決「放眼未來」的假設有衝突；Copeland與Geil（1996）試圖將系統理論與焦點解決結合的模式放入諮詢的運作之中，結果需改進甚多，卻仍堅持其「搭配適當」；Huber（1996）也企圖對於「家譜圖」（genogram）做焦點解決的運用，然而這也只是一種提議而已，落實與否，以及效用如何，還得靠進一步的實證研究。

焦點解決治療目標與過程

焦點解決諮商的目標是協助當事人過更平衡的生活，對於未來所關切的議題有更多的資源可以運用（Seligman, 2006），諮商目標是持續在進行的（Corey, 2001），治療師監控當事人目標的達成程度，以及需要改進的方式為何？然後繼續將新的目標付諸實現；而改變也是持續的，當事人的困境不會維持在原地，也暗示了成功改變的可能性（Berg & Miller, 1992）。

語言建構我們的現實，而故事建構我們的生命，因此語言的使用在後現代治療取向裡非常重要（Andersen, 2003）。焦點解決強調語言的精確使用，也因此常被誤以為是以「問題」取勝的治療方式，事實上，其強調語言之精確使用是作為治療工具，包括最初接觸時的目標調整、評估進度，以及找出成功的解決方式（Berg & Steiner, 2003, p.xiii），治療師也使用語言來影響治療內容與過程，如同家族治療的策略學派一樣（Lipchik, 2002, p.49）。強調語言的運用主要也是植基於其「社會建構」（social constructionism）的立論，知識與「意義」的建構是從人與人之間的互動而產生（當然也包含對於問題或是解決之道的定義）（Corey, 2009; O'Connell, 2007）；而治療就是治療師與當事人兩造之間的對話，治療師遵循著「解決架構」（solution frame）進行「解決的談話」（O'Connell, 2007）。焦點解決所運用的技巧許多是承襲「敘事治療」而來，像是「評量問句」、「例外問題」、「奇蹟式問題」等，其治療過程（也可分

爲「建構解決對話、暫停休息、正向回饋與家庭作業」三段式）與技巧如下
（de Shazer et al., 2007, pp.4-13）：

㈠正向、和善的焦點解決態度。

㈡找尋過去的解決方式。一般人在遭遇問題或困難時，都會想辦法解決，只
　是解決程度不如預期，但是這並無損於當事人的能力，同時治療師也可以
　從中了解當事人已經試過哪些方式、成功機率如何、有沒有可以加以改善
　的？

㈢找尋例外（Looking for exceptions）。SFBT的治療師認爲聚焦在「負面」
　會讓系統停滯、改變更困難，因此認爲著重在優勢與資源上，更可能引
　發有利的改變。倘若當事人一時之間未能想出例外，諮商師就需要積極
　主動地介入，有時甚至要建議當事人做一些行爲改變的策略（Seligman,
　2006, p.421），而「找尋例外」也可以重新將當事人導向問題解決的方向
　（Andersen, 2003）。

㈣問問題，而不是指導或詮釋。

㈤「當下」與「未來」焦點問題導向。不同於傳統治療裡的聚焦在過去、不
　能改變的情況。

㈥讚美。「讚美」是焦點解決諮商裡非常重要的一環，讚美不僅傳達了治療
　師全程仔細聆聽，也很關切當事人。

㈦輕推並鼓勵做更多有效的行動。治療師不會以強勢方式要當事人做改變，
　而是以溫柔、鼓勵的方式來惕勵當事人朝改變的方向走。

㈧治療前的改變（pre-session change）——特別是運用「解決談話」
　（solution-talk）。通常當事人在打電話預約諮商時段到眞正見到治療師之
　前，其問題大都有一些些的改善，這也是「解決談話」的開始（O'Connell,
　2007）。

㈨焦點解決目標是清楚、具體而詳細的。目標可以有三種形式——改變對
　於問題的作爲、改變對問題的看法，以及找出資源、解決之道與優勢
　（O'Hanlon & Weiner-Davis, 1989, cited in Seligman, 2006, p.417）。

㈩奇蹟式問句（miracle questions）。奇蹟式問句就是「假設性的解決問句」

（Andersen, 2003），運用奇蹟式問句通常可以讓諮商師看見當事人關切議題的潛在解決方式（Seligman, 2006, p.419），或是描述他／她想要從治療中獲得什麼（Duncan, Miller, & Sparks, 2003）？在當事人無法清楚說出治療目標時，「奇蹟式問句」可以讓目標更明顯而具體，特別是在面對問題錯綜複雜的家庭時特別有效，也可以清楚知道每一成員的期待與目標。

（土）評量問句（scaling questions）——聚焦在過去的解決方式與例外情況，並點出新的改變，通常評量問句可以使用在(1)評估進度；(2)建立信心與動機；(3)設定小的、可辨認的目標，以及(4)發展策略上（O'Connell, 2007, p.392）。通常是以1到10或0到10（最差到最好）的方式來詢問，可以知道當事人所欲目標、達成的程度，以及可以繼續努力的方向。治療師也習慣引導當事人以「行為描述」的方式來做進度的追蹤（Lipchik, 2002, p.64），同時也讓當事人對於自己欲達目標有更具體的方向與作法。

（圭）建構解決之道與例外。治療師聚焦在進步的情況與解決之道，不同於傳統治療師只注意到問題原因與問題持續的情況。

（圭）因應問句（coping questions）。如果情況沒有改善，治療師會將焦點放在當事人的優點與力量上：「你（妳）如何做，讓它不變得更糟？」

（齒）「有沒有什麼我忘了問的？」在暫停與商議家庭作業之前，治療師通常會問這麼一句，以免漏失掉一些重要訊息，也同時關切到當事人的可能需求或之前沒有機會說出口的。

（圭）「暫停」，也就是休息一下然後再集合。這個「暫停」的動作可以讓當事人去回想今天諮商過程中的一切，也讓治療師（與旁觀的治療團隊）可以有機會去思考有創意、又有效的家庭作業。諮商師需要做的包括：讚賞當事人、連結的陳述（bridging statement，任何可以增加當事人的動力去實驗新想法、增加解決問題可能性的說明），以及家庭作業的建議（Berg & Steiner, 2003, pp.27-28）。

（共）實驗與家庭作業。「實驗」是讓當事人可以有機會去嘗試不一樣的、或是沒有試過的，減少其防衛心與害怕，而家庭作業是讓改變可以持續的重要媒介。家庭作業主要有兩類：一是有效的方式就持續進行，二是若無效

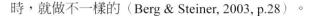

時，就做不一樣的（Berg & Steiner, 2003, p.28）。

㈦「所以，自從上次我們碰面之後，事情有沒有變好一點？」這是每一回治療師都會問的話，不管當事人的答案如何（一樣、更差了、或變好一點），都可以提供治療師許多有效的線索，與當事人一起朝向問題解決的方向前進。當事人若是回應「變好了」，治療師就不需要擔心，因爲當事人會持續做下去，然而如果當事人回答「一樣」或「沒有變化」，諮商師可以將重點轉到當事人的「控制能力」上，問他／她「情況沒有變差是怎麼辦到的？」而在當事人說「更差了」時，就仔細聽當事人描述不可預期的一些事件，並注意到當事人過去與現在不同處理方式的可能正面因素（Berg & Steiner, 2003, pp.29-30）。

㈧「總結訊息」（summation message）。諮商師在每一次諮商結束前，都會花個幾分鐘反思此次面談的詢問／回應模式，包括治療師聽到或了解當事人的處境、詢問當事人前項是否正確，以及從不同角度解讀訊息或給予建議（Lipchik, 2002, pp.108-109）。

㈨建議。通常用在一次諮商晤談結束前，可以與前面的「實驗與家庭作業」並列。建議依不同當事人而做修正，由於建議是很具創意的，也根據在晤談過程所蒐集的資訊做邏輯思考，了解當事人是誰、所要的爲何？然後運用這些資訊去想像怎樣的經驗可以造成不同（Lipchik, 2002, p.114）？

㈩巡迴問句（circular question）或是「關係問句」。也就是以當事人之相關人士的觀點來詢問當事人，可以讓當事人站在他人的立場來思考或感受，是一種藉由「關係」來問的問句，像是：「如果你／妳有一次不發脾氣了，太太可能會有什麼想法？」或「如果你／妳很專心看著老師，你／妳想老師會怎麼看你／妳？或是他／她會做些什麼？」

焦點解決治療技術

治療師的技術在不清楚當事人的觀點或想法之前，不要匆促使用，可能會破壞關係，也容易壞事（Lipchik, 2002, p.166）。治療師相信在治療過程中有

所謂的「位階」關係，但是這些「位階」是較為平權、民主的，治療師也不對當事人所言所行做解讀，其角色是要「拓展」當事人的視野與選項（de Shazer et al., 2007, pp.3-4），讓當事人可以發展不同的角度來看自己的處境（Lipchik, 2002, p.44），而Corey（2009, p.387）認為焦點解決的主要處置方式就是問問題的藝術。

焦點解決諮商的幾個關鍵要點為：㈠使用「讓我們想像」（suppose）的句子，而不是用「問題」導向的句子；㈡當事人是專家；㈢治療師不做「假設」（hypothesize）、以為自己懂；㈣在尋找當事人想要的未來與例外情況的細節時，要能夠堅持下去；㈤步調要慢；㈥維持一種尊重與好奇的態度；㈦談到當事人想要的未來時，使用推測的語言（presuppositional language）；㈧保持簡單（Connie, 2009, pp.14-16），以及㈨使用「暫時性」的語言（Berg & Steiner, 2003, p.67）。

一、解決的談話（solution talk）

Andersen（2003）認為焦點解決諮商所使用的問句，基本上是「焦點解決導向」的，也就是治療師會細心設計一些問句，協助當事人可以聚焦在他們已經在做、而且有效的，或是想像的解決方案，甚至是如何讓問題可以獲得解決？其問題類型歸納有以下幾種（Metcalf, 2009, p.29）：㈠未來導向的問句（future-focused questions），像是「如果妳今晚睡著後，妳所擔心的問題都消失不見了，當妳睜開眼醒來，妳第一個會發現什麼？」。㈡尋找例外的問句（exception-finding questions），像是「你生活中最快樂的那一段是？」。㈢評量問題（assessment questions），評量問題建立了一個基準線，可以開發當事人對可能性與進度的認同（Seligman, 2006, p.417），像是「從一到十，表示你的情況從最差到最好，你目前的情況是在哪個位置？」；也可以讓當事人「具體」看見想要發生的下一步為何？讓改變更容易發生（O'Connell, 2007）。㈣歸因問題（attribution questions）或是因應問題（coping questions），像是「即使遭遇到這麼多挫折，你是怎麼撐到現在而沒有倒下去的？」（Connie, 2009, pp.17-18）。焦點解決的諮商師認為問題解決的先機就是從最低可能性的解決

開始（beginning with the smallest possible solution），從不同角度提供觀點，讓當事人看見這些可能性（Berg & Steiner, 2003, p.26）。有時候使用「關係問句」（relationship question），也可以提供當事人不同的角度去思索（Berg & Steiner, 2003, p.140），像是：「如果你兒子看到你沒酗酒的樣子，他會怎麼說？」。

　　針對「解決」來作對話，就自然不會受困於「問題」，拓展了當事人問題解決的庫存與潛能，若將焦點解決運用在家族治療裡，治療師提供了家庭許多「骨架鑰匙」（skeleton keys），讓處於困境的家庭找出許多問題解決的方式，而不是「唯一完美」的方式；藉由「解構」（deconstruct）去找出例外，破壞了問題持續的模式（Goldenberg & Goldenberg, 1998, p.89），這的確是很好的策略，也需要治療師的創意。問題沒有「唯一正確」的解決方式，但是我們卻常常侷限或受困在這一點上。

二、重新描述

　　「重新描述」（re-description）是焦點解決所運用的技巧之一，主要是提供對於事件或是問題的不同解讀與看法，甚至是讓當事人看到問題的正向動機或善意，如下例（Connie, 2009, p.13）：

問題描述	解決描述
不聽話的孩子	喜歡獨立思考的孩子
關係不和	是基於「相異點」而不是「共同點」為基礎的，也不是我們所期待的互動模式
沮喪	感覺悲傷，偶而會影響個人體會快樂的能力
上癮行為	一直持續的行為習慣，此習慣對個人沒有幫助

　　語言的使用在焦點解決諮商中是非常重要的（Seligman, 2006, p.422），不僅治療師採用讚許、鼓勵的字眼，外化問題（將當事人與問題分開，讓當事人

有改變的可能性）、因應問題等問句的使用，也充分突顯了語言使用的力量，治療師也採用隱喻、象徵、儀式與故事，以及重新架構等技巧。「重新描述」是從另一個角度來看事情，可以拓展當事人的視野與觀點，而不自陷於「問題」的泥淖中，也因為「重新描述」有「重新架構」之意涵，看見事情的另一個（通常是較為正向的）面向，同時表現出「同理」當事人立場、看見良善意圖、與「解決問題」的企圖。即使當事人有一些不適應行為出現（如逃學、逃家或嗑藥），諮商師也可以運用類似這樣的句子去了解當事人的想法：「你之所以逃學一定有很好的理由……」（Berg & Steiner, 2003, p.204）。也藉由「重新描述」的方式，讓當事人與「問題」之間有個適當距離，可以協助當事人從更客觀的角度斟酌行為或處境。

三、策略性家庭作業

焦點解決諮商師常常使用策略性的家庭作業（包括「第一次諮商工作公式」），維持諮商效果，同時也容易達成改變的目標。de Shazer（1988）曾提出針對不同的當事人，給予不一樣的家庭作業，對於「訪客」可以給予讚美，而對於「抱怨者」可以給一些觀察作業，至於「顧客」就可以建議「行動作業」（cited in Seligman, 2006, p.418）。有時候當事人會被現況「卡住」，諮商師可以建議做一些行為的改變，像是改變頻率或速率（如對強迫症患者建議一天洗手五次）、發生時間（像是早上哭改成下班之後哭）、長短（像是哭五分鐘變成三分鐘）、地點或程序（如本來回家是馬上打開電腦、改成去開冰箱找冷飲）等方式，可以用來解困（O'Hanlon & Davis, 1989, cited in Seligman, 2006, p.423）。

四、其他注意事項

儘管焦點解決治療運用許多的處置方式，也創發了一些新的技巧，但是絕少使用「解釋」與「面質」，也因為考量到當事人所處的社會環境，也善用可用的一些資源（包括家人與社區）（Seligman, 2006），來協助改變的發生與持續；治療師甚至會使用所謂的「克制性介入」（restraining interventions），

也就是在當事人有所遲疑、不願意或是害怕時，治療師可以體會當事人的這些曖昧不明的未決狀況，會建議當事人「步調放慢一點」、或是提醒當事人進步可能產生的一些危機（Duncan et al., 2003），因此治療師是不躁進的。

O'Connell（2007, p.395）提到焦點解決無效的情況有：㈠治療師只是一個工匠，不了解此取向背後的原理；㈡治療師將焦點解決與問題解決合併使用，造成自己與當事人的困惑；㈢當事人處於危機中，未能接近其所擁有的資源；㈣當事人想要「快速修復」，不願意也不能探索自己的資源庫；㈤當事人自信過低，不能接受他們是有優勢的；㈥當事人認為除非已經知道問題所在，否則問題不能解決；㈦當事人認為SFBT太過簡單，而他們的問題是需要繁複的解決方式；㈧當事人要諮商師提供解決之道。

 ## 焦點解決諮商的貢獻與評價

焦點解決的目標在於協助當事人「重新著作」（或「重寫」）自己的生命與關係，跳脫限制與壓迫的敘說，形成新的身分（Andersen, 2003）。焦點解決強調「問題」不是固定、膠著的，而是可以改變、妥協的，主要視其社會脈絡而定，而「問題」與「解決」方式之間沒有既定的因果關係（Berg & Steiner, 2003, p.3; Lipchik, 2002, p.19），也就是聚焦在「解決的談話」而非傳統的「問題的談話」（problem talk）上，這一點在實務工作上是相當有意義的。

焦點解決諮商讓一般的治療從「問題」中心轉移到「解決」中心，也讓當事人從「賦能」的觀點看到自己本身的潛能與力量，可以看到希望，也願意持續作努力；焦點解決諮商基本上是短期諮商，通常只需要少於十次的治療，平均大概是五次（Seligman, 2006），因此是非常經濟實惠的；再則，SFBT諮商師不認為自己可以提供不同當事人問題解決之道，採用「未知」、「好奇」立場，將當事人視為「專家」，就是尊重、有價值與接納的表現，諮商師「好奇」的態度（Berg & Steiner, 2003），也化解了一般治療的位階關係，這也符合民主社會的原則，因而治療過程就是當事人與諮商師「朝向當事人問題解決

的互惠旅程」（Lipchik, 2002, p.25），這些也都是跨文化諮商的重點。此外，焦點解決評估當事人的優勢與能力，而且是持續進行的過程，也做適當修正（Berg & Steiner, 2003），而焦點解決諮商運用在家暴加害者團體有很好的成效（Corey, 2009）。

　　儘管焦點解決諮商獲得一些不錯的實務效果，然而並不能免於批評，除了對其效率的繼續研究之外（Gingerich & Wabeke, 2001），此取向沒有考慮到大環境的影響力與個人或家庭發展史，也沒有注意到權力運作的因素（Dermer, Hemesath & Russell, 1998）。若治療師與當事人不能合作共同定義問題，可能會讓諮商師只專注於現存問題，忽略了其他更重要的議題，而此治療方式並不適合嚴重情緒困擾或緊急情況的當事人，更重要的是焦點解決諮商的治療師必須要受過相當訓練，才可能得心應手（Seligman, 2006, p.426），而不是只執著於「問句」的使用而已（O'Connell, 2007）！許多焦點解決諮商的運用與實證研究，幾乎都是以單一個案方式呈現，其治療效果較缺乏客觀評估；此外諸多文獻著重在觀念發展與整合（如Corcoram, 1999; Quick, 1998; Softas-Nall & Francis, 1998），實證與臨床的運用仍待努力，不過這也說明了有愈來愈多的諮商治療專業人員對於焦點解決諮商的興趣，也願意做進一步的探索與研究。

家 庭 作 業

1. 列出十個形容個人特質的負面形容詞（如自私、小氣、囂張等），然後反向思考可以「重新描述」的新詞。

2. 以小組方式討論所遭遇到的當事人問題（如「親密關係問題」、「人際困擾」、「生涯徬徨」等），然後以「焦點解決」的立場重新看這些「問題」。

3. 以腦力激盪方式列出給一位「曠課過多」中學生的「觀察作業」，至少列出五項。

第十一章

後現代取向的諮商理論

——女性主義治療

 女性主義源起與流派

　　女性主義的崛起，主要是因為看到女性遭受的不公平待遇、男女性之間的權力與資源分配差異而來，女性被視為「第二性」（就是次等人類），男性居於主導、設立規範的掌控地位，因此許多女性的困境不是因為個人因素所起，而是環境或社會文化所導致，此學派因此將性別與權力視為治療過程的核心，也就是不將問題焦點放在個人內在、不可改變的因素上，而是在評估當事人的困擾時，將社會、文化與政治脈絡因素考量在內，特別是不同性別社會化過程或社會病態的力量（Corey, 2009）。女性主義是從60年代末抗議性別歧視，演變成一個心理衛生的專業（Brown, 2008）；女性主義是一種哲學訴求，也是政治理念（Ballou, Gabalac, & Thomas, 1985）。女性主義可以溯源於十八世紀初，經過60年代的婦女運動加溫，覺察團體（consciousness-raising group）的姐妹情誼，這種沒有位階、分享資源與權力、讓女性賦能的特質，使來自不同背景的女性結合在一起，發現女性共同的「宿命」，慢慢地也會彼此汲取經驗、解決問題，互相支持打氣，一齊為改造自己的命運而團結努力，後來不僅

發展到分析父權社會結構、女性被壓抑的現實，進而不只著重在個人的適應，而是聚焦在社會的改造（Evans, Kincade, Marbley, & Seem, 2005）。女性主義治療強調社會環境都有其政治意義，因為它可能會破壞既存制度，影響了個人內在與行為／人際生活（Brown, 2008）；女性主義治療也挑戰了一般心理學理論奠基於西方白人中產階級男性社會文化觀點，而是以女性角度出發，後來甚至擴及孩童、弱勢族群與男性（Corey, 2009）。

在1980年代，Carol Gilligan（1982）挑戰了Lawrence Kohlberg（1927-1987）以男性為主體的道德發展理論（強調「獨立」與「個人化」是道德成熟的象徵），而將女性的「關心」與「合作」視為道德發展的優勢，而「連結」（connectedness）與「互相依賴」（interdepedendence）是女性發展過程中的重要元素，接著Miller（1986）等人發展了「關係－文化」模式（relational-cultural model），對於女性主義的人格發展具有重要影響力；而了解女性內化的壓迫是最重要的，也在此時，女性主義團體也針對特殊的議題與族群（如身體意象、飲食失調、亂倫與其他性侵害模式）進行治療（Corey, 2009）。

許多女性主義治療師認為自己並不需要依附於某個哲學基礎，但是女性主義基本上有幾個派別，其所訴求的目標也不同，主要的流派分別是「自由女性主義」（liberal feminist）、「文化女性主義」（cultural feminist）、「基進女性主義」（radical feminist）、「社會女性主義」（socialist feminist）以及「後現代女性主義」（postmodern feminist），彼此有共通點（挑戰既存父權社會對於弱勢族群的不公平對待），但是訴求或有不同（Enns, 1993, cited in Halbur & Halbur, 2006, p.73），茲分述如下：

一、自由女性主義與文化女性主義

自由女性主義聚焦在協助個別女性克服傳統上對性別角色社會化的種種限制，主張男性與女性享有同樣的權利，此學派基本上接受社會現狀、企圖在現存體制中尋求某種程度的滿足（洪謙德，2003; Gaskell, 1992, cited in Colley, 2002），其主要訴求是機會與政治參與的平等（Ballou et al., 1985），讓每個

人都有發展的機會（林芳玫，1996）。然而此流派未將性別做區分，一味要求女性與男性平等，甚至以男性標準來要求女性，卻忽略性別的差異與特質，以及家庭內的權力關係，反而造成其他流派的批判（Beasley, 1999）。

　　自由女性主義的治療目標在於賦能女性個人、認同與自我實現，也在關係中分享資源與權力（Corey, 2009），強調改善現況、提升兩性機會平等（Kaschak, 1981, cited in Whalen, 1996, p.70），因此在治療中會聚焦在拓展當事人性別社會化的角色、社會障礙以及歧視等覺察上，接著探索個人目標與選擇（Enns & Hackett, 1990）。文化女性主義強調社會刻意貶低女性優勢、價值與角色，強調兩性間的不同與互相依賴的重要性，認為解決女性被壓迫的方式就是讓女性價值融入文化裡（Hartmann, 1989，引自洪謙德，2004）。

二、基進女性主義

　　基進女性主義強調女性被壓迫是因為父權體制，父權體制是一種社會制度，是男性間「共謀行動」的結果，是為了保障男性的特權位階與掌控（Hartmann, 1989，引自洪謙德，2004），在不同的系統或制度內，女性權力都被否認，因此改變性別關係與社會制度，增加女性的性與生育自主權等是治療目標（Corey, 2009）。基進主義主張「個人就是政治」（the personal is political），指出女性受壓迫是父權制度使然，因此要努力改變社會結構、爭取真正平權，也探討家庭的社會建構（Ballou et al., 1985）；此流派故意忽略階級所造成的壓迫，聚焦在女性的優勢與正面價值上（洪謙德，1993），強調女性情誼的重要性以及兩性兼具特質的發揮（王逢振，1995），同時將政治議題延伸到私領域裡的母性、母職、女性身體、情慾，以及強迫異性戀主義（Reed & Garvin, 1996）。

　　由於基進女性主義將「性別」視為最根本的壓迫，因而此派治療師比自由學派更積極指出社會現存障礙對女性成長的影響，也鼓勵當事人改變自己的行為與環境、積極參與政治活動（Enns & Hackett, 1990），因此其治療目標在於爭取社會的根本改變，廢除傳統性別角色規範、企圖打破傳統的性別分工與對待，也積極消除治療師與當事人的權力差異（Kaschak, 1981, cited in Whalen,

1996）。

三、社會女性主義

社會女性主義延伸馬克思主義的假設，認爲人性與階級都是社會塑造出來的，當然也可以改變，除了強調生理上的性別因素，也不忘性別的歷史與社會意義（Weedon, 1997）。女性受到壓迫是政治、社會、經濟結構與資本主義結合的結果，因爲資本主義就是交換關係，也是一種權力關係，社會女性主義意識到父權制度就是男性掌控重要資源，甚至對女性生育與性慾掌控的重要機制，也注意「父權複製」的可能性（Tong, 1989，刁筱華譯，1996），而男性在家中握有的特權與地位，也有經濟優勢的意涵（Bryson, 1992）。社會女性主義與基進女性主義目標一樣，就是促成社會改變、強調「差異」、聚焦在多元的壓迫上，也主張社會問題應該將階級、種族、性取向、經濟地位、國籍與歷史考慮在內（Corey, 2009），此流派注意到家暴婦女，也去分析女性受壓迫原因，以及其他受壓迫族群的現況（Ballou et al., 1985）。

四、後現代女性主義

後現代女性主義與建構女性主義（constructive feminist）更廣納多元，因爲女性不只是以性別來安身立命，還有其他因素（如種族、社經地位、性傾向等），甚至還發展爲全球的女性主義，關切的是多元層面的不公義與歧視（Corey, 2009）。傳統的女性主義分析將女性視爲文化的被動接受者，而「後現代女性主義」留意到女性的眞正處境是與文化相扞格的，因此也抵制這樣的情況，也提醒治療師注意不要只從一個面向（undidimensional terms）來看當事人（Monk et al., 2008, pp.200-206），也就是需要考量當事人自身、背景、種族、性傾向、語言、傳統、價值觀等等的諸多面向，而這也是女性主義治療相當豐厚、多元的特色，其結合了不同領域與專長的女性所戮力而成的果實。

女性主義發展階段

Brown（2008, p.280）將女性主義的發展分為三個階段，可以很扼要地看出不同的重點主張：「無區分」（no-difference）女性主義（從1960年代晚期到1980年代早期）、「有區分」（difference）女性主義（從1980年代中期到1990年代中期），以及「有平等價值的區分」（difference with equal values）女性主義（從1990年代中期到目前）。當然女性主義所關切的已更多更廣，也將男性納入，因為男性也是社會文化下的犧牲者之一（Levant, 1996），誠如bell hooks（2004）提醒我們的：父權社會是由男女共謀而成的一種文化，不能一味將責任推給男性，因為女性也擔任了推波助瀾的工作（也就是所謂的「父權複製」或「內化父權」）。女性主義從最先要求男女都相同、認為男女只是性別所造成的差異，到後來接納性別的差異（Grunebaum & Smith, 1996），倡導各自發揮能力與優勢，這一點就很吻合多元的意涵。

 ## 女性理論

絕大多數的理論都是從男性觀點出發，忽略了女性經驗，心理學領域也不例外，而所謂的「主流」論述事實上幾乎都是「男流」的論述（Beasley, 1999）。Worell與Remer（2003）提到傳統理論幾乎是以幾個過時假設為依據，它們是男性中心（以男性取向來建構人性，並做出結論）、性別中心（將性別發展分為不同路徑）、種族中心（假設人類發展是跨越種族、文化與國度的）、異性戀理論（以異性戀為主流，貶低同性關係）、內在心理取向（將行為歸因為內在因素造成），以及「決定主義」（人格與行為在發展早期就已決定）（cited in Corey, 2005, pp.345-347），因此容易將女性的許多行為病態化，也的確需要一個屬於女性的理論出現。

女性主義者也抨擊心理疾病診斷的「男性觀點」，以男性觀點來批判或推論在女性身上，對女性相當不公平，而在治療過程中不免會有意無意中，強

調了醫師或治療師的「專家」立場，這不但加重了權力的區隔性，也讓弱勢的當事人更覺無力（Evans et al., 2005）；女性主義治療師不是不使用一般的評鑑方式，而是強調在使用時要特別考量脈絡的因素（Brown, 2008）。女性主義學者談「性別暴力」，其著眼點不在於「性慾」或「性衝動」（這似乎「小化」了這個問題，而且彷彿替加害者脫罪），而在於「權力」與「控制」。由於「女性」經常是暴力受害者，因此「女性」這個性別就讓女性覺得自己權力較小、地位較低，而相對地男性就處於較有力量與地位的立場，因此「暴力」就成為男性「展現」力量或男性氣概的場域。在父權社會中，幾乎每件事或是每個人都被區分為相對的「兩邊」，而通常在此間都存在著「權力鬥爭」（power-struggling）的味道，這也意味著當事人本身「內化」了父權體制的一些規準，同時也對自我想要的生活方式有所覺察，但是卻受困愁城、不知如何是好？諮商的目標就是讓當事人可以更了解其內心的這兩股對立情況，也知道如何表達出來。

女性主義治療著重在女性的母親角色，但是強調「母親」只是一個功能，不應該用其「成就」或「可接受度」來定義或是評估一個人（Chaplin, 1999, pp.39-42）。女性在社會中屬於「弱勢」、沒有力量的一方，因此常感無力、沒有主導權，而要展現其力量與「控制」，常常就使用了錯誤的方式，像是「控制」自己進食方式（如暴食、厭食症）或是「控制」自己情緒（自傷）來表現！中西方的女性也常因為要「符合」男性所訂的美麗標準，對自己的身體進行不合人道的約束與限制（包括節食、減重），也因為女性不敢對外宣洩情緒，轉而向內的對自我攻擊，因此才有許多憂鬱情緒的產生，所以讓女性接納自己的「如是」（as I am），也是展現果決與自我肯定的關鍵（Chaplin, 1999）。

女性主義治療發展與重要觀點

女性主義的基本訴求是要將兩性的權力與責任重新作分配，不將「性別」作為分配的唯一準則，而是以興趣、能力與個人抉擇作分配基礎（May,

2001）。女性主義治療是協助當事人重視照護與合作、獨立果決，在社會上獲得同等的尊重，進一步了解生命現狀與自我內在差異之間的連結（Chaplin,1999），因此女性主義治療著重在過程，企圖改變自我與社會現象或制度（Forisha, 2001）。

　　女性主義諮商（或治療），結合了女性心理學、發展研究、認知行為技術、多元文化覺察與社會運動（Evans et al., 2005），其目的是希望營造一個溫暖合作的社會，同時尊重相互依賴與果決的特性（Chaplin, 1999），也就是不因為性別而有社會期待與價值的區分。女性主義認可不同、對立的生活與個體之間的連結，它是有關社會、政治，也是個人與個別的（Chaplin, 1999, p.5），除了重視女性經驗的價值，也注意到不同系統或形式下被壓迫的族群，因此其理論對於多重身分認同的發展貢獻甚大（Corey, 2009）。女性主義者認為若無社會的改變，個人的改變是不可能持久有效的（Corey, 2009; Evans et al., 2005）。

　　女性主義治療是在60年代初期萌芽，可以更貼近女性經驗，對於女性的心理困擾有更佳的治療效果，儘管最初是針對女性族群為對象，甚至也要求只有女性治療師可以擔任諮商師的工作，但是目前的服務對象也隨著女性主義的發展而拓展，關注到不同弱勢族群（像是不同文化、種族與社經地位）的福祉，因此目前的發展其實是從當時諸多的婦女解放運動延伸而來，包括女性覺察團體、家暴婦女安置與反強暴運動，因而其訴求就是尋求改變社會、政治與文化上對於女性不平等對待的信念；女性主義者目睹父權主義與種族歧視，希望可以營造一個互相尊重、合作、兩性共享權力資源與責任的公平社會（Kravetz & Marecek, 2001, cited in Evans et al., 2005, p.269），因此女性主義的崛起與發展，不是單一個人的成就，而是許多女性的努力才有今日的成果（Corey, 2009; Evans et al., 2005）。

　　女性主義主張大部分對於弱勢族群的壓迫是來自外在環境（社會－文化）的力量，像是歧視、性騷擾等，而這些外來的壓迫可能造成當事人內在的困擾與問題（甚至內化為「個人問題」）。女性主義治療在80年代初期與中期，其焦點是讓當事人了解其困擾與問題在個人、文化與社會層面的影響面向，

而在80年代末,因為自由人本主義的重現,又將治療重點轉回到個人身上,一直到90年代,才開始將男性納入治療,特別是處理家暴的相關人(Monk et al., 2008, p.200);而也有臨床學者發現,諮商督導過程中幾乎沒有觸及到受訓者的權力議題(Monk et al., 2008, pp.200-206),的確需要做進一步的改善。

女性主義諮商注意到性別與權力、位階的關係,因此特別注重治療中的平權關係,也尊重客觀與主觀世界的事實(被視為一體之兩面),女性主義諮商是一個過程,而非某一特定技術或理論(Chaplin, 1999, p.17)。對於現代女性來說,女性依然難為,因為同時被期待要堅強(維繫一個家庭的責任),也要脆弱(要像女性的柔弱委婉)(Chaplin, 1999, p.18);拿到國內的情況來說,就是職業婦女必須要宜「室」(辦公室或工作地點)宜「家」,也要兼顧工作與家庭的角色,常常不免會有衝突,但是男性卻沒有這樣的兩難之境,而要特別注意的是儘管問題出現在外在環境與因素上,但是當事人本身也要參與問題之解決,不能置身事外(Brown, 2008)。

一般的心理治療會嚴格規範治療師與當事人之間的治療關係,包括不能在治療場域之外另外建立關係(如社交),但是女性主義治療例外,因為他們希望每一位當事人在「賦能」(或「得力」,empowered)之後,可以成為下一個「能動者」(agent),因此當事人就可能與諮商師同處一社區或隸屬於一個組織,彼此之間是「姐妹情誼」,唯有藉由弱勢者結合的團體力量,才可能做更多、更大的改變,因此治療關係基本上是平等、合作、與賦能的(Brown, 2008)。女性主義治療師會檢視社會上壓迫的現象,不管是因為種族、性別、社經地位、失能與否的因素而造成的社會不公義現象(Enns, 1993, cited in Halbur & Halbur, 2006, p.73)。

 ## 女性主義治療原則

女性主義治療是一個「生理心理社會」(biopsychosocial)取向的治療,同時也將靈性層面納入(Brown, 2008)。早期的女性主義治療包括:讓當事人了解諮商過程中治療師的工作,治療師會清楚表達自己的個人觀點,鼓勵當

事人協調自己的治療目標，也評估治療效果，以及強調當事人的力量（Watson & Williams, 1992, cited in McLeod, 1994, p.19）。女性主義治療師沒有特別的規定或限制，只要是治療吻合其基本立論，都可以是女性主義治療師，然而女性主義治療還是有其共通的原則（Corey, 2009）：

一、個人就是政治（The personal is political）

　　個人問題不是個人的，而是需要考量其所置身的社會與政治環境，了解政治與社會因素對個人的影響是女性主義治療最基本且關鍵的核心。「個人就是政治」這一句話描述了女性的個人生活，有相當大的部分是政治塑造與界定的，個人之所以受苦也是全體受到政治結構關係的影響，而每個人的選擇對所有性別來說都有政治意涵，而要努力促成社會改變的發生，不僅是政治的公領域上如此，在家庭的私領域上亦同（Monk, Winslade, & Sinclair, 2008, p.198）！

二、投身於社會改革

　　因為問題不是個人的，因此若要長久有效的改變，必須要將當事人所處的政治與社會文化因素考慮在內，也就是必須要做社會的改革。

三、女性的聲音、求知之道都有價值

　　以女性主義的意識來取代父權的「客觀真實」，了解到求知有多元管道，而不是某個權力階層或是族群的特權。

四、治療關係是平權、平等的

　　治療師可以與當事人公開討論權力與角色差異，協助當事人了解權力動力影響關係、減少權力的差異性。在性別偏見、刻板印象與性別覺察上的努力，展現在諮商現場的就是治療師會更意識到讓當事人了解治療過程、目標與可能產生的副作用是很重要的（Monk et al., 2008, p.199），也就是注意到在治療關係上的權力議題。女性主義諮商師是當事人的角色模範，儘管在治療室裡同樣都是女性的身分，但還是會有地位與權力的落差，當事人不免會有所顧忌

（Chaplin, 1999），因此此諮商取向特別強調平權的治療關係，也提倡所謂的「姐妹情誼」，甚至諮商師本身也要成為當事人的代言與社會改革者，為弱勢族群爭取福利。有學者認為女性主義諮商師應為女性，因為這樣才吻合所謂的「平權」，其意義在於：㈠同為人類社會的一員；㈡諮商師與當事人同為女性，都在男性主導的社會中生存；㈢諮商師在治療過程中，視當事人為一平等之成人（Chaplin, 1999, p.27）。也許這樣的安排與考量是擔心在治療現場會重現大社會的「父權複製」現象，讓當事人無法自由敘述、為自己發聲，但是現在的女性主義治療師已經不限於女性。諮商師在治療現場，應體認到當事人是處於資源的弱勢（包括性別、社經地位、相關法律與資源等），加上在治療現場裡諮商師是一位「專業助人者」的權威立場，倘若治療師不能同理當事人所說的諸多脈絡與處境，可能就將社會的父權文化「複製」在諮商場域，對當事人造成二度傷害！也因為「平權」的理念，在治療過程中，當事人是全程參與評估及治療過程的，治療師有必要讓當事人知道治療過程與程序，也不使用診斷的標籤在當事人身上，避免複製父權（Corey, 2009）。

五、聚焦在優勢、重新定義心理痛苦

許多的徵狀被視為是「求生策略」，女性主義治療師與當事人談論問題是在生活與因應技巧的脈絡下進行。

六、各種型態的壓迫都需要清楚

治療師了解政治與社會的不平等對生活在其中的人們有負面影響，因此治療師不僅協助當事人解決個人問題，同時積極促成社會的改變，而在文化脈絡下重新架構當事人的議題就是賦能。

女性主義治療師認為每個人都努力解決自己生存的問題，只是有時候所使用的策略不如預期有效，而個人所出現的徵狀也就是一種問題解決的方式（Brown, 2008），這就是所謂的「求生策略」。這些治療原則反映出了女性主義治療取向是：㈠意識到性別歧視社會的有害影響，女性的許多問題不是個人的，而是大環境脈絡的因素；㈡探討女性角色裡的矛盾與衝突，女性必須以

他人的需求為先、忽略自身需求，但同時社會又貶抑女性的重要性；㈢協助女性探索自己內在的資源與能力，將自我與能力找回來；㈣採取平等立場，打破傳統的權力不均與不人道，包括社會改革、顛覆父權制度；㈤打破傳統治療中的權力位階，重視女性價值與經驗，賦能就此開展；㈥肯定女性主義的治療效果，也注重治療師本身的覺察與成長；㈦提醒當事人治療只是成長的諸多途徑之一，協助其發展更多的可能性（Butler, 1985）。

儘管女性主義治療其對象似乎針對大部分弱勢的女性，但是並不排除男性當事人，甚至認為男性也應該可以接受女性主義治療，特別是整合「關係」與「成就」需求，加強親密關係、情感表達、自我揭露與合作的能力，學習非強制性的解決方式、創造雙贏（Enns, 1993, p.38）。Enns（1993）還呼籲治療師要：挑戰性別歧視的行為、重新定義「男性化」的價值觀（而非根據權力、地位或特權）、主動支持女性尋求正義公平的待遇、積極阻撓男性貶低女性的行為、挑戰男性的掌控慾，以及協助更平權的性別關係。

女性主義治療目標與過程

一、女性主義治療目標

女性主義治療的理念也衍生在其專業倫理的兩大要點上，那就是權力平等以及社會公益的維護與促進（Cammaert & Larson, 1988）。Worell與Remer（2003）認為女性主義治療基本上是性別公平、彈性與多元文化，而且是終生導向的，治療師協助當事人覺察自己性別社會化過程，認出自己內化的訊息，以更有助於自我的訊息取代，了解性別歧視及壓迫的信念與實際對當事人負面的影響，獲得改變環境的能力與技巧，去除機構中的歧視，發展更廣泛、可自由選擇的行為，評估社會力量對個人生活的影響，發展出自我與社會力量，了解關係與連結的力量，以及信任自己的經驗與直覺（cited in Corey, 2009, p.346 & p.349）。女性主義治療的目標是：協助當事人可以從不同的觀點與角度來看世界，也提供當事人可以真誠生活的選擇，營造出可以獨立、也互相依賴的

社會系統；在治療現場則會分析與檢視當事人現存的社會架構與可能偏見，也會採取行動來擯除這些不公義現象；女性主義治療師重視女性的關懷、合作、與重視人際關係的特質（Halbur & Halbur, 2006, p.74），而不是一以男性優勢的道德標準（如獨立、競爭、成就）來評估或定優劣。

二、女性主義治療過程

Forisha（2001）主張女性主義治療是個「再社會化」（resoclialzation）的歷程，除了要讓當事人了解社會所提供的選項（社會－政治分析）之外，同時覺察到自己經過社會化過程後形成的學習模式與內化價值觀為何？了解自己是誰、要什麼？自己的能力與限制又是哪些？然後以新的觀點重新看自己或個人在社會中的情況與定位，也建立新的社交支持網路讓個人持續成長。因此，女性主義治療過程中有幾個要點：㈠社會－政治分析（女性經驗是由內在與外在環境互動造成，因此也要將大環境與社會文化因素納入考量）；㈡強調性別與性別角色刻板印象的影響；㈢以女人為中心的主軸（強調、也重視女性主觀經驗）；㈣力量與無力（強調力量有不同來源）；㈤對未來的樂觀遠景（強調改變的可能性）；㈥對社會運動與改造的承諾（改變需要集體的努力，也要從社會與制度面改起）（Kagan & Tindall, 2003），也就是在諮商過程中必須要增進當事人的自我覺察，也接受自我覺察，加強自我的接受度，發展行動力量，了解與接受社會的限制，也接受自己的限制（Forisha, 2001）。

Taylor（1996, p.212）整理女性主義治療主要是：㈠讓當事人明白自己在社會化過程中的性別角色；㈡知道自己內化的性別角色訊息與信念；㈢以更積極的自我語言替代刻板化的角色信念；㈣不必拘泥於刻板角色而自由選擇更多元化的行為；㈤評估社會力量對個人經驗的影響；㈥了解社會是如何壓迫女性；㈦明白女性的個別經驗其實是普遍存在於所有女性身上；㈧重建許多機構中的歧視行為與規定；以及㈨發展個人與社會力量意識。Brown（2005）認為女性主義治療：㈠理念來自女性主義的政治分析，以及對性別與心理學的批判；㈡使用技巧是折衷的；㈢治療師了解也賦予當事人的故事意義；㈣主要是了解當事人性別、生命與性別經驗可能是問題發展的主要關鍵；㈤除了性別議

題，也關注到種族、階級、性傾向、年齡世代（age cohort）及能力等議題與社會脈絡的關係；㈥女性經驗與發聲及其所置身的社會、文化、政治環境都有關係；㈦在治療過程中創造一個較爲平等的諮商關係；㈧賦能當事人，也讓他／她成爲自己生命經驗的作者、可以爲自己發聲。

女性主義治療注意事項

女性主義治療需要注意到（Williams, 2005）：㈠問題的情境結構（留意社會文化所扮演的角色以及可能的「內化壓迫」）；㈡強調社會正義行動的合理性（因爲強調社會與政治的影響，也是女性主義與其他治療迥異之處）；㈢建立支持與聯繫網路（因爲許多問題不是個人因素單獨造成，而每個人的支持系統很重要）。女性主義諮商與家族治療一樣注重個人所處的環境與脈絡、文化與傳統的影響力，但是家族治療忽略了家庭中性別與權力區分，女性主義治療補足了這一點；再則，也只有女性必須要面對家庭與工作責任之間的分配與平衡，因此做生涯諮商必須納入這個重要議題（Evans et al., 2005）。

女性主義治療與其他取向之異同

與後現代的治療師一樣，女性主義諮商師強調治療不應該複製社會權力的不均衡狀態，甚至讓當事人有依賴的情況，他們同樣不將治療師視爲「全知全能」的專家；女性主義治療與多元文化治療有最多的共通點，不僅看到社會建構的影響力，也指出不同形式的壓迫對於少數族群的負面影響，都強調直接行動來改造社會，只不過女性主義是站在批判文化的立場，而多元文化則是站在接納與寬容文化的立場（Corey, 2009）。此外，女性主義治療師在個案概念化與做診斷時，也要將當事人所身處的社會與文化環境納入考量，像是女性的病徵可能是企圖溝通與調適的表現，因此當女性遭遇角色衝突、或受壓抑時採用的因應策略，以及表現不符傳統角色行爲時都可能出現病徵（Worell & Remer, 2003, cited in Evans et al., 2005, p.271）。當然，性別建構與意識不是決定當事

人的主因，而是當事人自己想要成為怎樣的人才是關鍵（Ahuna, 2000）。女性主義治療與其他諮商學派不同之處在於：它鼓勵諮商師走入社區（因為要擔任「代言人」與「改變」的角色），甚至可以與當事人同樣為弱勢族群的福祉共同努力！

 女性主義治療技巧

　　女性主義治療是技巧統整的取向（Brown, 2008），因此治療師所使用的技巧有很多，也運用其他取向的諮商技巧（Corey, 2009）：

㈠重新架構——將當事人的徵狀以重新架構或標籤的方式處理，將症狀視為因應策略或是生存技巧，檢視社會與政治面向對個人的影響，不僅可以讓當事人賦能，也避免「責備受害者」的現象。

㈡性別角色分析（gender-role analysis）——與當事人一起探索性別角色期待對其心理健康的影響（如飲食失調者，是因為社會強調女性纖瘦之美，憂鬱症女性是因為內化的性別角色與社會期待的結果），然後可以以此為依據，決定未來自己的性別角色行為。

㈢權力分析（power analysis）——協助當事人了解權力與資源的不平等分配也會影響個人生活的現實面，與當事人探索及運用其他不同形式的權力，同時挑戰阻礙當事人運用權力的性別角色訊息，包含女性被限制在家庭（私領域）之內、不能在公領域（如職場）發揮自己與所長，而在家庭裡也有「權力關係」存在，也是受到社會文化的影響。

㈣閱讀治療（bibliotherapy）——介紹當事人閱讀或觀賞相關女性主義理念或是遭遇的書籍與影片，讓當事人可以以自己的知識為資源，成為改變的能動者（agent）。

㈤社會行動（social action）——治療師也可以鼓勵當事人成為改變社會的積極成員，不僅為自己發聲、爭取權益，也為同樣境遇的同胞或族群努力，讓社會更平權、更公義。

　　基本上，女性主義治療師所提供的是治療策略而非治療技巧，而邱珍琬

（2006, pp.150-170）整理了Cummings（2000）的意見，並統整歸納有以下幾點，讀者可以發現其中有重疊之處：

一、賦能當事人

㈠破除治療迷思──將治療過程透明化，讓當事人是在很清楚諮商過程的情況下進行。

㈡肯定訓練──讓當事人可以運用自身的能力與資源，在行為與溝通上都可以讓自己發聲、感覺有力量。

㈢性別角色分析──讓當事人可以經過「再教育」，了解在現存社會環境中不同性別的地位與實際，協助當事人覺察、也了解社會化對性別的影響。

㈣權力分析──權力會因為性別與社會制度而有不同分配（鄔佩麗，2003），而當事人也可能有一些「內化」的父權複製觀念與行為，必須要做釐清與覺察。

㈤意識覺察──了解女性的社會地位與影響，以及社會機制在其中所扮演的角色，可經由閱讀、團體討論、經驗分享、論述、觀看相關影片等方式進行（Israeli & Santor, 2000）。

㈥認識也接受自己的情緒──女性因為身處的社會地位而感到心理壓迫，許多情緒都被壓抑或否認，因此了解自我與接納自我是最重要的，諮商可以讓女性當事人了解自己原本不熟悉的感受與自我（Chaplin, 1999）。

㈦一般化──一般治療常使用醫學模式來定義心理疾病或是「不正常」，卻沒有考慮到社會文化環境的影響，女性主義治療師認為「病態化」的界定其實也是父權思考的結果。

㈧重新架構或命名──重新架構或是標籤，主要就是讓當事人脫離「受害者」的角色，而能重新去定義自己（Corey, 2009），而反映後現代的思維就是人有多重身分，而女性經驗常常因為主流文化的控制而沒有被重視，重新架構與定義可以讓當事人看到自己的能力，同時從不同的觀點來看自己。

㈨界限釐清與責任歸屬──女性雖然是在關係中成就自我，但是卻也因此

承擔了許多不屬於自己的責任，主要就是因為女性被期待是一個「照顧者」，卻沒有先照顧好自己，為了成就「不自私」就必須一直付出、讓自己耗竭，因此學會說「不」，釐清人際間的適當界限是必要的。

二、減少治療師與當事人間的權力差異

㈠將治療過程公開透明化──女性主義治療師不站在「專家」的立場，也不讓治療過程神秘化，與當事人是合作關係，治療進行之初就表明自己的價值觀與立場，在使用特殊技巧時也讓當事人明白使用之目的與影響（Corey, 2009），這也是弭平「權力」差異的方式。

㈡同理當事人處境──女性主義治療師具有一般諮商師的基本條件，也因為自己是女性（或是有女性主義的理念），更能感同身受女性的經驗與處境。

㈢自我揭露──女性主義治療師也會與當事人分享自己的相關經驗，這就類似所謂的「姐妹情誼」，自我揭露可以在諮商過程中是一個示範，也是與當事人建立信任的重要因素。

㈣隨時檢視治療關係中的權力平衡──治療師也要謹慎自己所養成的教育與社會化過程是男性主導的父權社會，不免也會在無形中展現出來「父權複製」的影響，這會讓當事人更陷溺於受害、無助的情境，因此隨時反省、檢視諮商過程中的作為是必要的。

三、將當事人問題置於社會文化情境中來做考量

㈠同理當事人的複雜心理與思考──女性（甚至是男性）當事人的許多思考可能出現矛盾或是兩難的情況，這些都可以得到諮商師的真誠同理，像是家暴婦女不願意離家，其所顧慮的不僅是擔心自己「自私」、枉顧子女，還希望以愛（關係）來化解一切。

㈡再社會化過程──女性主義者相信許多的問題起源於性別權力不均與性別社會化過程（May, 2001），但是許多女性當事人卻將箭頭指向自己（內化的攻擊），因此有必要讓當事人經過「再教育」過程，重新再社會化。

四、運用性別角色的觀點

㈠性別社會化分析——可運用量表做參考，與當事人分析討論社會與文化對不同性別的期待、養成與影響，分享彼此的性別經驗，性別角色是如何受到壓迫，以及其他非傳統角色行爲的可能性。

㈡重新命名——將自己的經驗重新命名，女性的心理困挫其實是「生存之道」或是因應之方。

㈢覺察差異與其相關議題——修正「二分法」非黑即白、非善即惡的純粹，而是可以從不同角度觀察不同事實，也接納矛盾的可能性，特別是挑戰女性「內化」的一些價值觀。

五、其他

㈠運用或改編其他學派的諮商技巧——像是與完形整合的一些技巧（想像與空椅法、語言技巧），或是角色扮演、肯定訓練、遊戲、藝術、身體工作、譬喻等。

㈡閱讀——相關文獻或是文學作品，可以學習他人成功經驗，也可以發展專屬女性的藝術或文學。

㈢影片欣賞與討論——許多關於女性經驗或生活的作品，甚至是一般人的生活遭遇或描述，都可以是補充的素材。

㈣家庭作業——可以讓當事人去觀察或實驗，印證或是思考一些事實，也可以是將諮商所得化爲行動的跳板。

㈤積極參與或投入社區與社會活動——當事人自己得力（賦能）之後，願意成爲改變的代言人、化爲行動，這也是女性主義治療有別於其他取向的一點，女性主義治療希望將所有的當事人都納爲社會改造的重要一分子，因爲只有經由集體的力量，許多的改變才有可能、也才持久。

　　此外，肯定訓練以及參與團體諮商，也都是女性主義治療師會採用的處置方式。

女性主義治療的貢獻與評價

誠如許多取向的專業人員，女性主義治療師也將其理念融入助人專業與生活當中，不僅主張與實踐治療關係的平等，也重視多元的價值，強調互相依賴與合作，鼓勵當事人定義自己、不需要被社會要求所決定。女性主義治療對於諮商的貢獻，包括意識到文化與社會脈絡對個人的影響與箝制，女性是父權社會下被歧視的犧牲者，社會的整體改變才可能切合個人福祉，諮商師不僅要有自我覺察，也要有社會敏感度與意識，才可以成為真正有能有效的代言者與行動改變者，當然也拓展了治療師與當事人的角色與能力範疇。然而，倘若當事人的想法與女性主義不同時（如文化價值觀不同），就可能產生一些問題，甚至變成治療師強加自己的價值觀在當事人身上；而將問題歸諸於當事人以外的環境，也可能讓當事人有藉口逃脫應盡的責任（Corey, 2009）。女性主義不是女性的專擅，當然也不是「仇視男人」的理論（Beasley, 1999; Oakley & Mitchell, 1997），女性經驗向來被忽略，但是男性也鮮少與人分享自己的生命經驗，因此女性主義治療可以作為女性主義與男性之間的溝通橋梁（Schacht & Ewing, 1997，引自畢恆達與洪文龍，2004, p.44）。

後現代取向理論的貢獻與限制

後現代取向諮商認為事實是多面向的，且由人與環境互動所產生，而個人、社會、文化與時間因素是中間變項（Rigazio-DiGilio, 2001），知識與現實是相關的概念，依據不同的社會政治力量而反映在文化層面上，因此其在認知行為諮商中創造了新的派典（paradigm）轉移，也就是從「個人內在」的焦點轉往「脈絡」對人類功能的影響（Nystul, 2006）。後現代取向重視語言的使用與力量，也注意到社會脈絡對當事人的影響，願意從較為平權、主持社會公義真理的立場出發，也注重每個當事人的故事與立場，是多元文化諮商擅長之地。此外，後現代取向也從「賦能」的角度濫觴，不將當事人視為弱勢或無

能，而是生活中遭遇困擾或是瓶頸的一般人，當事人是積極參與改變的「能動者」，這一點頗吻合「人本取向」的觀點、也是非病態的樂觀取向（Corey, 2005）。然而，後現代取向治療師若是機械式地以「技巧」取勝、或是不重視治療關係，就不是當事人之福；而治療師站在「未知」的立場，把當事人視為專家，卻不一定可以吻合不同文化背景當事人的需求（Corey, 2005）。

家 庭 作 業

1. 觀察與記錄自己在與人對話時，有無因為對方性別因素，讓你／妳覺得自己是強勢或弱勢？有無因為自己的性別而需要「遵守」的一些社會規則？

2. 在觀察諮商現場時，有沒有發現哪些現象是反映了「性別刻板印象」？或是自己會因為「性別」因素而有所顧慮？請提出來與同儕一起討論。

3. 小組討論是否曾經為弱勢族群挺身而出？原因為何？為了有效協助這些弱勢族群，你會考慮到哪些面向或因素？

第十二章

生態脈絡取向的諮商理論

——生態諮商、社區諮商與多元文化諮商

　　生態取向的諮商主要是將人置於其所生存、生活的大環境脈絡之中，不只是考量個體的心理狀態、情況而已，還注意到周遭物理與社會環境（包含人文、制度與組織等）。許多治療取向也考慮到當事人周遭脈絡的影響力，像完形學派就是以「人在環境裡」（person-in-environment）的模式為基礎的，注意到個人以及「人在環境裡」的互動（Korb et al., 1989, p.91），倘若改變個人無法達成可欲的改變，諮商師就必須要考量其他的可能性，最終就是促成環境或制度的改變，為當事人謀求最佳的福利。諮商師也必須要注意環境對於個人發展的影響，這樣才能夠讓當事人有能力與壓迫的環境做建設性的折衷，也因此諮商師還必須要擔任代言與行動者的角色（Lewis et al., 2011, p.73）。

　　社區諮商的觀念拓展了諮商師的功能與服務領域，而家庭是社會的一環，家庭諮商也不能自外於社會文化與環境的影響，必須兼顧到整個大環境的變化（Goldenberg & Goldenberg, 1998, p.38）。諮商會注意到當事人所生活的周遭脈絡，在其他諮商領域中早已經出現，包括家族治療、生涯諮商、多元文化諮商，在協助當事人處理面臨的困擾時，不能將環境與脈絡因素排除，因為人是

生活在環境之中（不管是物理或是人的環境），因此不免受其影響，因此了解人與環境持續互動的情況，可以協助治療師了解應如何介入處置當事人所關切的議題。在本章中，先介紹生態諮商的理論與立論觀點，然後舉目前最重視的「社區諮商」與「多元諮商」模式做說明，而在下一章節中，會特別介紹「家族治療」。

生態諮商的起源與立論

　　生態脈絡的諮商主要是考量人與環境之間的關係，「人」與「環境」是互相生成與影響的，人類依據自己對於周遭所處環境的了解，會對生活脈絡作反應，也可以創造生活（Conyne & Cook, 2004）。許多臨床心理衛生專業人員其實早就發現當事人所呈現的「問題」並不就是當事人「本身」的問題，像是家族治療學者看見當事人是家庭問題的「代罪羔羊」（特別是幼小或是弱勢的家庭成員）；而在治療實務中，諮商師也經常發現單是改變當事人效果不彰，因為當事人還是要回到自己生活的環境中（如學校、家庭、社區、制度或文化）繼續受苦，因此如何讓當事人所處的環境（脈絡）可以有正向改變，也就成為諮商師的考量。

　　生態諮商主要是從心理學家Kurt Lewin（1936）的理論而來（cited in Conyne & Cook, 2004, p.viii），他認為行為是人與環境互動的函數〔B = f (P×E)〕，近年又受到建構主義的影響，也就是人類不僅對周遭世界做反應，也藉由建構意義的能力創造自己認為的現實，因此基本上生態諮商是一個企圖融合不同建構與過程的後設理論（metatheory）（Conyne & Cook, 2004, pp.8-9）。

　　生態諮商的環境脈絡可以由Urie Bronfenbrenner（1979）所提供的不同系統學說來理解（cited in Conyne & Cook, 2004, p.15）：

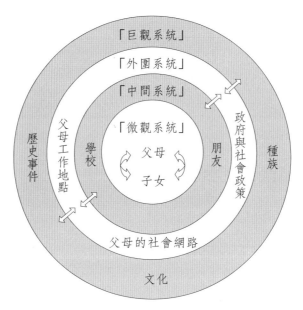

圖12-1　Bronfenbrenner的層次論（引自Conyne & Cook, 2004, p.15）

　　「微觀系統」（microsystem）指的是發展中的個體，在一個獨特物理環境裡所經驗的一切活動、角色與人際模式（曾淑賢、劉凱、陳淑芳譯，1979/2010，p.23），是個體最重要的、面對面之接觸環境，像是家庭、工作場所、同儕或學校，是比較近距離的；「中間系統」（mesosystem）是個人積極參與在兩個或多個環境間的連結（曾淑賢等譯，1979/2010，p.27），就是與「微觀系統」相關的環境，像是家庭與學校、家庭與工作場合；「外圍系統」（exosystem）則是指個體不是直接接觸或參與，但是卻對個體所在的環境有重要的影響，像是主要社會機構（如家長工作地點、政府機構、健康照護系統、媒體等等），是較遠距離的影響；「巨觀系統」（macrosystem）包括了所有與個人生活有關的一切，像是價值觀、政治與社會政策或理念、意識形態等（Conyne & Cook, 2004, p.15），是指較低系統（微觀、中間與外圍系統）的形式與內容的一致性，可能存在於次文化或整體文化的層次（曾淑賢等譯，1979/2010，p.28）。

一、生態諮商目標與過程

生態諮商的重要意涵除了是指人與環境的互動之外，還有：㈠考慮到「時間」的重要性——當事人在事件發生時所處的時空，以及醞釀做改變努力的時間，不同的時空轉換也會對當事人有影響；㈡關注「意義」——人類生活是有意義的，而意義形成包含語言、評價與反思，生態諮商是有脈絡、互動的，也是人類「存在」的冒險，而了解人們如何解讀（或賦予意義）其所在脈絡的經驗，也是生態諮商的中心理念；㈢尋求「和諧」——生態諮商的關鍵在於一個人如何在其生活空間裡能夠成長、發展，因此個人與相關系統間的平衡與和諧就非常重要，「和諧」是讓身處其間的個體可以在安全、支持的情況下盡情發展；㈣生態諮商是動用所有可用資源與介入、採用經濟節約與合作方式，讓當事人與系統都因此得力（Conyne & Cook, 2004, pp.19-29）。

生態諮商過程主要有評估（個人內在、環境與人際）、問題形成（可能因素之考量），以及處遇計畫與執行（Wilson, 2004, pp.146-157）。生態諮商意識到人與環境必須共存共榮的重要性，所以必須要在人類社會發展與自然保護之間取得最佳平衡點，要不然兩者皆輸！也因為生態諮商涉及層面極廣，因此生態諮商師可能需要擔任諮詢者、合夥人與協調者（Wilson, 2004, p.163），以及代言人的角色（Yager, 2004, p.176）。

二、生態諮商異於其他取向

生態諮商異於其他取向的諮商主要是：㈠視個人健康是互動有效的功能（function of interactive effectiveness），「互動有效」是指牽涉個人與一物（事）件之間的互惠過程，因此評估心理健康應該要看人與環境之間「速配」（fit）的程度（像是住宅居所、家庭、社會網路、教育職業、醫療照護、心理情緒照護、法律事件、安全、文化種族議題與社區特色等）；㈡將治療重點放在「人在環境中」，人是如何去調整或改變與環境間的互動，而創造一滿意情境；㈢將治療重點從傳統的「內在」（intrapsychic phenomena）轉移到「人與生態關係」（individuals within an ecological relationship system）的系統中

（Wilson, 2004, pp.145-147）。

 ## 社區諮商

　　生態諮商最具代表的就是「社區諮商」（community counseling），也是目前我國諮商發展的趨勢，心理衛生工作不再只侷限於在狹隘的個人諮商室或是團體諮商室裡運作，而是需要走出去（如外展服務，outreach），必須要兼顧地區民眾的需要與大環境（經濟、民情、制度等）的改變，並做適當的裁量與修正，其提供的服務也會擴及社區全體的居家環境、學校、教會或工作場域。就助人專業來說，是諮商師、教師或訓練師、整合資源者、為當事人謀求福利者，另一個重要角色就是「行動改變者」（Ponterotto, Casas, Suzuki, & Alexander, 2010, p.545）。治療師是促成個人或環境制度改變的積極角色，而在協助當事人改變的同時也要注意當事人的改變可能對環境產生的影響（像是當事人願意說出自己的想法時，父母親卻認為孩子不孝順）。由於社區諮商師基本上會較有機會與社區內的弱勢、邊緣或是社會不利族群一起工作，這些族群本身可以運用的資源本來就少，加上可能不熟悉如何獲取資源，甚至是公共政策無法到位之處，這些也都需要諮商師結合相關專業團隊與機構，共同為社區族群謀取福利，同時也需要有代言、遊說、促使政策改變或擬定與策劃行動的能力。

一、RESPECTFUL模式

　　Lewis等人（2011, pp.54-61）提出一個「尊重」（RESPECTFUL）的社區諮商模式，在此簡單做介紹，可以讓讀者了解一個梗概。所謂的「RESPECTFUL」包含了（但不限於）：R（religious/spiritual identity）——宗教／靈性認同（包括當事人的信仰或生活哲學）、E（economic class background）——社經地位（當事人不同的社會地位與經濟情況）、S（sexual identity）——性別認同（性別社會化、性取向）、P（level of psychological development）——心理發展（當事人所表現的成熟度）、E（ethnic/racial identity）——種族認同（不同的種族背景）、C（chronological/developmental challenges）——年齡／發展的挑戰（不同發展階段與生命任務）、T（various forms of trauma and other threats to one's sense of well-being）——不同形式的創傷或個人感受到威脅其福祉的因素（像是經歷過自然或人爲災難，或是居住在犯罪社區，個人資源也會因爲長期在壓力下而耗損）、F（family background and history）——家庭背景與歷史（家庭功能與一些可能遺傳或複製的因素）、U（unique physical characteristics）——特殊生理特徵（包括身障或是不同於一般人的特徵）、L（location of residence and language differences）——居住地與不同語言（居住地與語言不同，也會有不同的文化或生活習慣的考量）。這個模式有三個重點：㈠諮商師的多元文化能力；㈡以優勢爲基礎（strengths-based）的取向；㈢強調脈絡（Lewis et al., 2011, p.53），因此主要的核心概念包括：㈠在當事人所處的環境裡促成其正向的改變；㈡評估此模式裡的各種因素向度；以及㈢諮商師個人必須要很清楚自己是誰、願意做些什麼（Lewis et al., 2011, p.62）。

二、諮商團隊

諮商師必須要能夠理解當地社區的資源爲何，了解其他可用資源的取得，也了解社會、政治、經濟與文化因素對人類的影響（Lewis et al., 2011, p.76），因此不可能獨力爲之，由於是「社區一體」的概念，基本上是結合當地可用資源與人力的「團隊服務」，其進行團隊工作時必須要注意：㈠清楚阻礙當地居民發展的環境因素；㈡提醒當地學校或機構團體有關此關注議題的資訊；㈢與這些團體合作結盟，爲改變而努力；㈣使用有效傾聽技巧，取得共識與目標；㈤檢視團體成員在進行改變過程所帶來的優勢與資源；㈥進行溝通，認可與尊重這些資源與優勢；以及㈦諮商師提供促成合作的技巧（Lewis, 2011, p.187）。

改變是需要「遠見、堅持、領導、合作、系統分析，以及足夠的資料」，（Lewis, 2002, cited in Lewis et al., 2011, p.202），需要有堅實的證據與資源分析，有一群具有共識、且願意付出心力的人共同努力、充分合作，也要不畏困

挫、持久進行下去，才可能看見改變的期待結果。更重要的是，當諮商師發現許多社會或政治政策才是造成阻礙社區民眾福祉的始作俑者時，諮商師也化身爲促成社會或政治改變的行動者（Lewis et al., 2011, p.206）。以目前我國心理專業發展情況來說，在這方面的確需要努力的空間仍大！我們不只在「團隊合作」與聯繫上緊密度不足，更遑論平行或垂直的合作系統，當然在社會與政治的改革上施力嚴重不足。

三、結合社區資源、拓展服務範疇

諮商師平日會搭配社區需求作外展與推展的服務（以「教育」或資訊提供爲主，主要功能爲「預防」），若有重大災難發生，還要啓動有效的危機處置流程（不僅著重在及時的急難救助，還有稍後的短、長期心理與能力復健工作，務期社區居民可以儘快回復正常生活）。諮商師可以針對不同特殊社區的需求與人口特色推行例行性的推廣課程，像是健康照護、生活技巧訓練、衝突或情緒管理、時間或家庭財務管理、親子關係、親職教育、問題解決、溝通技巧、放鬆運動、照護老人等，而在進行推廣課程同時也提供安親或交通工具，讓社區的人員可以安心參與、無後顧之憂，要不然即使有最好的計畫或活動也不能夠達成預期的效果；還可以結合社區資源進行安親或「喘息」安置（讓照顧家中老人或病患者有喘息機會）、家暴庇護所、自助團體等。許多處於社會不利地位的居民（如新住民、身心障礙者、老年人、貧困或吸毒者），常常不知道可用的資源在何處，甚至是無法享受適當資源，諮商師必要時也需要提供適當的法律諮詢或是其他的協助。

四、社區諮商教育課程

我國目前的諮商師培訓過程在社區諮商這一塊，較少將多元文化與「社會正義」融入課程中，這也是未來的趨勢，不能輕忽！畢竟助人是團隊工作，不是諮商師獨力可以爲之，因此除了結合相關助人與福利團隊的資源及努力之外，還需要有一些「準專業人員」（paraprofessionals）的協助，也許是義工、教師、家長或是有心支持的人員，因爲這些「準專業人員」通常是站在第一

線、且貢獻最多，這些準專業人員的培訓也可以增厚助人的團隊素質與實力。

　　Lewis等人（2011, p.309）建議在諮商師訓練課程中就需要：㈠清楚陳述課程任務，強調多元文化、多樣性、社會正義與代言；㈡必須在課程中融入多元文化、多樣性、社會正義與代言等能力；㈢諮商理論、實務與督導是廣泛且重視脈絡的；以及㈣以體驗為基礎，允許學生不只是在直接服務上有督導協助下的實務經驗，還可以有代言方面的實務經驗。

 ## 多元文化諮商——心理學的第四勢力

　　「多元文化諮商」（multicultural counseling）是近年來的趨勢之一，也是心理學的「第四勢力」（the fourth force, Schlosser, Foley, Stein, & Holmwood, 2010），它是繼精神分析、行為主義與人本取向之後的新趨勢，結合了女性主義治療裡「賦權」與「平權」的觀點，以及後現代主義治療的「主觀」與「現象學」意義，關切重點在於當事人都是「在社會脈絡中的人」（people-in-social-context），而這些脈絡變項都深深影響著裡面的個體，因此所有的諮商／治療都是多元文化的，若未能看到文化與脈絡的議題，事實上就是否認與壓迫那些求助者（Ivey & Ivey, 2001）。如前所述，我國在諮商師訓練這一塊最缺乏的就是多元文化，因為少有學者或是臨床工作者將國內的「多元文化」與諮商做結合而討論相關議題。儘管我國似乎不像歐美各國有較多種族或文化差異的極端情況（如因為膚色或信仰而產生「仇恨犯罪」或戰事），但是既然多元文化的確是存在的現實，心理衛生專業人員自然不能置身其外，未來的全球化趨勢，勢必讓許多不同文化的人有更多可能性居處在同一地域或空間，這方面的能力要儘早做準備，以因應未來需求；可喜的是助人專業人員也開始注意不同族群（如性別、性傾向、新住民）的需求，當然可以努力的空間仍然很大！

 諮商理論與技術

 美國多元文化的發展

　　美國早年是以「世界大熔爐」（melting pot）的目標自詡，後來發現這樣以單一白歐（高加索）文化為主流的宣導簡直是另一種「文化霸權」的展現，不僅忽略了文化應不分優劣、沒有尊重其他文化，也忽略不同文化對於美國整體文化的貢獻，因此後來就改為「多重文化」（plural culture），最後才演變成「多元文化」（multicultural）的概念。我國對於新住民的政策也類似，之前要求新住民需要學會本國語言，並以主流、非主流文化做區分，近年來政策有極大轉變，也開始思考不同文化對於台灣文化與社會的貢獻。

　　「文化」是指了解現實情況，並建立在共同現實世界中生活的人之價值觀、信念與行為的架構（Chung & Bemak, 2002, Nobles, 1990, cited in Utsey et al., p.182），像美國基本上是尊重「個人」的獨立自主，卻認為其他文化（如中國與墨西哥的「集體文化」）是不對、非主流的，這就是自大的表現，現在它朝向「兼容並蓄」的目標在努力，特別是美國現任非裔總統歐巴馬的當選，顯示了不同文化對於美國之貢獻。「不同」並不表示「優劣」，只是「不同」而已，也因為「不同」，所以可以交會出不同的刺激與創意、增加許多豐富性與色彩。「諮商」基本上是來自美國的產品，因此諮商師將它引入台灣就需要做「適文化」的考量，這裡可能牽涉到不同文化與價值觀之間的衝突（例如個人文化vs集體文化、獨立vs互相依賴、親子倫理vs夫妻倫理），因此有心理學本土化的運動，也希望可以發展出適合本國社會文化的諮商專業。

 多元文化的「適文化」考量

　　由於諮商發源於美國，除了適文化的考量之外，美國本土的治療師也提醒專業同儕，在多元諮商的一些挑戰，包括社會階級（因為諮商基本上是中產階級的思考）、性別（諮商是白人男性的觀點）、內在動力的觀點（像是佛洛伊德理論著重潛意識，另外也要留意外在環境力量的影響力）、性取向（基本上是異性戀取向）、刻板印象（對某一族群或團體不證自明的固定看法與偏

見）、溝通問題（不同溝通型態與意義）、偏見、種族主義、測驗偏誤、與錯誤假設（faulty assumptions）等（Nystul, 2006, pp.151-160）。

　　Paul Pedersen（1987, cited in Nystul, 2006, pp.155-157）提到所謂的在諮商中容易犯的「錯誤假設」有：對於「正常」的定義，強調個別化，諮商師沒有接觸相關領域（如人類學、社會學、神學醫學等）的資訊而產生的零碎、孤立知識，使用抽象或與脈絡無關的觀念，過分強調獨立，忽略當事人的支持系統與歷史，依賴線性思考，聚焦在改變個人而非系統，以及「文化封閉」（諮商師無法有自己信念系統之外的思考，也無法了解當事人的文化脈絡）的思考。而Usher（1989）採用Pedersen（1988）的十項文化偏誤去檢視人本中心理論，發現存在的偏誤有：強調個別化與互相依賴、「此時此地」（here-and-now）的時間觀、不重視外在的影響力、抽象構念（abstract construct）對當事人來說是無意義或不禮貌的，以及狹隘的理論基礎（cited in Ridley, 2005, p.101）。

種族差異與可能偏見

　　我記得以前在美國上「多元文化教育」的課程時，有一次老師要求我們說出自己父母的種族，班上的同學大部分是「愛爾蘭－德國」、「黎巴嫩－義大利」之類的答案，然後老師走近我問道：「你應該是中國人－中國人吧？」我其實很想反駁（是「客家－客家」），但是又不知道說出來之後他是不是可以了解？或者是我又必須解釋一大堆？於是我就保持沉默，這就是美國人對我們的迷思，他們認爲我們是「單純」的種族。現在全球化趨勢，以及許多旅遊與交流機會，相信許多人的觀點已經改變。雖然我們也是多種族的國家（至少以語言來分就有外省、客家、閩南、原住民、新住民等），但是我們主要官方語言還是中文，縱使目前自小學階段開始，已經有多元語言與鄉土文化的教學，但是距離多元文化的理想還很遠。

　　二十多年前，我自花蓮到台北念書，當時班上就有一些同學對我很好奇，他們說：「你是後山人？番仔？」我覺得很奇怪，明明太陽是先從東方花蓮這邊升起的，我們應該叫「前山人」而不是「後山人」啊！我的大學同學還因爲

我會運動、會唱歌，一直當我是「原住民」，這個迷思是畢業後十多年才解。其實當時我居住的地方可以接觸不同族群的人，也因為彼此有接觸，可以進一步破解族群間的迷思，我最要好的朋友有閩南人與外省人，而從小一起玩到大的鄰居是原住民的阿美族，他們的母親卻是日本人！這就是我真實接觸的多元文化，不僅讓我廣開視野，也對於「不同」有了新的詮釋與認識！連現在若有人問起我：「你是哪裡的客家人？」我就會說是「花蓮」，但是這樣的答案會引起更多的問題，像是：「花蓮有客家人嗎？」於是我只好告訴他們我是從「台中」遷徙過來的第八代客家人。日常生活中若使用閩南語，也有人會好奇問：「你的『腔』跟我們不同，是哪裡人啊？」小小一個語言腔調就會有些微差異，甚至引起他人的好奇與質疑，就可以看出「文化」之莫大影響！

　　許多被邊緣化的族群（如新住民、原住民、性傾向少數族群、失能者、罹患疾病、或是經濟社會不利族群）常常處於「受害者」（victim）或「被壓迫者」（the oppressed）的立場，而怪罪受害者是人性之常，諮商師應該從他們的角度與身處的脈絡環境來了解他們的情況，如果忽視影響當事人行為與適應的社會文化因素，就是犯了所謂的「文化隧道視覺」（cultural tunnel vision）的錯誤，以自己有限的文化經驗面對當事人時，自然會不智地強加價值觀在當事人身上，甚至做錯誤的處置。舉例來說，諮商師最喜歡符合YAVIS（Young, Attractive, Verbal, Intelligent, and successful，年輕、外表吸引人、會說話、聰明與成功）的當事人（Schofield, 1964, cited in Ridley, 2005, p.13）。一般人當然也有自己的喜惡，只是如果是在助人專業中，治療師就要特別注意覺察自己可能的偏見或資訊不足，造成妨礙當事人福祉的行為或結果。

　　所謂的「種族歧視」（racism）是指系統性地否認某個種族的人可以運用機會或特權的任何行為（或行為模式），但同時讓其他種族的人卻可以享受那些機會與特權，也就是包含五個特色（強調種族歧視行為有很多種，是系統性的行為、有偏差待遇、不平等的結果、以及特定加害對象），也是長期、社會問題的一種（Ridley, 2005, p.29）。Ridley（2005, pp.17-27）提出十五項有關種族歧視的見解，它們是：㈠種族歧視反映在行為上；㈡種族歧視有別於種族偏見（racial prejudice），後者只是無足夠資訊所做出的負面判斷或意見，主

要是態度、想法與信念，而無關乎「行為」；㈢雖然種族偏見涉及不喜歡的態度或意圖，但是不一定會演變成種族歧視的行為；㈣每個人都可能是種族歧視者，包括少數族群裡面的成員；㈤決定種族歧視是否發生是在「行為」結果，而不在「原因」；㈥要表現出是一個種族歧視者需要有「權力」；㈦不去對抗種族歧視也是一種種族歧視的表現；㈧雖然種族歧視是可以觀察得到的，但是種族歧視的行為卻不是總是看得見的；㈨種族歧視像其他行為一樣，是透過學習而來；㈩因為種族歧視是學習而來，因此也可以做改變；㈪提升覺察團體（consciousness-raising）不是對抗種族歧視的適當方式，因為重點不在「原因」，而是在「行為」上；㈫消弭種族歧視首先要從「辨識」特別的種族歧視行為開始；㈬種族歧視很難改變，需要持續的努力；㈭為了預防種族歧視復發或再現（relapse），個體必須獲得、增強與小心監控非種族歧視及正確的行為；㈮在諮商現場對抗種族歧視，是每一位心理專業人員的責任。傳統醫療模式的諮商，可能會造成無意的種族歧視，像是將某些種族過度病態化；我們不能將種族歧視列在社會病態的架構裡，少數種族的當事人未能使用這些心理衛生服務，而未能教導當事人適當的因應機制，也容易造成治療時的角色混淆（當事人要教育諮商師他們自己獨特的文化），最好是採用「生理心理社會模式」（biopsychosocial model），將人類功能的每個重要面向都含括在內（像是生理健康、人際與社交能力、心理與情緒福祉等）（Ridley, 2005, pp.47-51）。諮商師的工作基本上是在蒐集當事人資料後做適度的判斷與推論，然而也因為諮商師與當事人的文化背景不同，也不熟悉或了解其文化背景或價值觀，可能就犯了錯誤，情況就很嚴重了。

　　文化的差異可以反映在資訊處理的過程、世界觀、認知機制、個人或團體行為的參照標準、對「正常」的定義、性別角色，以及對成員的不同期許上（Conyne & Cook, 2004, p.46）。以美國來說，強調科學與科技、創新與新奇，其認知型態是個人、迅速、分析與抽象的（Berry, 1994, cited in Conyne & Cook, 2004, p.49），而這些是在學校所受的訓練，也用來評估學校的成就。我國雖然也不免全球化與科技日新月異的影響，但是儒家思想的文化思潮還是根深蒂固，儘管新世代有了不同的思維或改變，但是骨子裡的東西還在。

 落實多元文化諮商的挑戰

多元文化運動源自1960年代與70年初，著重在「多元」（diversity）的訓練，後來開始檢視「團體間」（between-group）的差異，接著有許多研究聚焦在「團體內」（within-group）差異，但是要將多元文化落實在實際生活與臨床專業上還是有其難度，因為不僅涉及到社會正義與社會政策，個人的文化覺察與實踐也不容易，而要將這些廣泛的多元文化知識落實在實際操作裡難度更大（Leach & Aten, 2010, pp.4-5）。諮商師要積極、主動去理解自己與當事人的文化，自我省思相當重要，除了治療師本身有意識的努力（文化、身分、特權與歷史的覺察，也要持續檢驗文化對當事人的影響）之外，諮商師所服務的機構與社區的層面也要顧及（Leach & Aten, 2010, pp.7-8）。

每個文化中都有其價值觀蘊含在裡面，Edward Hall（1973）整理出有：語言（language，如文字與溝通系統）、時間觀念（temporality，如時間、例行公事、行事曆）、地域觀念（territoriality，如空間、財物）、資源利用（exploitation，如控制、使用權與資源分享）、連結（association，如家庭、親人、社區）、生計（subsistence，如工作、分工）、性別（bisexuality，如不同說話方式、衣著、行為）、學習（learning，如觀察、楷模、教導）、遊戲（play，如幽默、遊戲項目），以及防禦措施（defense，如健康程序、社交衝突、信念）（cited in Ridley, 2005, p.94）。

自我覺察需要對諮商師的世界觀、特權、種族、防衛機制、價值觀、權力與社會政治議題都列入考量，對其他文化抱持著開放、尊重與同理的態度，光有知識並不等於專業，但是至少表示願意開放學習的心態，這一點就就彌足珍貴（Leach, Aten, Boyer, Strain, & Bradshaw, 2010, p.14）。Sue（2001）曾提到多元文化自我覺察的幾個障礙：㈠諮商師自認為自己道德高尚，是值得尊敬的優雅人士，這樣就讓他／她很難去了解與其自我認同衝突的偏見；㈡當眾或公開討論社會與個人的偏見是不被接受的，效果適得其反；㈢一旦有了領悟，個人就要為其過去與目前的行為負責任；㈣伴隨之前領悟而來的情緒常常很難去體會

到，而大部分的人也不願意去面對自己這樣的情緒（cited in Leach et al., 2010, pp.17-18）。一般人在面對與自己不同的人時都會有一些抗拒反應，像是遠離、否認、防衛、貶低對方或是發現後的焦慮，諮商師也要注意自己的這些反應（Leach et al., 2010, p.18），因此Ridley（2005, p.134）提醒諮商師在面對種族或文化不同的族群時，對於「抗拒」行為的解讀也要特別留意，不要誤解了當事人的表現或行為。

 # 多元文化諮商師的準備

一、文化能力

　　「心理健康問題最好從文化脈絡裡去了解，但是更重要的是要記得每個當事人都是個殊的個體」（Corey, 2001, p.37）。這一句話道出了「每個人都是一個文化」的精髓！我認為每一個人都是一種文化，有其不同背景、生命經驗與價值觀，也因此面對每一個當事人就是面對一個不同的新文化，也因為每個人都是一個文化，那麼諮商裡的「尊重不同」就很容易了解，所以諮商師不是要以一個取向或理論用在所有的當事人身上，而是要滿足當事人需求，尋一「適合」當事人的取向做努力。

　　美國諮商界在近三十年對於多元文化的著力很多，主要是因為從主流的「文化大熔爐」觀念轉變到「多元文化」的影響，因此也相對要求心理衛生人員具有文化敏銳度與能力，就是成為一個在治療場域有文化意識與「文化反應」（cultural responsiveness）的諮商師（Ridley, 2005, p.78）；而Pederson（1988）認為發展多元觀點的最佳起點就是先了解自己所屬文化的一些假設，有些假設可能就是有偏見的，而治療師自己若未能覺察對某些特殊族群的刻板印象，就很容易傷害當事人（Corey et al., 2007）。理解多元文化最好的方式就是去體驗（Corey et al., 2007, p.146），唯有諮商師願意開放自己去接觸、體驗不同文化，才是破除錯誤偏見或刻板印象的便捷、有效之道，而且更容易去欣賞文化之美。

　　助人專業在早期也忽略了文化的重要性，後來因為看到不同族群的需求與文化傳統息息相關，因此在近十年來，特別著重心理衛生人員的「文化能力」，儘管近年來治療與學界呼籲所有相關專業人員都需要具備「文化的能力」（Middleton, Stadler, & Simpton, 2005, cited in Monk et al., 2008, p.429），但是「文化能力」（cultural compence）的定義卻莫衷一是。

　　所謂的「文化能力」包含治療師對於當事人與自己文化的覺察、知識與技巧（術）（Fowers & Davidov, 2006, cited in Monk et al., 2008, p.432）。Tseng與Streltzer（2004）指出「文化能力」應包括「文化敏銳度」（cultural sensitivity，覺察與欣賞不同文化）、「文化知識」（cultural knowledge，關於不同文化的基本人類學事實）與「文化同理」（cultural empathy，能夠在情感上與當事人的文化觀點作連結），治療師必須要能提供「文化引導」（cultural guidance），也就是評估當事人的問題是否／如何與其文化因素有關（cited in Vasquez, 2010, pp.128-129），若無文化敏銳度，很容易將當事人的困擾視為其個人的或是「專屬」某一族群的，這種「問題導向」的思考，容易忽略當事人的優勢、且陷入問題漩渦，也可能讓當事人與治療師雙方對此一族群的錯誤刻板印象更深。

　　Ridley（2005, p.200）定義多元文化諮商能力包含了一套有助於專業助人者催化治療改變的技巧，諮商師也將有助於合作的文化考量置入諮商中，而Nystul（2006, pp.162-164）將Sue等人（1981, 1982）的意見整理如下：㈠信念與態度──諮商師應了解自己的信念與態度會影響當事人與諮商過程，因此要時時覺察自己對當事人文化的敏銳度與檢視自己的態度與行為；㈡知識──要了解當事人相關的文化背景知識，以及社會系統對當事人與其族群的影響；㈢技巧──做一個好的傾聽者、了解不同的語言與非語言表達方式與意義、了解當事人可能有不同的治療目標、運用適當處置方式協助當事人；而Arredondo與同事（1995）還另外加入㈣謙虛、自信與復原技巧（humility, confidence, and recovery skills），指的是諮商師需要去承認錯誤、修正，也要相信自己有能力去適應、改變與學習（cited in Ivey & Ivey, 2001）。

　　Corey等人（2007, pp.143-144）認為治療師的多元文化能力要含括：㈠治

療師對自我所屬文化價值觀與偏見的覺察；㈡了解當事人的世界觀；以及㈢發展適文化的介入策略與技巧。Monk與同事（2008, pp.432-439）整理了有關文化能力的相關資料，歸納有：治療師不僅要對多元文化抱持開放、好奇，也需要去了解與尊重、多元文化、平等、社會正義及文化民主，更要投身於相關研究，有時甚至需要經歷許多痛苦的過程去面對自身、文化與社會的許多偏見及不公義，也要去質詢、挑戰與改變自己既存的世界觀與假設；而多元文化諮商師也注意到治療本身就是文化的產物，也受到社會文化、歷史與政治力的影響，因此不能只注意到當事人的世界觀或文化背景而已，也要留意治療過程中的文化相關議題，尤其是治療關係中的「權力差異」。多元文化是諮商師應該具備的能力之一，不僅治療師對於自身所從出的文化要能了解，也要對當事人的文化有適當的知識與探索，這樣才能在「知己知彼」的互重情況下做溝通；加上諮商師本身的專業與訓練是有較高的社會地位與責任，也就意味著「權力」較多，相對地，當事人可能處於經濟社會的弱勢，加上心理困擾，因此治療師更是責無旁貸地要摒除與改變當事人受壓迫的情境與系統，才能夠為當事人的福祉與權益代言。

　　諮商師的理論取向可能具有「篩選」的作用，而這可能會扭曲了諮商師對當事人的看法（Holiman & Lauver, 1987, cited in Ridley, 2005, p.101），因此Ridley（2005, p.100）建議諮商師使用Larazus（1989）的多元治療模式（BASIC ID），因為這個模式沒有特殊理論取向。Pedersen（1988, pp.39-43）認為治療師在諮商過程中容易發生的幾個文化偏誤：㈠以一種測量方式來評鑑「正常行為」；㈡強調「個別化」或個體的發展；㈢以某個學術領域（如社會學、心理學或人類學）來定義問題；㈣仰賴抽象的語言；㈤過於強調互相依賴與線性思考；㈥忽略當事人的支持系統與歷史；㈦聚焦在當事人的改變；及㈧拘泥於自己的文化思考（cultural encapsulation）。

　　諮商師需要具備的「文化能力」中之個人特質方面包括有：開放的態度、願意學習文化的能力、主動傾聽當事人是如何建構其世界（Leach et al., 2010, p.21）。缺乏文化訓練或經驗的諮商師容易將當事人問題視為「內在」的，而忽略了其他相關脈絡與環境因素（Arkinson, Thompson, & Grant, 1993, cited in

Constantine, Miville, Kindaichi, & Owens, 2010, p.103），因此在「初次晤談」時也有必要將當事人的一些社經文化背景列入（Constantine et al., 2010），包括信仰與宗教議題，因為宗教也是文化的一環（Schlosser et al., 2010）。Roysircar與Gill（2010, p.169）也提醒諮商師不要只是以團體的觀點來看當事人，而忽略其「個別性」，而諮商師的另一項重要責任就是為弱勢代言、伸張社會正義（包含了可以接近相關資源、積極協助、分享權力與合作）。

　　Ridley（2005, p.92）建議諮商師在面對不同種族或族群的當事人時，要將每位當事人都當成獨特的個體，而諮商師本身需要注意以下原則：㈠發展文化的自我覺察；㈡不要強加自己的價值觀在當事人身上；㈢在面對他人時接受自己的無知；㈣表現文化的同理；㈤將對文化的考量納入諮商中；㈥避免刻板印象的產生或套用；㈦注意當事人在其主要文化中所扮演的角色；㈧不要去責怪受害者；㈨在選擇處置方式時保持彈性；㈩檢視諮商理論中的可能偏見；㈪將諮商建構在當事人的優勢上；以及㈫不要保護當事人免於情緒的痛苦。Nystul（2006, pp.169-171）提出十個進行多元文化的指導原則：相互尊重，不要強加自己的信念系統，對待當事人是一個獨特個體、以及來自特殊文化的人，決定傳統諮商取向是否適合當事人，提供可用且可靠的服務，使用彈性的處置或取向，做一個「做事的人」（doer）而不是「會說的人」（talker），進行環境的評估（避免強調內在動力），讓自己也因為當事人的文化而更豐富，此外，並不需要是少數族群才可以為少數族群服務。諮商師本身的文化能力是需要治療師自己主動積極去培養的，從了解自己的文化著手，也願意去接觸不同的文化，通常在第一類接觸之後，許多的文化偏見會獲得修正，進一步則是去了解當事人所處的文化系統與價值觀，可以更貼切當事人的困境與需求，也才能提供適當的專業協助。

二、多元文化諮商模式

　　多元文化諮商因為面對不同的當事人，因此其諮商技巧上比較不受限，然而也提醒諮商師必須要「因應」不同當事人做適當的處置，也就是說維持適度的彈性與隨時做修正的準備（Halbur & Halbur, 2006, pp.72-73）。Smith（2006,

cited in Pedrotti & Edwards, 2010, p.171）提出了一個以優勢為基礎的諮商模式
（Strengths-Based Counseling Model），其進行步驟如下：㈠建立治療同盟（討論當事人的優勢、尊重當事人個人的努力）；㈡認出優勢（運用敘事技巧協助當事人釐清他們的優勢）；㈢評估目前的問題（了解當事人對於問題的看法）；㈣鼓勵與注入希望（從當事人的生活經驗與所處的情境裡，重新燃起希望）；㈤架構解決之道（運用焦點解決策略找出解決方式）；㈥建立優勢與能力（利用內在與外在的優勢，協助當事人看見自己的自主性）；㈦賦能（與當事人合作一起探討環境，並啟動內外在資源）；㈧改變（協助當事人清楚自己的目標，做適當修正來改善情況，注意到當事人的努力與成就並鼓勵他們，也重新架構生命事件的意義）；㈨建立彈性（或復原力，協助當事人培養因應技巧，可以在問題再度發生時做處理）；㈩評估與結束（與當事人一起找出資源，也讚許當事人在諮商過程中的努力與進展）。

更進一步則是臨床工作人員「適文化」的諮商工作（cultural congruent practices），也就是運用當事人既存的世界觀與準備度做改變，才可能達到最佳效果（Smith, 2010），因此要注意幾個向度的配合，包括：使用當事人喜歡使用的語言（language），個人與諮商師的適配度（persons），運用當事人習慣的比喻方式（metaphors），運用有關當事人文化的知識、價值觀、習俗與傳統（content），將問題與當事人世界觀一致的方式做概念化（concepts），找出與催化當事人想要的目標（goals），使用與當事人世界觀及目標一致的治療過程（methods），以及考慮到影響當事人的社會、經濟與政治現實等因素（context）（Bernal & Saez-Santiago, 2006, cited in Smith, 2010, p.445）。

家庭作業

1. 找出你所居處地區的可能諮商資源（包含公私立機構、電話以及服務項目），列成一張表。

2. 觀察你所居處地區的人口結構與可能的需求為何，或你／妳是當地的主政首長，你／妳會從哪些方面著手改善？

3. 思考你／妳與其他族群的交會經驗，讓你／妳學習到什麼？然後與同儕討論、分享。

第十三章

生態脈絡取向的諮商理論

——家族治療

　　家族（庭）諮商的起源是受到「系統觀」的影響，是1960年代的產物（Minuchin & Nichols, 1993），家族治療師之所以喜歡「系統觀」，主要是常常見到當事人無力去控制家庭中發生的狀況，常常淪爲受害者（Nichols, 1992, p.11），因此批判傳統的治療將個人與其所置身的自然脈絡及社會系統切割開來（Lebow, 2008），系統觀將當事人的問題視爲家庭系統功能運作的徵狀（symptom），而非個人的適應問題，因此個人出現問題或徵狀可能是㈠爲了家庭而有其功能與目的；㈡家庭不小心讓這個徵狀持續下來；㈢家庭無法有效運作，特別是在轉換期時發生；以及㈣可能是世代傳承下來的失功能模式（Corey, 2009, p.412）。

　　每個家庭都是一個系統，有自我調節（self-regulation）的功能，即便在一個家庭裡，也不是只看見所有成員而已，還包括個人的經驗、彼此之間的關係，即使是個人的心理問題，也是在與人互動中呈現出來（Nichols, 2010），因此只要系統中任何一個環節出問題，都會影響整個系統的運作，而系統則會發揮「平衡」（homeostasis）的功能，讓系統回復到之前的狀態，就像家人間的互動，會依循一些慣例或規範，其目的就是要維持可以預測的穩定狀態（Nichols, 1992, p.28），這樣的思考其實與人都希望安全穩定的需求是一樣

的。

　　系統觀對於家族治療的技巧沒有直接關聯，其主要貢獻在於提供治療師思考當事人與其失能行為的原因（Goldenberg & Goldenberg, 1998, p.20），而家庭治療師將個人的「病態」（或問題）視為當事人關係模式的困擾，其目的也是要協助家庭成員以關係的角度去重新定義問題，由於「被認定病人」（identified patient, IP）的出現有其功能，因此治療師會詢問當事人家屬「如果病人不再生病了，會有什麼改變？」讓每位家庭成員都可以表達自己的感受，不讓「生病」或是「有問題」的當事人成為家庭真正問題的代罪羔羊（Goldenberg & Goldenberg, 1998, pp.41-42）。然而，系統觀強調家庭有「平衡」的傾向與功能，同時也意味著家庭會抗拒改變，這也讓後來的家庭治療（如後現代）有了新的思維與發展，強調「形體發育學」（morphogenesis）朝改變前進的系統力量（Lebow, 2008）。

　　既然家庭是一個系統，底下自然有不同的「次系統」（subsystems，如夫妻、親子、手足）。「次系統」是整個系統的一部分，可以在系統內執行特殊功能與過程，以維持系統的整體性，次系統間也會彼此影響，而每一個家庭成員都分屬於不同的次系統，這些次系統可能是依其在家庭內不同代間、性別、興趣、角色或功能而組成，如果任何一個次系統失功能，就會引發整個家庭系統的反應（Goldenberg & Goldenberg, 1998, pp.27-28）。家庭治療也沿用了「一般系統理論」（general systems theory）的觀點，也就是不以直線因果的方式思考，而是以「循環」（circular paths of causality）的方式來看家庭問題，聚焦在彼此互動的、重複的模式上（Lebow, 2008）。

　　家族治療不僅省時省力、效果也加成，尤其是在今日家庭結構與世界變動劇烈的年代，有更多的因素需要考量，因此家族治療也會因時因勢而做適當的修正與調適。許多學派的服務對象也從個人治療拓展到家族治療，像是Alder的個體心理學派、認知行為學派以及客體心理學派等，讀者若是有興趣可以參見其他相關書籍、一窺其堂奧，本章限於篇幅，會先介紹家族治療的起源與理論，然後介紹三個家族治療的主要派別。

影響家族治療的起源與理論

　　我們是藉由人際關係來定義自己、維持個人生存的，單是從個別治療裡，無從了解人在人際網絡中的運作與受到影響的情況，而家庭治療是從社會脈絡（social context）去了解人類行為，因此受到矚目。家族治療可以追溯到Freud，只是他所注重的是「記憶中的家庭」（family-as-remembered）（Nichols, 2010, p.5）。家族治療最先是受到團體動力的影響，只是家庭成員的關係與複雜度較之團體更深，而且有共同的歷史與未來，因此其持續性（continuity）、承諾度（commitment），以及彼此分享或共有的扭曲思考（shared distortions），也都有別於一般的團體（Nichols, 2010, pp.13-14）；而家庭成員不像團體成員那樣享有平等的權利，況且光是對話仍不足以造成改變，而治療師也不能仰賴家庭成員挑戰家庭規則（Nichols, 2010, p.52），因此治療師的介入是必要的。精神分析治療師甚至將團體視為「家庭」之「再造」（re-creation）（Nichols, 2010, pp.13-14），可以提供矯正原生家庭經驗的機會（Yalom, 1995），而團體的過程、內容以及使用的技術，的確影響了後來的家族治療。此外，「角色理論」也提供了一些想法，包括家庭成員的角色基本上是互惠、互補的，家庭之所以很難改變，主要就是彼此角色的互相「增強」使然——彼此都在等待對方的改變（Nichols, 2010, pp.12-13）。家族治療也受到社會工作的影響，因為社會工作就是將人視為在環境中的個體（person-in-the-environment），較之系統觀更早將「生態」的觀念帶進來（Nichols, 2010）。

一、Gregory Bateson的貢獻

　　家族治療的起源於1940到1950年代，臨床治療師對於精神分裂症者的治療。Gregory Bateson從「神經機械學」（cybernetics）（研究系統內回饋控制的方法，以維持與調節系統內平衡的機制）那裡借用了「回饋」（feedback）觀念，來說明家庭用來規範或調節家庭成員的行為，以維持其平衡（Nichols, 2010, p.88）。「回饋圈」（feedback loops）是一種循環的機制，其主要目的

是將系統輸出的資訊重新輸入，藉由改變、修正或是管理系統的功能，以維持家庭之「平衡」（homeostasis）（Goldenberg & Goldenberg, 1998, p.23; Nichols, 2010, p.88）。將這些觀念運用在家族治療上，「回饋」是指家庭成員與外界接觸所帶回到家庭裡的、或是成員本身的成長或變遷（如青春期、上學、離家或離婚等）新訊息，「正向回饋」（positive feedback）是新訊息對家庭目前發展方向的確認與增強，而家庭對於新訊息的接收與重新調適，是主要的改變動力（因此並不一定是不好的）；「負向回饋」（negative feedback）則是發現訊息讓家庭系統走偏了，需要做適當修正，家庭系統會拒絕或是壓抑新訊息，不讓它影響家庭原本的平衡。每個家庭對於回饋的反應與處理（決定哪些訊息可以納入調適或拒絕受到影響），也顯現出此家庭的開放程度如何？開放系統（open system）是持續與外在環境互動的，會因刺激而反應，也會主動創造改變，說明家庭系統是持續不斷變化與調整的，健康的家庭系統不僅維持平衡也尋求改變的必要性（Nichols, 2010, p.93）；倘若家庭是一個閉鎖系統（closed system），拒絕任何新資訊的流入或做適當改變，最後淪為滅絕（entropy）；若是全然開放也會淪為一團混亂，但是基本上家庭系統不會走到這兩個極端，適度開放的家庭同時利用「負向回饋」（稀釋或減少）與「正向回饋」（增強或加大）來調整其功能與運作（Goldenberg & Goldenberg, 1998, pp.25-33; Nichols, 2010, p.93）。

一個健康的家庭必須對改變的可能性（家庭外環境的壓力、或是家庭成員成長發展的自然過程）做適度的開放，才可以維持其長期的穩定性，拒絕改變則會造成停滯與衰退（Goldenberg & Goldenberg, 1998, pp.25-33; Nichols, 2010, p.93），因為一般活的生物體是需要依賴兩個重要過程，其一是在面對外來環境的騷擾時可以維持完整性（需要經由「負向回饋」的作用，藉以減少改變），其二是要改變系統本身去遷就新的資訊（這就是「正向回饋」的功能），有彈性、功能良好的家庭會適度調整新資訊是否納入系統內，並做適宜的改變，像是當孩子進入不同發展階段，家庭系統也會適時改弦更張（Nichols, 2010, p.46）。家庭若無適當的正向回饋機制（或是溝通模式），就不能去做調適、改變，而家庭要維持其平衡也需要負向回饋的機制，缺一不

可。後來的學者注意到「正向回饋」不一定是不好的，可惜早期的家庭治療師常常過分強調家庭「負向回饋」與拒絕改變的部分（Nichols, 2010, p.90），沒有更仔細去探討家庭正向回饋與改變的可能性，這也容易將家庭預設在某些偏頗立場，少了激勵與發展正向動力的機會；而過度重視「平衡」的功能，也誇大了家庭的傳統特質，而忽略其可能有的資源。此外，將家庭視為一系統，卻忽略了家庭外更大系統（如社區、文化與政治）網絡的影響力（Nichols, 2010, p.92）。

Bateson發現系統理論最適合用來描述家庭為一「單元」（unit）的功能（Nichols, 2010, p.91），他注意到家庭角色間的功能可以是互補（complementary）或是對等的（symmetrical），也就是彼此的關係是互動的，而非固定的；他也將一般人將問題歸因於過去事件的線性思考，轉變為目前仍在持續的「某件事」的「循環回饋圈」（circular feedback loops）的觀念（也就是問題之所以存在，是因為目前仍在進行的一連串行動與反應所造成）（Nichols, 2010, p.100）。此外，他還發現所有的溝通都有兩種功能或層次，其一是「報告」（report，是指訊息所傳達的「內容」），另一種是「命令」（demand，指報告是如何被接收解讀的、對話者的彼此關係是如何），第二種訊息也可以稱之為「後設溝通」（metacommunication），是隱而不顯、常被忽略的（Nichols, 1992, p.39; Nichols, 2010, p.18），像是妻子抱怨丈夫：「你都不幫忙做家事。」字面上意義似乎是抱怨，但是隱藏的意義可能是一個「委屈」、想要丈夫疼惜的小女人。Bateson的「雙盲理論」（double-bind theory）在IP的家庭溝通中是有其意義的，家長將心理疾病的孩子「神祕化」，同時傳遞兩種互相衝突的訊息（例如母親對兒子說：「你都沒有自己的主見，如果要像個男人，就趕快去找工作！」如果兒子按照母親的訊息出去找工作了，是不是「證明」了他沒有自己的「主見」？如果不去找，是不是就「不像」個男人？），讓病人更困惑，也以為每個陳述背後都隱藏著特殊意義；Bateson與其團隊相信：溝通有多層次，不良關係模式是由家庭自我調節的互動所維持的（Minuchin & Nichols, 1993; Nichols, 2010, pp.19-20）。

二、溝通治療

「溝通治療」是最先影響家族治療，也是最重要的影響，而家族治療還受到「神經機械學」最直接的影響（Nichols, 2010, p.91）。任何行為都是溝通，而所有的訊息也都含有「報告」（要傳達的訊息）與「命令」（定義彼此的關係）的成分。溝通治療師發現溝通中互補與平行（或「對等」）的兩種關係，「互補」是彼此不同、但可以互相做調適，也彼此互相影響，但容易被誤會是「因果」關係（如「受害者」與「加害者」、「被動」與「主動」），而「平行」是建立在平等的基礎上，但是也可能會引起不必要的競爭；配偶或伴侶之間常常會陷溺於某種溝通關係，責怪對方需要改變（認為對方「造成」自己的反應），因此很難改變。

溝通模式分析互動是「循環式」的因果關係（circular causality），而非「直線式」的因果關係，因此治療師就將家庭成員的連鎖行為視為「回饋圈」（feedback loop），家庭對某位成員問題行為的連鎖反應會讓問題更嚴重（擴大效果），就是所謂的「正向回饋圈」（positive feedback loop），反之則為「負向回饋圈」（negative feedback loop）（減輕效果）。家中成員所表現出來的徵狀或是問題，是為了要維持家庭的平衡，有徵狀的家庭就是陷在失功能的溝通模式裡（Nochols, 2010），家庭發生問題是因為卡在不適當的溝通模式裡，也就是應該要改變以利家庭成長的，但是家庭卻抗拒改變，IP變成「受害者」，而其他家人成為「加害者」，事實上「加害」或「受害」者的角色是彼此互相決定的，而不是孩子必然成為「受害者」。溝通治療師常常將父母親妖魔化，也是備受爭議的一點。溝通治療師是以改變家人不良互動的模式為目的，聚焦在「過程」而非「內容」，而病人出現的徵狀只是告訴我們家庭關係出了問題，因此必須要把潛藏的訊息攤開來檢視（Nichols, 2010, pp.45-48）。

溝通家族治療師所使用的技巧包括：教導家庭成員清楚溝通的原則、分析與解釋溝通模式，也運用不同的、間接的方式來操作家人互動方式（Nichols, 2010, p.50）。溝通治療不考慮內在的動機，而是去分析溝通模式的回饋圈，因此「心理研究機構」（Mental Research Institute, or MRI）治療師的作法就

是：確認讓問題持續的正向回饋圈，然後找出支持這些互動的規則，最後則是改變這些規則以中止問題行為。Haley、Jackson、Satir、與Watzlawick等人也都致力於家庭溝通模式的改變（Nichols, 2010），MRI的治療師認為問題是家庭生活自然的一部分，一般情況下家庭都會遭遇到、而且去解決它，之所以出現問題而需要專家的協助，主要是家人試圖解決時出了問題（Lebow, 2008）。

三、Murray Bowen的家庭系統治療

　　Murray Bowen的家庭系統治療（Bowen family system therapy）影響深遠，其對精神分裂症患者做觀察研究，發現病人一回家就發病，於是開始探究其中的原因，發現了家庭的影響力，而病人之所以生病，有其「附加利益」。他發現一旦家中有兩人衝突，卻又無法解決時，就很自然會將第三者拉進來，以減少壓力，形成所謂的「三角關係」（triangle），以穩定家庭關係；「三角關係」不一定是壞的，有問題的是將「三角關係」變成一種習慣，因此毀損了彼此原來的關係。他也因此看見「代間傳承」（multigenerational transmission process）的模式，尤其是情緒問題的延續（Corey, 2009, p.415）：夫妻或是個人與原生家庭未分化，可能就會有情感過度投入（emotional overinvolvement）或是情感切離（emotional cut-off）的結果，而這樣的情況會代代相傳，Bowen也發展了「家族譜」（genogram）來檢視家人與代間關係。Bowen還看到母子（女）之間的「共生」（symbiosis）關係（為了生存而彼此互相依賴，卻也會因為彼此要獨立的功能受到影響，這最常出現在酗酒家庭裡）（Guerin & Guerin, 2002）。Bowen鼓勵個體與家庭做適度的區隔，而「自我分化」（differentiation of the self）的程度與個體成熟有關，也與因應壓力的功能有關（Goldenberg & Goldenberg, 1998; Nichols, 1992; Nichols, 2010）。

　　Bowen認為人類關係受兩種驅力〔個別化（individuality）與共聚性（togetherness）〕的平衡所影響，也就是人需要獨立、也需要與人有聯繫，因此需要學習在情感上可以處理這兩種驅力，而「自我分化」就是很重要的一種發展。孩子最初是與母親發展一種「共生」的關係，彼此之間是沒有界限的〔稱之為「融合狀態」（fusion）〕、缺乏個人的自主性，慢慢地孩子才有機

會與母親做適當區分，知道母親是母親、自己是自己，分屬不同個體；而家庭的關係也是一樣，從「融合」到「分化」是一個連續的歷程，每個家庭的情況都不一樣。「分化」是有能力去思考與反省，而不是因為情緒壓力而做的自動反射動作，也就是有能力去平衡思考與感受；個人分化功能也與其當前的關係品質有關聯，而人傾向於選擇與自己未分化程度相似的人為伴侶。此外，Bowen相信人格的養成與個體在家中的地位有關，像是排行老大的較有權力慾，而排行較後的則較能同理弱勢立場，對其他經驗較為開放（Nichols, 2010, pp.113-118）。Bowen學派的家庭治療目標是讓人們更了解自己與家人關係、減少過度情緒反應，那麼就可以承擔屬於自己的責任，即使家庭中一個人的改變也可以引發不同的改變。治療師會留意「過程」（情緒反應的模式）與「建構」（三角關係的連結網路），且做積極介入，去發掘個人內在與家庭成員間的動力情況，偶而也使用「關係實驗」（relationship experiment）協助家庭成員去做出與自己平日不同的反應（Nichols, 2010, pp.123-128）。

四、Nathan Ackerman與其他

Nathan Ackerman發現病人可以成為家庭問題的「代罪羔羊」（scapegoat），他也是最早將家庭視為一個「單位」（unit）的治療師，病人藉由自己生病來緩解或轉移家庭真正的問題，而家庭反而成為「迫害」病人的力量。Ackerman看見家庭生活中的人際面向、看見每個人的行為與家庭的關聯，因此他在治療中不僅是關注每個人內在，也注意家人彼此的關係，關切個人在系統裡的情況，是一個相當積極參與的治療師，鼓勵家人將秘密公開化（Nichols, 2010, pp.30-32）。Don Jackson提出「家庭平衡」（family homeostasis）的觀念，強調家庭是一個會抗拒改變的單位，他主要也在分析家庭的溝通，孩子的徵狀就是父母問題的誇大版，且具有平衡家庭的功能，也因此家庭在轉好之前會變得更壞（Nichols, 2010）。

此外，Theodore Lidz研究父親在精神分裂患者家庭中的角色（缺乏角色互補）；Lyman Wynne提到「橡膠圍牆」（rubber fence），將家庭外的人捲入家庭事件中，而家人之間的「假互惠」（pseudomutuality，假裝是很親密的一家

人，掩飾彼此的衝突或疏離）與「假敵意」（pseudohostiality，彼此是共謀結構卻以敵意來做掩飾）不僅讓溝通扭曲，也破壞了眞實的感覺與思考，而這些家庭的情緒混亂也孕育了孩子心理上的紊亂；John Bell直接運用團體動力在家庭治療裡（Nichols, 1992, p.37; Nichols, 2010, pp.20-24），Carl Whitaker甚至率先在治療中使用「共同治療師」（co-therapist），協助治療師可以有彈性地介入與做直覺反應，不需要去檢視所謂的「反移情」，而Ivan Boszormenyi-Nagy將倫理責任（注意到家庭成員對於家庭貢獻與公平性的看法）放入治療目標與技巧裡（Hanna & Brown, 1999; Nichols, 2010, pp.32-33），其他重要影響人物會在稍後的學派中陸續介紹。

再則，家族治療理論也受到「依附行爲」理論的影響（Nichols, 2010, p.96），注意親子間的依附關係與其對個體後來人際發展的影響，特別著重個體內在安全與親密的需求，讀者在人類發展相關課程會接觸到這個理論，本書不另外贅述。

 ## 家族治療的修正與發展

家族治療是結合了學界與臨床界許多人的努力而成，不是單一的個人成就。「神經機械學」與一般系統理論（general system theory）提供家族治療相當有用的暗喻，協助臨床專業人員組織家人互動的模式，也注意到了家人之間的行爲是互相影響的，而每個人的行爲也都與家庭相關聯；但是家族治療採用「神經機械學」的比喻也容易讓治療師變得機械化，而不是一個人性的治療者，因爲人類不是被動的生物，同時也是行動的引發者，還有想像力、記憶、推理能力與慾望（Nichols, 2010, p.26 & p.54），家族治療採用系統理論也受到許多後起的治療師與學者的批判，因此將其理論做了修正與補足（Rivett & Street, 2003），包括只是做第一層次的改變（first-order change，如家中成員）效果不大，必須要改變整個家庭系統（第二層次的改變）效果才突顯（Keeney, 1988, cited in Rivett & Street, 2003, pp.22-23）。後期家庭治療理論，了解只是專注於互動模式是不足的，因此加入了家庭成員的信念（建構主義與

社會建構主義），以及文化的影響力，像是焦點解決家族治療與敘事家族治療（Nichols, 2010, p.93），也就是將（第十章）焦點解決與敘事觀點運用在家族治療上，讀者可以從前面章節的說明了解一些梗概，本章不另做敘述。

　　家族治療師雖然有不同的信仰與學派，但是基本上還是需要知道一般家庭的發展史，包括家庭的生命週期（family life cycle）——也就是家庭成員因為發展階段不同，也會帶給家庭不同的衝擊與挑戰，而家庭從新婚夫婦期、到孩子出生與發展，最後是孩子離家到配偶退休或死亡，這是一般的家庭生命週期，然而現代的家庭解構與重組有很多形態，因此也需要了解不同的家庭（如單親、同性、隔代教養、繼親家庭等）組成與變化，以及每一世代對下面繼起世代的影響力，還要將環境與文化因素納入（如全球經濟發展情況、網路時代、政治與福利策略等等），也意識到家庭其實與其他系統（如延伸家庭、政治改革等）有共享或重疊的部分，才不容易在做家庭治療時太過偏狹或失焦。此外，現在許多家族治療師已經不將「抗拒改變」當作議題，因為這是人情之常（人有安全、穩定的需求），反而是將抗拒視為具有「保護」的功能（Nichols, 2010, pp.103-105）。Nichols（2010）也提醒家族治療師要注意到性別議題與文化脈絡，不要輕忽了性別可能涉及家庭權力與位階的問題，而文化的潛藏影響力是一直存在的（Nichols, 2010, pp.107-109）。

　　家族治療有幾個派別，本章只略微介紹「經驗家族治療」、「結構家族治療」與「策略家族治療」。

體驗家族治療理論

　　體驗家族治療奠基於人本取向的立論，相信人有選擇的自由、是自我決定的，治療師聚焦在當下（此時此刻），留意家中個別成員的主觀需求與情感經驗，同時也催化家庭過程（Hanna & Brown, 1999, p.18），其屬於「存在－人本」取向（Nichols, 2010），積極提供當事人自發與表達的機會，提升當事人對當下經驗的自我覺察能力，願意做選擇，並承擔責任，讓當事人實際在體驗人際經驗（interpersonal experience）時可以進一步做改變（Goldenberg

& Goldenberg, 1998, p.78; Snow, 2002）；換句話說，就是聚焦在家庭中個體的個別性，同時讓家人可以更有效溝通。體驗家族治療可以Viginia Satir（1916-1988）與Carl Whitaker（1912-1995）爲代表，此學派在家庭治療初期相當受歡迎（Nichols, 2010）。

Viginia Satir所創立的「人本過程確認模式」（human process validity model）與Carl Whitaker所創的「象徵體驗模式」（symbolic-experiential model or experiential family therapy）都是體驗家族治療的代表，他們不重視理論，而關注於治療過程，由於此派認爲家庭問題的產生是因爲壓抑的情緒，許多父母親錯將情緒的「工具性」與「表達性」功能混爲一談，甚至用控制情緒的方式來控制孩子的行動（Nichols, 2010），因此治療目標都是解除阻礙人們成長與自我實現的壓抑感受與衝動；而在引出家庭優勢之前，必須先要讓每位成員都可以接觸到自己眞實的感受（不管是期待、渴望、害怕或焦慮），然後才可能營造出眞誠的家庭連結（Goldenberg & Goldenberg, 1998, p.78; Nichols, 2010）。體驗家族治療重視的是當下的情緒經驗、成長導向、人際間的交會與表達，以及治療師與當事人間的眞誠與眞實互動關係（Snow, 2002）。

一、Viginia Satir的「人本過程確認模式」

Satir的治療模式特別強調家庭裡的溝通與後設溝通（metacommunication），以及治療師在改變過程中的「確認」動作（validation）（Corey, 2009, p.415）。Satir對溝通很有興趣，但是在她的治療中加入了「感受」的面向。她發現困擾家庭的成員被困在狹隘的角色裡（如受害者、和事佬、違抗者或拯救者），因此聚焦在釐清溝通管道、表達感受與醞釀彼此接納及溫暖的氣氛，讓家人之間可以進行眞誠而有效的溝通，因此治療過程中會留意該家庭的溝通型態，協助去除間接、扭曲或不適當的互動方式（這些都有礙個人成長），代之以促進成長與更能滿足彼此需求的溝通模式；而Whitaker則是協助家庭成員說出自己潛藏的衝動，他自己同時也去搜尋自我幻想中類似的衝動與象徵（這些象徵都代表家人內在的世界，也決定了如何解讀外界的現實），其治療目的是讓家族成員都可以參與，讓成員有歸屬感的同時也能有自主獨立的能力

（Goldenberg & Goldenberg, 1998; Nichols, 2010）。

　　Satir對於人際關係的理論植基於一般系統理論、精神分析、溝通理論與Martin Buber的「我－你」觀念，其治療取向受到系統觀、溝通理論、人本、原生家庭理論的影響，基本上是行動派導向的；她所發展的治療模式是與當事人的內在做接觸（這自然就能提升當事人的自尊，而有了自尊要改變就很容易了），然後去確認個體獨特性與人類共通性。她認為她在治療中擔任的角色是一位「接生婆」（midwife），協助當事人的「第三次出生」（third birth）、成為一個自我決定者（第一次的出生為精卵結合，是生命力的開始，第二次出生是指誕生）（Smith, 2002），讓當事人願意自己承擔責任與連帶的冒險（McLendon & Davis, 2002, p.170）。Satir的理論主要概念有：㈠自尊（自尊主要決定一個人的表現、健康與關係，因此直接處理自尊議題可以彰顯在其與人溝通及外在表現上）；㈡溝通（宇宙分為自我、他人與脈絡三部分，而溝通多多少少主宰了這三部分與自尊的關係，「一致的溝通」也表示了個人內外在的平衡與和諧）；㈢重要三角（primary triad，指父母親與孩子的三角關係，通常是孩子發展其與人互動關係、對自我認同的關鍵）；㈣改變（覺察並不等於行動，因此健康的選擇也需要不斷地練習與支持，Satir的治療會教導當事人如何去有效因應不斷改變的人生過程）；㈤治療關係（Satir認為治療的直接效果會反映在關係品質上，而家庭系統中的治療是互動的過程，治療師只是像晤談中的主持人而非專家）（McLendon & Davis, 2002）。

　　Satir認為人類是處於「自我－他人－脈絡」（self-other-context）的情境中，自尊心決定一個人的表現、健康與人際關係，因此外在的溝通就是個人內在的表現，她將不一致（或「低自尊」）的溝通分為和事佬（placating）、責怪者（blaming）、超理智者（superreasonable）與不相干者（irrelevant）四種。低自尊會影響一個人對自己、他人與周遭脈絡的看法，當然也影響了他／她對過去、現在與未來的看法，而每個人的自尊與自我認同始於最初與父母親的「重要三角」（primary triad）關係經驗（McLendon & Davis, 2002, pp.171-172）。因為人生歷程是一直在改變的，因此Satir的治療是要讓當事人知道如何去掌控持續不斷變化的歷程，而不是協助當事人解決當下的問題

而已！Satir認爲自我實現（full-fulfillment）是需要仰賴家庭凝聚力，因此她強調家人溝通的重要性，而參與家庭治療的人都需要有基本的承諾，那就是「個人的自我表達」（individual self-expression），而家庭就是可以分享經驗之所在，健康的家庭會容許其成員有「成爲自己」的自由（Nichols, 2010, pp.195-197）。

　　Satir也強調治療師與自我內在的連結，她的治療策略主要包含有幾個因素：資源（resourcefulness）、賦能（empowerment）、一致（congruence）、內在系統〔inner system，包括「內在小孩」（inner child）〕、模式（patterns）與外化（externalization）（McLendon , 2000, cited in McLendon & Davis, 2002, pp.171-172）。在治療過程中，Satir不只聚焦在個人的優勢與健康，她認爲每個人的獨特性都要被看見、也認可，「不同」或「獨特性」是成長的驅力（Nichols, 2010, p.198）；也協助家庭成員去發現感受背後的意義，把治療目標放在「因應」（coping）上，而非問題本身（McLendon & Davis, 2002, pp.181-182）。治療師要示範良好的溝通，也教導家庭成員忍受誠實的情緒表達，去了解每個人感受背後的意義（Hanna & Brown, 1999, p.20; Nichols, 2010）。

　　Satir的治療風格非常具個人特色，善用直覺、自發、創意、幽默與自我揭露，也很願意冒險；而Whitaker強調選擇、自由、自決、成長與自我實現，他的治療風格就更「眞實」、面質性極高（Corey, 2009, pp.415-416）；兩個人做治療時都是主動且積極參與，也認爲治療需要有力的介入，而那股力量就是來自於情緒體驗（Nichols, 2010, p.198）。Satir與Whitaker在治療過程中雖然都極具主導性，對家庭功能（非問題解決）較感興趣，但是風格迥異，主要是與個性有關。Satir很溫暖、接納，將當事人的抗拒視爲擔心進入未知領域的恐懼，Whitaker則是較強勢、個人化的，甚至出其不意，他也是最早運用「自我」爲改變的催化者（catalyst for change）（Nichols, 2010, p.204）。

二、Carl Whitaker的「象徵體驗模式」

　　Carl Whitaker所創的學派稱之爲「體驗治療」（experiential therapy）學

派〔或是「象徵治療」（symbolic therapy）〕，其治療兼顧個人在家庭中的情況，也最先使用了「共同治療」（co-therapy）的模式，他強調與全家人一起工作。Whitaker認為結縭的兩造都是自己原生家庭的「代罪羔羊」，因此將原生家庭傳承的衝突解決，才有可能擺脫其負面影響（Nichols, 2010, pp.195-197）。Whitaker讓治療師成為「象徵性的父母」（symbolic parent），讓當事人可以退回到嬰兒狀態、感受到需求被滿足的情況，「共同治療」就可以達到這樣的功能。此外「共同治療」團隊不僅可以讓治療有更多自由與創新，治療師也可以彼此注意不要讓任何一位治療師過度投入或是受到反移情的影響。治療目標是讓家庭成員對家庭有歸屬感，同時家庭也可以提供每個成員發展自我的自由，也就是在加強家庭優勢的同時，提升個人在家庭裡的成長，可以化解家人的防衛、解放個人內在的生命力。治療過程中，治療師聚焦在拓展家族成員的體驗與覺察上，只要家庭成員能夠獲得新的與更深入的頓悟、覺察與成長，改變就產生了（Snow, 2002; Nichols, 2010）。

Whitaker的治療模式有其個人的獨特性，不僅利用創意、自發，偶而還帶有一些「瘋狂」（Snow, 2002, p.303），他曾經在治療一對經常爭吵的配偶一段時間之後，絕望地預測他們會分手的結論，結果不久那對夫婦攜手前來向他示威說夫婦彼此的關係更好了！一般的治療師不會有這樣的舉動，但是出現在Whitaker身上似乎是很平常的。體驗象徵治療師會加入家庭，像是跳舞一樣，可以與家庭成員合作接近、也會去面質或保持距離，因此治療師是很主動、指導性強的，也充分利用自己（self）投入在治療裡，而治療師本身在原生家庭的個人經驗也很重要（Snow, 2002, pp.308-309）。體驗象徵治療師不相信家庭作業，很特別的是他們會讓家庭成員去想像一旦真實情況發生後的模樣，稱之為「真實家庭壓力的替代幻想模式」（modeling fantasy alternatives to real-family stress），像是有成員想自殺，治療師就讓全家人想像自殺者的葬禮，將其感受說出來（Snow, 2002, p.310）。

體驗家族治療在家庭治療的盛興時期很受到歡迎，雖然不像一般家族治療那樣以系統觀的角度來看家庭，但是此派治療師將情緒表達注入治療當中，也補足了家族治療著重行為與認知層面的部分，因為只是情緒的表達卻缺乏智

性的理解，效果無法持久。沿襲此學派的還有Greenberg與Johnson（1985）創始的「情緒焦點配偶治療」（emotionally focused couples therapy）與Schwartz（1995）的「內在家庭系統模式」（internal family system model），讀者可以參考相關書籍與論文（Nichols, 2010）。

 ## 體驗家族治療過程與技巧

體驗家族治療目的就是讓家庭成員可以自由表達自己的眞正感受、不再壓抑，然後家人之間可以更眞誠連結。其治療過程通常是了解家庭呈現的問題、每個人對此問題的觀感，然後讓每位成員都有機會表達自己的眞實感受與想法，接著示範且指導有效的溝通方式。也因爲此派治療師強調自發與創意、彈性與自由，因此其介入方式也較無系統可循，也會使用其他學派的技巧，早期多運用不同學派的個別與團體諮商技術，像是完形學派、會心團體、情緒表達技巧與心理劇的家庭雕塑（family sculpting）、玩偶訪問（family puppet interviews）、藝術治療、共同家庭繪畫（cojoint family drawings），以及完形的技術（Hanna & Brown, 1999, p.20; Nichols, 2010）。

 ## 結構家族治療

一、結構家族治療的理念與代表人物

結構家族治療（structural family therapy）是最具影響力、也是研究最多的一個取向，其理論對家庭的穩定與改變、開放與封閉之間平衡的描述特別著力（Becvar & Becvar, 2009）。它是從1970年代創始，由於家人互動行爲模式是一致的，因此不免讓人會去思考其背後是否有功能性結構的存在（Nichols, 2010, p.167）。家庭是由界限所規範的次系統所組成，此學派的理念在於家庭是一系統，其下有不同的「次系統」（如配偶、親子、手足等），這些次系統間其權力位階，其運用「家庭圖」（geometric map）來看每個人的行爲與其全家族結構的關係，每位家庭成員的行爲影響家庭中其他人的行爲、也受

其影響（Minuchin & Nichols, 1993, p.42），而個人的問題植基於家庭互動模式
（Goldenberg & Goldenberg, 1998, p.80）。

　　結構派大師Salvador Minuchin（1921-present）是出生於西班牙的猶太
人，本來學醫、想擔任小兒科醫師，後來到美國學習精神醫學，也是經過精
神分析的訓練開始，因爲與來自世界各國的戰後孤兒工作，恍然了悟文化與
環境脈絡的重要性，也在60年代末開始去探索家庭所處的社會脈絡，這些對
他影響深遠，他後來喜歡Harry Stack Sullivan的人際心理分析（interpersonal
psychoanalysis），將治療師視爲「參與觀察者」（participant observer），他
也喜歡Erich Fromm對人類根植於文化的看法，也受到Karen Horney、Abraham
Kardiner與Erik Erickson等人的影響。Minuchi認爲自己是一個主動性極強的
人，因此沉默對他而言是較難忍受的，但是他所受的訓練卻要他按照這樣的程
序走，因此在他與非行青少年一起工作之後，發現需要以非常主動的方式進行
治療才行，因此他也開始做家族治療（Minuchin & Nichols, 1993）。Minuchin
看到家人行爲有其固定的模式，即使是配偶的行爲也不是獨立的，而是「共同
決定的」（co-determined）；他也注意到家庭結構的觀念其實指出了功能的限
制，也就是說「結構」一詞不免讓人聯想到「固定的狀態」（fixed state），因
此家族治療的目標應該是要增加這些潛在結構的彈性，也就是協助家庭持續發
展（Minuchin & Nichols, 1993, p.40）。

二、結構與界限

　　結構家族治療聚焦在家庭中的互動模式，也從這些互動模式中可以看出
家庭結構與組織的端倪（Becvar & Becvar, 2009）。對Minuchin來說，結構是
看不見的一套功能，是家庭經過長時間的發展而成，其目的是要求與組織家庭
成員互動的方式，或是家人一致、重複、有組織、可預測的行爲模式。就功能
性的角度來說，可以讓我們了解家庭有其結構（Becvar & Becvar, 2009; Mitrani
& Perez, 2003）；也就是「結構」是指一個組織單位（如家庭）內所發生的互
動情況，最初是由互動來規範結構，後來結構就會塑造互動的模式。「家庭結
構」指的是家庭次系統的組成方式，以及受到界限規範的次系統間的互動如何

（Nichols, 2010, p.102 & p.169），通常有「權力」的意涵（也就是一般是以較年長的一代權力較大，但也可能因為權力聚集在其他某人身上而無執行功能）（Lebow, 2008）。家庭結構又由兩部分系統所規範，其一是「一般的系統」（generic），也就是權力位階系統，基本上彼此功能是互惠且互補的，另一個是「個殊的系統」（idiosyncratic），是每個家庭所特有的（Becvar & Becvar, 2009）；舉例來說，一對新婚夫婦帶著原生家庭的經驗組織了自己的立即家庭（immediate family），彼此的互動慢慢磨合，最後似乎成為一種習慣或是「規則」，後來新的家庭成員也就沿襲著這些規範、彼此互動。

　　Lyman Wynne所提出的「橡膠圍牆」，指的就是：如果家庭是一個系統，那麼就是由許多的「次系統」（subsystems）所組成（如夫妻、親子、手足等），而這些次系統會因為世代、性別或功能的不同來決定，彼此之間也有看不見的「界限」（boundary）來做區分（Nichols, 2010, p.102）。次系統內與次系統彼此之間的關係形塑了家庭結構，而「夫妻」次系統主要是彼此互補的功能，因此需要妥協、調適與彼此支持；「親子」次系統主要是「執行」教養的單位，而「手足」次系統可以讓孩童實驗及練習與同儕的相處（Becvar & Becvar, 2009）。

　　「界限」是看不見、摸不著的，除了定義個人與次系統，也決定了家人彼此之間的接觸範圍（Becvar & Becvar, 2009）。次系統間是由「半滲透的界限」（semipermeable boundaries）所區隔，其目的在於區分彼此的功能（Nichols, 1992, pp.280-281），也就是可以維持各次系統的獨立之外，同時也可以彼此互相支持，像是我們每個人都可以有獨立自主的能力，也需要與他人互相合作與依賴，在家庭中當然也是如此。Minuchi（1974）認為家庭成員的界限必須要清楚界定，這樣不僅可以容許次系統的成員執行自我的功能，不受到過多的干擾，同時也可以讓個別成員與次系統間有適當連結，當然每位成員間的界限彈性與開放程度不一，主要是依彼此關係親疏程度來決定（cited in Goldenberg & Goldenberg, 1998, pp.32-33）。次系統若無適當界限的保護，就會限制關係技巧的發展，然而過（僵固）與不及（糾結）都會產生問題；配偶之間的關係是互補的，視彼此的關係而做相對調整，互補太過就會妨礙個人成

長。清楚的界限可以讓親子互動，但要排除在配偶系統之外，清楚的界限也支持了位階（權力）結構，讓父母親可以居於領導的地位，而父母親也要依照孩子不同的發展階段與需求調整不同的界限與親職型態；界限也讓家庭與外界有所區隔，不會讓外面環境直接侵擾家庭（Nichols, 2010, pp.170-173）。

由於家庭是由不同「次系統」所構成，結構治療師著重次系統間的「界限」與功能，也注意到家庭裡的「權力位階」是否適當。「界限」是維持每個個體與外界接觸的邊界，包括人際界限，「界限」不是具象的，較屬於心理層面的抽象意義，雖然我們每個人都有實質的「界限」（如自己的房間、所有物、身體），但是家族治療裡的「界限」屬於較抽象的意義，是用來區隔家庭內與家庭外的環境，也是人際之間無形的分隔線（Goldenberg & Goldenberg, 1998, p.32）。家人之間的「界限」是「半滲透」性的，也就是容許界限之間有適當的彈性，按照彼此的親疏遠近而容許的進入情況不同，其作用是區分彼此的功能，家庭每個次系統間的清楚界限，不僅可以彼此維持適當距離、容許個體去發展自己的能力，也可以適度介入發展更親密的關係。家族代間（如父子、母女）若無明確清楚的界限（像是手足吵架、家長介入，子女就學不會處理紛爭或衝突，或是父母親在情緒不佳時會找子女安慰，讓子女承受不是自己的負擔），家長的親職執行功能就會受損，但是過與不及都不是好事。彼此間的界限如果是「糾結」（enmeshed）的，表示界限不明、彼此之間可以互相穿透，呈現的就是混亂與緊密連結，這可以表示彼此間關係親密，但是若沒有限制，個人則會覺得沒有自己的空間（甚至沒有自我的獨立性），像是若親子之間是「糾結」的界限，家長企圖控制子女的生活，也會控制其交友關係，也就是「撈過了界」；另一個極端是「界限僵固」（disengaged），彼此之間界限明顯、不可跨越，造成彼此關係不親密、孤立、彼此似乎無關聯，父母無法提供有效的支持給孩子（Nichols, 1992, pp.280-281; Nichols, 2010, pp.33-34）；界限過於僵化或是糾結，都不是健康、適當的，家人間僵化的界限無法讓成員培育出與人之間的親密關係，而糾結的界限則會讓想要獨立的成員被視為「背叛者」。有徵狀的成員出現在界限糾結的家庭，主要是因為家人對壓力源「過度反應」，反之若界限僵固的家庭出現IP，則是因為家人不知道有問題存在

（Mitrani & Perez, 2003）。

家庭有生命週期（家庭成形、小孩幼年時、學齡孩子、青少年孩子、成年孩子、家人生病或是失業等生命事件發生時），所以要發展不同的新功能來因應不同發展階段的變化（Mitrani & Perez, 2003），也因此界限的調整是常常要做的，像是孩子進入青春期，家長們也要了解青少年的自主獨立與連結的需求，做適度的調適，讓彼此有空間去發展、享受自由，也可以靠近來繼續經營彼此的關係；當家庭出現危機（如孩子進入青春期）就是挑戰家庭先前的結構，為的是要家庭維持其功能，因此結構必須要改變，但是有時候家庭出現這樣的危機時也會尋求諮商協助，然而治療師要注意不要將一般家庭發展的危機與病態混為一談（Becvar & Becvar, 2009）。

三、結構家族治療過程與目標

結構家族治療模式是主動、以優勢為基礎，而且是結果導向的治療，治療師積極參與家庭，阻止舊有、病態的互動模式，改變的產生是從新的問題解決經驗裡開始具體化（Aponte & Dicesare, 2002）。由於家庭是一個活生生的系統（a living system），因此也有權力位階的存在（Goldenberg & Goldenberg, 1998, p.38），治療師需要讓夫妻擔任家庭領導的地位，同時容許孩子可以有發展與成熟的自由（Goldenberg & Goldenberg, 1998, p.85; Mitrani & Perez, 2003）。結構家族治療目標在於藉由拓展家庭互動的方式來促進家庭的成長（Mitrani & Perez, 2003），具體地說，就是讓家庭成員投入治療過程的同時，企圖協助家庭重組，強化父母次系統、設立適當的位階界限（Hanna & Brown, 1999, p.11），促成家庭系統的發展、有能力解決出現的徵狀，也鼓勵家庭成員個人的成長、彼此支持（Mitrani & Perez, 2003）。結構家族治療的一般目標有：㈠必須要有一個有效的權力位階結構（父母必須要主導）；㈡必須要有父母親／執行單位的同盟；㈢父母／執行同盟形成，手足次系統成為同儕系統；㈣如果家庭是界限僵固的，目標就是增加家人互動頻率，朝向建立清楚的界限前進；㈤如果家庭是糾結界限，目標就在於鼓勵個人及次系統的區分；㈥配偶次系統的建立與親子次系統有清楚劃分（Becvar & Becvar, 2009, pp.181-182）。簡言

之，結構家族治療目的在於：㈠減輕失能的徵狀；㈡藉由修正家庭互動規則與發展更適當的界限，以造成家庭結構的改變（Aponte & Dicesare, 2002; Corey, 2009, p.416）。到目前為止，結構家族治療依然深深影響著其他家庭治療學派的臨床工作者（Lebow, 2008）。

結構家族治療過程有：㈠治療師加入家庭、確定其領導地位；㈡治療師確定家庭的結構狀態；㈢治療師轉換家庭結構（Minuchin, 1974, cited in Becvar & Becvar, 2009, p.182）。治療步驟依序為：加入與適應、重建、結構地圖、標示與修正互動情況、設立界限、造成不平衡，及挑戰無建設性的假設（Nichols, 2010, p.180），其治療步驟與技巧重疊，請參見稍後篇幅的「治療技巧」部分。

結構家族治療師聚焦在家庭成員的互動與活動上，作為決定家庭組織或結構的依據，「徵狀」（symptom）被視為組織遭遇困難的結果（Hanna & Brown, 1999, p.8）。雖然家庭中成員（IP）出現的徵狀有其目的性，但是現在這個看法已經漸漸失去其重要性，許多的家庭治療學派也著重在與當事人的「合作」關係，而不將他／她當做「病人」，甚至將徵狀當成是家庭功能的保護因子（Nichols, 2010, p.103），而當IP出現，其與家人的關係也反映了家庭的其他關係（Becvar & Becvar, 2009）。結構家族治療師將每位家庭成員都當成「有徵狀的」（symptomatic），而這些徵狀是植基於目前家庭互動的脈絡裡，因此治療師將注意力放在家庭的位階結構上，看配偶是怎麼執行其角色的？在失功能的家庭中，「重新建構」（restructure）是必要的，不僅需要改變家人互動的規則、建立更適當的界限、測試新的互動模式，以及其他可行的解決問題之道，進一步還需要鬆動成員的刻板角色，協助家庭可以運用其本身的資源，增加在面對不可避免的改變時的彈性（Goldenberg & Goldenberg, 1998, p.84），同時增加家人互動的選項（Mitrani & Perez, 2003）。

結構家族治療師在治療過程中是擔任「領導」的角色，直接參與家庭系統並營造改變（Mitrani & Perez, 2003），他／她會觀察家人關係的情況（親近、疏離、混亂或僵化），尋找家庭系統的互動模式與優勢（Hanna & Brown, 1999, pp.8-10），也會積極參與（join）在治療過程中（成為那個家庭系統

的一部分），甚至會加入家族成員中、贏得其信賴，然後展現治療師的功能（Goldenberg & Goldenberg, 1998, p.85; Minuchin & Nichols, 1993, p.29; Mitrani & Perez, 2003）。治療師不僅成為家庭的一員，與他們建立和諧關係，保持好奇態度，也對家庭成員做個別化的反應，同時積極介入以造成行為改變的濫觴（Hanna & Brown, 1999, pp.10-11），只要家庭結構作了適當的調整，問題解決就出現曙光（Becvar & Becvar, 2009）。

　　Minuchin會先肯定家族成員觀察自己與其他家人的行為，藉由此方式參與家庭，Minuchin也擅長使用譬喻（或隱喻）的方式，像是以「空間」（space）來比擬，說明情緒的接近與距離（Minuchin & Nichols, 1993, p.30）。治療師會先「重建」（enactment）問題，然後積極介入家庭中，阻擋有害的互動模式、創造新的適宜的界限，也會運用個人經驗與家庭成員作更深入的交流（Aponte & Dicesare, 2002）。家庭都會改變，只是改變過程通常牽涉到家庭裡某種程度的危機（Minuchin & Nichols, 1993, p.46），因此Minuchin協助家庭找出其他可行之道，鼓勵家人容忍彼此的不同、也接受彼此的限制，他不強調權力或弱點（加害或受害者），而是聚焦在互補與夥伴關係，而家人之間的競爭通常與捍衛自己的「受傷自我」（injured selfhood）有關。Minuchin認為家族治療最重要的就是同時注意「個人」與「連結」（connectedness）的層面，從家族的觀點去拓展每個人的故事（Minuchin & Nichols, 1993, p.285）。此外，Minuchin認為只是系統內的改變〔第一層次的改變（first-order change）〕是沒有多大效果的，最需要的是改變系統本身〔第二層次的改變（second-order change）〕（Nichols, 2010, p.34），因此治療師會積極介入家族，企圖造成改變。

四、結構家族治療技巧

　　結構治療師會先與每位家庭成員寒暄、建立關係，接著詢問每個人對問題的看法，同理成員的想法與感受，然後加入家庭，積極促成改變。因為問題出在家庭結構，因此治療師在做評估時，最好全家人都可以出席，然後隨著治療進展與需要，治療師會與家庭中不同成員晤談，甚至必要時要與其他相關的人（如學校或延伸家庭成員）晤談。基本上結構家庭治療步驟依序為：加入與

適應（joining and accommodating）、重建（enactment）、結構地圖（structural mapping）、標示與修正互動情況（highlighting and modifying interactions）、設立界限（boundary making）、造成不平衡（unbalancing），及挑戰無建設性的假設（challenging unproductive assumptions）（Nichols, 2010, p.180），此步驟也可以說明此學派所運用的技巧。

　　為了避免家庭的抗拒與防衛，治療師先加入家庭，與家庭同盟，然後觀察與了解家人互動的模式，必要時還要加以指導與挑戰，接著將問題拓展到個人之外（也就是檢視從過去不相關的事件到目前持續進行的互動情況），然後強力介入（intensity）讓一些改變發生（以及重新架構正向的意圖），修正界限（太僵化的予以放鬆，太糾結的予以區隔強化），最常用的就是治療師加入其中一個次系統，並且偏袒某方，造成不平衡的狀態來做重整，最後則是提供不同的觀點讓家庭成員改變互動方式。治療師的工作就是協助家庭／族找到卡住的地方，評估改變可能的特殊脈絡，然後促動成員正向的力量，做有利的選擇（Aponte & Dicesare, 2002）。

　　由於家庭結構是在家人互動中展現，因此治療師為了明瞭家庭結構，通常就利用「重建」的技術，而「重建」是在晤談進行中，治療師觀察與修正家庭互動的架構，甚至刺激家庭成員展現出他們處理特殊問題的情況（Nichols, 2010, p.177 & p.181），治療師不僅是觀察其可能的病態模式，同時也注意到建設性改變的潛能（Aponte & Dicesare, 2002）。「重建」有三個步驟：治療師會㈠認出問題的程序；㈡指導家庭作重建；㈢引導家庭將重建做修正（Mitrani & Perez, 2003, p.191）。

　　結構家族治療師使用「家庭地圖」（family map）〔類似「家族圖」（genogram）將家族幾代的互動關係繪製成一張圖表，可協助治療師了解家庭系統的組成以及彼此關係的緊密度〕、加入家庭、重新架構等方式來重整家庭結構（Goldenberg & Goldenberg, 1998, p.81; Mitrani & Perez, 2003）。治療師相信家庭都有潛在的適應能力，只要將它激發出來便可（Nichols, 2010, p.176），而「重新架構」就是從正向的角度來看病徵或是問題，像是藉故不去上學的孩子，是為了要在家陪伴母親。另外，治療師還可以運用「撫慰與刺

激」（stroke and kick）的技巧去操控家庭，產生不平衡（unbalancing），像是對為孩子發聲的母親說：「妳真的在幫妳的孩子。」（撫慰），但是同時對孩子說：「媽媽在幫你說話，你自己可以為自己說話嗎？」（刺激），而在使用這項技巧時要以「很有趣」做開頭，這樣比較是出於好奇心，而不是要故意挑戰當事人而引起不必要的防衛（Nichols, 2010, p.188）；也可以「靠邊站」（taking sides），與家庭中一個成員暫時聯盟，藉此撼動其互動習慣與界限（Mitrani & Perez, 2003）。

 ## 策略家族治療

一、策略家族治療理念與代表人物

策略家族治療（strategic family therapy）也是從加州的「心理研究機構」（MRI）早年所使用的溝通模式而來（此機構是Don Jackson所設立），此取向主要受到Don Jackson與Milton Erickson的影響，前者提到徵狀顯示了家庭的問題、家人行為受到「維持平衡」的影響，以及治療家庭就要改變其溝通模式，後者提供了問題有許多解決方式（Carlson, 2002），聚焦在「正向回饋圈」（positive feedback loop）。

策略家族治療在1980年代最盛行，結合了許多有創意的治療師的努力而成，治療師研發不同策略減輕當事人的症狀或是問題，聚焦在當下，認為當前的問題是家中成員持續重複的行為而產生的，「徵狀」就代表問題的一種解決方式（生病或出現問題的人並不是「非自願性的受害者」），因此其重心放在「問題解決」（與「焦點解決」治療一樣），強調每一個呈現的問題有特殊的解決方式或策略（Hanna & Brown, 1999; Mitrani & Perez, 2003）。此學派強調治療師的觀察非常重要（Carlson, 2002），同時注意每位成員是如何控制彼此的關係（權力議題），代表人物有Jay Haley（1923-2007）與其前妻Colé Madanes及Paul Watzlawick（Goldenberg & Goldenberg, 1998, p.86），Haley與Madanes的治療稱之為「策略人本主義」（strategic humanism）（Nichols, 2010, p.158）。

Jay Haley的治療方式師承於Milton H. Erickson（強調徵狀的獨特性，以及行為指導的重要）（Hanna & Brown, 1999, p.11），同時也受到Gregory Bateson等家族治療師的影響，還特別強調徵狀的功能（許多學派的治療師都已經屏棄了這個觀點，但他仍保留，這也是Haley不同於其他家庭治療師之處）。在治療過程中，他不是針對個人做處理，而是針對整個家庭／族與其相關脈絡做整體思考，因為他相信每個年齡層的孩子在家庭面臨危機時，都會做一些動作來讓家庭系統平衡，而個人病徵的出現是為了協助另一位家人、或是表達了家庭規則的衝突樣貌（Mitrani & Perez, 2003, p.180）。

Haley認為家庭規則是圍繞著「位階結構」（hierarchical structure）而來，他也發現許多問題背後其實潛藏著父母親不適當的位階，因此有效位階的安排是要讓父母親主導，他也研發了所謂的「苦刑」（ordeal）作為治療的策略之一；同時家庭也必須要因應家人生活的改變而做結構上的調整，因而其治療最終目標就是家庭結構的再重組，特別是重整家庭位階與世代間的界限。Madanes也強調問題的功能性，尤其是孩子在家中出現問題時的「拯救」動作，通常就是孩子以問題行為或徵狀來協助解決父母親的問題，因此常常協助家庭裡的孩子以公開方式來協助父母親，而不是以徵狀來自我犧牲（Nichols, 2010）。Paul Watzlawick也是策略家族治療相當重要的一員，其與同事的短期治療是相當具震撼力的，他們認為問題之所以產生是因為人們使用了不適當的方式去解決生命中一般性的困擾問題，即便無效也持續使用（Goldenberg & Goldenberg, 1998, p.86），這樣的觀點後來也被焦點解決取向所採用。

策略家族治療的幾個假設是：㈠每個家庭都受到家庭規則所管理，因此只有在脈絡中才能了解最多；㈡目前出現的問題在家庭中有其功能或作用；㈢界限、同盟、位階、權力、隱喻、家庭生活發展週期與三角關係都是「卡住」家庭發生問題的基本探討因素；因此其特色除了彈性、創新之外，也強調家庭發展週期（Carlson, 2002, p.82）。

Haley與Madanes認為問題之所以產生，主要是某階段的家庭生活發展（stage-of-life）出現問題（Haley & Richeport-Haley, 2007），問題發展主要是：㈠不適當的解決方式形成「正向回饋圈」，讓困難變成慢性問題；㈡問題

出在於不一致、不相合的位階；㈢問題的出現是因為家人試圖在暗地裡保護或控制另一人，因此徵狀或問題是有其功能的（Nochols, 2010, p.147），問題徵狀的產生其實是家裡成員企圖去平衡家庭系統的結果（Carlson, 2002），或是一種人際策略／或努力定義關係性質的表現（Haley, 1963, cited in Becvar & Becvar, 2009, p.206），而問題之所以繼續存在主要是持續的互動過程使然，因此治療師要協助家庭成員去背叛或重新架構問題（Carlson, 2002）。

　　Haley（2007）身後出版的《指導性家族治療》（*Directive family therapy*）中，說明了其治療取向與其他傳統治療的不同處在於：㈠是短期治療；㈡聚焦在目前而非過往；㈢著重在正向潛意識，而非負向的潛意識（潛意識被視為正向力量，而非傳統的可怕、壓抑的想法）；㈣將問題放在社會脈絡內，而不是放在個人身上；㈤聚焦在行動層面而非發展頓悟上；㈥治療是強制性的，而非自願的（有些當事人只能在入獄與治療之間做選擇，通常就會選擇後者）；㈦不強調診斷，而著重在改變問題所需的技巧上；㈧認為記憶可能有誤，不一定會帶來真相；㈨催眠是可以運用的珍貴技巧；㈩精神疾病與上癮行為是可以治療的；㈡父母親可以被賦能、也是主要助力；㈢指導可以造成改變，不像傳統治療是以談話為主；㈣直接的指導包括給予忠告、教導、折磨或苦刑治療等，非指導性技巧是在治療師於當下欠缺權力時使用，用來限制當事人的改變或是運用矛盾意向法；㈤認為運用「悖論」（paradox，或「矛盾意向法」）是合理的，而非用來操控；㈥不將治療視為秘密或隱私，而是可以被觀察的；㈦減少文化上的探索，因為有時候太多探索反而類似分析過往歷史（Haley & Richeport-Haley, 2007, pp.1-7）。Haley相信改變行為就會改變感受，是屬於較行為學派的思考，而另一取向的Milan集團則採用了「重新架構」的技巧，讓家庭成員有不一樣的行為出現，也就是從「行為」轉移到「意義」層面的思考，這個觀點也為後現代的家庭治療鋪路（Nichols, 2010, p.149）。

二、策略家族治療過程與目標

　　策略家族治療師聚焦在目前的情況上，也努力改變家庭成員的行為，協助此家庭與個人朝向下一個階段前進（Carlson, 2002）。策略家族治療師是運用

一步步有計畫的方式去消除症狀（Mitrani, & Perez, 2003），是實用取向的治療（Mitrani & Perez, 2003），這些技巧也可以視為治療步驟。其所使用的策略有兩類：首先就是「加入」家庭，Haley認為只要有第三者的出現，就可以協助配偶解決問題；再則就是使用「重新架構」的技巧（重新定義家人所說的，聚焦在正向的意義上），加強鬆散的界限與舒緩僵固的界限，用來破壞家庭的失功能結構（Nichols, 2010, p.34）。

Haley在治療過程中通常是：先一一訪問每一位出席的家庭成員、協助他們放輕鬆，然後詢問每一位成員的觀點（在家庭事務中，母親通常是最中心的人物，因此Haley會先跟父親談，將父親納進來），同時也會觀察這個家庭的位階結構與可能的三角或同盟關係（coalition，一位成員結合另一位成員來對抗其他家人），但不做任何評論，接著他就會開始許多的指導動作，讓這個家庭的成員做一些事來改變目前的情況（Nichols, 2010, p.153），同時也讓代間有適當的界限，避免跨代間的同盟產生（Mitrani & Perez, 2003）。Haley認為只是改變個人行為（第一層改變）是不夠的，還需要將家庭規則翻新（第二層改變），這樣的改變才會持久，因此其治療過程通常是：找出讓問題持續的正向回饋圈，然後找出支持這些互動的規則為何，最後則是想辦法改變規則，破壞維持問題的行為。

Haley注意到問題發展與家庭生活發展階段（family life cycle）的關係，留意每個家庭權力的運用，也注意行為的「隱（譬）喻」與家庭情況的關係（像是孩子去商店順手牽羊，就是隱喻了母親的外遇——偷人）（Mitrani & Perez, 2003; Nichols, 2010）。家人出現徵狀，常常是家庭「卡」在某個特別的發展階段，家庭中出現的徵狀被解讀為一種隱喻，同時也可以描述家庭系統的若干面向，徵狀包含有明顯的涵義（如「我肚子疼」），同時有隱含的意義（「我需要關心」），因此徵狀也可以是溝通的一種方式，治療師會企圖釐清徵狀所隱含的訊息為何（Hanna & Brown, 1999, p.11）？這個觀念也是從溝通治療模式而來。

Haley（1987）將治療分成幾個階段：㈠社交階段（The social stage）——與每位參與的成員打招呼，讓他們很自在，主要是企圖贏得大家的合作；㈡問

題階段（The problem stage）——詢問出現的問題爲何？每個人對於問題的看法如何？㈢互動階段（The interaction stage）——要求家庭成員彼此互動並談論（「重建」），也讓治療師可以去確定有問題的階層爲何？㈣目標設定階段（The goal-setting stage）——詢問家庭成員具體說明他們想在治療中看到的改變爲何？㈤工作設定階段（The task-setting stage）——規定家庭成員一個簡單的家庭作業（Mitrani, & Perez, 2003, p.186）。

三、策略家族治療技巧

㈠加入（joining）與重建（enactment）

聚焦在出現的問題上，也接受家人對此問題的看法，不去面質可能有的歧異（Mitrani, & Perez, 2003）。治療師會先加入家庭，熟悉每位參與的家庭成員，然後再進行治療，可說是先與當事人及其家庭建立良好的治療關係。接著就會邀請家庭成員針對所出現的問題（或IP）做解釋，治療師會注意每位成員對於問題的解讀，等於是「重建」問題現場，然後針對需要矯正的地方「指導」成員作出新的行爲與反應。

㈡指導性技巧（directives）

治療師使用直接的指導，主要就是讓家庭成員直接有行爲上的改變（Carlson, 2002）。策略家族中的治療關係是要有「說服力」與「權力」的（Mitrani, & Perez, 2003），治療師運用許多指導性或直接的方式介入，也要能促動家庭成員的動機去完成指定的作業，其主要目的在於改變家庭中的互動順序（Mitrani, & Perez, 2003），像是給建議、教導訓練（coaching），以及規定家庭作業，主要目的是激起家庭的反抗行爲（Goldenberg & Goldenberg, 1998, p.86），倘若不是直接指導的〔也稱之爲「隱喻式指導」（metaphorical directive）〕，像是被收養的小男生怕狗，就讓小男生去收養一隻狗，那麼就可以同時處理所謂的「收養」與「怕狗」的問題（Mitrani, & Perez, 2003）。也因爲是「策略」取向，因此許多的治療技巧也要靠治療師的創意與經驗，其主

要目的就是讓問題行為不再持續下去，策略治療師相信間接的方式可以引發家庭的改變（太直接的話，反而會讓家庭抗拒改變），所以必須要運用許多創新的點子與技巧。

㈢矛盾意向法（paradoxical interventions）

當家庭處於穩定狀態時，通常會抗拒改變，因此治療師就運用這個抗拒來造成改變，而通常「矛盾意向法」包含了兩個相反的訊息，那就是「改變」與「不改變」（治療師告訴家庭成員他／她想要協助他們改變的同時，卻要求他們不要改變）：一種是邀請當事人去做更多他／她想要減少的問題行為，另一種是告訴那個家庭，治療師不能確定他們是否準備好接受改變後的結果了，還有一種就是誇大問題行為或徵狀，讓當事人與其家庭都覺得不可思議或荒謬（Mitrani, & Perez, 2003, p.193）。「矛盾意向法」基本上分兩種類型：邀請當事人去做與其預期或是「正常」相反的行為，或是治療師做出與當事人預期相反的行為，其主要功能在於讓出現的徵狀「去脈絡」（de-contextualize）（Omer, 1981, cited in Mosak & Maniacci, 2006, p.51），使得原本出現的徵狀失去其意義與功能。

Haley會指出管理家人關係的規則，他會建議家人表現出不同的行為、或是持續原來的行為（Nichols, 2010, p.51），或是「限制」（像告訴家庭成員不能做些什麼）與「開立處方」（在治療師面前做出失功能的行為）（Carlson, 2002），這些都是「矛盾意向法」的運用，也是Milton Erickson運用催眠治療將「抗拒」變成優勢的原則（Nichols, 2010, p.142），其目的是讓「被認定的病人」（IP）處於「雙盲」（double blind）的情境，讓改變發生；像是要求IP繼續憂鬱下去（既然當事人說自己憂鬱不是「自願性的」，但是現在卻要求他／她「自願性的」繼續憂鬱下去）。治療師可以將問題當作玩遊戲一樣，然而要特別注意使用「矛盾意向法」之後該家庭產生的強烈情緒反應，或是「自發的改變」（spontaneous change），同時也要對這樣的改變抱持「困惑」的態度（Mitrani, & Perez, 2003）。

Madanes研發了「假裝技巧」（pretend techniques），是屬於「矛盾意向

法」的一種，治療師會宣稱是「假裝的」，也就是不讓當事人回到「眞正的」問題裡（Mitrani, & Perez, 2003），例如治療師要求有徵狀的孩子「假裝」那些徵狀，然後讓父母親去協助這個孩子，藉由這樣的方式，孩子可能就沒有了那些徵狀，像是讓作惡夢的孩子去保護作惡夢的媽媽，讓孩子明白他不需要藉由自己的徵狀來保護母親（Nichols, 2010, pp.156-157）。

㈣重新架構

策略家族治療師關切當事人的「觀念架構」（conceptual framework），他們認爲每個人的行爲與其觀念架構的邏輯一致，也就是一般人受限於自己意識與了解的事實，因此未能發展出其他可行的觀念架構（Becvar & Becvar, 2009），因此「重新架構」（或「重新標籤」）就是可以使用的策略。「重新架構」或是自當事人狀況來重新定義問題，從行爲或是互動困難的角度出發，甚至將IP的動機以正向的方式描述，可以協助家庭成員自不同觀點看問題、產生不同的互動，也就是利用語言的改變來造成認知的改變（Carlson, 2002）。阻斷當下持續的問題行爲就是改變的開始，當事人對晤談過程裡治療師的指導做反應，以及晤談之外的小作業是改變的契機，而小改變也可以引發更大的改變（Hanna & Brown, 1999, pp.13-14）。

㈤苦刑與「採取立場」

Haley最有名的就是「苦刑」（ordeal）治療，他要家庭成員一起來做，其目的是要讓出現的徵狀本身更麻煩，甚至讓當事人（卻）認爲不值得持續下去，也是建立起父母親應有的權力位階，像是讓父母親每天晚上按時叫起會尿床的兒子起床去上廁所，或是父親協助亂丟玩具的孩子每天深夜起來，指導孩子去後院挖個洞，將當天亂扔的玩具埋起來，這樣的作法不僅解除了徵狀，也將家庭位階重新歸位（Carlson, 2002; Nichols, 2010, pp.157-158）。此外，還有所謂的「採取立場」（positioning）的作法，治療師會接受、也誇大徵狀，然後家庭成員就可以不受限於這個徵狀，可以自由去做其他的事，像是有家庭提到自己家「有問題」，治療師則會說「不是有問題，是沒救了！」（Carlson,

2002）。

　　策略家族治療與MRI模式的一些理念與技巧，也影響到後現代取向的一些治療模式，像是焦點解決諮商與敘事治療，Haley出版的許多案例也非常有趣，有興趣的讀者不妨去找來閱讀。

結構與策略取向之異同

　　Haley與Minuchin在治療理念上有許多相似性，他們也彼此稱許對方在其理論上的貢獻（Carlson, 2002），結構與策略家族治療都注重系統與架（結）構，也都源自於「溝通理論」，也都是短期、實用性、指導性的治療，指出、也解決現存問題（或徵狀），將治療責任放在治療師身上；兩個取向的治療焦點都放在「家庭互動」上，也強調有效的治療是要從與問題有關的家庭互動的正確評估與假設開始；兩者都認為問題源自於僵固與重複的互動，因而限制了可能反應的選擇，而「病態」則是家庭未能因外力介入、影響其完成發展階段的適應情況；兩個取向也都認為要了解人類行為需要將行為置入脈絡中考量，而人類脈絡是有規則的系統、用來規範行為，而且是互惠的過程，其中最具影響力的脈絡就是家庭（Mitrani, & Perez, 2003）。在1970年代後期，結構－策略治療幾乎是家族治療的主流，兩學派都企圖要重組家庭的失功能結構、設立界限、動搖家庭的平衡狀態、運用重新架構技巧、苦刑與重建；兩個取向都不重視過去經驗，會積極加入家庭、阻斷刻板的互動模式、重組家庭位階或次系統，也催化更具彈性或有效的互動；在治療上Minuchin與Haley兩人都是積極、指導取向，也期待治療師可以將相當的專業程度帶入家庭治療過程裡。

　　兩個取向的相異處在於：結構取向強調家庭是由次系統組成，也重視次系統間的界限；策略取向聚焦在順序重複的行為上，特別是那些破壞階層原則的跨代同盟關係（Mitrani & Perez, 2003）；再則，他們對問題的看法不同，Minuchin將個人與家庭問題視為徵狀，而Haley則視之為「真正」的問題，需要真正的答案（Corey, 2009, pp.416-417）。此外，雖然兩個取向都強調家庭階層的重要性（特別是在徵狀出現時的代間同盟或聯盟），但是Minuchin聚

焦在平行的階層（就是次系統間的關係，也清楚定義代間關係），而Haley則是較聚焦在垂直的階層，家庭問題的產生在於孩子介入代間、形成的同盟關係；Madaness強調孩子的徵狀反映了階層結構的「不協調」（incongruous hierarchical organization），而「徵狀」提供了保護雙親的功能（Mitrani, & Perez, 2003, pp.182-184）。

 ## 家族治療的貢獻與評價

　　Minuchin提到結構問題若是植基於社會與心理衛生機構，就可能讓問題更形嚴重（Mitrani, & Perez, 2003），可見其不是將家庭／族問題限制在家庭結構裡。家族治療拓展了傳統治療強調的個人內在動力，將個人所置身的家庭納入考量，而最近的發展更是將許多的文化脈絡〔所謂的「後設架構」（metaframework）〕，包括個人內在家庭系統、目的論、互動模式追蹤、組織、發展、多元文化、性別、與過程等都列入考量（Corey, 2009, p.412-427），讓家族治療的廣度與深度更豐富。許多的家庭治療是從單純的個人諮商拓展到在家庭治療的運用，像是認知家庭諮商、阿德勒家庭諮商、後現代家庭治療等，而家族治療所使用的技術包羅萬象，也因為百家爭鳴的結果，總是有新的創意與技術出現，而現代的治療師已經朝向整合的取向，也使用了許多整合的技術（Goldenberg & Goldenberg, 1998, p.75）。

　　固然家族治療看到個人以外的更廣大脈絡與其影響，但是因為時代的變遷與科技的日新月異，傳統核心與大家庭結構都受到挑戰，家庭結構已經不像Haley所堅持的核心家庭模式，因此其運用也需要進一步的臨床與實徵研究來了解。我國傳統重視家庭與家族，但卻也是箝制個人發展最重要的力量，國內治療師要將「徵狀」的功能解釋為「家庭出現狀況」都還有許多難度，更何況將「個人」問題視為「家庭」突顯的危機！在臨床工作中，常常碰到所謂的IP，尤其是年紀愈小的孩童、愈容易淪為家庭問題的受害者，諮商師想要說服家人參與治療、遭遇的抗拒很大，這也是我們未來需要突破的瓶頸。

 ## 生態與脈絡諮商的貢獻與評價

生態諮商從全面統觀的角度來思考問題，含括了個人（內外在）、人際、家庭、社區、環境、文化社會以及全球的影響因素，是最周全的考量，也將所有需要思考的面向都納入；譬如全球經濟衰退，造成全世界各國人才外流與人口外移，而在本國之內也因為經濟的變動，產生諸多社會問題，像是隔代教養、台商與家人分隔兩地、犯罪與家庭暴力等，因此如果只是處理個人問題（如有徵狀的孩子）不足以解決問題根源，需要將其他系統與機制同時納入、做處理，才可能收到事半功倍之效，要不然只是「頭痛醫頭、腳痛醫腳」的零星治標，徒然耗費人力與資源。因此，「生態諮商」需要考量的範疇與條件有許多，也需要進一步整合不同領域資源與專業人員的團隊合作，似乎工程浩大，不是區區一位治療師可以獨立完成，況且加上各機構或是負責單位的不同思維或是政治立場，要做完整的整合與妥協並不容易，但是已經有不少專業人員願意為此戮力。

家 庭 作 業

1. 畫一張你／妳自己的家庭圖，以三代（包括自己這一代）為準，第一代是以父系的家庭來開始。將每個人的特性、年紀、心理與身體健康情況等納入，另外加上彼此之間的關係，然後拿到課堂上討論。

2. 分析一個小朋友的案例，回溯其家庭背景，你／妳會有什麼猜測？

3. 畫一張你原生家庭的生命週期圖，標示出一些重要事件，你／妳看到什麼？如果以家庭系統的觀點來看，你／妳會有什麼想法？

第十四章
總結：對準諮商師的提醒

　　許多人進入諮商系所，抱持著助人的理想或夢想，然而一接觸諮商師訓練與養成課程之後，就感受到極大的壓力，也會開始懷疑自己適不適合這一行？雖然諮商師養成教育是以助人專業知能為焦點，與大學部的教育目標或有不同，但是基本上也是一個生命的教育，願意選擇這個志業的人士有許多的共通點，包括對人有興趣、希望有能力可以協助他人、願意對他人有正向的影響、願意與他人共享生命旅程，以及對生命的熱愛與對社會的貢獻，最重要的是也願意將所學的納為自己的生命哲學與豐富內涵。

　　本章只針對準諮商師在閱讀、學習理論與技術的同時，有一些善意的提醒，也作為本書的總結。

　　準諮商師在運用諮商理論與技巧的同時，也要注意以下幾項重點：

 ## 自我覺察與自我照顧

　　Herlihy與Corey（2006, p.59）提到諮商師精熟諮商知識與技巧還是其次，最重要的是了解自我特質與有效的人際能力。諮商師的自我覺察敏銳度愈高，在運用諮商技術時會特別考量到治療過程中的許多線索，甚至是諮商師自己的一些可能偏見與誤用，有了「覺察」的諮商師才可能有更正確的行動與策略執行，也吻合了當事人的福祉。「覺察」常常會讓我們發現自己不喜歡的部分，也會引起焦慮或不安，對當事人是如此，諮商師當然也不例外（Lister-Ford, 2002, p.33）。

　　「自我知識」（self-knowledge）是諮商師非常重要的一環（Corey & Corey, 2011; Lews, Lews, Daniels, & D'Andrea, 2011），因為諮商師的專業就是會影響當事人與其生活的，因此自我覺察是一項需要持續的工作與責任，覺察自己在與當事人工作時可能會妨礙諮商效果的種種因素，也要思以改進與改善。助人專業是一條雙向道路，治療師不僅可以協助當事人，同時也藉著與當事人工作的臨床經驗增進諮商師之專業與自我成長，而諮商師個人就是最重要的治療工具之一（Corey & Corey, 2011, p.13），不能不謹慎。

　　自我覺察可能會帶來我們不喜歡的了悟或是不舒服的感受（Lister-Ford, 2002, p.2），然而其有專業倫理上的必需性，也有個人成長的必要性，目的是要讓我們在自我與專業成長上都有所增進。有研究者（Radeke & Mahoney, 2000, cited in Corey & Corey, 2011, pp.16-17）發現：專業助人者不僅在助人工作中看到自己的影響力，也讓自己成為更好、更有智慧與自我覺察者，他們更能欣賞人際關係之美、忍受曖昧不明、享受生命之美、感受靈性，也有機會去檢視改變與自我價值觀，這裡也說明了光是覺察力道仍不足，還需要有改變的動力與行為。Goulding與Goulding（1979/2008, p.3）也提到，治療不能只靠諮商師的魅力，「『人』自己才是關鍵所在」，而治療現場是「人與人的交會」，治療師除了提供自己之外，對於當事人的了解與接納也是療效關鍵（Corey & Corey, 2011, p. 43）。

　　雖然「移情」幾乎出現在所有的人際關係裡，但是有學者建議，諮商師除了在諮商現場必須要處理的「移情」情況外，也要留意自己可能產生的「反移情」現象，因為「反移情」最能反映出諮商師個人的議題。覺察內容包羅萬象，像是價值觀、未竟事務、家人與親密關係、早期經驗（包括原生家庭）與其對目前的可能影響、多元文化與其影響力（包括諮商師對於自己文化的了解與覺察）等等，諮商師面對的是跟自己一樣一般的人類，因此覺察並不限於直接觸及生活與生命的各個面向，還包含了環境、社會文化、經濟與全球趨勢等較為外圍、巨觀的影響。諮商師的自我覺察目標通常是一些未解決的自我議題（包括與人關係、創痛或早期經驗等等），除了自己隨時且持續的覺察反省功夫之外，必要時需要採取行動做改變，也可以尋求諮詢或是個人治療來做適度

的處理。當然，自我議題會持續出現，不是因為處理過後就沒事或不再發生。Hazler與Kotler（1994, pp.73-88）曾經提醒準諮商師要克服個人的幾個挑戰，包括：自己是否希望得到讚同？要求完美？能否解決（個人內在與人際間的）衝突？能否認清自己的優勢與挑戰？以及避免「耗竭」。

　　諮商師的自我照顧不只是專業上的需要，同時也是個人的需要。諮商師的自我照顧除了一般身心靈的面向之外，也要有適當的資源，包括有意義的人際關係（包含親密關係）、可以提供支持與協助的督導與同僚，甚至可以有自己的支持團體與諮商師，與工作之間的界限也要維持相當的彈性，免於耗竭。許多行動諮商師是獨立作業，常常是以接案為生活重心，因此可能忽略了自我照護的功夫，固然諮商師的工作是自己生命任務與意義之所在，但是唯有健康的治療師，才可以為當事人做更長久永續的服務。此外，因為諮商師需要照顧當事人的福祉，因此諮商師的狀態佳，才可能更照顧到當事人；而諮商師照顧好自己也是個人重要的工作，能夠自我照顧的諮商師在治療現場也會對當事人有正面的影響力量與示範。

 ## 諮商理論的學習與運用注意事項

一、適文化的考量

　　諮商師必須要注意，諮商基本上是西方文化的產物（Utsey et al., 2010, p.182），因此在運用時要注意「適文化」的速配性，例如中國文化較屬於「集體文化」，因此家族／家庭的價值觀與和諧是非常重要的，而西方的「個人化」是其傳統，因此在助人專業上特別要注意「適文化」與「多元文化」的議題，目前這已經成為諮商師必須具備的能力之一。有準諮商師認為：台灣的族群差異不大，多元文化似乎指的是「了解原住民文化」，或是最多加上客家、閩南的相關知識。這樣的觀點過於簡略，台灣基本上是個移民族群，也受過許多文化的影響（如荷蘭、日本），近年來加上新移民的大量湧入，族群的議題更要重視與提前了解，如果以更廣的角度來看，因為每個人的成長經驗、

背景、時間脈絡、環境與其他許多面向不同，因此每一個人都是一個文化，誠如許多楊格分析學派的治療師常被告知說：「當你對待一位病人時，你就是在對待一個文化」（Samuels, 1991, cited in Sharf, 1996），因此更細微的「文化敏銳」與能力是必要的。

我國儒家傳統的倫理位階、家族沿革、男權社會與倡導、平權、為弱勢發聲的諮商工作常常有衝突與扞格，因此「宣導」、「溝通」與「協調」就非常重要。雖然近十年來，一般大眾慢慢可以接受「諮商」的觀念，但是「諮商普羅化」還需要加強，畢竟國人還是會將「個人」／家庭事務視為「隱私」／家醜，不可向外人道，更遑論要面對一位「陌生」的專業助人者，而「諮商師」雖然是「醫事人員」之一，卻無法享受如一般專業醫師的「尊崇」地位與待遇，這些也都是要繼續努力的方向。

二、諮商技術在生活上的運用

身為諮商人，我非常贊成諮商在生活上的運用，不只是理論或理念的部分，在技術上的練習也是如此。如果一個觀念或是技術不能說服我們諮商師自己，那麼運用起來一定沒有信心，也比較不可能到位，因此我在諮商師教育課程裡會特別注意「理論」與「生活」結合的部分。像是專注與傾聽技術，也可以先運用在與我們關係密切的人身上，看看效果如何？而認知行為的許多理念與作業，也都可以在日常生活中履行，倘若效果不佳，最好別用在當事人身上，省得自己心虛。尤其是對於某一些新的理論或是取向有興趣時，諮商師可以先行作適當足夠的閱讀、參加相關的工作坊或是研討會，做適當練習與實習之後，然後才在實地的臨床場域中運用。諮商師這一行業裡也可以看出某些取向的諮商師真的在生活、舉止樣態、甚至思考模式，都「像」那個特定取向的專業助人者，這就證明了諮商與生活其實是一體的，特別是在自己鍾愛的取向或派別上，表現更為一致！

我認為自己是一個「諮商人」，也就是說諮商是結合工作型態的結果，不會因為我在諮商室裡擔任治療工作是一個模樣，走出諮商室就是另一番模樣，諮商是我的生活哲學，當然也就與我不可切割！

三、與督導、同業的實務交流

準諮商師除了正式課程上的學習之外，還可以額外加強自己的實力，Hazler與Kotler（1994）建議準諮商師可以：訪問諮商領域的專業人員或與其互動，協助相關專業人員的工作或擔任義工，找尋或是請教諮詢可以作為自己學習的良師楷模，參與專業活動與機構，接受諮商、體會當事人經驗，養成寫日誌的習慣，閱讀小說，旅行或探索不同文化。

每位諮商師都應該要有督導或是同儕彼此可以交換實務心得與互相支持，資深的督導不僅可以讓諮商師少犯錯誤，也可以在實務上隨時提醒，的確是將理論與實務做結合的最佳途徑。然而，國內的諮商師除非另外研習其他取向的證書或資格之外，基本上較少機會去主動尋求諮詢或督導，退而求其次的同儕督導倒是常見，這也不失為一個替代的良方。他山之石可以攻錯，同儕間的個案討論其實是獲益最多的一種途徑，雖然每個諮商師所接案例數量有限，但是可以經由個案研討方式做更廣、更深層面的接觸，除了可以豐富自己的實務處理經驗之外，還可以提供給報告人不同的思考方向或是作法，倘若同儕處理的案例類似（像是青少年、虞犯、或是家暴案件），彼此之間的交流與互動更是珍貴！

準諮商師在實習過程中，若能夠與不同的督導學習，其實是受益最多的，因為不同的督導可以從不同的取向與角度提供資訊，讓準諮商師可以有更多面向的學習，儘管有時候選擇自己喜歡的理論取向督導，可以讓自己所學更扎實，但是可以廣泛地學習不同取向督導模式或是觀點，也是另一種收穫！沒有哪一種督導關係是「對的」或是特別「適合」某一個人，準諮商師在接受督導時，不要將自己視為一個「被動」的受督導者，因為影響督導關係的因素很多（如督導與被督導者的人格、文化、性別、種族、經驗背景等，被督導者的發展階段、機構的文化、當事人的議題等）（Borders & Brown, 2005），而強烈的學習意願、開放的心胸、不怕被批判的準備都是接受督導的優勢。

四、諮商師的自我進修與繼續教育

諮商師的繼續教育，不只是為了專業執業與換照的考量，主要還是專業的成長不能一時或忘，維持專業的敏銳與進步，不只是當事人之福，也讓諮商師可以提升諮商專業，有更多的自我成長。除了參加國內外的專業進修課程或工作坊之外，現在的諮商師在臨床工作上的發現也可以結合研究，做實徵性的探討與了解。

許多在學校擔任諮商師教育訓練的諮商師，常常會因為無法繼續實務上的磨鍊，使得臨床的敏感度降低，可能也會造成在訓練課程上的缺憾。諮商師進修管道不勝枚舉：持續閱讀專業期刊或是報告，可以得到治療最新趨勢與資源，也可以激發在臨床上的創意；書籍（不限於諮商專業）與文章都可以讓我們看見更多的生命故事、面向與人性，可以讓我們更了解當事人與自己；參與不同專業的研討會或是與不同專業人士的合作，不僅可以獲得更多資源、有系統的效率，還可以有許多的啟發。

以前認識的一位督導他說，他本身沒有特殊的取向，但是碰到我會跟我談老莊、宇宙生成的道理，後來發現他的治療取向是相當自然又存在的，往往能夠以一句話就道出問題或生命真髓，令我獲益良多！而這些絕大部分是靠他自己的進修與學習而來。

五、發展與調整自己的諮商風格

所有的治療師都應該發展一套自己獨特的工作模式，這個模式適合諮商師本身的個性，也是對自己累積的實務經驗的敬重（Kahn, 1997, p.166）。每位治療師的生命經驗與背景不同，也許在對自己行為解釋上會較相信某一取向的理念，因此對於此一取向的相關閱讀與學派就較專研、也深入，也願意以這個取向的看法來解釋當事人的行為（或徵狀）、做處理，當然諮商師也可能因為後來的臨床經驗或自身經歷的影響，也納入不同取向的理念，慢慢地就形成了自己的「諮商型態」或「諮商風格」〔也有研究者將其稱之為「理論取向」，（theoretical orientation）〕。

　　讀者也應該發現到：不同理論的創始者，其自身的經歷與其所研發的理論息息相關！目前諮商的趨勢已經朝向整合的方向（Corey, 2001, p.xv），即便如此，諮商師還是會鍾情於若干喜愛的學派或取向，因此不僅諮商師需要一個堅實理論做根基，還需要讓自己隨著時間、經驗與智慧的成長，適時調整自己的理論取向（Corey, 2001; George & Cristiani, 1995）。

　　諮商理論是每一位專業助人者決定處置的立基點，若無理論的支持，所採用的助人歷程與技術也都毫無依據，可能會破壞其助人的意圖，而每位諮商師的理論取向及型態與其個人功能有絕對關係（Corey & Corey, 2011, p.158）。所謂的「理論取向」指的是一種概念架構，用來了解當事人的治療需求，具體來說，諮商取向可以協助專業助人者針對當事人的經驗與行為提出假設，形成一個特殊處遇的理論基礎，然後用來評估治療過程（Poznanski & McLenna, 1995, p.412, cited in Halbur & Halbur, 2006, p.3）。每位諮商師都應該要有自己的理論架構作為自己進行了解、治療當事人的基本工具，而諮商理論取向的形塑主要與個人生活哲學（對世界、自己與他人的看法）、所受的專業訓練取向，以及個人的專業經驗（包含接案的經驗）有關（Halbur & Halbur, 2006, p.5）。

　　發展自己的諮商（理論）型態是一個持續的過程，個人的需求架構其實是主導我們採用主要治療取向的重要因素（Soben, 1962, cited in George & Cristiani, 1995, p.110）。個人之諮商取向的形成有幾個步驟：了解與熟悉主要諮商理論取向、了解自己為何選擇此取向的需求架構、清楚自我認同的成熟、良好功能的個體是如何，以及在臨床實務中測試這個理論，形成新的假說，並有實驗證明，然後將這些測試結果統籌在個人系統裡（George & Cristiani, 1995, pp.109-110）。我們在對個案做概念化或是處置計畫時，都會看到自己的取向痕跡，也就是我們對於問題的形成原因與解決之道，都會反映在裡面。

　　雖然有不少諮商師（尤其是新手諮商師）會將自己歸為「折衷派」（eclectic）諮商師，但是這基本上是指所運用的技巧而言，而Corey（2001, p.91）也提醒諮商師不要將「折衷派」作為自己缺乏系統理念、諮商專業差勁的藉口，而也有大多數臨床助人專業者將自己定位為「統整派」（integrative, Norcross, Karpiak, & Lister, 2005）。

　　諮商師如何看一個個案、解讀當事人所遭遇的困難，以及要如何協助當事人處理面臨的困難，都與諮商師的世界觀、經驗、與背景有關，也會影響到臨床專業的處置過程與結果。那麼要如何發展屬於自己的專業理論取向呢？「知道自己是誰」是發展諮商型態的起始點（Corey, 2001, p.25），Halbur與Halbur（2006, p.21）建議：㈠發現自我（自我覺察與探索、知道自己要的是什麼、生命哲學為何）；㈡清楚自己的價值觀；㈢探索自己喜愛的理論為何？㈣運用自己的性格（性格與所選擇的諮商型態息息相關）；㈤了解自己在臨床上的表現（將這些實務經驗錄音或錄影下來，可以協助自己找到理論的脈絡）；㈥容許他人（生命經驗、生活觀察、與人互動及繼續教育等）激勵你的學習；㈦閱讀原始資料或作品（可以接觸到原創者的基本思維，減少他人解讀的可能謬誤）；㈧化為實際行動（在生活中實際運用）；㈨與一位良師學習；與㈩拓展自己的經驗（探索新的領域與經驗）。

　　選擇一個自己喜歡或是貼近自己信念的理論，然後儘量將此理論學得透徹，同時也從不同學派那裡發現不同技巧，也切記不要成為食古不化、缺乏彈性的「匠工」（Corey, 2001, p.91）。而Nystul（2006, pp.141-149）建議發展個人諮商風格的幾個步驟為：㈠進行自我評估（了解自己的個性、價值觀、信念、優勢與弱勢）；㈡了解支持自己學習諮商的相關訓練（如心理學、醫學、哲學、人類學、社會學或文學等領域）；㈢總覽主要的諮商理論；㈣對某一理論的專注研讀與了解（無理論基礎的諮商師只會流於瑣碎、膚淺、技術導向，因此除了研讀學派創始者的著作外，去專門或特定取向的機構接受訓練，或是參加專業組織都是加分的）；㈤對個別差異的敏銳度（依不同當事人需求做適當處置）；㈥從不同的諮商理論中整合技巧；㈦運用；以及㈧研究與評估（除了證明該學派或取向的效果，研究與評估可以修正理論）。

　　讀者可以比較兩位學者的建議，整合成一個自己可以較為順利學習與發展的路徑，朝向自己想要的諮商型態前進。

六、依個人經驗與專業，發展創新諮商理念與技術

　　許多新手諮商師會誤認為諮商師的專業與其「技術」是同義詞，事實上

這可是相當大的誤解。引領諮商師從事助人專業的最大動力是「熱情」、清楚的助人理念，而技術只是最後的一個工具，技術的運用如果沒有正當的理念在背後支持，助人專業也只是「匠工」而已！而技術是可以研發的，不少臨床專業人員經過經驗的淬鍊，也會發展出一些適合自己與服務族群的技巧，因此，「技術」只是專業助人者所使用的工具而已，不等同於「專業」。

諮商理論會因為個人詮釋、經驗或「適文化性」做一些改變，通常我們也不會鼓勵準諮商師以理論為真理，而是需要去批判與作必要的修正，從佛洛伊德的理論至今可見一斑！儘管理論原創者有許多不錯的觀念，但是經過時空推移、服務對象或問題不同，在臨床運用上就會受到考驗，後來的專業人員與學者就會做檢覈與批判，讓原來的理論更能與時代並進，服務更有效！因此，專業人員不要自限於某些理論、食古不化，而是願意從實務操作與使用中，讓理論與技術都可以更新、進步。

七、光是技巧不足以成「師」，需要扎實理論做基礎

諮商技巧不足以讓諮商師成為助人專業，有扎實的理論做基礎，才是真正的王道。也許有些技巧在使用之後有相當驚人的結果，但是技巧的背後應該是有其理念脈絡在引導，這樣才可以師出有名。當然，諮商師的理論取向也可能隱藏著一個風險，也就是諮商師會傾向以自己相信的取向去解釋當事人困擾，也容易造成所謂的「理論盲」，就如人本中心的學者所建議的：「諮商理論不應先於當事人」，而是要以當事人的福祉，甚至是當事人的解釋為先（Gilliland et al., 1989, p.68），要不然就容易變成「專業的傲慢」。

準諮商師學習諮商理論，通常是從入門的介紹開始（如「諮商理論」課程），然後修習不同的學派（人本、認知行為、或完形等，依課程安排或是該所師資而定），但是這畢竟還是綜論或是粗淺的入門課，準諮商師若是對於某些取向有興趣，通常都會就那個取向的相關書籍或是研究論文做進一步探討與了解，讓自己的知識更厚實。「閱讀」與「了解」理論的概念與其運用是初步，接下來準諮商師就需要以批判的眼光來檢視這個理論，必要時與同僚做適當討論與修正。也有資深諮商師發現，倘若治療師無一特定的治療取向，可

能在與當事人晤談幾次之後便沒有方向感（黃雅羚，屏東諮商師繼續教育演說，10/15/2011），這其實也是許多諮商師教育者的擔心，因為理論是診斷與處置問題的基礎，若無堅實理論基礎，就可能不知道要將當事人帶往哪一個方向。Kahn（1997, p.168）提醒我們：諮商師要學習的不是一套技術，而是學習開放自己，先是對當事人的經驗開放，然後是對自己的自發性（spontaneity）開放。Jung曾經說過：「學好你的理論，但是在面對一個神奇的鮮活人類靈魂時，將理論放下，是最適當的。」（cited in Whitmore, 2004, p.23）。

八、我也需要諮商師

諮商師本身也是人，是人類社會的一分子，因此並不會因為擔任諮商專業就沒有了個人的議題需要處理。而諮商師本身若是相信「助人」這個專業，理應不會反對「諮商師也需要求助」的道理。Gerald Corey（2001, p.2）說：「若諮商師本身在生活中也不願意對求助開放，的確很難說服當事人有求助動作，當你自己不買帳時，也很難讓其他人相信。」簡單地說就是：從事助人工作者若自己也不相信這個專業，如何說服當事人來求助？Corey（2001）還特別提到諮商師自己去做治療可以有許多的收穫：了解身為當事人的感受、體會可能有的移情與反移情、知道自己可能會過度認同某些當事人（而讓自己失去客觀性）、試圖去解決自己的未竟事務與傷痛、可以更了解自己（pp.113-114）。當然在一般的情況下，我們若是遭遇生活上的困境或問題時，會找家人或是朋友商議、討論，然而有時候親朋好友也不能提供更好的建議，或是對於問題的了解不夠，因此找專業助人者協助，也是可以接受的。

九、理論因為個人經驗、解讀或運用不同而有差異

許多的理論經過不同的人學習、詮釋與運用，會展現不同風貌，雖然其核心理念還是一樣，但是已經經過「個人化」（personified）的過程，已然不是「純粹」的原始面貌；換句話說就是，當我讀Gerald Corey的諮商理論，可能就已經是經過Gerald Corey解讀的諮商理論，若讀的是Gerard Egan的作品，也是Gerard Egan解讀過的諮商理論。譬如一個堅信認知理論的諮商師，他（她）

相信一個人的想法可以決定其感受與行為，但是在實際臨床運用或教學時，諮商師可以結合不同理論或技巧，甚至研發新的理念（或理論）出來。像是針對不同族群（如不同的心理疾患）或是遭遇問題（如人際、創傷），而將不同取向的治療做結合，讓治療效果更佳！如前所述，許多的治療師會將自己歸在「折衷派」的區塊下，也許其鍾情於某個取向（如人本），但是也結合了不同理論的理念與技巧（如人際互動理念），針對某些族群（如青少年或憂鬱症患者）做治療，發現成果不錯。

諮商師在了解諮商理論的同時，是以自己的方式與經驗去解讀，因此理論就會呈現出不同風貌，即使諮商師教育者擔任的是諮商師的培訓工作，所教授的理論其實也是經過教育者本身的理解與體會，已經有了教育者本身的詮釋在裡面。我通常會鼓勵準諮商師自己去閱讀理論原創者的著作，甚至是逐字稿的部分，可以讓準諮商師更清楚此理論的「原汁原味」，然後對照教育者的解釋說明，也許就更貼近此派理論。

十、理論在經過持續的閱讀之後，因經驗不同而有不同領悟

諮商師會經常接觸理論，也常常閱讀理論，甚至需要一再重新回頭去複習、檢視理論，而隨著生命與臨床經驗累積，對於理論會有不同的領悟、或是修正。理論的書對我來說，常常是放在手邊參考的書籍，在閱讀有關理論的著作或是論文時，可以有機會思索我對於理論的理解如何？這一次與之前有何不同？可以讓我對於理論的了解更透徹、運用時更清楚。許多諮商理論經過修潤與增添，也有研究實驗的結果，因此有許多參考價值。

諮商師本身在閱讀與使用理論時，也需要帶著批判的角度，不僅以臨床經驗來驗證理論、做適當的修正，同時也可以將運用心得與同業分享，甚至做成研究，做較為系統的檢視。

十一、自工作中衍生意義

讀者當初選擇擔任諮商的專業助人工作，可能認為這將是自己可以投注的志業，主要是相信從事助人工作對自己的意義，也從工作中衍生出意義。有些

諮商師認為自己在工作場域中是專業助人者，扮演的是一個「工作」的角色，回到一般生活中就是自己，所以可以容許「兩個」不同的我或價值觀，但是我認為若是選擇諮商作為自己的「志業」，就表示這項工作是讓我們創發自己生命意義、與生活有緊密連結的，因此在工作中與生活上的價值觀及哲學應該是一樣的，當然諮商師也有自己的生活，我並不否認這一點，然而在助人工作與實際生活中的「我」應該是一致的，這樣就不需要在工作上戴上「面具」，與自己的真我有矛盾。「意義」其實就是我們自己對於助人工作所賦予的個殊涵義，我們對於助人的熱情與持續性，都要回歸於我們對於這個「意義」的定義，因此也是讓我們可以免於專業耗竭很重要的指標，雖然這個工作讓諮商師接收了許多負面的能量，但是我們也因此得到賦能！

諮商師的工作內容不僅限於面對面的諮商，還包括教育推廣、宣導、計畫執行與研究，而這些也都是諮商專業的延伸。許多臨床工作者不喜歡做研究，我也聽過許多諮商師認為碩士論文是他們接觸「學術」的最後一搏，真的有點可惜！畢竟，許多諮商理論是從實務中衍生而來，當然也需要實務運作的修正，做研究就是最便捷之道！而研究報告出爐，還可以藉此提醒或是作為政策擬定者的參考。我國助人專業領域的期刊比較喜愛實驗、依據科學系統產出的論文，其實許多的個案報告其重要性一樣，卻極少有相關的個案報告出現。想想看那些大師級人物，要不是有逐字稿的個案報告出現，我們後人還很難自中窺其堂奧哩！

十二、諮商不是「獨立」的工作，而是需要「團隊合作」

同樣是助人專業，醫師、護理人員、警察、司法人士、社福單位、諮商師等等都是專業裡的一環，每一環都非常重要，理應合作無間、彼此協調，因為我們有共同的服務對象，也都希望為當事人的最好福祉努力。助人專業的系統、效率的團隊合作，才可能提供當事人或我們所服務的族群最好的福祉與協助，因此諮商師不應該只著重「獨立」作業，還要結合可能相關資源與人力，為共同目標（或服務對象）而努力，這樣不僅節省資源、經濟，且有效率！此外，諮商師也是社會的一分子，有能力貢獻自己、為社稷服務，我們的角色

除了為弱勢代言，還是改變的行動者，團結的力量可以成就更多的正向改善工程。

家 庭 作 業

1. 做覺察週誌持續兩個月，看看自己所檢視的內容有無重複？主要的幾個重點為何？而這些有沒有因時間而做了改善？

2. 閱讀一本某取向創始者的著作，對照一般的諮商理論書籍，你／妳的理解如何？兩者之間有何不同？

3. 在生活中，你／妳如何實踐你／妳的諮商人生活？也就是你／妳有沒有發現自己將一些習得的諮商理念融入日常生活當中？

參考書目

刁筱華譯（1996）。女性主義思潮（R. Tong, 1898, *Feminist thought: A comprehensive introduction*）。台北：時報。

王文秀（2011）。兒童諮商與心理治療之理論。收錄於王文秀、田秀蘭、廖鳳池著，兒童輔導原理（第三版）（pp.93-154）。台北：心理。

王逢振（1995）。女性主義。台北：揚智。

田秀蘭、林美珠譯（2006）。助人技巧：探索洞察與行動的催化。台北：學富。Hill, C. E. (2004). *Helping skills: Facilitating, exploration, insight, and action.*

林芳玫（1996）。自由主義女性主義：自由、理性與平等的追求。收錄於顧燕翎主編，女性主義理論與流派（pp.3-25）。台北：女書。

林香君（1998）。解決焦點短期治療及其督導模式（上）。諮商與輔導，150，11-15。

林香君（1998）。解決焦點短期治療及其督導模式（下）。諮商與輔導，151，27-32。

林明傑、陳慧文、黃志中譯（2003）。現實治療諮商。嘉義：濤石。Wubbolding, R. E. & Brickell, J. (1999). *Counseling with reality therapy.*

林家興（2009）。心理師執業之路（二版）。台北：心理。

洪謙德（2004）。女性主義。台北：一橋。

易之新（2008）。再生之旅－藉再決定治療改變一生。譯序（pp.4-5）。台北：心理。

易之新譯（2008）。再生之旅－藉再決定治療改變一生。台北：心理。Goulding, R. L. & Goulding, M. M. (1979). *Changing lives through redecision therapy.*

洪莉竹（1998）。焦點解決短期諮商在親職教育上的運用（上）。諮商與輔導，150，7-10。

洪莉竹（1998）。焦點解決短期諮商在親職教育上的運用（下）。諮商與輔導，151，19-26。

邱珍琬譯（2002）。焦點解決在國高中的運用。台北：天馬。Murphy, M. (1997).

Solution-focused counseling in middle and high schools。

邱珍琬（2006）。女性主義治療：理論與實務的運用。台北：五南。

邱珍琬（2008）。焦點解決在國中非自願個案的運用與成效。國民教育學報，5，35-58。

許韶玲（2003）。督導者知覺受督導者影響諮商督導過程之因素。應用心理研究，18，113-144。

許韶玲（2004）。受督導者於督導過程中的隱而未說現象之探究。教育心理學報，36(2)，109-125。

許維素（2001a）。焦點解決短期治療介入創傷經驗的處理（上）。諮商與輔導，185，21-24。

許維素（2001b）。焦點解決短期治療介入創傷經驗的處理（下）。諮商與輔導，186，15-20。

許維素（2001c）。校園非意願案主輔導—焦點解決短期諮商治療取向的介入（四之二）。輔導與諮商，190，26-29。

許維素（2002）。災區大學生焦點解決團體諮商效果研究。諮商輔導文粹，7，27-51。

曾淑賢、劉凱、陳淑芳譯（1979/2010）。人類發展生態學（by Urie Bronfenbrenner, *Ecology of human development: Experiments by nature and design*）。台北：心理。

畢恆達、洪文龍（2004）。男性研究與女性主義。婦研縱橫，70，43-47。

蔡素妙（2000）。活動治療與青少年焦點解決治療的結合運用。諮商與輔導，176，23-28。

廖本富（2000）。同理心與焦點解決短期諮商。輔導季刊，36(2)，45-53。

廖本富（2001）。在焦點解決督導中催化受督導者「從新得力」。輔導季刊，37(1)，20-29。

翁幸如（2000）。焦點解決短期諮商雙親衝突個案情緒感受、生活適應及親子關係之輔導效果研究。國立台南師範學院國民教育研究所碩士論文，未出版，台南。

陳清泉（2001）。焦點解決諮商效果之研究—巡迴架構分析法的運用。國立台灣師範大

學教育心理與輔導研究所博士論文，未出版，台北。

黃孟嬌譯（2011）。敘事治療的工作地圖。（*Maps of narrative practice*, by M. White, 2007）。台北：張老師文化。

黃雅羚（2011/10/15）。心理諮商所設置法令與倫理之經驗分享。屏東縣諮商心理師公會2011年第七場諮商輔導繼續教育課程。屏東：屏東市社福館。

鄔佩麗（2003）。性別諮商：女性主義治療師的助人觀點。收錄於潘慧玲主編，性別議題導論（pp.135-180）。台北：高等教育。

張厚粲（1997）。行為主義心理學。台北：東華。

張傳琳（2003）。現實治療法：理論與實務。台北：心理。

張德聰（1999）。運用焦點解決諮商法於成人生涯轉換諮商效果之研究。國立台灣師範大學教育心理與輔導研究所博士論文，未出版，台北。

張鳳燕、楊妙芬、邱珍琬、蔡素紋譯（2002）。人格心理學——策略與議題。台北：五南。Liebert, R. M., & Liebert, L. L. (1998). *Personality: Strategies & issues.*

蒙光俊、簡君倫、郭明仁譯（2010）。台北：張老師文化。Milliren, A. & Blagen, M.（2010）. *The psychology of courage: An Adlerian handbook for healthy social living.*

鄔佩麗（6/23/11）。EMDR（眼動減敏與歷程更新療法）進階課程。高雄：高雄地方法院。

謝雯鈴（2000）。現實治療法與焦點解決短期諮商的異同與運用。諮商與輔導，179，8-12。

羅華倩（2000a）。焦點解決短期諮商在團體諮商中的運用。國教天地，139，47-52。

羅華倩（2000b）。焦點解決取向團體諮商對高職害羞學生輔導效果之研究。國立高雄師範大學輔導研究所碩士論文，未出版，高雄。

蘇元良譯（1992）。「桃源二村」。台北：心理出版社。Skinner, B. F.（1948）. *Walden Two.*

Ahuna, K. A. (2000). "I'm a person foremost". How a group of graduating college women narrate gender identity and consciousness (Doctoral dissertation, State University of

New York at Buffalo). *Dissertation Abstract International,* 60/01, p.130.

American Counseling Association (2005). *ACA code of ethics*. Alexandria, VA: Author.

Andersen, H. (2003). *Postmodern social construction therapies*. In T. L. Sexton, G. R. Weeks, & M. S. Robbins (Eds.), *Handbook of family therapy* (pp.125-146). N. Y.: Brunner-Routledge.

Anderson-Klontz, B., Dayton, T., & Anderson-Klontz, L. S. (1999). The use of psychodramatic techniques within solution-focused brief therapy: A theoretical and technical integration. *International Journal of Action Methods, 52*(3), 113-120.

Aponte, H. J., & Dicesare, E. J. (2002). Structural family therapy. In J. Carlson & D. Kjos (Eds.)(pp.1-18), *Theories and strategies of family therapy*. Boston, MA: Ally & Bacon.

Ballou, M., Gabalac, N. W., & Thomas, C. C. (1985). *A feminist position on mental health*. In: Springfield.

Barnstein, J. (2009). Consciousness and interpretation in modern psychoanalysis. *Modern Psychoanalysis, 34*(1), 106-116.

Beasley, C. (1999). *What is feminism? An introduction to feminist therapy.* London: Sage.

Becvar, D. S., & Becvar, R. J. (2009). *Family therapy: A systemic integration* (7th ed.). Boston, MA: Pearson Education.

Berg, K. I. & Miller, S. D. (1992). *Working with the problem drinker: A solution-focused approach*. New York: W. W. Norton & Company.

Berg, K. I. & Steiner, T. (2003). *Children's solution work*. N. Y.: W.W. Norton & Company.

Bitter, J. R., Roberts, A., & Sonstegard, M. A. (2002). Adlerian family therapy. In J. Carlson & D. Kjos(Eds), *Theories and strategies of family therapy* (pp.41-79). Boston, MA: Allyn & Bacon.

Bond, T. (2010). *Standards and ethics for counseling in action* (3rd ed.). London: Sage.

Borders, L. D., & Brown, L. L. (2005). *The new handbook of counseling supervision*. Mahwah, NJ: Lawrence Erlbaum Associates.

Brown, L. S. (2005). *Feminist therapist with Laura S. Brown.* APA oneline (http://www.apa.

org/videos/4310220html)

Brown, L. S. (2008). Feminist therapy. In J. L. Lebow (Ed.), *Twenty-first century psychotherapies: Contemporary approaches to theory & practice* (pp.277-306). Hoboken, N. J.: John Wiley & Sons.

Bryson, V. (1992). *Feminist political theory: An introduction.* Houndmills, UK: MacMillian.

Burke, M. T., & Miranti, J. (2001). The spiritual and religious dimensions of counseling. In D. C. Locke, J. E. Myers, & E. L. Herr (Eds.), *The handbook of counseling* (pp.601-612). London: Sage.

Butler, S. (1985). *Conspiracy of silence: The trauma of incest.* Volcano, CA: Volcano Press.

Cammaert, L. P., & Larson, C. (1988). Feminist frameworks of psychotherapy. In M. A. Dutton-Douglas & L. E. Walker (Eds.), *Feminist psychotherapies: Integration of therapeutic and feminist systems* (pp.12-36). Nornood, NJ: Ablex.

Carlson, J. (2002). Strategic family therapy. In J. Carlson & D. Kjos(Eds), *Theories and strategies of family therapy* (pp.80-97). Boston, MA: Allyn & Bacon.

Cashdan, S. (1988). *Object relations therapy: Using the relationship.* N. Y.: W. W. Norton & Company.

Chaplin, J. (1999). *Feminist counseling in action* (2nd Ed.). London: Sage.

Clarkson, P. (1999). *Gestalt counseling in action.* Thousand Oaks, Ca: Sage.

Clarkson, P., & Mackewn, J. (1993). *Fritz Perls.* London: Sage.

Colley, H. (2002). A "rough guide" to the history of mentoring from a Marxist feminist perspective. *Journal of Education for Teaching, 28*(3), 257-273.

Connie, E. (2009). Overview of solution focused therapy. In E. Connie & L. Metcalf (Eds.), *The art of solution focused therapy* (pp.1-19). N.Y.: Springer.

Constantine, M. G., Miville, M. L., Kindaichi, M. M., & Owens, D. (2010). Case conceptualizations of mental health counselors: Implications for the delivery of culturally competent care. In M. M. Leach & J. D. Aten (eds.). *Culture and the therapeutic process: A guide for mental health professionals* (pp.99-115). N.Y.:

Routledge.

Conyne, R. K. & Cook, E. P. (2004). Preface. In R. K. Conyne & E. P. Cook (Eds.), *Ecological Counseling: An innovative approach to conceptualizing person-environment interaction* (pp.vii-xi). Alexandria, VA: American Counseling Association.

Conyne, R. K., & Cook, E. P. (2004). Understanding persons within environments: An introduction to ecological counseling. In R. K. Conyne & E. P. Cook (Eds.), *Ecological Counseling: An innovative approach to conceptualizing person-environment interaction* (pp.3-35). Alexandria, VA: American Counseling Association.

Cooper, M. (2008). Existential psychotherapy. In J. L. Lebow (Ed.), *Twenty-first century psychotherapies: Contemporary approaches to theory & practice* (pp.237-276). Hoboken, N. J.: John Wiley & Sons.

Copeland, E. P. & Geil, M. (1996). Applying a solution focus to consultation. *Family Journal, 4*(44), 351-356.

Corcoram, J. (1999). Solution-focused interviewing with Child Protective Services clients. *Child Welfare, 78*(4), 261-269.

Corey, G. (2001). *The art of integrative counseling*. Belmont, CA: Brooks/Cole.

Corey, G. (2005). *Theory & practice of counseling & psychotherapy* (7th ed.). Belmont, CA: Brooks/Cole—Thomson Learning.

Corey, G. (2009). *Theory and practice of counseling and psychotherapy* (8th ed.). Belmont, CA: Brooks/Cole—Thomson Learning.

Corey, G., Corey, M. S., & Callanan, P. (2007). *Issues and ethics in the helping professions* (7th ed.). Belmont, CA: Thomson Higher Education.

Corey, M. S., & Corey, G. (2011). Becoming a helper (6th ed.). Belmont, CA: Brooks/Cole.

Crampton, M. (2001). Psychosynthesis. In R. J. Corsini (Ed.). *Handbook of innovative therapy* (2nd ed.) (pp.567-577). N.Y.: John Wuley & Sons.

Cummings, A. L. (2000). Teaching feminist counselor responses to novice female counselors. *Counseling Education & Supervision, 40*(1), 47-57.

de Jong, P. & Berg, I. K. (1998). *Interviewing for solutions*. Pacific Grove, CA: Brooks/Cole.

de Jong, P. & Berg, I. K. (2001). Co-constructing cooperation with mandated clients. *Social Work, 46*(4), 361-374.

Dermer, S. B., Hemesath, C. W. & Russell, C. S. (1998). A feminist critique of solution-focused therapy. *American Journal of Family Therapy, 26*(3), 239-250.

de Shazer, S., Dolan, Y., Korman, H., Trepper, T., McCollum, E., & Berg, I. K. (2007). *More than miracles: The state of the art of solution-focused brief therapy*. N.Y.: Routledge.

Dielman, M. B. & Franklin, C. (1998). Brief solution-focused therapy with parents and adolescents with ADHD. *Social Work in Education, 20*(4), 261-268.

Dreikurs, R. (1964). *Children: The challenge*. N. Y.: Penguin Group.

Drewery, W., & Winslade, J. (1997). The theoretical story of narrative therapy. In G. Monk, J. Winslade, K. Crocket, & D. Epston(Eds.), *Narrative therapy in practice: The archaeology of hope* (pp.32-52). San Francisco, CA: Jossey-Bass.

Dryden, W. (1999). *Rational emotive behavioral counseling in action* (2nd ed.). London: Sage.

Dryden, W. (2007). *Rational emotive behavioral therapy.* In W. Dryden (Ed.), *Dryden's handbook of individual therapy* (5th ed) (pp.352-378). London: Sage.

Duncan, B. L., Miller, S. D., & Sparks, L. A. (2003). Interactional and solution-focused brief therapies: Evolving concepts of change. In T. L. Sexton, G. R. Weeks, & M. S. Robbins (Eds.), *Handbook of family therapy* (pp.101-123). N. Y.: Brunner-Routledge.

Durrant, M. (1995). *Creative strategies for school problems: Solutions for psychologists and teachers*. New York: W. W. Norton.

Ellis, A. (1997). The future of cognitive-behavior and rational emotive behavior therapy. In S. Palmer & V. Varma (Eds.), *The future of counseling & psychotherapy* (pp.1-14). London: Sage.

Enns, C. Z. (1993). Twenty years of feminist counseling and therapy: From naming biases to implementing multifaceted practice. *Counseling Psychologist, 21*(1), 3-87.

Enns, C. Z., & Hackett, G. (1990). Comparison of feminist and non-feminist women's reactions to various of nonsexist and feminist counseling. *Journal of Counseling Psychology, 37*(1), 33-40.

Eron, J. B., & Lund, T. W. (1996). *Narrative solutions in brief therapy.* N. Y.: Guilford.

Evans, K. M., Kincade, E. A., Marbley, A. F., & Seem, S. R. (2005). Feminism and feminist therapy: Lessons from the past and hopes for the future. *Journal of Counseling & Development, 83*(3), 269-277.

Firestone, R. W., Firestone, L. A., & Catlett, J. (2003). *Creating a life of meaning and compassion: The wisdom of psychotherapy.* Washington, DC.: American Psychological Association.

Forey, J. P., & Goodrick, G. K. (2001). Cognitive behavior therapy. In R. Corsini (Ed.), *Handbook of innovative therapy* (2nd ed.) (pp.95-108). N. Y.: John Wiley & Sons.

Forisha, B. L. (2001). Feminist therapy. In R. Corsini (Ed.), *Handbook of innovative therapy* (2nd ed.)(pp.242-254). N.Y.: John Wiley & Sons.

Freedman, J., & Combs, G. (1996). *Narrative therapy: The social construction of preferred realities.* N. Y.: W. W. Norton & Company.

From, I., & Miller, M. V. (1994). Introduction to the Gestalt Journal edition of Gestalt therapy. In F. Perls, R. Hefferline, & P. Goodman *"Gestalt therapy: Excitement and growth in the human personality"* (pp.vii-xxii). Highland, NY: Gestalt Journal Press.

George, R. L., & Cristiani, T. L. (1995). *Counseling theory and practice* (4th ed.). MA, Needham Heights: Simon & Schuster Company.

Gilligan, C. (1982). *In a different voice: Psychological theory and womens' development.* Cambridge, MA: Harvard University Press.

Gilliland, B. E., James, R. K., & Bowman, J. T. (1989). *Theories and strategies in counseling and psychotherapy (2nd ed.).* Eaglewood Cliffs, NJ: Prentice Hall.

Gilliland, B. E., & James, R. K. (1998). *Theories and strategies in counseling and psychotherapy* (4th ed.). Needham Heights, MA: Allyn & Bacon.

Gingerich, W. & Wabeke, T. (2001). Solution-focused approach to mental health intervention in school settings. *Children & Schools, 23*(1), 33-47.

Glasser, W. (1975). *Reality therapy: A new approach to psychiatry*. N. Y.: Harper & Row.

Glasser, W. (1998). *Choice theory: A new psychology of personal freedom*. N.Y.: Harper Collins.

Glasser, W. (2000). *Counseling with choice theory: The new reality therapy*. N.Y.: Harper Collins.

Glasser, W., & Glasser, C. (1999). *The language of choice theory*. N. Y.: Harper Perennial.

Glasser, W., & Wubbolding, R. (1995). Reality therapy. In R. Corsini & D. Wedding (Eds.), *Current psychotherapies* (5th ed)(pp.293-321). Itasca, IL: F. E. Peacock.

Goldberg, A. (1988). *A fresh look at psychoanalysis: The view from self psychology*. Hillsdale, NJ: Analytic Press.

Goldenberg, H., & Goldenberg, I. (1998). *Counseling today's families (3rd ed.)*. Pacific Grove, CA: Brooks/Cole.

Grunebaum, J., & Smith, J. M. (1996). Women in context(s): The social subtext of group psychology. In B. DeChant (Ed.), *Women and group psychotherapy—Therapy and practice* (pp.58-88). N.Y.: Guilford.

Guerin, P., & Guerin, K. (2002). Bowenian family therapy. In J. Carlson & D. Kjos (Eds.), *Theories and strategies of family therapy* (pp.126-157). Boston, MA: Allyn & Bacon.

Guterman, J. T. (1996). Doing mental health counseling: A social constructionist revision. *Journal of Mental Health Counseling, 18*(3), 228-252.

Halbur, D. A., & Halbur, K. V. (2006). *Developing your theoretical orientation in counseling and psychotherapy*. Boston, MA: Pearson Education, Inc.

Haley, J., & Richeport-Haley, M. (2007). *Directive family therapy*, N. Y.: Haworth.

Hanna, F. J., Hanna, C. A. & Keys, S. G. (1999). Fifty strategies for counseling defiant, aggressive adolescents: Reaching, accepting, and relating. *Journal of Counseling & Development, 77*(4), 395-404.

Hanna, S. M. & Brown, J. H. (1999). *The practice of family therapy: Key elements across models*. Belmont, CA: Wadsworth.

Hazler, R. J., & Kotler, J. A. (1994). *The emerging professional counselor: Student dream to professional realities*. Alezandria, VA: American Counseling Association.

Herlihy, B., & Corey, G. (2006). *Boundary issues in counseling: Multiple roles and responsibilities*(2nd ed.). Alexandria, VA: American Counseling Association.

Herlihy, B., & Remley, T. P. (2001). Legal and ethical challenges in counseling. In D. C. Locke, J. E. Myers, & E. L. Herr (Eds.), *Handbook of counseling* (pp.69-89). Thousand Oaks, CA: Sage.

Hoffman, E. (Ed.) (1996). *Future visions: The unpublished papers of Abraham Maslow*. Thousand Oaks, CA: Sage.

Hollon, S. D., & DeRubeis, R. J. (2004). Effectiveness of treatment for depression. In R. L. Leahy (ed.), *Contemporary cognitive therapy: Theory, research, & practice* (pp.45-61). N.Y.: Guilford.

hooks, b. (2004). *The will to change: Men, masculinity, and love*. N. Y.: Artiabooks.

Howard, E. E., Inman, A. G., & Altman, A. N. (2006). Critical incidents among novice counselor trainees. *Counselor Education & Supervision, 46*(2), 88-102.

Huber, C. H. (1996). Taking an evolutionary perspective: The solution-oriented genogram. *Family Journal, 4*(2), 152-154.

Hunter, S. C., & Borg, M. G. (2006). The influence of emotional reaction on help seeking by victims of school bullying. *Educational Psychology, 26*(6), 813-826.

Hycner, R., & Jacobs, L. (1995). *The healing relationship in gestalt therapy: A dialogic/self psychology approach*. Gouldsboro, ME: Gestalt Journal Press.

Inobe, S. P. (2001). Eye movement desensitization and Reprocessing (EMDR). In R. J. Corsini (Ed.), *Handbook of innovative therapy* (2nd ed.) (pp.230-241). N. Y.: John Wiley & Sons.

Israeli, A. L., & Santor, D. A. (2000). Reviewing effective components of feminist therapy.

Counseling Psychology Quarterly, 13(3), 233-247.

Ivey, A. E., & Ivey, M. B. (2001). Developmental counseling and therapy and multicultural counseling and therapy: Metatheory, contextual consciousness, and action. In D. C. Locke, J. E. Myers, & E. L. Herr (Eds.), *Handbook of counseling* (pp.219-236). Thousand Oaks, CA: Sage.

Jacobs, M. (2004). *Psychodynamic counseling in action* (3rd ed.). London: Sage.

Johnson, R. W. & Conyers, L. M. (2001). Surviving the doctoral dissertation: A solution-focused approach. *Journal of College Counseling, 4*(1), 77-80.

Jordan, K., Kelly, W. F. (2004). Beginning practicum students' worries: A qualitative investigation. *Counseling & Clinical Psychology Journal, 1*(2), 100-105.

Joyce, P., & Sills, C. (2001). *Skills in Gestalt counseling and psychotherapy*. London: Sage.

Kagan, C., & Tindall, C. (2003). Feminist approaches to counseling psychology. In R. Woolfe, W. Dryden, & S. Strawbridge (Eds.), *Handbook of counseling psychology* (2nd ed.) (pp.199-20). London: Sage.

Kahn, M. (1997). *Between therapist and client: The new relationship* (Rev. ed.). N.Y.: W. E. Freeman.

Kellogg, S. H., & Young, J. E. (2008). Cognitive therapy. In J. L. Lebow (ed.), *Twenty-first century psychotherapies: Contemporary approaches to theory & practice* (pp.43-79). Hoboken, N. J.: John Wiley & Sons.

Kensit, D. A. (2000). Rogerian theory: A critique of the effectiveness of pure client-centered therapy. *Counseling Psychology Quarterly, 13*(4), 345-351.

Klosko, J., & Young, J. (2004). Cognitive therapy of borderline personality disorder. In R. L. Leahy (ed.), *Contemporary cognitive therapy: Theory, research, & practice* (pp.269-298). N. Y.: Guilford.

Korb, M. P., Gorrell, J., & Van De Riet, V. V. (1989). Gestalt therapy: Practice and theory (2nd ed). N. Y.: Pergamon.

KÖhler, W. (1957/1975). *Gestalt psychology: An introduction to new concepts in modern psychology*. N.Y.: Liveright.

Kottler, J. A., & Hazler, R. J. (1997). *What you never learned in graduate school: A survival guide for therapists*. N.Y.: W. W. Norton & Company.

Kruczek, T. & Vitanza, S. (1999). Treatment effects with an adolescent abuse survivor's group. *Child Abuse & Neglect, 23*, 477-485.

LaFountain, R. M. & Garner, N. E. (1996). Solution-focused counseling groups: The results are in. *Journal for Specialists in Group Work, 21*(2), 128-143.

LaFountain, R. M., Garner, N. E. & Eliason, G. T. (1996). Solution-focused counseling groups: A key for school counselors. *School Counselor, 43*, 256-267.

Laveman, L. (2000). The Harmonium Project: A macrosystemic approach to empowering adolescents. *Journal of Mental Health Counseling, 22*(1), 17-31.

Lawson, D. (1994). Identifying pretreatment change. *Journal of Counseling & Development, 72*(3), 244-48.

Lazarus, A. A. (1985). Preface. In A. A. Lazarus (Ed.), *Casebook of multimodal therapy* (pp. vii-viii). N. Y.: Guilford.

Lazarus, A. A. (1985). A brief overview of multimodal therapy. In A. A. Lazarus (Ed.), *Casebook of multimodal therapy* (pp.1-16). N. Y.: Guilford.

Lazarus, A. A. (1989). *The pratice of multimodal approach*. Baltimore, MD: John Hopkins University Press.

Lazarus, A. A. (1995). Multimodal therapy. In R. Corsini & D. Wedding Eds.), *Current psychotherapies* (5th ed) (pp.322-355). Itasca, IL: F. E. Peacock.

Lazarus, A. A. (2008). Technical eclecticism and multimodal therapy. In J. L. Lebow (Ed.), Twenty-first century psychotherapies: Contemporary approaches to theory & practice (pp.424-452). Hoboken, N. J.: John Wiley & Sons.

Leach, M. M., & Aten, J. D. (2010). An introduction to the practical incorporation of culture into practice. In M. M. Leach & J. D. Aten (eds.). *Culture and the therapeutic process: A guide for mental health professionals* (pp.1-12). N.Y.: Routledge.

Leach, M. M., Aten, J. D., Boyer, M. C., Strain, J. D., & Bradshaw, A. K. (2010). Developing therapist self-awareness and knowledge. In M. M. Leach & J. D. Aten (eds.). *Culture and the therapeutic process: A guide for mental health professionals* (pp.13-36). N.Y.: Routledge.

Lebow, J. L. (2008). Couple and family therapy. In J. L. Lebow (Ed.), Twenty-first century psychotherapies: Contemporary approaches to theory & practice (pp.307-346). Hoboken, N. J.: John Wiley & Sons.

Lemma, A. (2007). Psychodynamic therapy: The Freudian approach. In W. Dryden (Ed.), *Dryden's handbook of individual therapy (5th ed.)*(pp.27-55). London: Sage.

Lester, D. (1994). Psychotherapy for suicidal clients. *Death Studies, 18*(4), 361-374.

Levant, R. F. (1996). The new psychology of men. *Professional Psychology: Research & Practice, 27*, 259-265.

Lews, J. A., Lews, M. D., Daniels, J. A., & D'Andrea, M. J. (2011). *Community counseling: A multicultural-social justice perspective* (4th Ed.). Belmont, CA: Brooks/Cole.

Lipchik, E. (2002). *Beyond technique in solution-focused therapy: Working with emotions and the therapeutic relationship.* N. Y.: Sage.

Lister-Ford, C. (2002). *Skills in transactional analysis counseling and psychotherapy.* London: Sage.

Littrell, J. M., Malia, J. A. & Vanderwood, M. (1995). Single-session brief counseling in high school. *Journal of Counseling & Development, 73*, 451-458.

Mackewn, J. (1997). *Developing Gestalt counseling.* London: Sage.

May, K. M. (2001). Feminist family therapy defined. In K. M. May (Ed.), *Feminist family therapy* (pp.3-14). Alexandria, VA: American Counseling Association.

May, R., & Yalom, I. (1995). Existential psychotherapy. In R. J. Corsini & D. Wedding (Eds.), *Current psychotherapies (5th ed,)* (pp.262-292). Itasca, IL: F. E. Peacock.

McConkey, N. (1998). A brief solution-focused approach to solving school problems. *Guidance & Counseling, 13*(3), 19-22.

McKenzie, W., & Monk, G. (1997). Learning and teaching narrative ideas. In G. Monk, J. Winslade, K. Crocket, & D. Epston(Eds.), *Narrative therapy in practice: The archaeology of hope* (pp.82-117). San Francisco, CA: Jossey-Bass.

McLeod, E. (1994). *Women's experience of feminist therapy and counseling*. Buckingham, PA: Open University.

McLendon, J. A., & Davis, B. (2002). The Satir system. In J. Carlson & D. Kjos (Eds), *Theories and strategies of family therapy* (pp.170-189). Boston, MA: Allyn & Bacon.

Mearns, D., & Thorne, B. (2007). *Person-centered counseling in action* (3th ed.). London: Sage.

Messer, S. B., & Warren, C. S. (2001). Brief psychodynamic therapy. In R. Corsini (Ed.), *Handbook of innovative therapy* (2nd ed.) (pp.67-85). N. Y.: John Wiley & Sons.

Metcalf, L. (1998). *Solution focused group therapy: Ideas for groups in private practice, schools, agencies, and treatment programs*. N.Y.: The Free Press.

Metcalf, L. (2001). Solution focused therapy. In R. J. Corsini (Ed.), *Handbook of innovative therapy* (2nd ed.)(pp.647-659). N. Y.: John Wiley & Sons.

Metcalf, L. (2009). Solution focused therapy: Its applications and opportunities. In E. Connie & L. Metcalf (Eds.), *The art of solution focused therapy* (pp.21-43). N.Y.: Springer.

Minuchin, S., & Nichols, M. P. (1993). *Family healing: Tales of hope and renewal from family therapy*. N.Y.: Free Press.

Mitrani, V. B, & Perez, M. A. (2003). Structural-strategic approaches to couple and family therapy. In T. L. Sexton, G. R. Weeks, & M. S. Robbins (Eds.), *Handbook of family therapy* (pp.177-200). N. Y.: Brunner-Routledge.

Monk, G. (1997). How narrative therapy works? In G. Monk, J. Winslade, K. Crocket, & D. Epston (Eds.), *Narrative therapy in practice: The archaeology of hope* (pp.3-31). San Francisco, CA: Jossey-Bass.

Monk, G., Winslade, J., & Sinclair, S. (2008). *New horizons in multicultural counseling*. Thousand Oaks, CA: Sage.

Moorey, S. (2007). Cognitive therapy. In W. Dryden (Ed.), *Dryden's handbook of individual therapy* (5th ed)(pp.297-326). London: Sage.

Morgan, A. (2000). What is narrative therapy? 10/2/11 Retrieved from http://www. dulwichcentre.com.au/what-is-narrative-therapy.html

Morrison, J. A., Olivos, K., Dominquez, G., Gomez, D., & Lena, D. (1993). The application of family systems approaches to school behavior problems on a school-level discipline board: An outcome study. *Elementary School Guidance & Counseling, 27*, 258-272.

Mosak, H. H. (1995). Adlerian psychotherapy. In R. Corsini & D. Wedding (Eds.), *Current psychotherapies* (5th ed)(pp.51-94). Itasca, IL: F. E. Peacock.

Mosak, H. H., & Maniacci, M. P. (2006). *Tactics in counseling and psychotherapy*. Mason, OH: Thomson Brooks/Cole.

Murphy, J. (1997). *Solution-focused counseling in middle and high schools*. Alexandria, VA: American Counseling Association.

Murphy, J. J. & Duncan, B. L. (1997). *Brief intervention for school problems*. New York: Guilford.

Myers, J. E., & Sweeney, T. S. (2005). The wheel of wellness. In J. E. Myers & T. S. Sweeney (Eds.). *Counseling for wellness: Theory, research, and practice* (pp.15-28). Alexandria, VA: American Counseling Association.

Nichols, M. P. (1992). *The power of family therapy*. Lake Worth, FL: Gardner.

Nichols, M. P. (2010). *Family therapy: Concepts and methods* (9th ed.). Boston, MA: Allyn & Bacon.

Norcross, J. C., Karpiak, C. P., & Lister, K. M. (2005). What's an integrationist? A study of self-identified integrative and (occasionally) eclectic psychologists. *Journal of Clinical Psychology, 61*(12), 1587-1594.

Nystul, M. S. (2006). *Introduction to counseling: An art and science perspective* (3rd ed). Boston, MA: Pearson.

Oakley, A., & Mitchell, I. (1997). Introduction to the American edition. In A. Oakley &

J. Mitchell (Eds.), *Who's afraid of feminism? Seeing through the backlash* (pp.XIX-XXXV). N. Y.: The New Press.

O'Connell, B. (2007). Solution-focused therapy. In W. Dryden (Ed.), *Dryden's handbook of individual therapy* (5th ed) (pp.379-400). London: Sage.

O'Halloran, M. S. (1999). Family involvement in the treatment of anorexia nervosa: A solution-focused approach. *Family Journal, 7*(4), 384-388.

O'Leary, C. J. (1999). *Counseling couples and families: A person-centered approach.* London: Sage.

Padesky, C. A. (2004). Aaron T. Beck: Mind, man, and mentor. In R. L. Leahy (ed.), *Contemporary cognitive therapy: Theory, research, & practice*(pp.3-24). N.Y.: Guilford.

Parlett, M. & Denham, J. (2007). Gestalt therapy. In W. Dryden (Ed.), *Dryden's handbook of individual therapy* (5th ed)(pp.227-255). London: Sage.

Passaro, P. D., Moon, M., Weist, D. J., & Wong, E. H. (2004). A model for school, psychology practice: Addressing the needs of students with emotional and behavioral challenges through the use of an in-school support room and reality therapy. *Adolescence, 39* (155), 503-517.

Payne, M. (2000). *Narrative therapy: An introduction for counselors.* London: Sage.

Payne, M. (2007). Narrative therapy. In Dryden, W. (Ed.), *Dryden's handbook of individual therapy* (5th ed) (pp.401-423). London: Sage.

Pedersen, P. (1988). *A handbook for developing multicultural awareness.* Alexandria, VA: American Association for Counseling & Development.

Pedrotti, J. T., & Edwards, L. M. (2010). The intersection of positive psychology and multiculturalism in counseling. In Ponterotto, J. G., Casas, J. M., Suzuki, L. A., & Alexander, C. M. (Eds.), *Handbook of multicultural counseling* (3rd ed.) (pp.165-174). Thousand Oaks, CA: Sage.

Perls, F., Hefferline, R., & Goodman, P. (1951/1994). *Gestalt therapy: Excitement and*

growth in the human personality. Highland, NY: Gestalt Journal Press.

Ponterotto, J. G., Casas, J. M., Suzuki, L. A., & Alexander, C. M. (2010). Counselor social justice in action: Lessons from the field. In Ponterotto, J. G., Casas, J. M., Suzuki, L. A., & Alexander, C. M. (Eds.), *Handbook of multicultural counseling* (3rd ed.) (pp.545-546). Thousand Oaks, CA: Sage.

Pos, A. E., Greenberg, L. S., & Elliott, R. (2008). Experiential therapy. In J. L. Lebow (Ed.), Twenty-first century psychotherapies: Contemporary approaches to theory & practice (pp.80-122). Hoboken, N. J.: John Wiley & Sons.

Quick, E. (1998). Doing what works in brief and intermittent therapy. *Journal of Mental Health, 7*(5), 527-533.

Raskin, N. J., & Rogers, C. R. (1995). Person-centered therapy. In R. Corsini & D. Wedding (Eds.), *Current psychotherapies* (5th ed)(pp.128-161). Itasca, IL: F. E. Peacock.

Reed, B. G., & Garvin, C. D. (1996). Feminist psychodynamic group psychotherapy: Feminist principles as praxis. In B. DeChant (Ed.), *Women and group psychotherapy—Therapy and practice* (pp.127-154). N. Y.: Guilford Rice, F. P. (2001). *Human development* (4th ed.). Upper Saddle River, NJ: Prentice Hall.

Richards, D. (2007). Behavioral therapy. In W. Dryden (Ed.), *Dryden's handbook of individual therapy* (5th ed) (pp.327-351). London: Sage.

Ridley, C. R. (2005). *Overcoming unintentional racism in counseling and therapy: A practitioner's guide to intentional intervention* (2nd ed.). Thousand Oaks, CA: Sage.

Rigazio-DiGilio, S. A. (2001). Postmodern theories of counseling. In D. C. Locke, J. E. Myers, & E. L. Herr (Eds.), *Handbook of counseling*(pp.197-218). Thousand Oaks, CA: Sage.

Rivett, M., & Street, E. (2003). *Family therapy in focus*. London: Sage.

Roysircar, G., & Gill, P. A. (2010). Cultural encapsulation and decapsulation of therapist trainees. In M. M. Leach & J. D. Aten (eds.). *Culture and the therapeutic process: A guide for mental health professionals*. (pp.157-180). N.Y.: Routledge.

Scher, C. D., Segal, Z. V., & Ingram, R. E. (2004). Beck's theory of depression: Origins, empirical status, and future directions for cognitive vulnerability. In R. L. Leahy (ed.), *Contemporary cognitive therapy: Theory, research, & practice* (pp.27-44). N.Y.: Guilford.

Schlosser, L. Z., Foley, P. F., Stein, E. P., & Holmwood, J. R. (2010). Why does counseling psychology exclude religion? A content analysis and methodological critique. In Ponterotto, J. G., Casas, J. M., Suzuki, L. A., & Alexander, C. M. (Eds.), *Handbook of multicultural counseling* (3rd ed.) (pp.453-465). Thousand Oaks, CA: Sage.

Seligman, L. (2006). *Theories of counseling and psychotherapy: Systems, strategies, and skills* (2nd ed). Upper Saddle River, NJ: Pearson Prentice Hall.

Selekman, M. D. (1999).*Pathways to change: Brief therapy solutions with difficult adolescents*. New York: Guilford.

Sharf, R. S. (1996). *Theories of psychotherapy and counseling: Concepts and cases*. Pacific Grove, CA: Brooks/Cole.

Shipherd, J. C., Street, A. E., & Resick, P. A. (2006). Cognitive therapy for posttraumatic stress disorder. In V. M. Follette & J. I. Ruzek (Eds.), *Cognitive-Behavioral therapies for Trauma* (2nd ed) (pp.96-116). N. Y.: Guilford.

Smith, D. L. (2003). *Psychoanalysis in focus*. London: Sage.

Smith, S. (2002). Transformations in therapeutic practice. *Contemporary Family Therapy*, 24(1), 129-138.

Smith, T. B. (2010). Culturally congruent practices in counseling and psychotherapy: A review of research. In Ponterotto, J. G., Casas, J. M., Suzuki, L. A., & Alexander, C. M. (Eds.), *Handbook of multicultural counseling* (3rd ed.) (pp.439-450). Thousand Oaks, CA: Sage.

Snow, K. (2002). Experiential family therapy. In J. Carlson & D. Kjos (Eds), *Theories and strategies of family therapy* (pp.296-316). Boston, MA: Allyn & Bacon.

Softas-Nall, B. & Francis, P. C. (1997). A solution-focused approach to a family with a sucidal member. *Family Journal, 5*(4), 227-230.

Softas-Nall, B. & Francis, P. C. (1998). A solution-focused approach to suicide assessment and intervention with families. *Family Journal, 6*(1), 64-66.

St. Clair, M. (1996). *Object relations and self psychology: An introduction* (2nd ed.). Pacific Grove, CA: Brooks/Cole.

Stewart, I. (1989). *Transactional analysis counseling in action.* London: Sage. Stewart, I., & Joines, V. (1987). *TA today: A new introduction to transactional analysis.* Chapel Hill, NC: Lifespace.

Sweeney, T. J. (1989). *Adlerian counseling: A practical approach for a new decade* (3rd ed.). Muncie, IN: Accelerated Development.

Tarragona, M. (2008). Postmordern/postructturalist therapies. In J. L. Lebow (Ed.), *Twenty-first century psychotherapies: Contemporary approaches to theory & practice* (pp.167-205). Hoboken, N. J.: John Wiley & Sons.

Taylor, M. (1996). The feminist paradigm. In R. Woolfe & W. Dryden (Eds.), *Handbook of counseling psychology* (pp.201-218). Thousand Oaks, CA: Sage.

Teall, B. (2000). Using solution-oriented interventions in an ecological frame: A case illustration. *Social Work in Education, 22,* 54-61.

Thomas, F. N. (1994). Solution-oriented supervision: The coaxing of expertise. *Family Journal, 2*(1), 11-18.

Triantafillou, N. (1997). A solution-focused approach to mental health supervision. *Journal of Systemic Therapies, 16,* 305-328.

Trimble, J. E. (2010). The principled conduct of counseling research with ethnocultural populations. In Ponterotto, J. G., Casas, J. M., Suzuki, L. A., & Alexander, C. M. (Eds.), *Handbook of multicultural counseling* (3rd ed.) (pp.147-161). Thousand Oaks, CA: Sage.

Tudor, K., & Hobbes, R. (2007). Transactional analysis. In W. Dryden (Ed.), *Dryden's handbook of individual therapy* (5th ed)(pp.256-286). London: Sage.

Tudor, K., & Worrall, M. (2006). *Person-centered therapy: A clinical philosophy.* London:

Routledge.

Utsey, S. O., Fisher, N. L., & Belvet, B. (2010). Culture and worldview in counseling and psychotherapy: Recommended approaches for working with persons from diverse sociocultural backgrounds. In M. M. Leach & J. D. Aten (eds.). *Culture and the therapeutic process: A guide for mental health Professionals* (pp.181-199). N.Y.: Routledge.

van Deuren, E. (2007). Existential therapy. In W. Dryden (Ed.), *Dryden's handbook of individual therapy* (5th ed)(pp.195-226). London: Sage.

van Deurzen, E., & Adams, M. (2011). *Skills in existential counseling and psychotherapy*. London: Sage.

Vasquez, M. J. T. (2010). Ethics in multicultural counseling practice. In Ponterotto, J. G., Casas, J. M., Suzuki, L. A., & Alexander, C. M. (Eds.), *Handbook of multicultural counseling* (3rd ed.) (pp.127-145). Thousand Oaks, CA: Sage.

Wager, A. W, & Linehan, M. M. (2006). Applications of dialectical behavior therapy to posttraumatic stress disorder and related problems. In V. M. Follette & J. I. Ruzek (Eds.), *Cognitive-Behavioral therapies for Trauma* (2nd ed)(pp.117-145). N. Y.: Guilford.

Walsh, B. W. (2006). *Treating self-injury: A practical guide*. N.Y.: Guilford.

Walton, F. X., & Powers, R. L. (1974). *Winning children over: A manual for teachers, counselors, principals & parents*. Chicago, IN: Practical Psychology Associates.

Warner, J., & Baumer, G. (2007). Adlerian therapy. In W. Dryden (Ed.), *Dryden's handbook of individual therapy* (5th ed) (pp.124-143). London: Sage.

Weedon, C. (1997). *Feminism, theory, and the politics of difference*. Oxford, UK: Blackwell.

Welfel, E. R. (2010). *Ethics in counseling and psychotherapy: Standards, research, and emerging issues* (4th ed.). Belmont, CA: Brooks/Cole.

West, J. D., & Bubenzer, D. L. (2002). Narrative family therapy. In J. Carlson & D. Kjos (Eds), *Theories and strategies of family therapy* (pp.253-381). Boston, MA: Allyn & Bacon.

Westbrook, D., Kennerley, H., & Kirk, J. (2008). *An introduction to cognitive behavior therapy: Skills and applications.* London, UK: Sage.

Whalen, M. (1996). *Counseling to and violence against women: A subversive model.* Thousand Oaks, CA: Sage.

Whitmore, D. (2004). *Psychosynthesis counseling in action* (3rd ed.). London: Sage.

Wilkins, P. (1999). *Psychodrama.* London: Sage.

Williams, C. B. (2005). Counseling African American women: Multiple identities—multiple constraints. *Journal of Counseling & Development, 83*(3), 278-283.

Williams, G. R. (2000). The application of solution-focused brief therapy in public school setting. *Family Journal, 8*(1), 76-78.

Wilson, F. R. (2004). Ecological psychotherapy. In R. K. Conyne & E. P. Cook (Eds.), *Ecological counseling: An innovative approach to conceptualizing person-environment interaction* (pp.143-170). Alexandria, VA: American Counseling Association.

Wilson, G. T. (1995). Behavior therapy. In R. Corsini & D. Wedding (Eds.), *Current psychotherapies* (5th ed) (pp.197-228). Itasca, IL: F. E. Peacock.

Winslade, J., Crocket, K., & Monk, G. (1997). The therapeutic relationship. In G. Monk, J. Winslade, K. Crocket, & D. Epston (Eds.), *Narrative therapy in practice: The archaeology of hope* (pp.53-81). San Francisco, CA: Jossey-Bass.

Yager, G. G. (2004). Training and supervision. In R. K. Conyne & E. P. Cook (Eds.), Ecological counseling: An innovative approach to conceptualizing person-environment interaction (pp.171-193). Alexandria, VA: American Counseling Association.

Yalom, I. D. (1980). *Existential psychotherapy.* N. Y.: BasicBooks. Yalom, I. D. (1995). *The theory and practice of group psychotherapy* (4th ed). N.Y.: BasicBooks.

Zimmerman, J. L., & Dickerson, V. C. (2001). Narrative therapy. In R. J. Corsini (Ed.), *Handbook of innovative therapy* (2nd ed.)(pp.415-426). N. Y.: John Wiley & Sons.

Zimmerman, T. S., Jacobsen, R. B., MacIntyre, M. & Watson, C. (1996). Solution-focused parenting groups: An empirical study. *Journal of Systemic Therapies, 17*(44), 12-25.

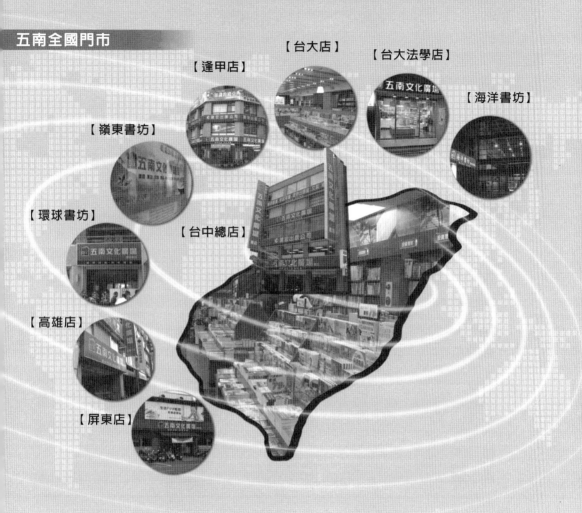

五南文化廣場

橫跨各領域的專業性、學術性書籍 在這裡必能滿足您的絕佳選擇!

五南全國門市

【台大店】
【台大法學店】
【逢甲店】
【海洋書坊】
【嶺東書坊】
【環球書坊】
【台中總店】
【高雄店】
【屏東店】

海洋書坊：202 基隆市北寧路2號　TEL：02-24636590　FAX：02-24636591
台 大 店：100 台北市羅斯福路四段160號　TEL：02-23683380　FAX：02-23683381
逢 甲 店：407 台中市河南路二段240號　TEL：04-27055800　FAX：04-27055801
台中總店：400 台中市中山路6號　TEL：04-22260330　FAX：04-22258234
嶺東書坊：408 台中市南屯區嶺東路1號　TEL：04-23853672　FAX：04-23853719
環球書坊：640 雲林縣斗六市嘉東里鎮南路1221號　TEL：05-5348939　FAX：05-5348940
高 雄 店：800 高雄市中山一路290號　TEL：07-2351960　FAX：07-2351963
屏 東 店：900 屏東市中山路46-2號　TEL：08-7324020　FAX：08-7327357
中信圖書團購部：400 台中市中山路6號　TEL：04-22260339　FAX：04-22258234
政府出版品總經銷：400 台中市綠川東街32號3樓　TEL：04-22210237　FAX：04-22210238
網 路 書 店 http://www.wunanbooks.com.tw

專業法商理工圖書・各類圖書・考試用書・雜誌・文具・禮品・大陸簡體書
政府出版品總經銷・中信圖書館採購編目・教科書代辦業務

國家圖書館出版品預行編目資料

諮商理論與技術／邱珍琬著. — 初版. —
臺北市：五南，2012.03
　　面；　　公分.--

ISBN 978-957-11-6552-3（平裝）

1.諮商　2.諮商技巧

178.4　　　　　　　　101000411

1BWN

諮商理論與技術

作　　者 — 邱珍琬(149.2)

發 行 人 — 楊榮川

總 經 理 — 楊士清

副總編輯 — 王俐文

責任編輯 — 李敏華

封面設計 — 童安安

出 版 者 — 五南圖書出版股份有限公司

地　　址：106台北市大安區和平東路二段339號4樓

電　　話：(02)2705-5066　　傳　　真：(02)2706-6100

網　　址：http://www.wunan.com.tw

電子郵件：wunan@wunan.com.tw

劃撥帳號：01068953

戶　　名：五南圖書出版股份有限公司

法律顧問　林勝安律師事務所　林勝安律師

出版日期　2012年3月初版一刷
　　　　　2017年8月初版二刷

定　　價　新臺幣440元